KB244501

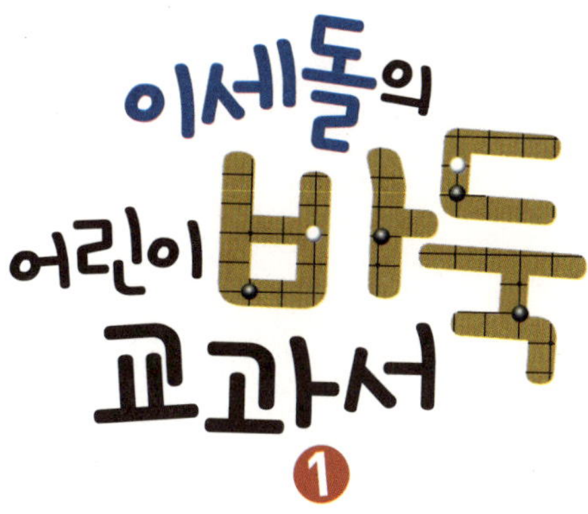

이세돌의
어린이 바둑
교과서
1

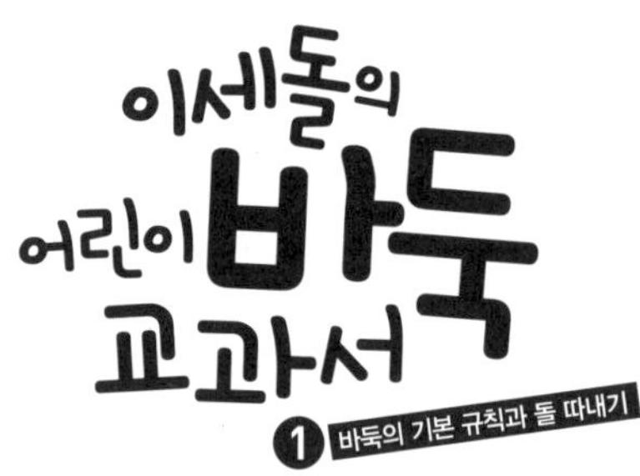

초판 1쇄 발행 | 2011년 4월 15일
초판 30쇄 발행 | 2025년 4월 10일

이세돌 지음 · 성기창 기획
발행 | (주)조선뉴스프레스
발행인 | 이동한
마케팅 | 박미선(부국장), 조성환, 박경민
디자인 | (주)모놀컴퍼니
인쇄 | (주)웰컴피앤피

구입문의 | 724-6797
등록 | 제2-3910호
등록일자 | 2004년 1월 7일
주소 | 서울시 마포구 상암산로 34 디지털큐브빌딩 13층 (03909)

값 11,000원
ISBN 978-89-93968-42-2 64690
        978-89-93968-41-5(세트)

이세돌의 어린이 바둑 교과서

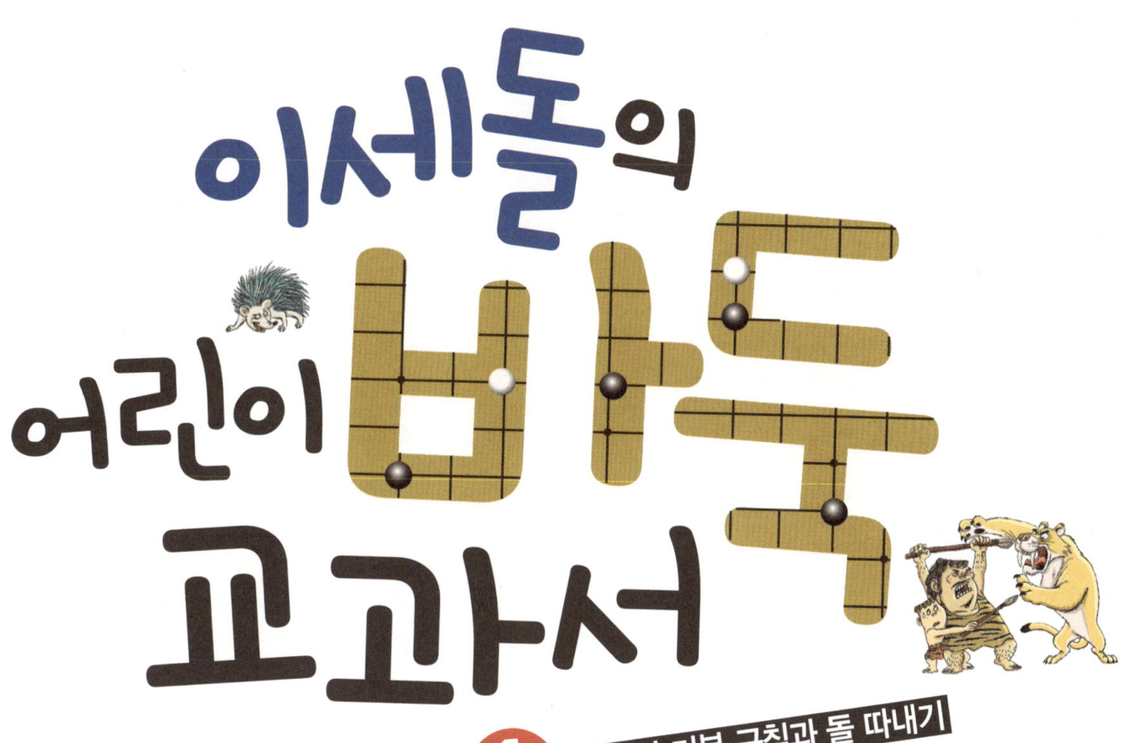

1 바둑의 기본 규칙과 돌 따내기

이세돌 지음 · 성기창 기획

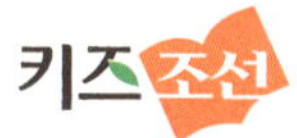

어린이 여러분 안녕하세요.

이세돌이에요. 저는 여러분처럼 어린 시절부터 바둑을 했고, 여러분의 형이나 오빠 나이가 되었을 때 프로기사로 입단했어요. 아주 어린 시절부터 바둑을 두었기 때문에 바둑을 처음 두는 어린이들에게 꼭 필요한 것이 무엇인지 잘 알고 있어요. 그래서 많은 어린이들이 바둑을 배울 수 있도록 누구라도 쉽게 따라할 수 있는 바둑책을 꼭 쓰고 싶었답니다.

바둑을 배우면 좋은 점이 정말 많아요.

여러분은 국어와 수학을 잘하기 위해 학원도 다니며 열심히 공부하고 있지요? 그런데 공부를 잘하려면 무엇이 중요할까요? 국어나 수학의 개념도 알아야 하지만 우선 집중력과 기억력, 판단력, 논리적 사고력 등 공부할 수 있는 뇌를 계발시켜야 해요. 그래야 나중에 공부도 더 잘할 수 있게 되는 거니까요. 이런 것들을 공부가 아닌 게임으로 배울 수 있다면 참 좋겠지요?

그런 면에서 바둑은 그 어떤 활동보다 좋아요. 바둑을 배우면 공간지각력, 가치판단력, 기초 수리력, 논리적 사고력 등이 쑥쑥 자라거든요. 또 바둑을 두면서 집중력도 높아지고 더불어 예의범절까지 배우게 된답니다.

실제로 권준수 서울대병원 신경정신과 교수팀이 바둑을 두면 집중력과 기억력, 문제 해결능력, 수행 조절능력 등을 담당하는 뇌의 오른쪽 전두엽 부위 등이 일반인보다 훨씬 발달한다는 연구 결과를 발표했어요.

이런 바둑을 많은 어린이들이 꼭 배우고 즐겼으면 좋겠어요.

그런데 시중에 나와 있는 책들은 어린이들이 처음 보고 따라 하기엔 어렵거나 지루한 책들이 대부분이더라고요. 그래서 이 책은 동화를 통해 바둑의 원리를 이해할 수 있도록 만들었어요. 바둑 묘수를 아무리 많이 암기하더라도 각 상황에 따라 제대로 적용하려면 원리를 이해하고 있어야 해요. 단순 암기로는 내 것으로 만들 수 없다는 얘기지요. 암기가 아니라 원리 이해를 제대로 해야 적절한 상황에 적절한 수를 놓는 진짜 바둑 고수가 될 수 있는 거예요.

이 책을 쓴 진짜 이유는 바둑이 정말 재미있는 게임이라는 사실을 알려 주고 싶었기 때문이에요. 바둑을 배울까 하다가도 혹시 지루하고 어려운 게임이 아닐까 걱정하는 어린이들이 많은데 이 책을 보면 그런 생각이 싹 달아날 거예요. 재미있는 동화와 더불어 캐릭터들과 함께 푸는 문제 풀이는 정말 신이 난답니다. 여러분이 즐겁게 바둑을 배울 수 있다면 무엇보다 기쁠 거예요.

어린이 여러분, 이 책을 통해 정말 신 나고 흥미로운 바둑 세상을 꼭 경험해 보세요.

이세돌

1. 바둑판

가로 19줄, 세로 19줄씩이 그어진 판이에요.
꼭 사지 않더라도 19줄씩만 그릴 수 있다면 어떤 판이라도 괜찮아요.

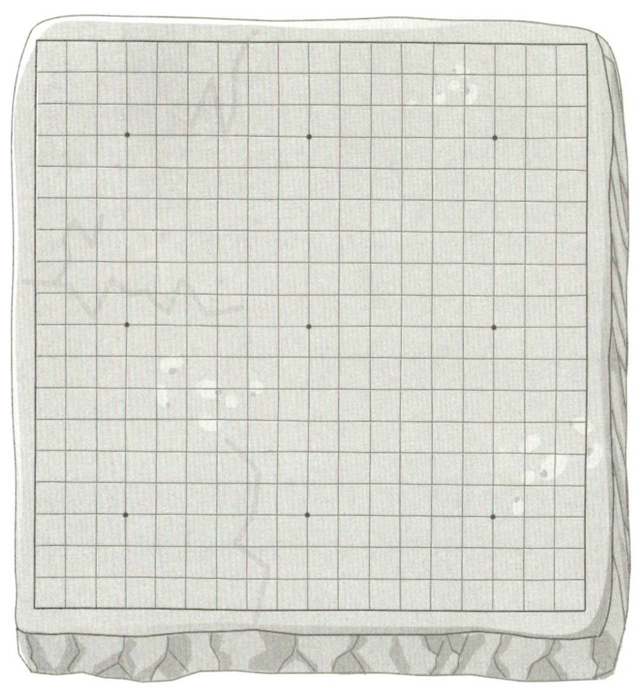

2. 바둑돌

흑돌 181개와 백돌 180개가 있어요.
바둑판 전체에 바둑돌이 놓일 수 있는 자리가 361곳인데
그것과 꼭 같지요.

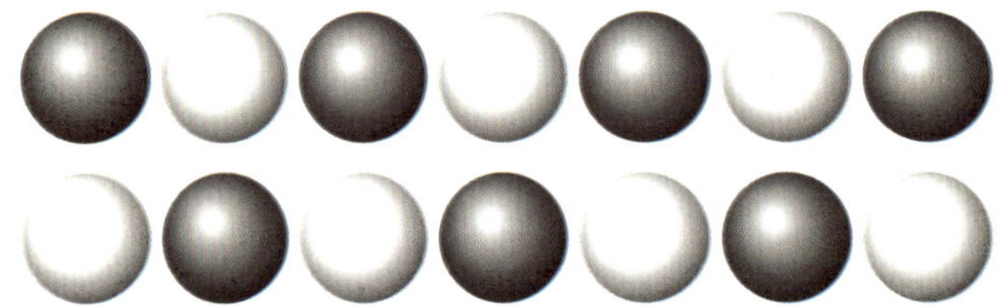

1. 바둑을 두기 전에 서로 예의 바르게 인사를 해요.

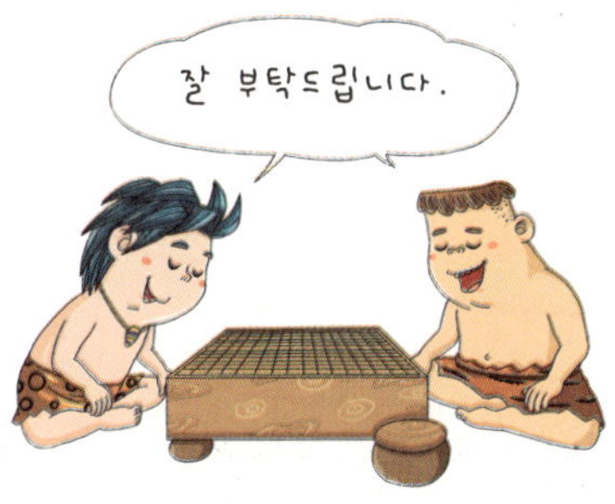

2. 바둑을 좀 더 잘 두는 사람이 백돌을, 못 두는 사람이 흑돌을 가져요.

3. 흑돌이 먼저 두고 다음에 백돌이 두어요.

4. 바둑돌은 선과 선이 만나는 자리에 두어요.

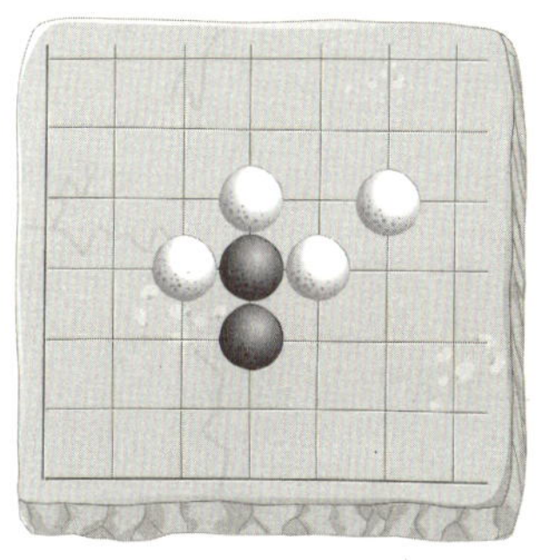

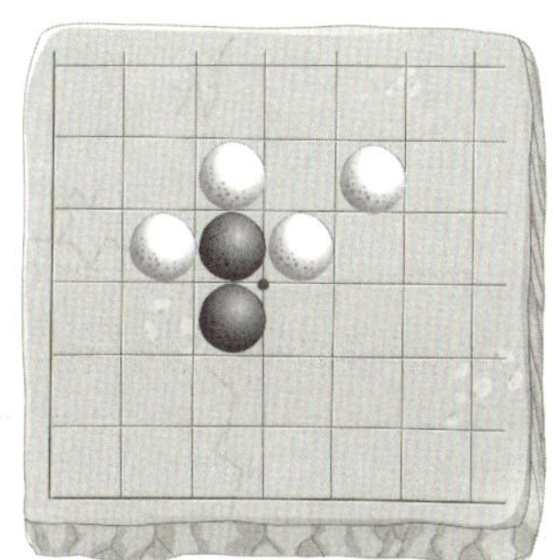

둘 수 있는 곳   둘 수 없는 곳

5. 흑돌과 백돌이 서로 한 번씩 번갈아 가면서 두어요.
   한 사람이 두 번을 이어서 두면 안 돼요.

6. 바둑을 두는 동안은 바둑돌을 달그락거리거나
   시끄러운 소리를 내지 않아요.

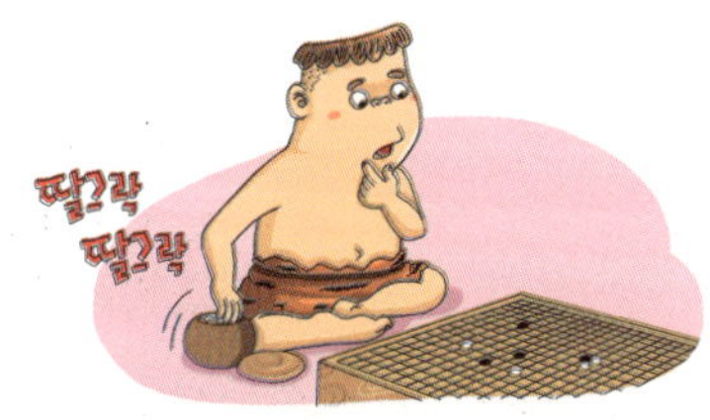

7. 대국이 끝나면 바둑돌을 바둑통에 잘 정리해요.

차례

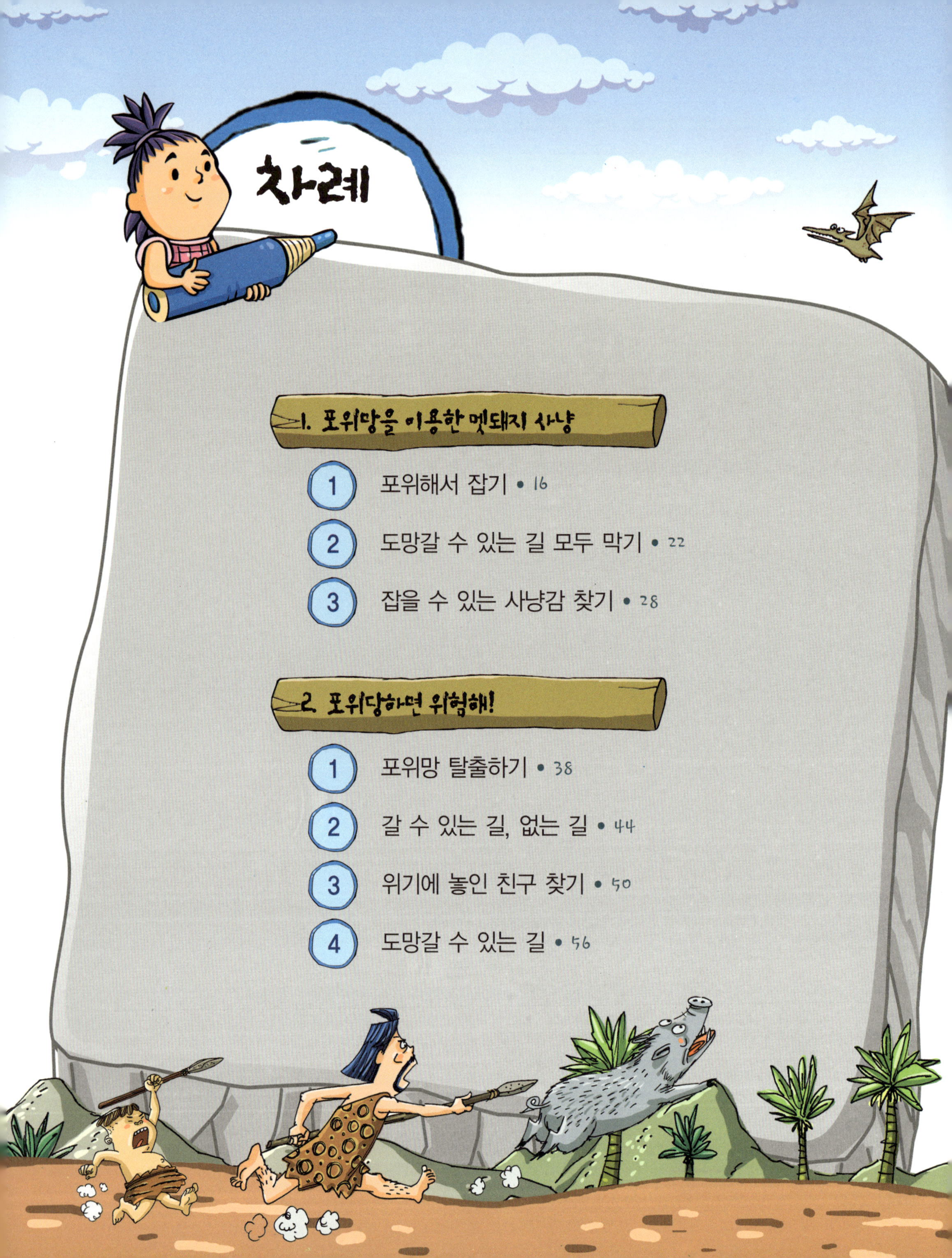

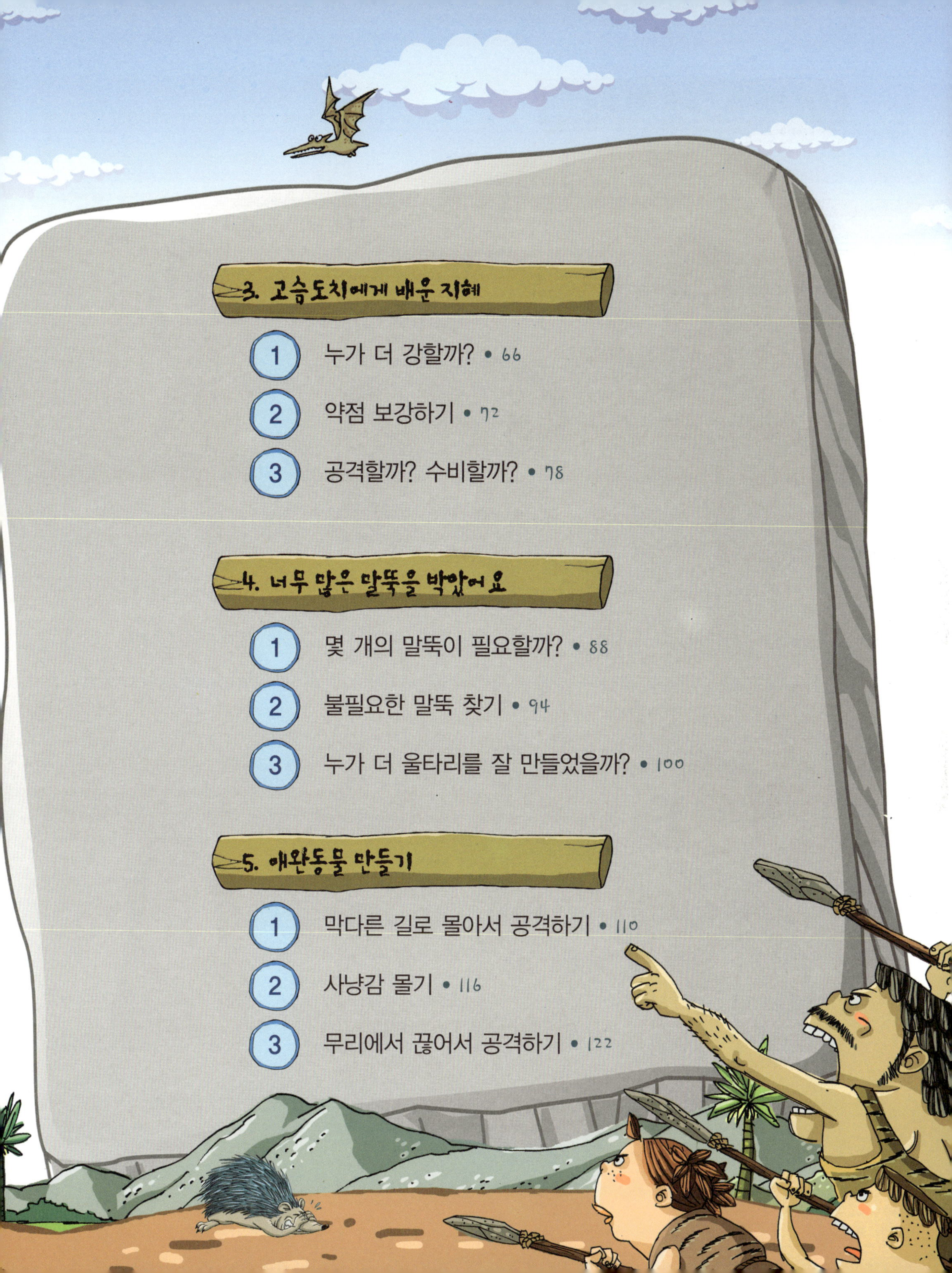

또또네 가족

몸집이 작고 힘도 약하지만 지혜가 뛰어난 가족이에요.
사냥에 나서면 사냥감을 향해 무조건 덤비기보다는
전략을 짜고 협력하기 때문에
항상 큰 사냥감을 잡아요.

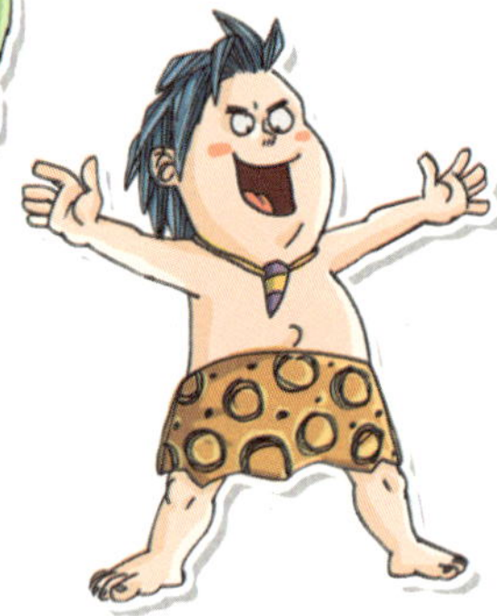

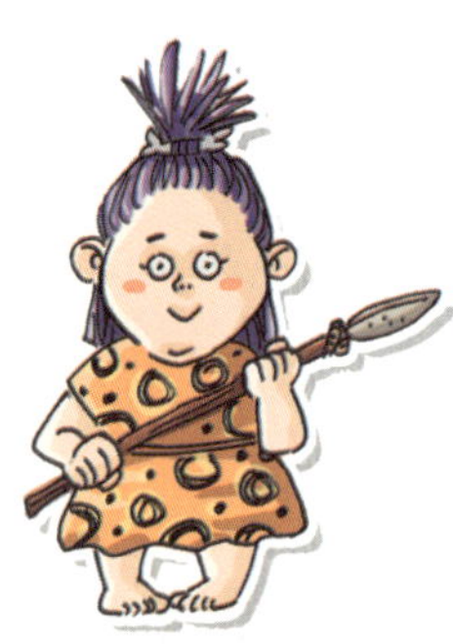
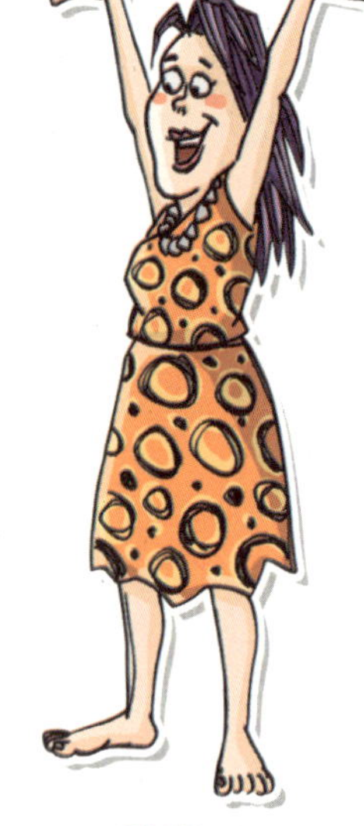

또또아빠

또또에게 다양한 사냥 기술을
알려 주는 뛰어난
사냥꾼이에요.

또또

사냥할 때 항상 지혜를
발휘하는 날쌘
꼬마 사냥꾼이에요.

또리

또또의 여동생이에요.
동물을 사랑하는
귀여운 아이예요.

또또엄마

가족을 아끼고 사랑하는
따뜻한 마음의 엄마예요.

꾸꾸네 가족

몸집이 크고 힘도 세지만 지혜가 부족한 가족이에요.
사냥에 나서면 자신의 힘만 믿고 무조건 돌진하다가
사냥감을 놓치는 경우가 많아요.

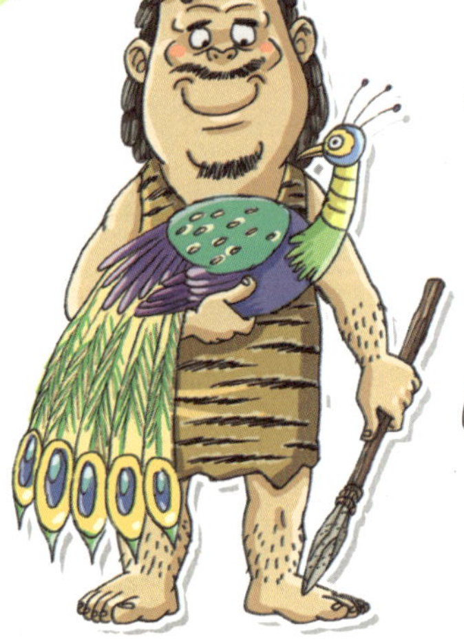
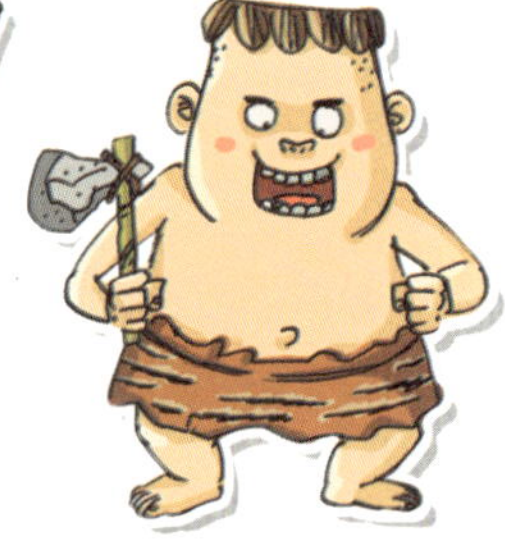
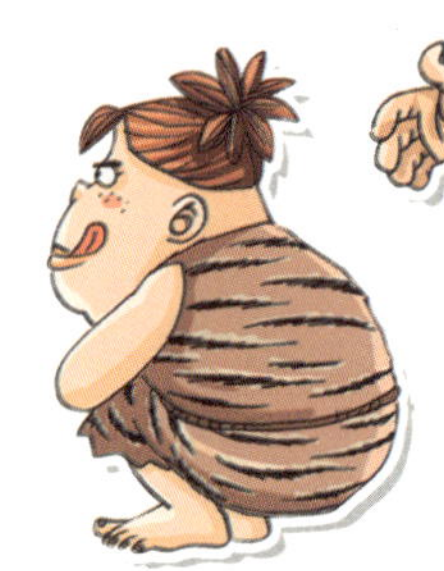
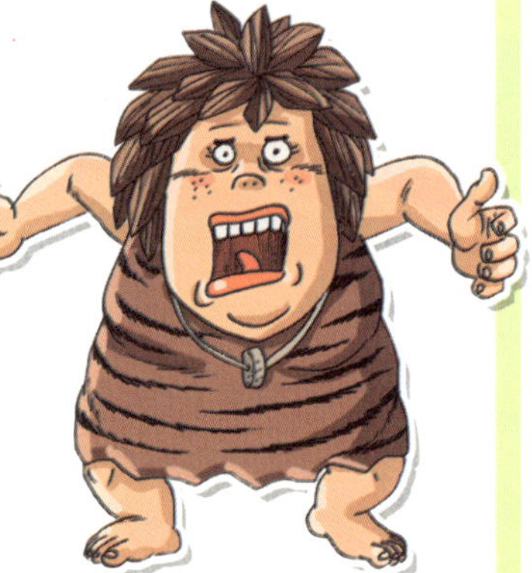

꾸꾸아빠

힘은 세지만 지혜가 부족해
항상 사냥감을 놓치는
어리석은 사냥꾼이에요.

꾸꾸

생각보다 몸이 앞서서
곤경에 처할 때가 많은
꼬마 사냥꾼이에요.

꾸순

꾸꾸의 누나예요.
갖고 싶은 게 너무 많은
욕심쟁이예요.

꾸꾸엄마

큰 목소리에 힘이 센
무서운 엄마예요.

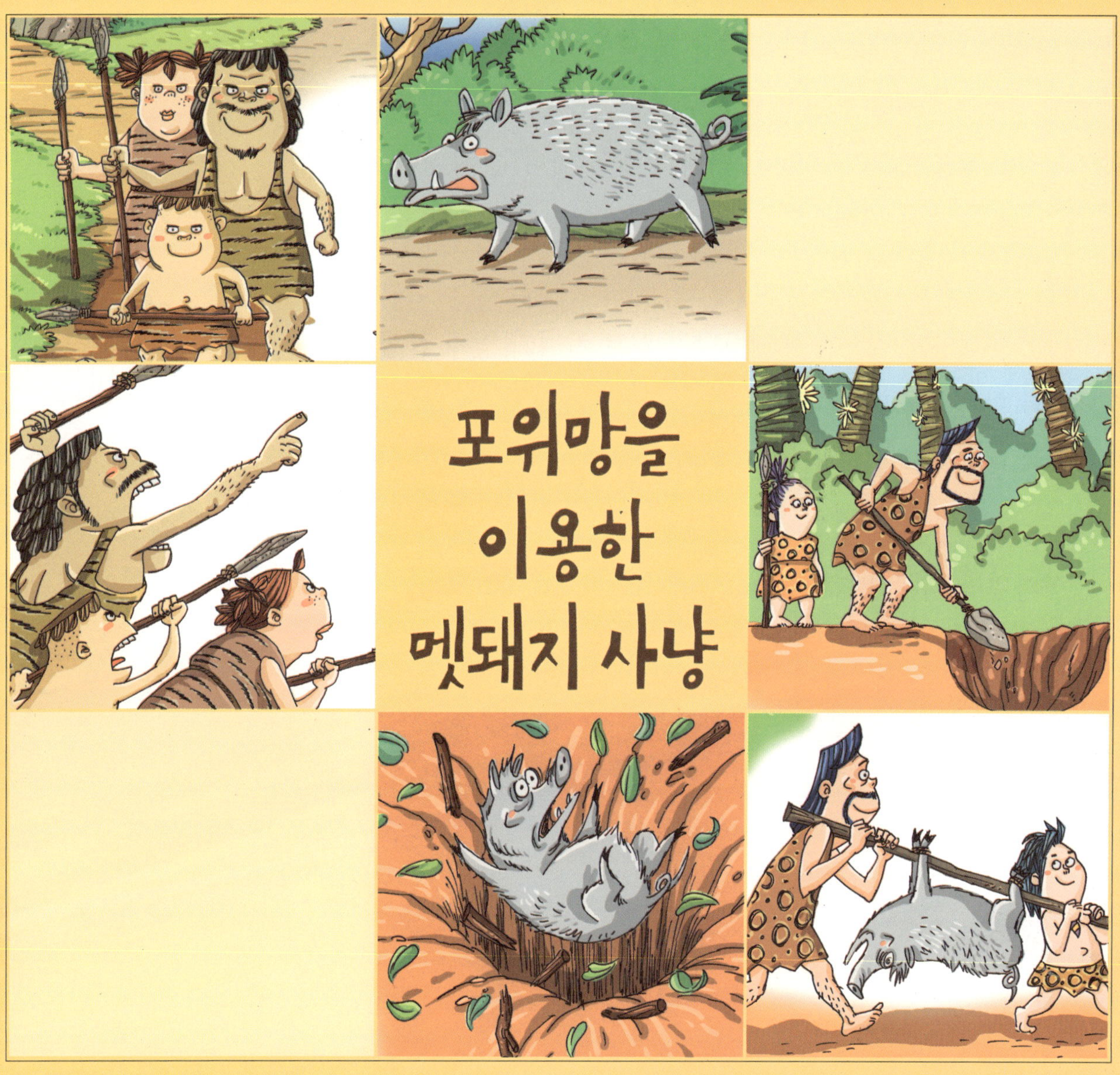
포위망을
이용한
멧돼지 사냥

오늘은 또또네와 꾸꾸네 가족이 사냥을 하는 날이에요.
꾸꾸네 가족이 날카롭고 긴 창을 가지고 사냥터로 떠났어요.
"아빠, 오늘은 제가 꼭 멧돼지를 잡을 거예요."
"어머 힘도 제일 약한 네가 잡는다고? 이 누나가 잡을 거야."
"무슨 소리? 힘이 제일 센 이 아빠가 꼭 잡을 거다."
꾸꾸네 가족은 한참을 가다가 풀을 뜯고 있는 멧돼지를 발견했어요.
"옳다구나! 저기 멧돼지가 있네. 아빠가 잡을 테니 잘 보거라."
"싫어요. 제가 잡을 거예요."
"이번엔 내가 잡는다니까요."
꾸꾸네 가족은 옥신각신하며 싸우다가 서로 자기가 먼저 잡겠다고
멧돼지를 향해 달려갔어요. 그리고 너도나도 창을 던졌지요.
그렇지만 멧돼지는 워낙 빨라서 어느새 저만치 달아나고 말았어요.
"어휴 놓쳤네!"
"아, 아까워라. 무슨 멧돼지가 저리 빠르담!"
꾸꾸네 가족은 하루종일 멧돼지를 쫓아다녔지만
한 마리도 잡지 못하고 집으로 돌아왔답니다.

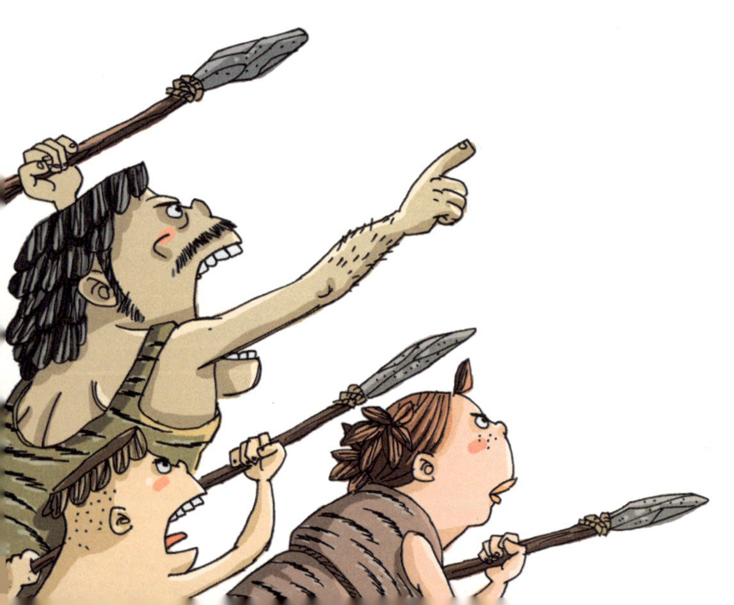

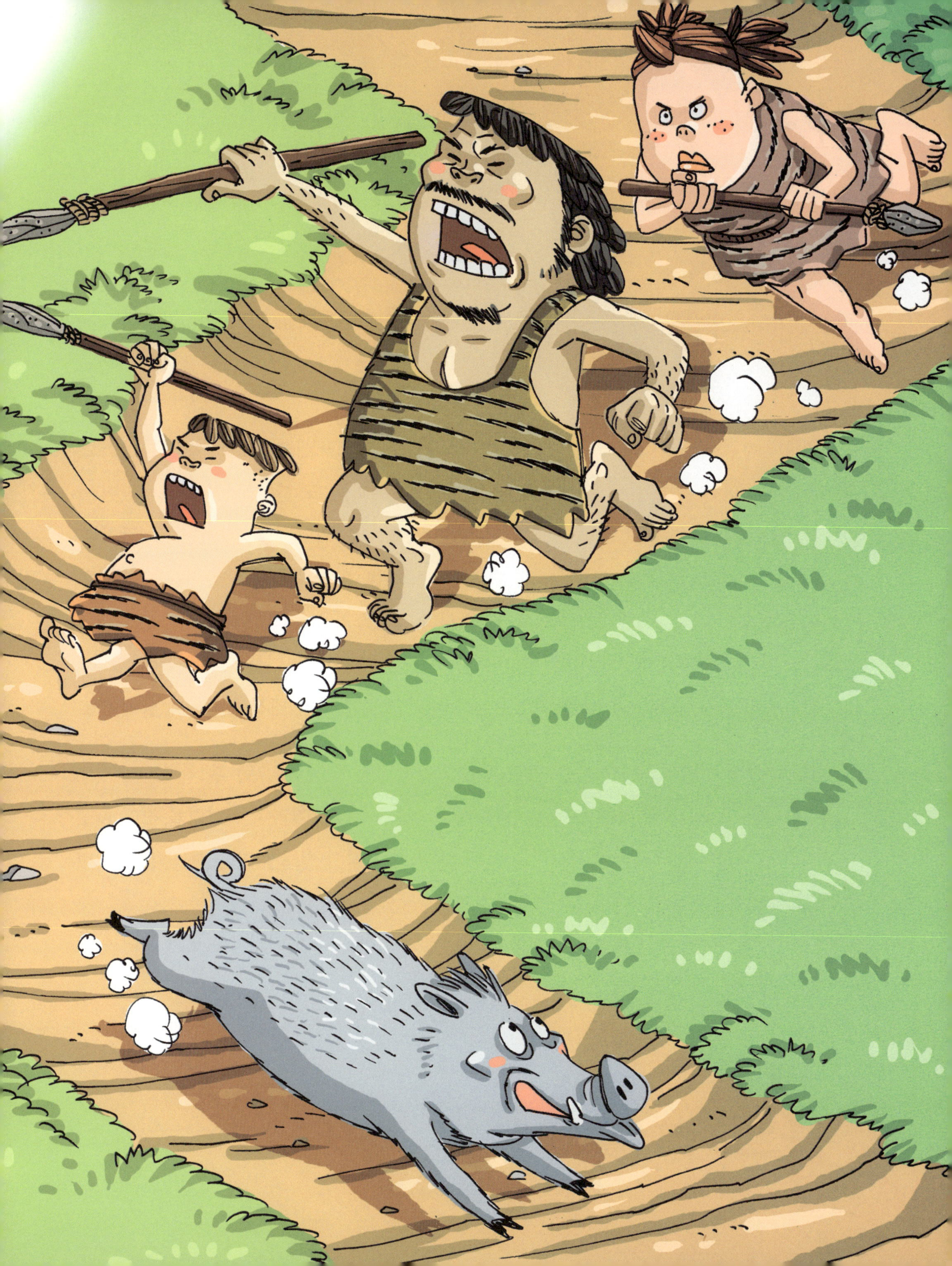

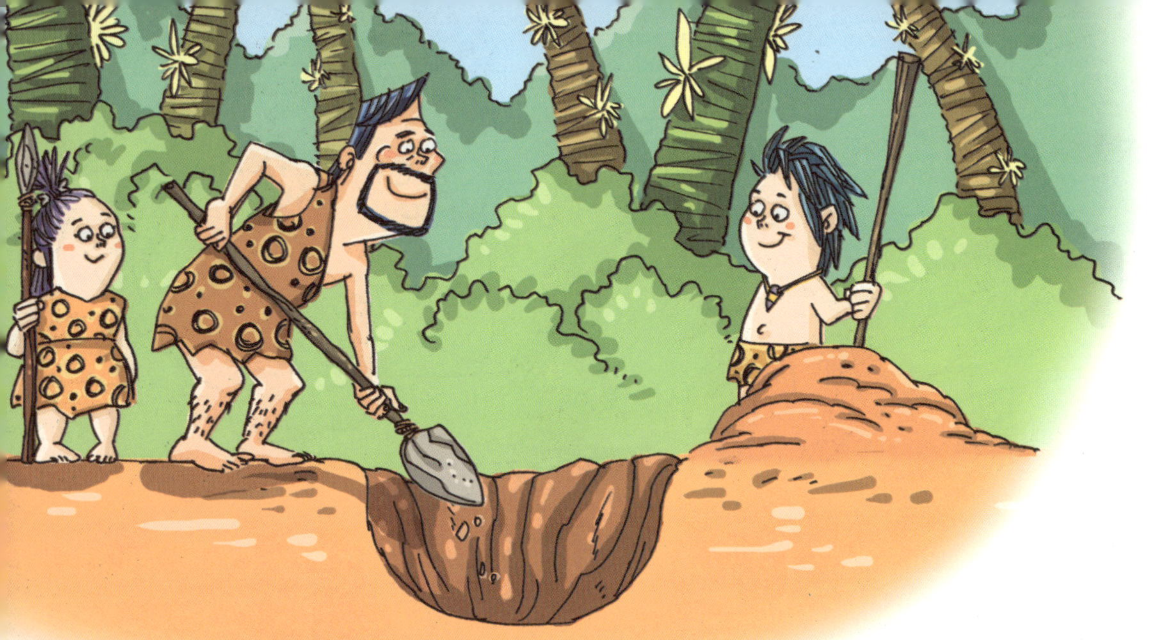

한편 또또네 가족도 사냥을 떠났어요.
또또 아빠는 한손엔 창, 또 한손엔 큰 삽을 들었어요.
또또는 작은 창, 또리는 커다란 막대기를 들고 갔지요.
"아빠, 이걸로 사냥을 할 수 있을까요?"
또리가 걱정스러운 듯 막대기를 쳐다보았어요.
"걱정 마. 사냥은 힘으로만 하는 게 아니고, 머리를 써야 하는 거니까."
또또는 아빠 대신 동생에게 말했어요.

사냥터에 도착한 또또네 가족은 먼저 열심히 구덩이를 팠어요. 그런 후 커다란 구덩이의 입구를 나뭇가지와 풀로 덮어 감추었지요. 그러곤 두리번거리며 사냥감을 찾아 나섰답니다. 드디어 멧돼지를 발견했어요. 또또와 또리는 각자 서로 다른 곳에 숨을 죽이며 숨었지요.
또또 아빠가 창을 들고 멧돼지를 향해 달려갔어요. 깜짝 놀란 멧돼지가 또또가 숨어 있는 방향으로 도망가기 시작했어요.

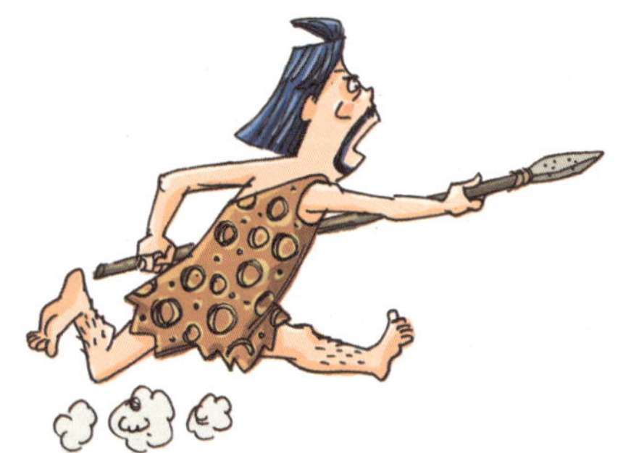

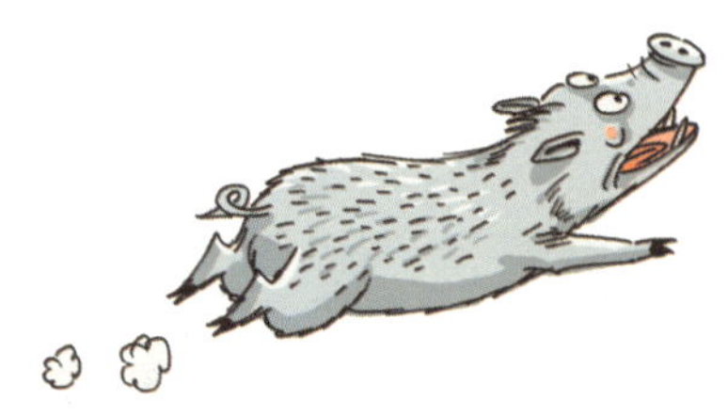

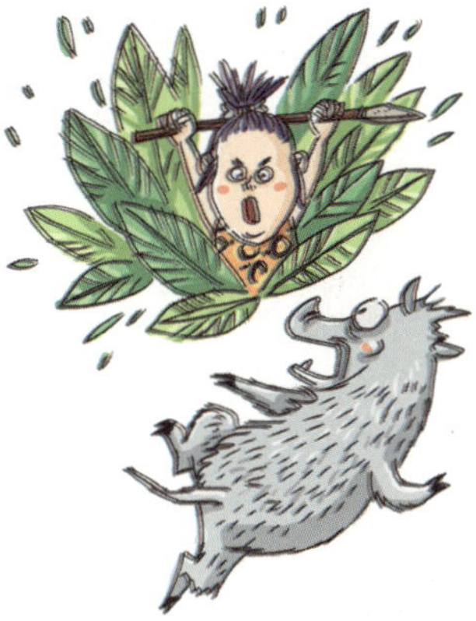

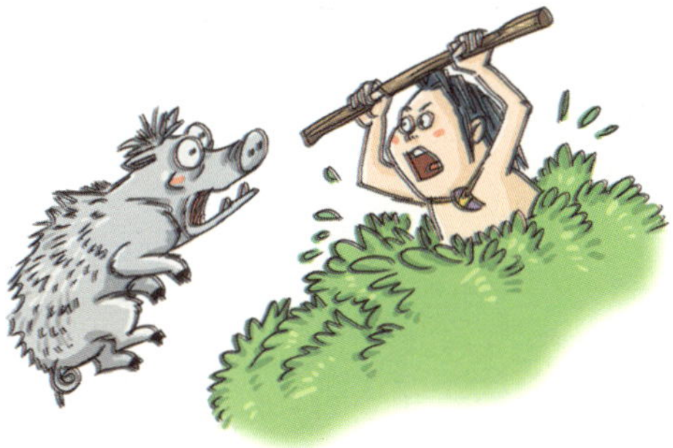

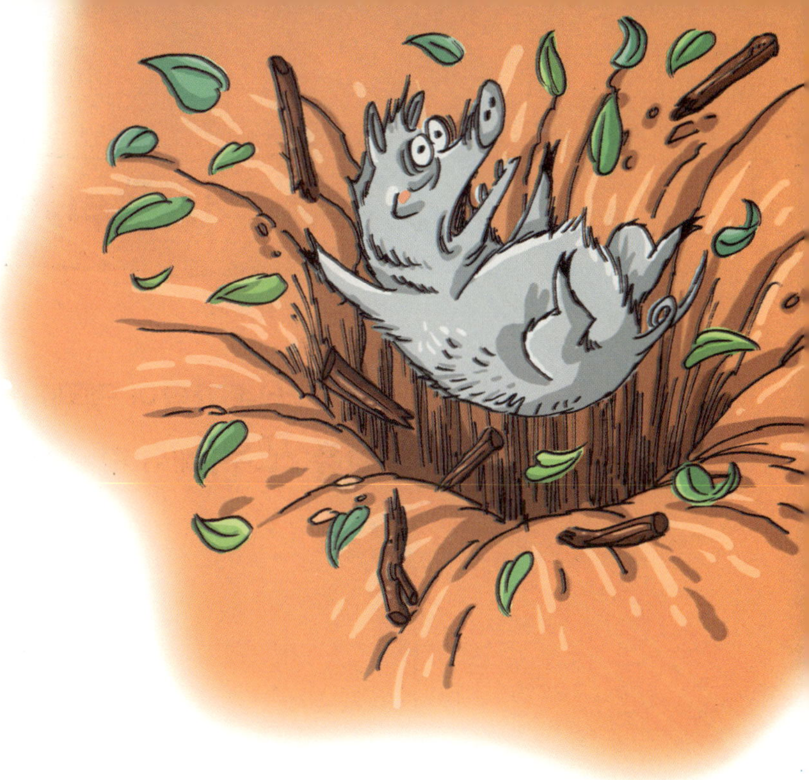

그때 숨어 있던 또또가 함성을 지르며 불쑥 튀어나왔어요.
깜짝 놀란 멧돼지는 방향을 바꾸어 도망갔어요.
그러자 반대쪽에 숨어 있던 또리가 함성을 지르며 불쑥 튀어나왔어요.

깜짝 놀란 멧돼지는 또 방향을 바꾸었어요.
그런데 방향을 바꾼 그곳엔 방금 전에 또또네 가족이 파 놓은 함정이 있었어요.
멧돼지는 그 구덩이 속으로 쏙 빠졌지요.
또또네 가족은 커다란 막대기에 멧돼지를 메고 집으로 돌아왔답니다.

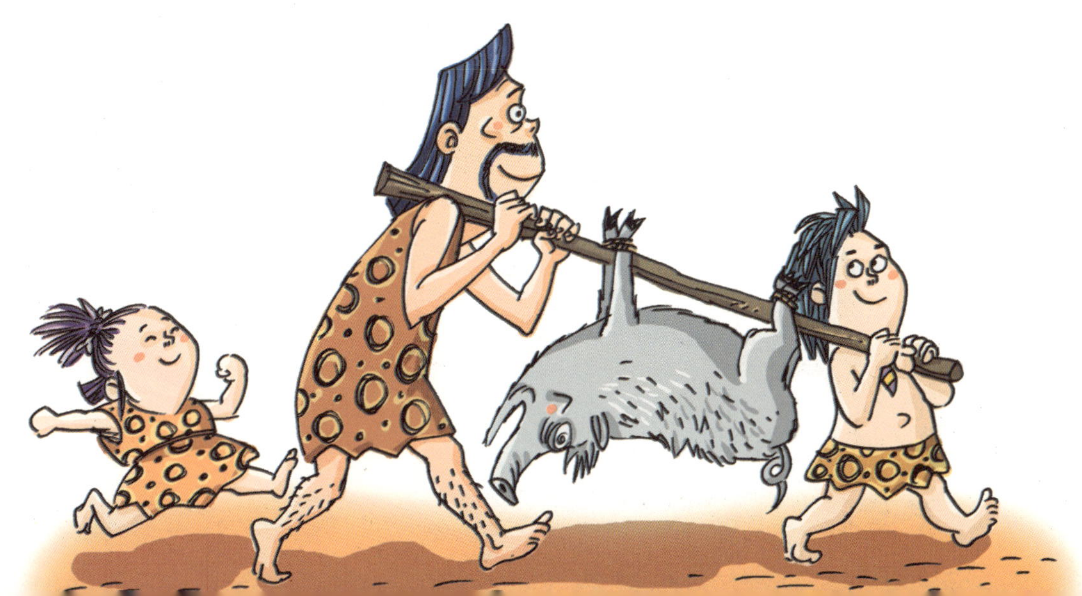

1. 포위해서 잡기

또또네 가족이 멧돼지를 공격하고 있어요,

멧돼지를 **포위**해서 잡으려면 어느 곳을 막아야 할까요?

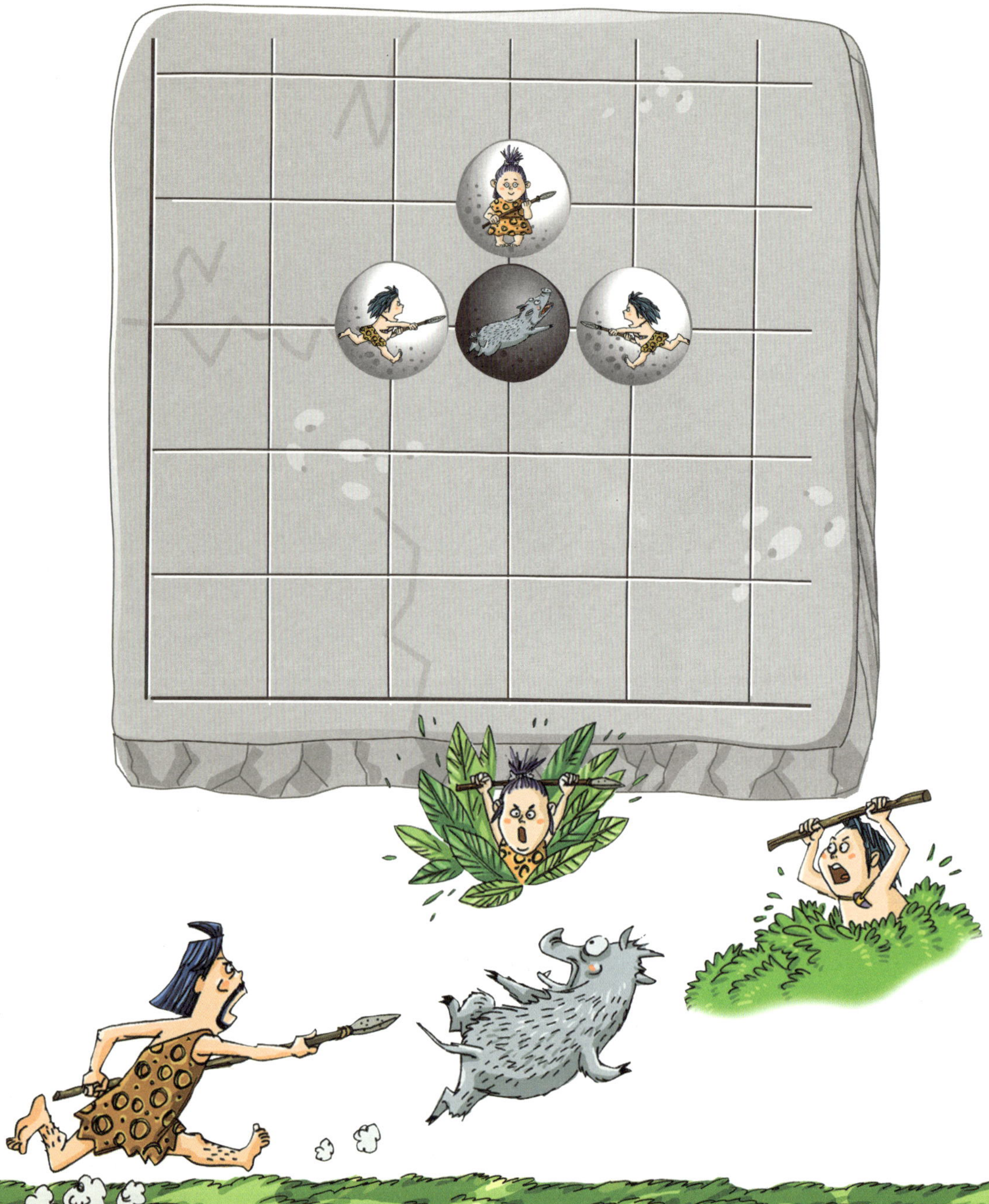

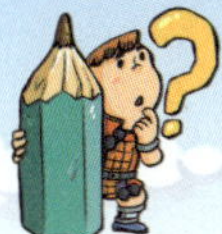

실패 그림 ❶

백1로 공격하면 멧돼지는 흑2로
달아나게 됩니다.

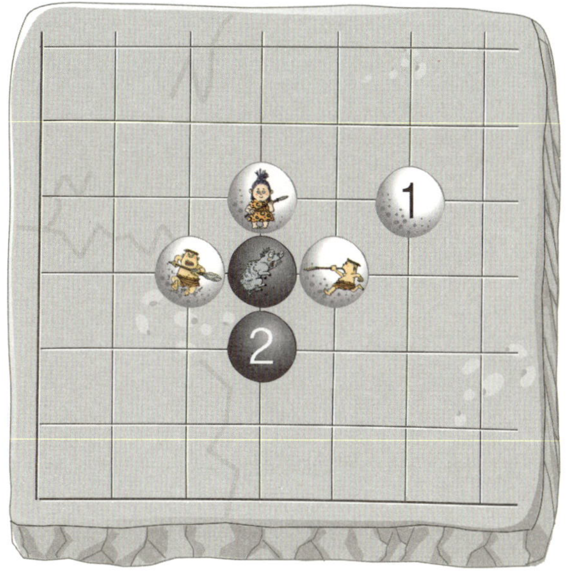

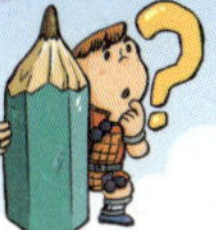

실패 그림 ❷

다음 백1로 공격해도 흑2로 달아날
수 있습니다.

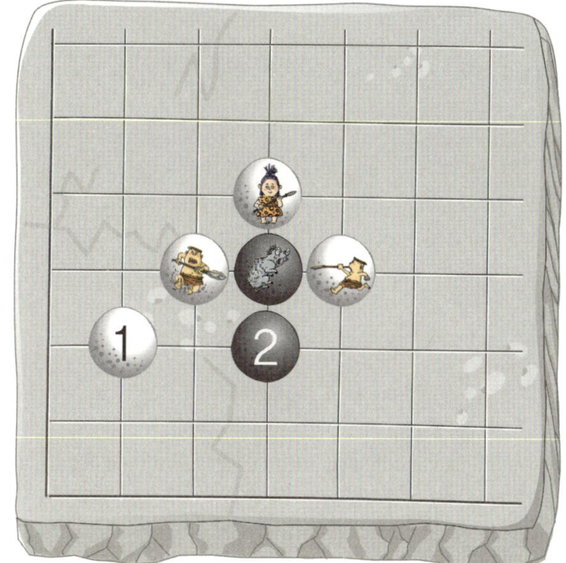

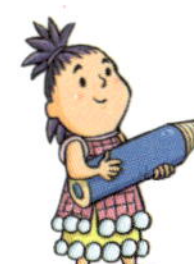

정답 그림

백1로 막는 것이 정답입니다.
네 군데의 길이 모두 막힌 멧돼지는
달아날 길이 없습니다.

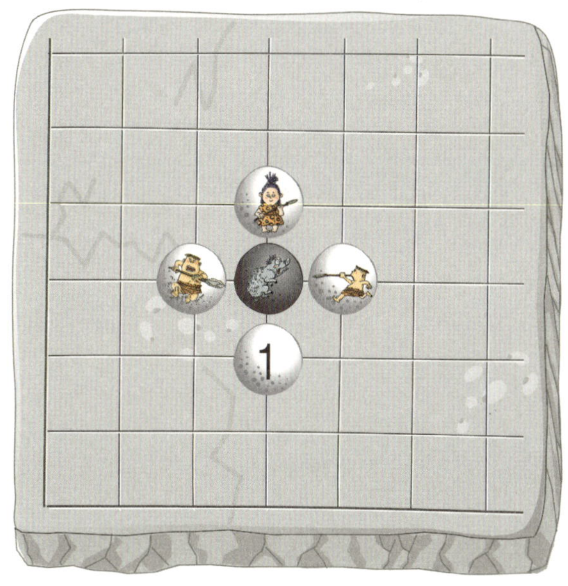

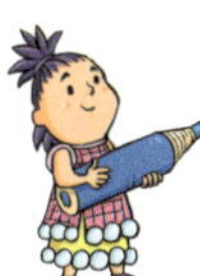

정답 설명

네 군데의 길이 모두 막힌 멧돼지는
더 이상 도망갈 수 없으므로
잡히게 됩니다.

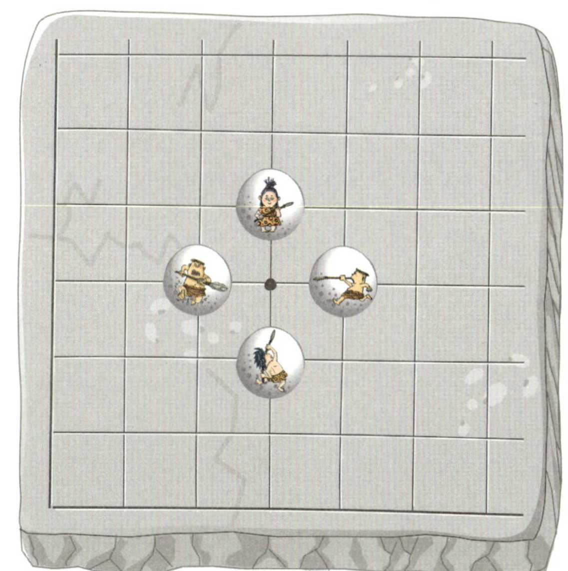

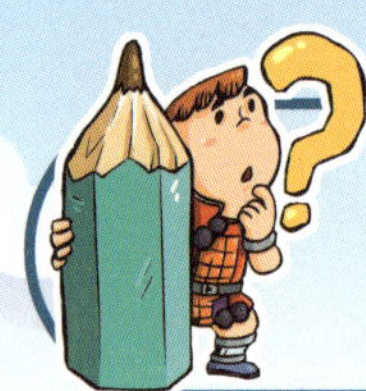

멧돼지를 포위해서 잡으려면
어느 곳을 막아야 할까요?

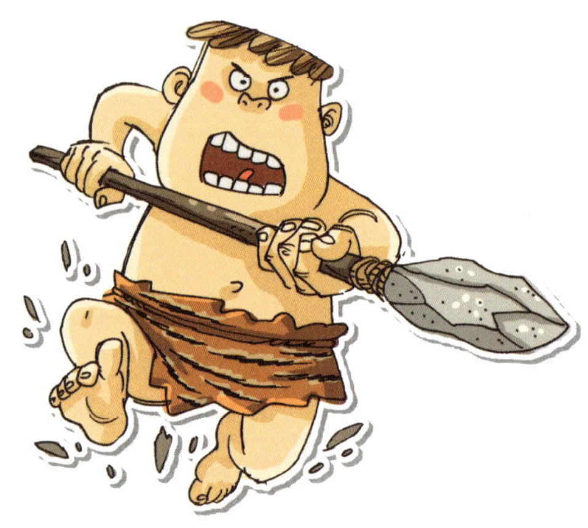

문제 01

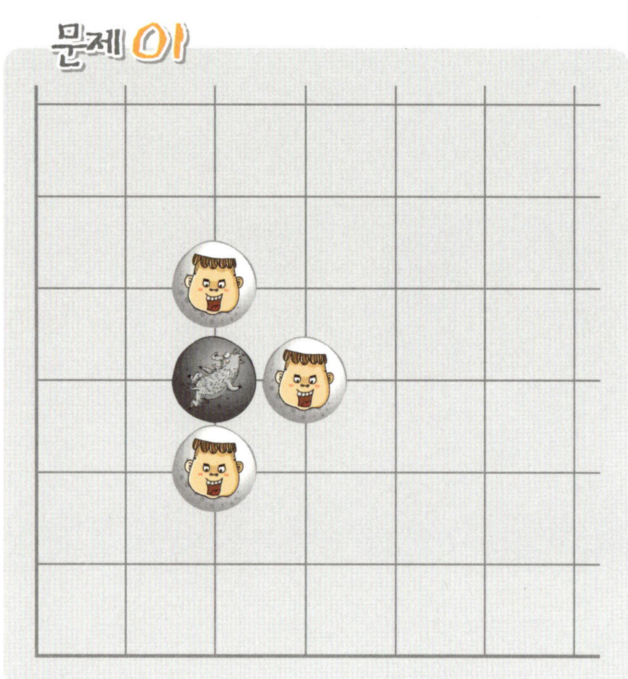

문제 02

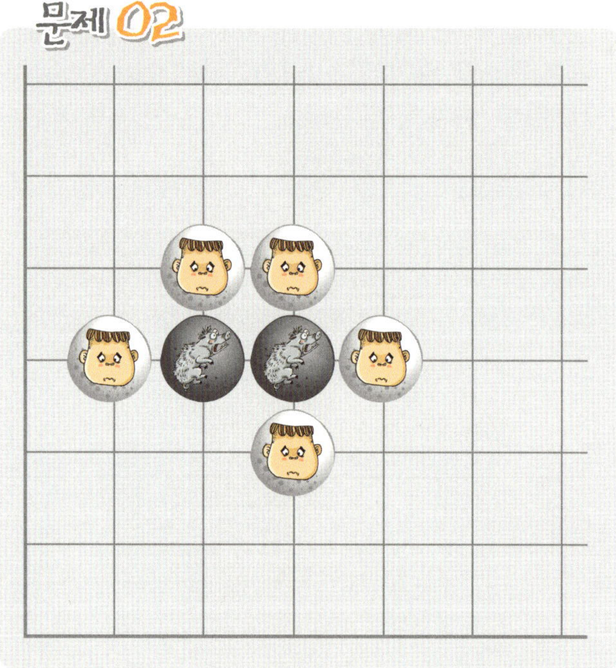

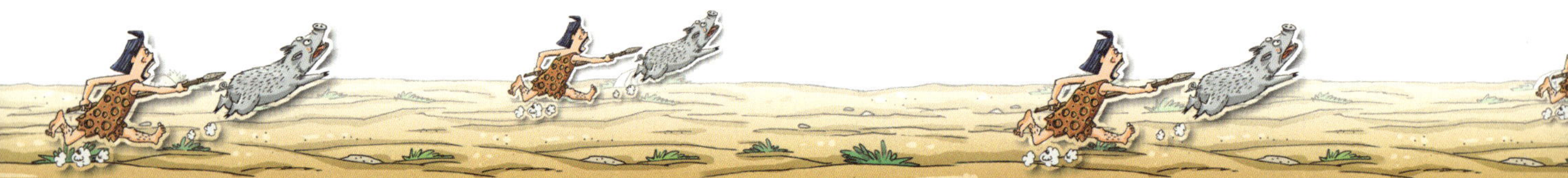

문제 03

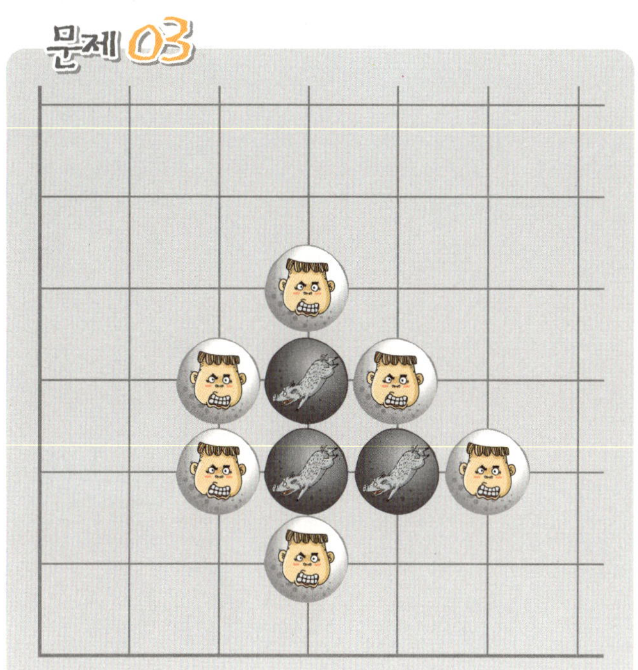

문제 04

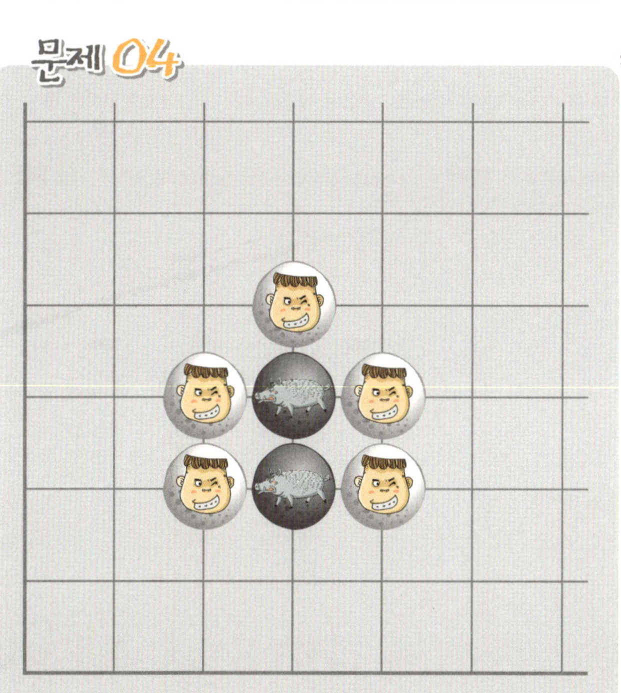

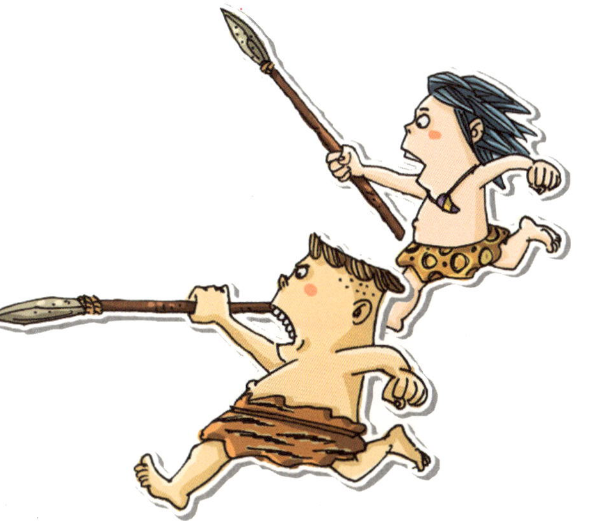

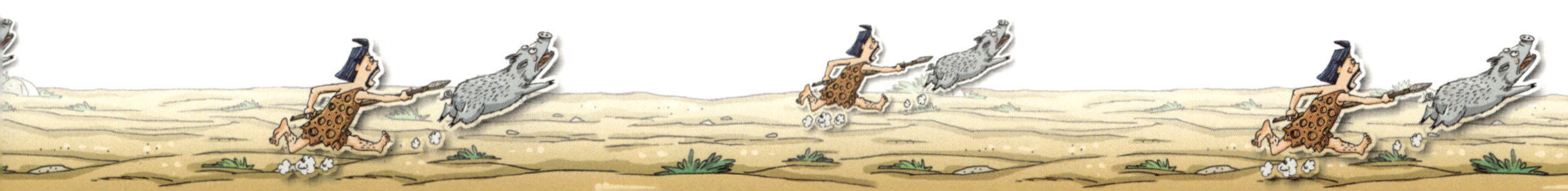

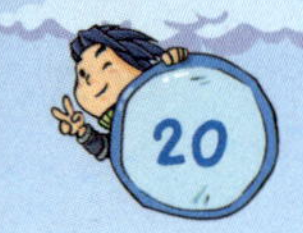

문제 05

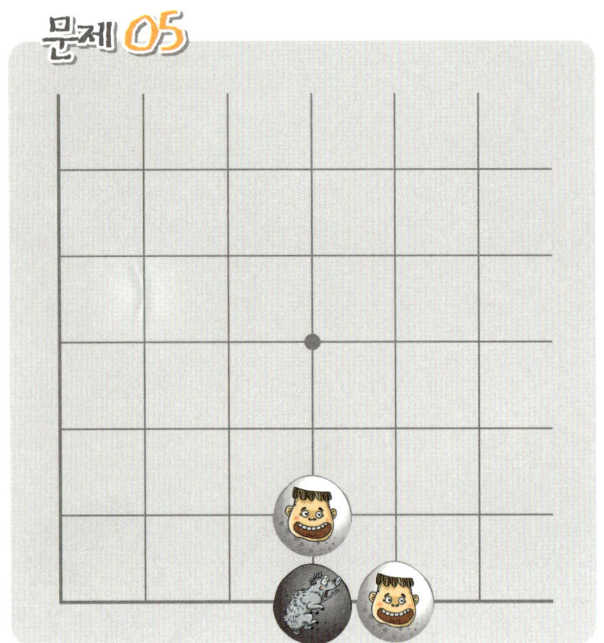

문제 06

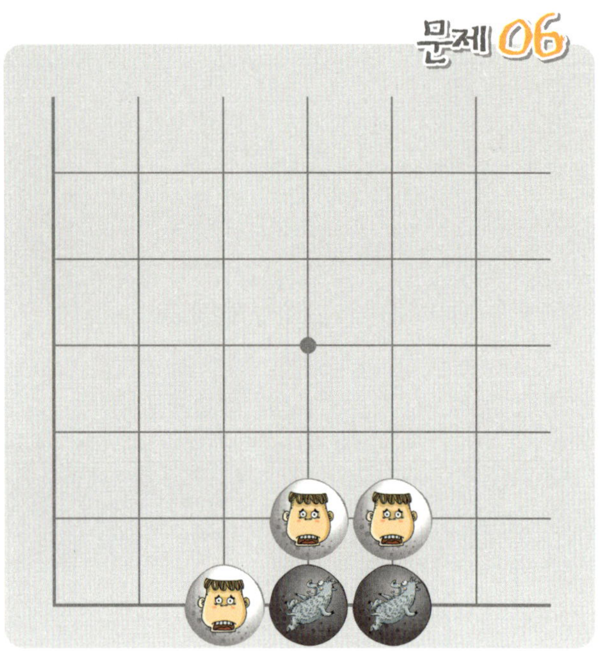

문제 07

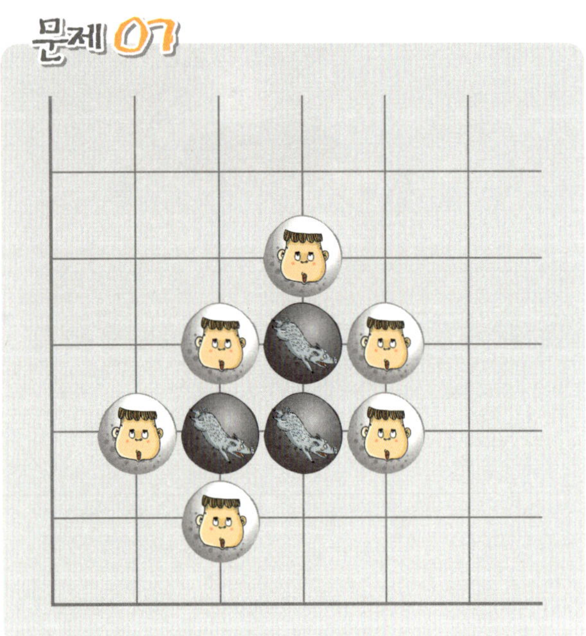

문제 08

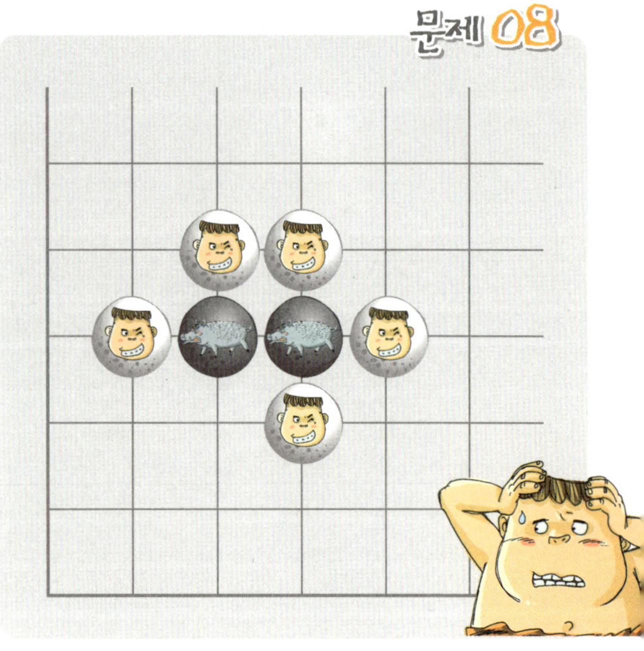

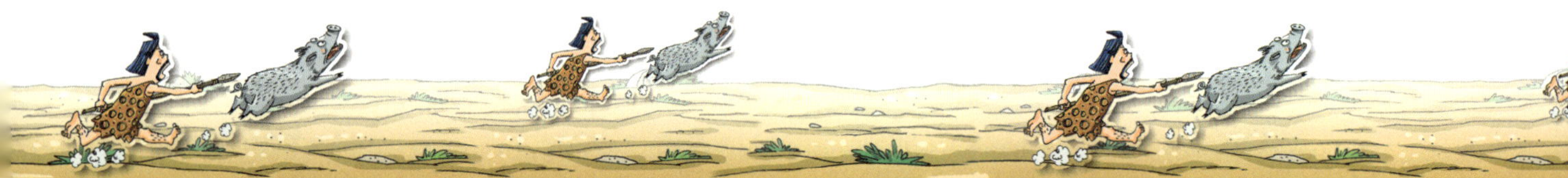

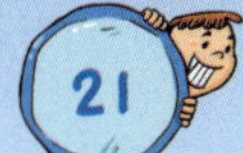

흑돌을 포위해서 잡으려면
백돌이 어느 곳을 막아야 할까요?

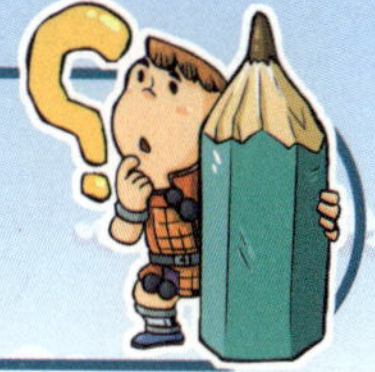

문제 09

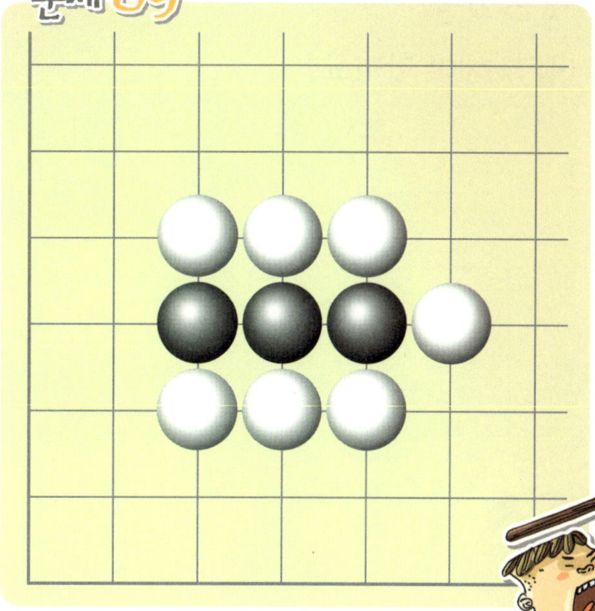

문제 10

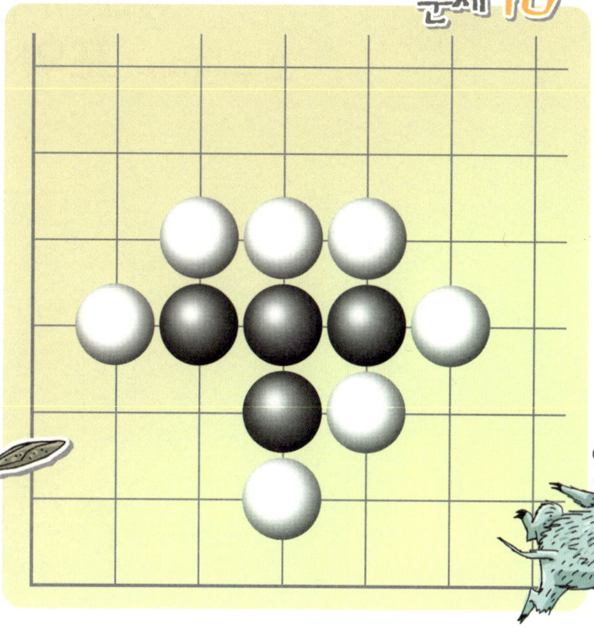

문제 11

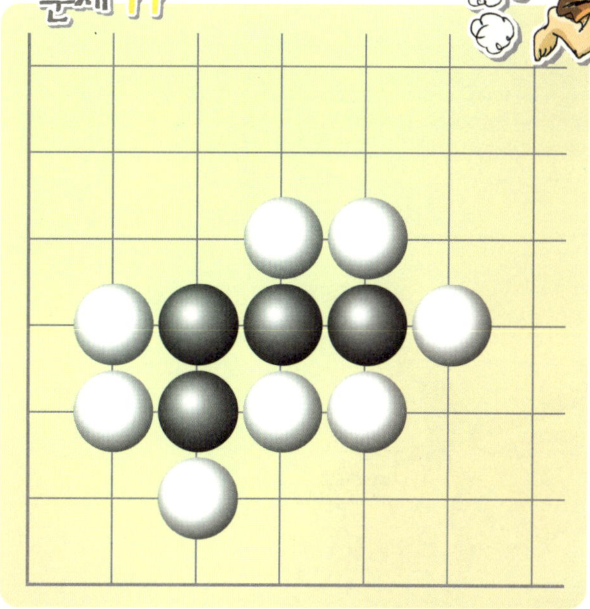

문제 12

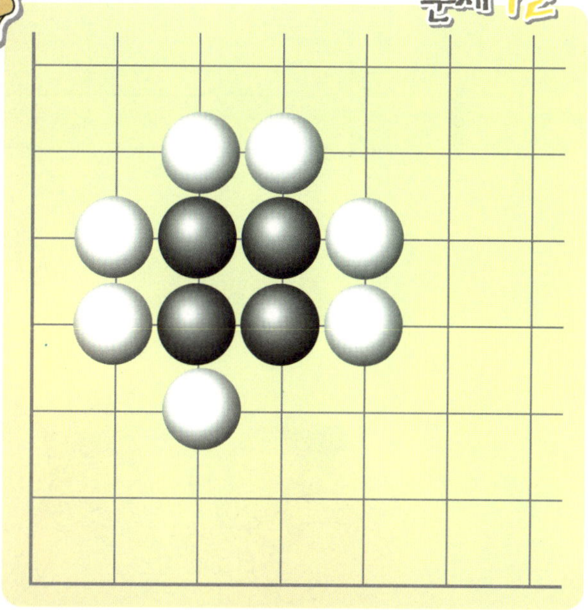

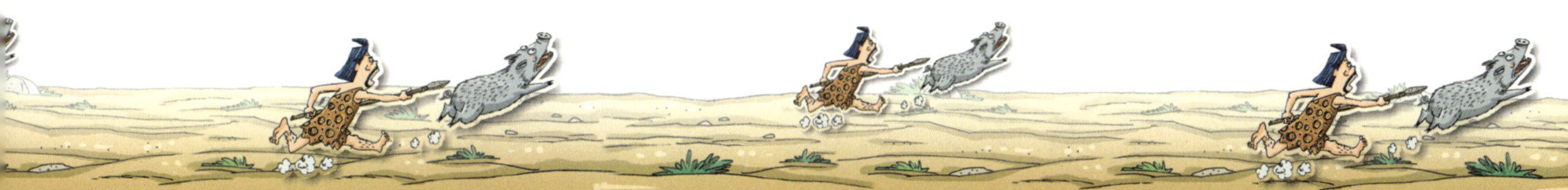

2. 도망갈 수 있는 길 모두 막기

멧돼지가 달아날 수 있는 길을
모두 막아서 **포위**하려면 어떻게 해야 할까요?

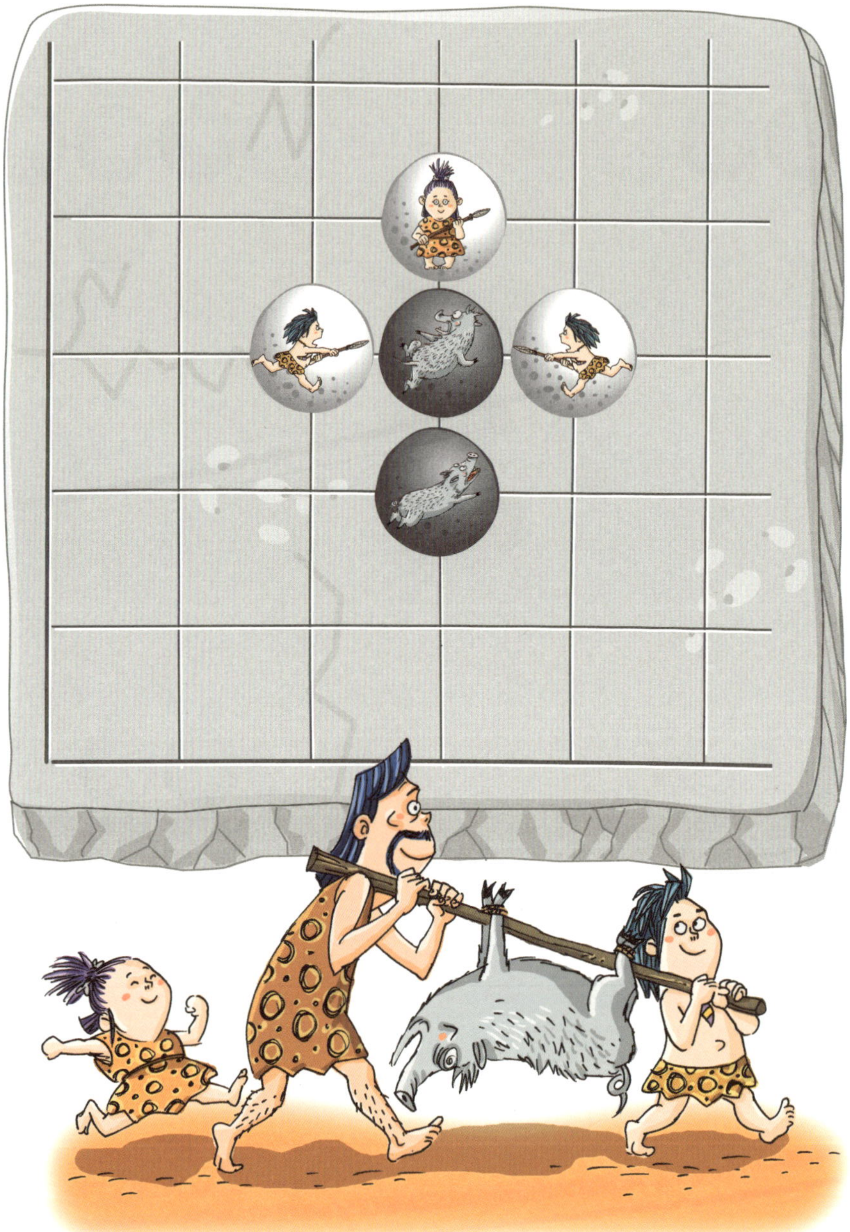

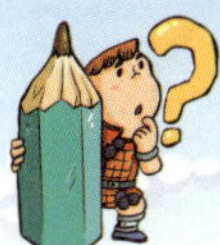

실패 그림 ❶

백○는 멧돼지가 달아나는 길이
아니므로 실패입니다.

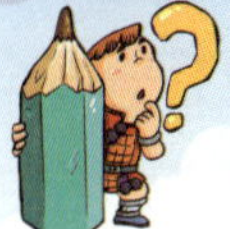

실패 그림 ❷

백○는 멧돼지가 달아나는 길을 잘
막았습니다. 그렇지만 A 부분을 막지
않았으므로 실패입니다

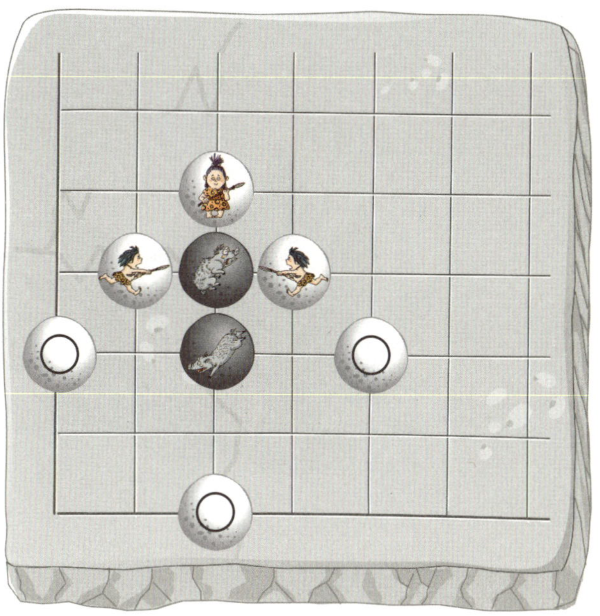

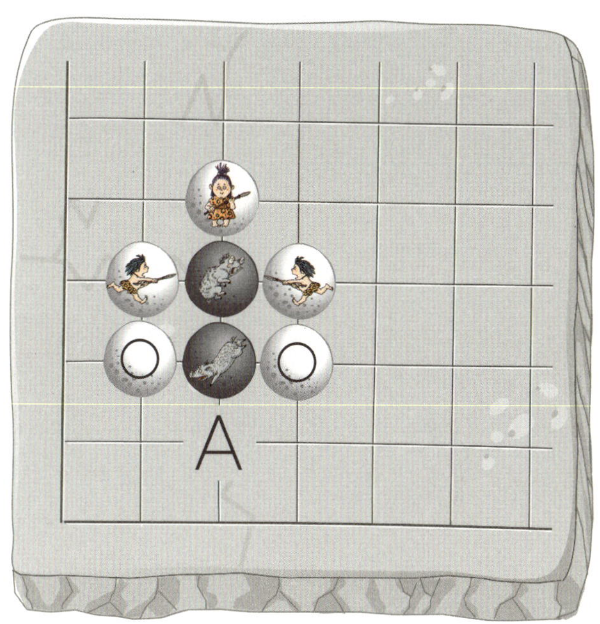

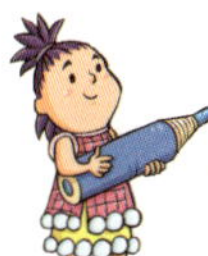

정답 그림

백○처럼 멧돼지가
달아나는 길을
모두 막는 것이
정답입니다.

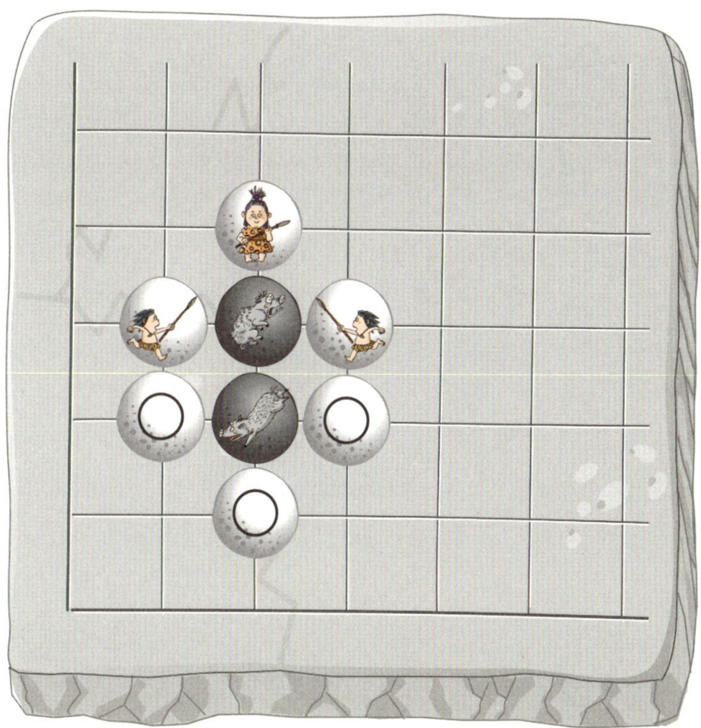

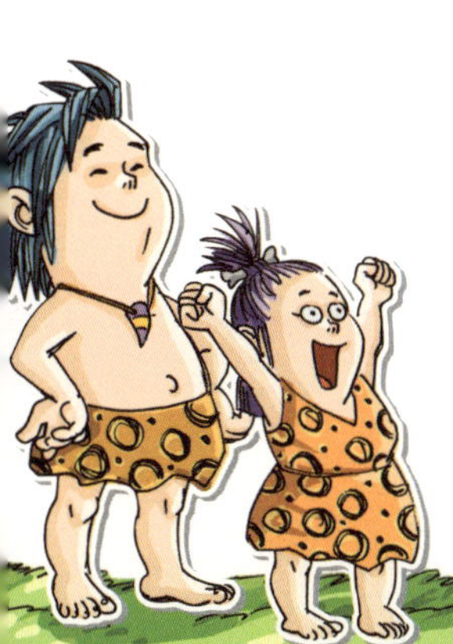

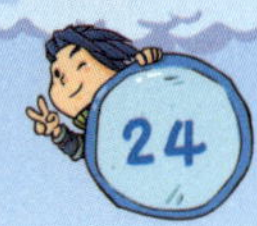
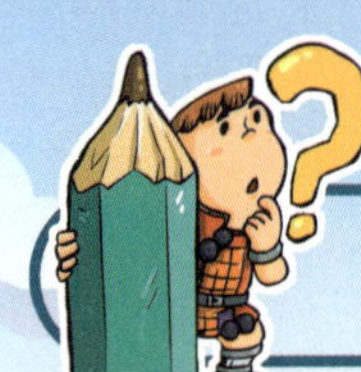

멧돼지가 달아날 수 있는 길을 모두 막아 보세요.

문제 01

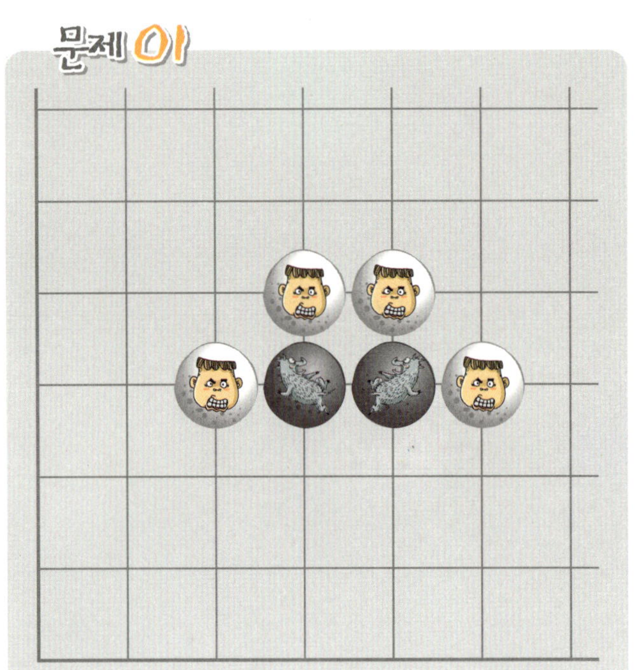

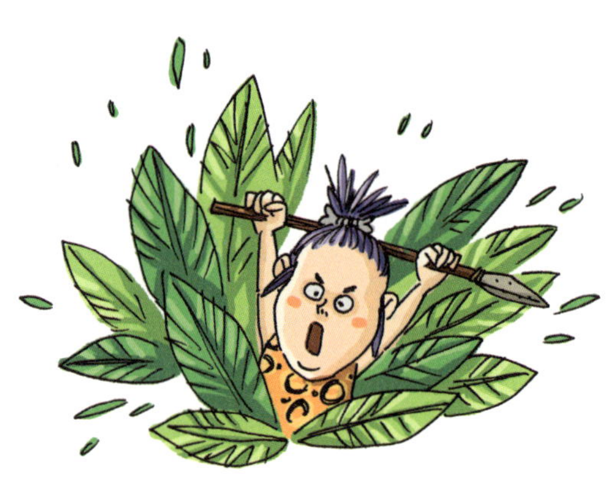

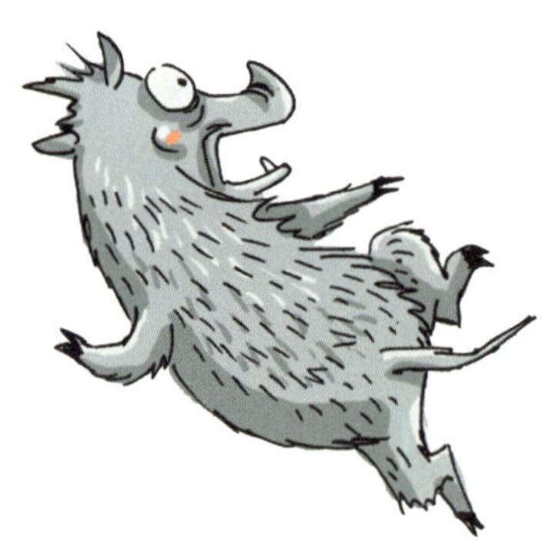

문제 02

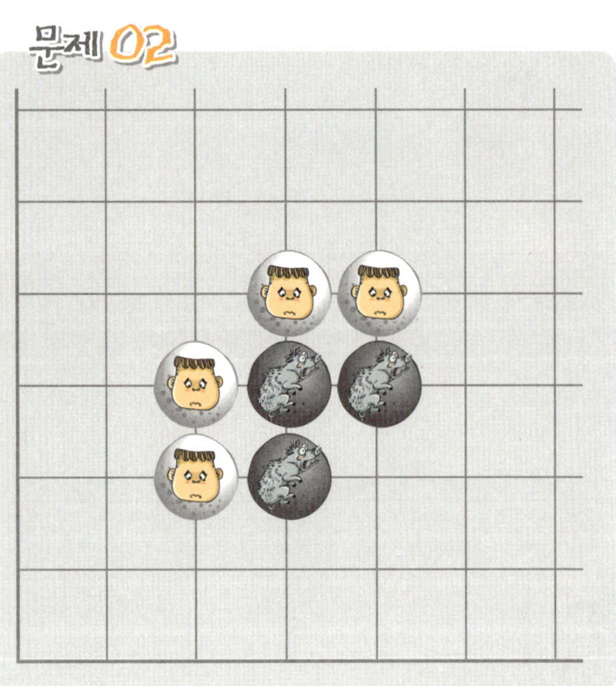

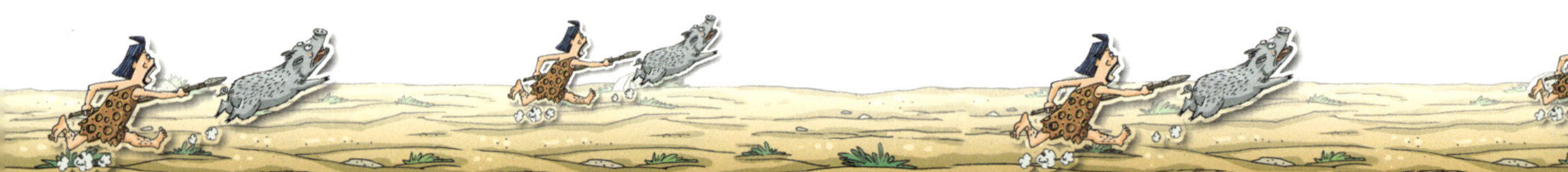

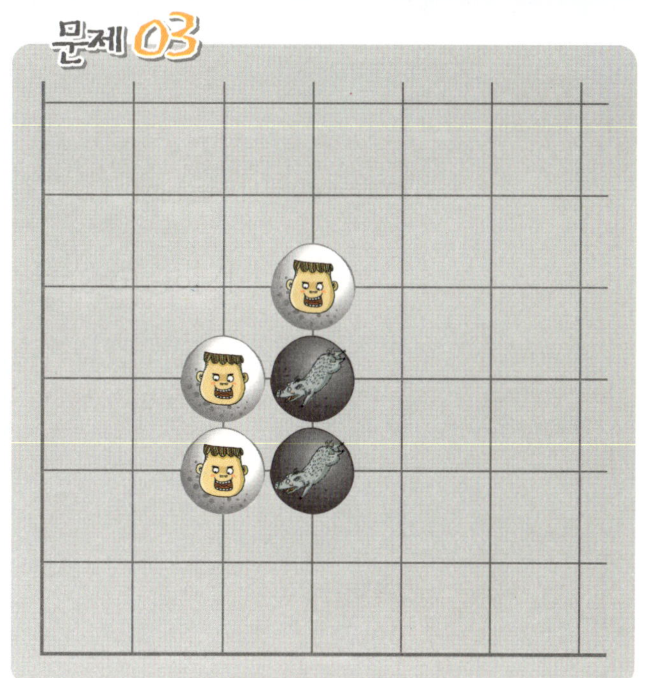

문제 03

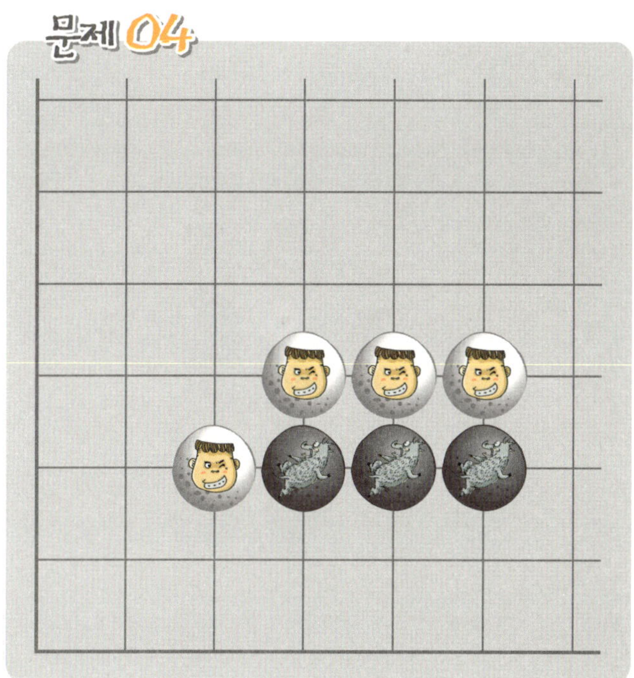

문제 04

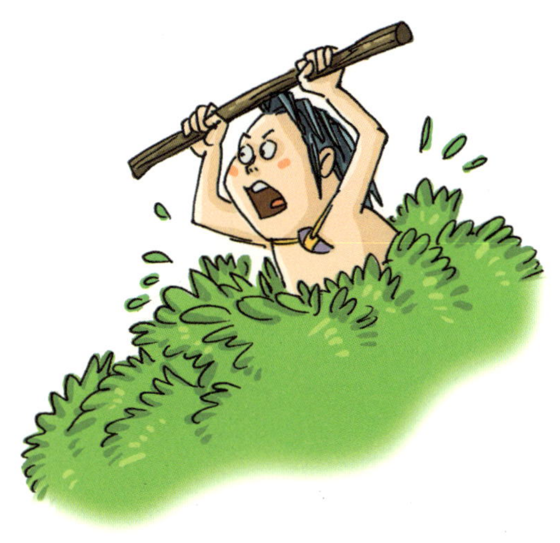

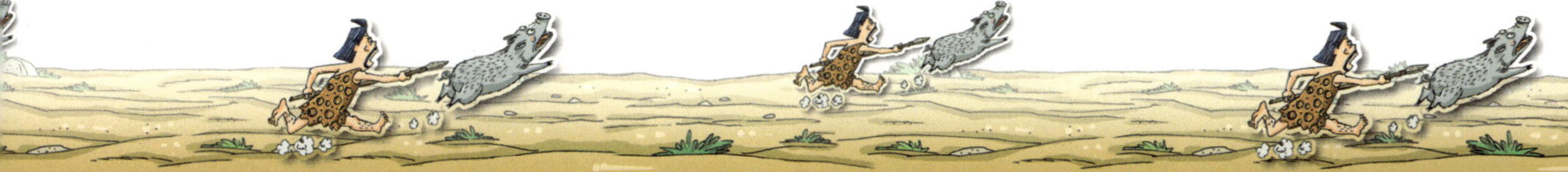

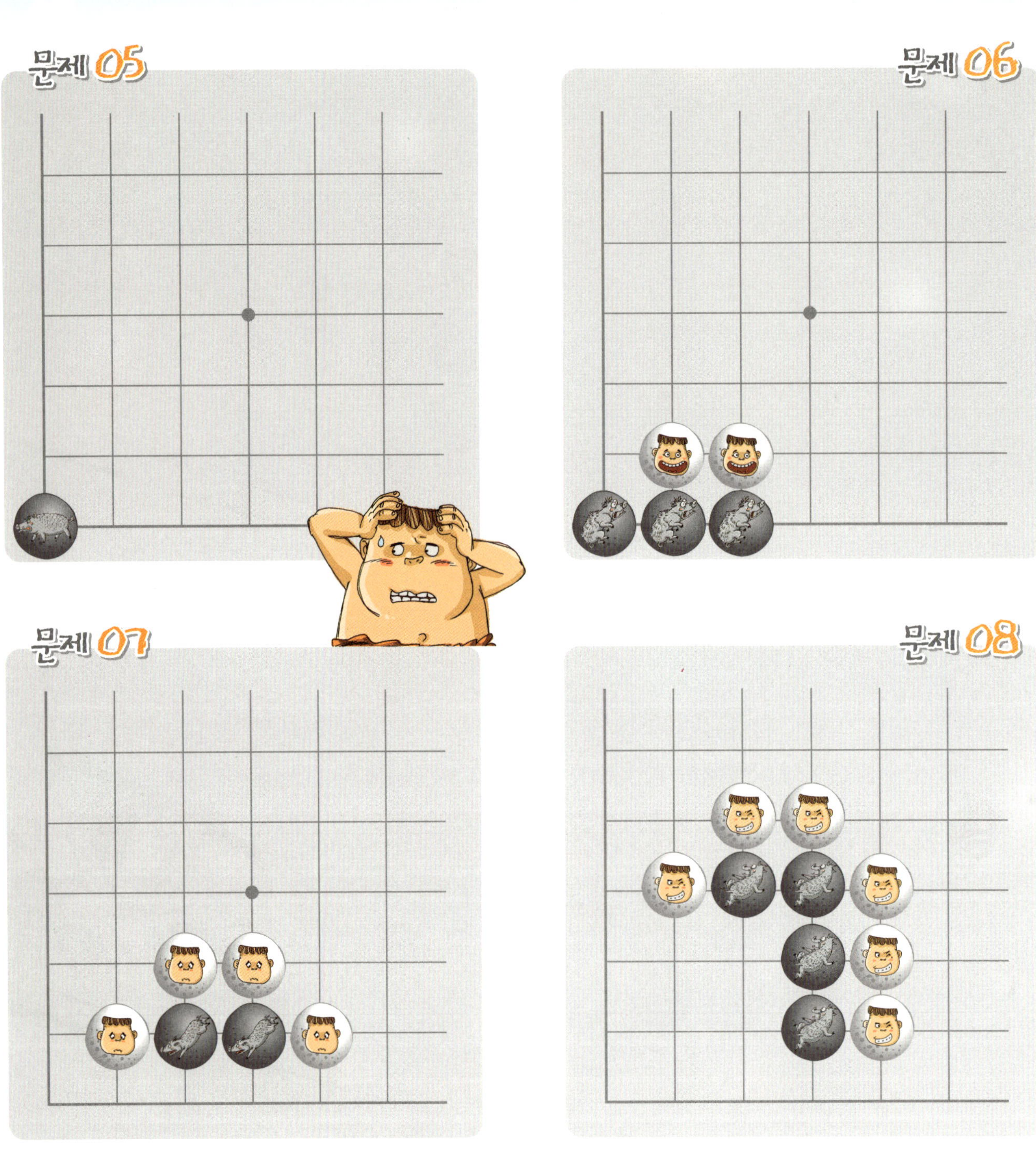

문제 05
문제 06
문제 07
문제 08

흑돌이 달아날 수 있는 길을 모두 막아 보세요.

문제 09

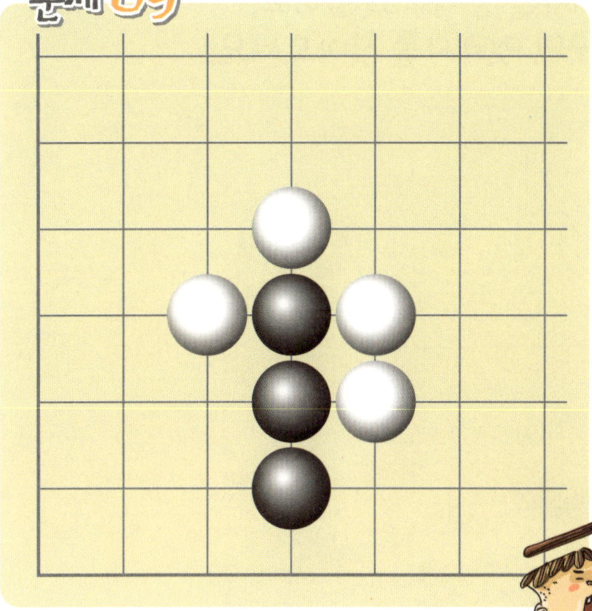

문제 10

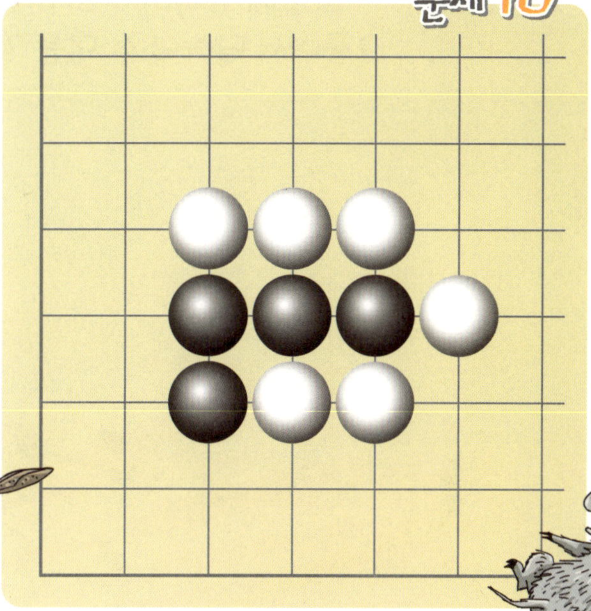

문제 11

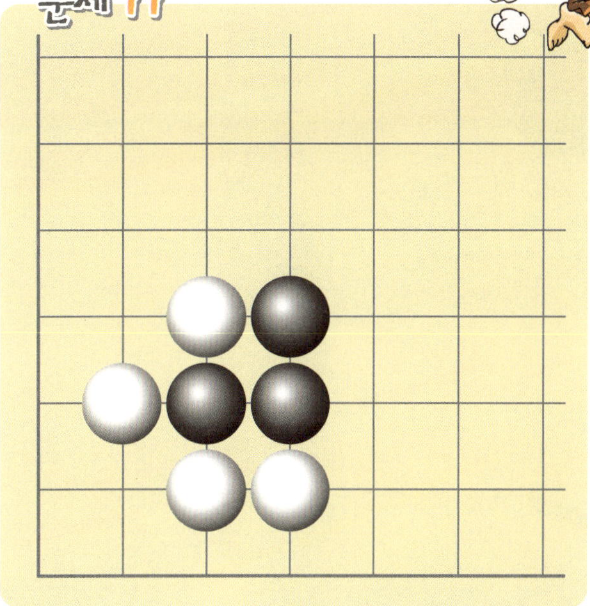

문제 12

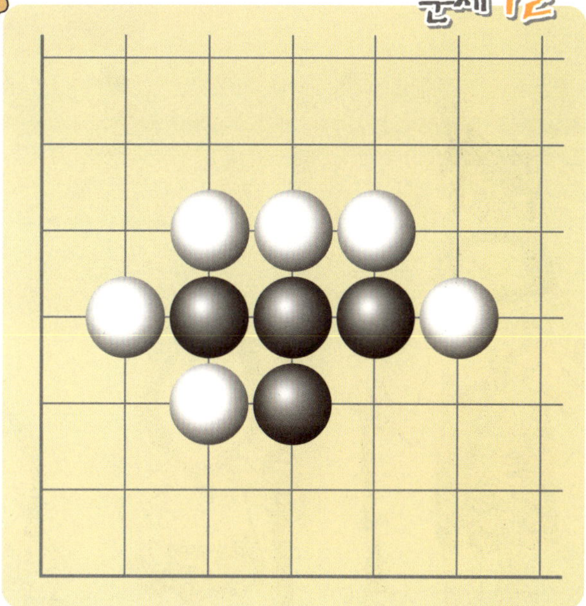

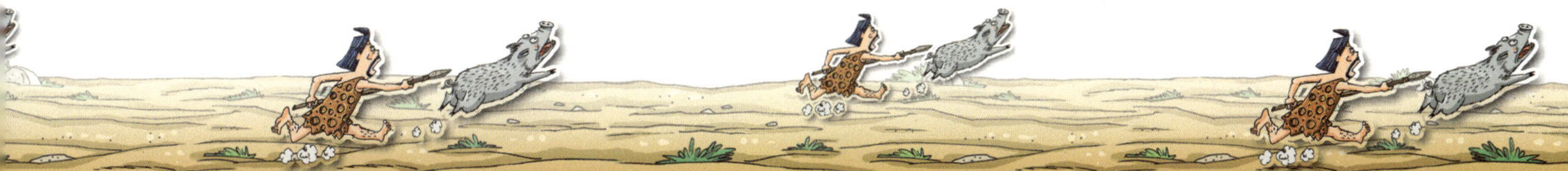

3. 잡을 수 있는 사냥감 찾기

또또네 가족이 여러 마리의 멧돼지를 공격하고 있어요,
그중에서 달아날 수 있는 길이 한 곳인 멧돼지를 찾아보세요,

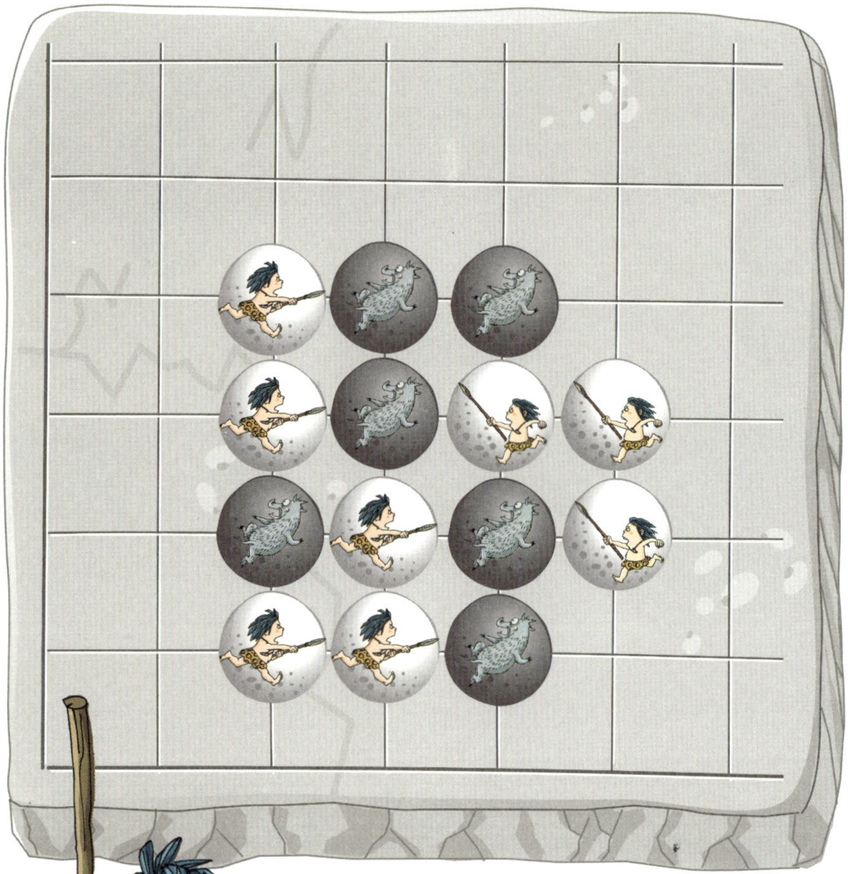

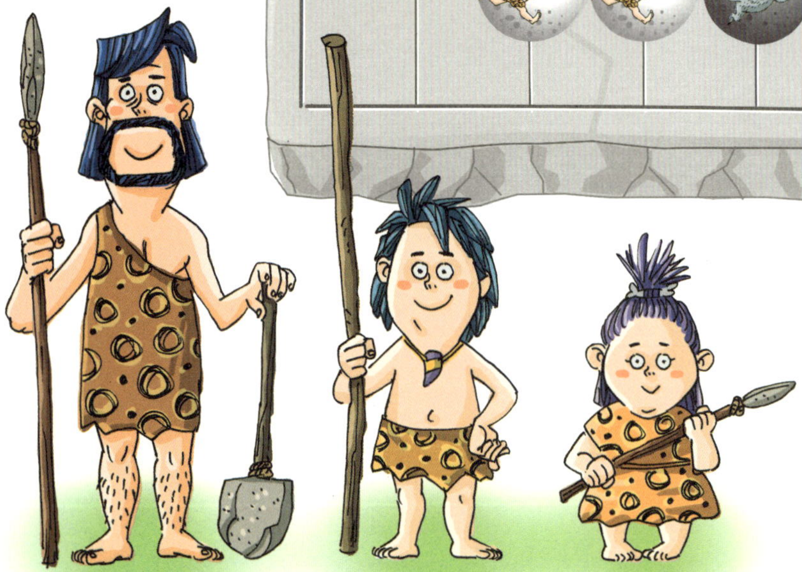

실패 그림 ❶

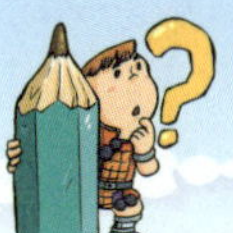

흑△로 표시한 멧돼지는 달아날 수 있는 길이 A와 B 두 곳이므로 정답이 아닙니다.

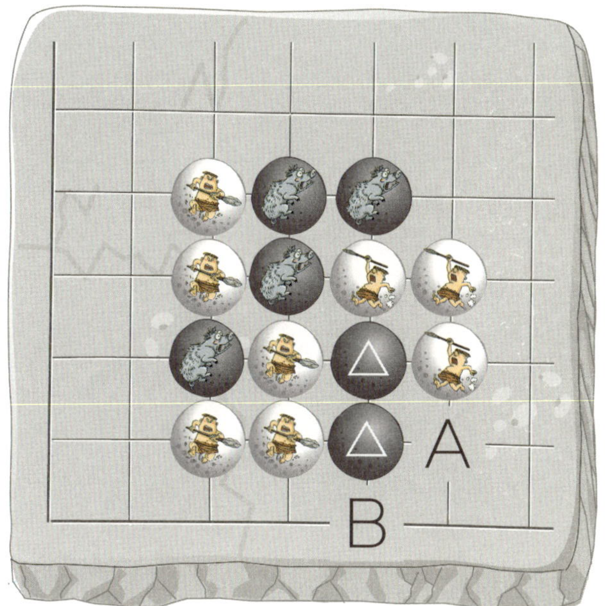

실패 그림 ❷

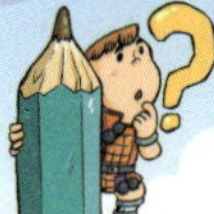

흑○로 표시한 멧돼지는 달아날 수 있는 길이 A~C까지 세 곳이므로 정답이 아닙니다.

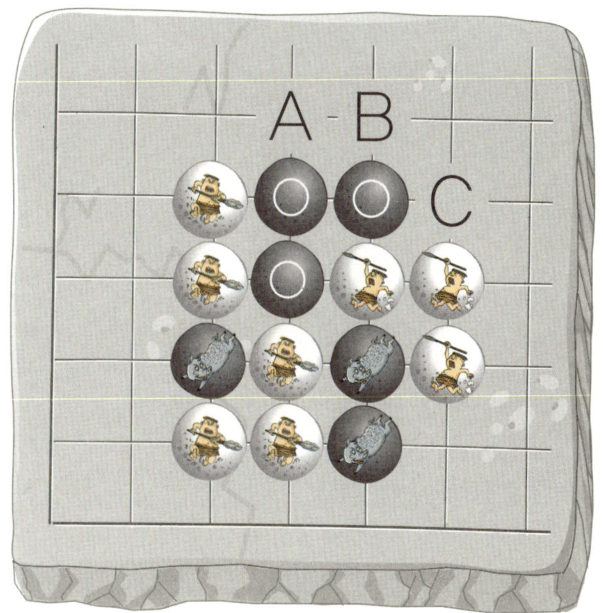

정답 그림

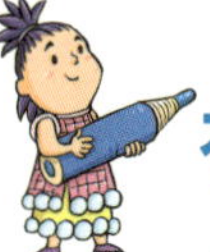

흑□로 표시한 멧돼지는 달아날 수 있는 길이 A 한 곳뿐인 사냥감입니다.

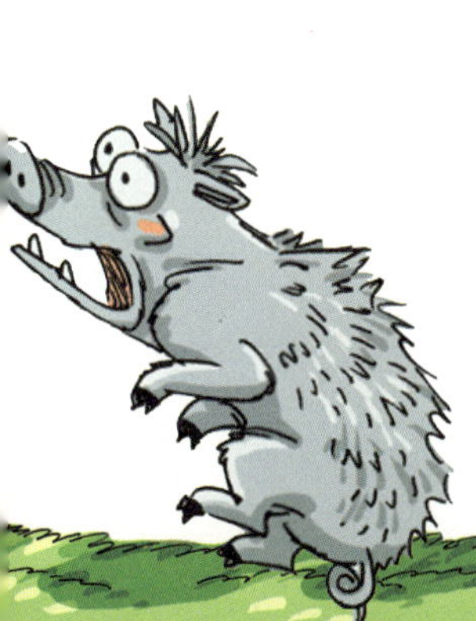

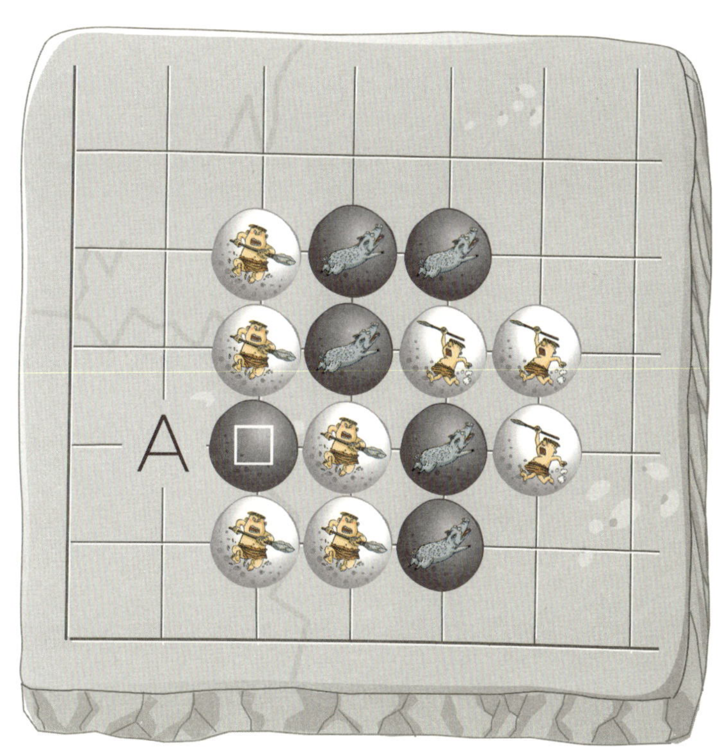

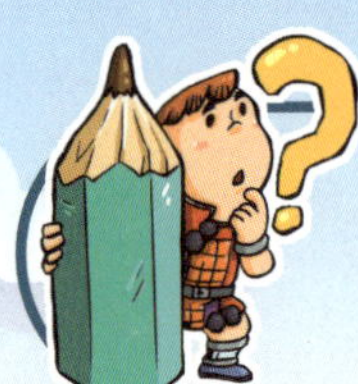

달아날 수 있는 길이 한 곳인 멧돼지를
찾아서 동그라미해 보세요.

문제 **01**

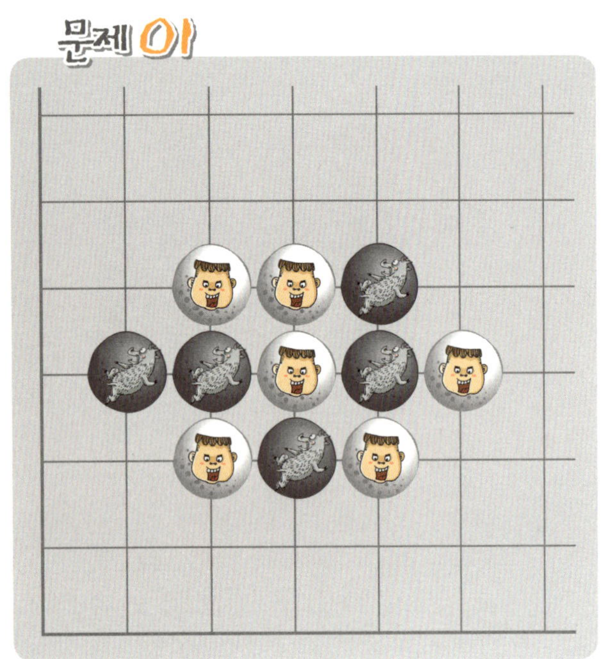

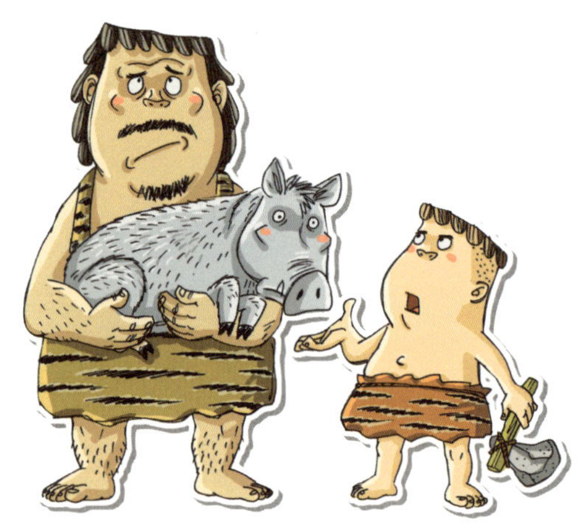

문제 **02**

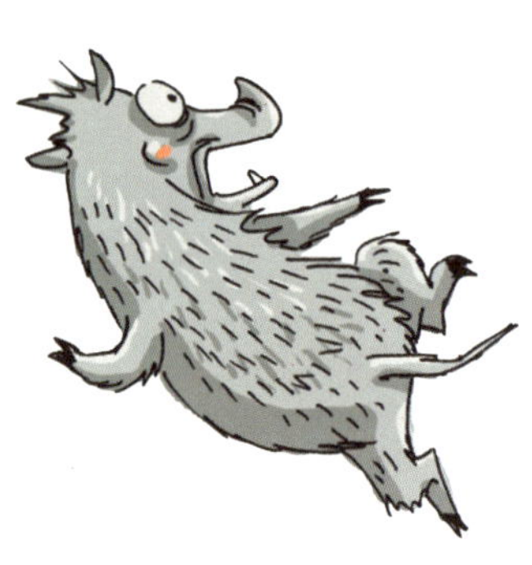

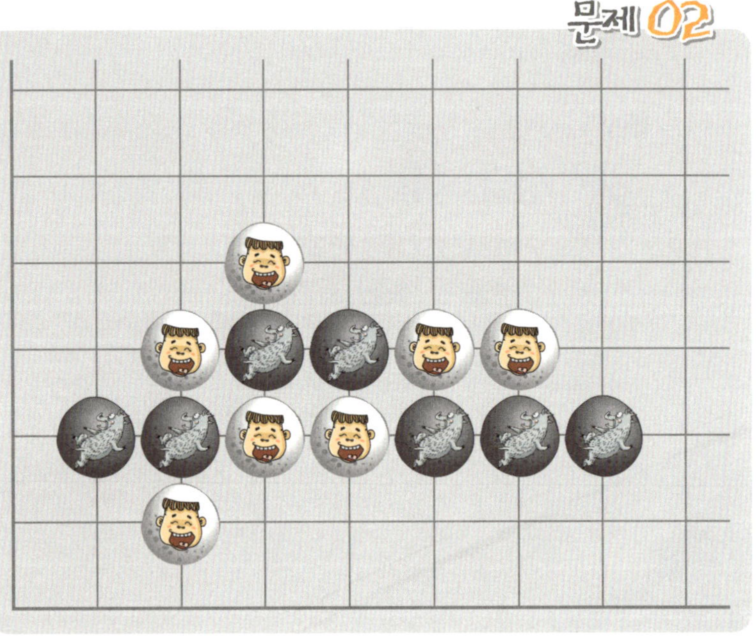

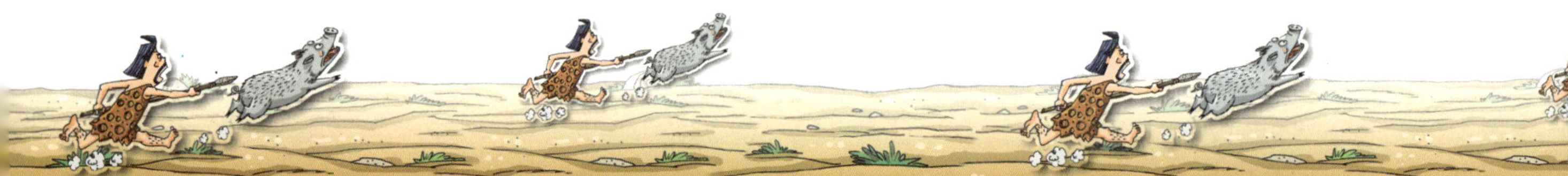

문제 03

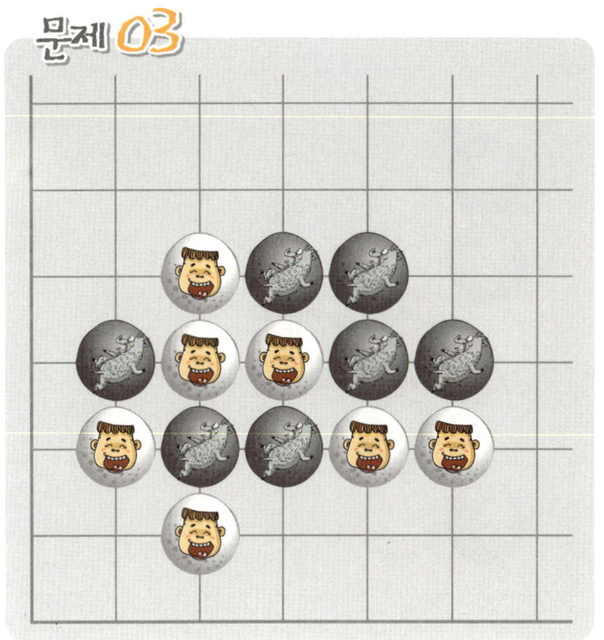

문제 04

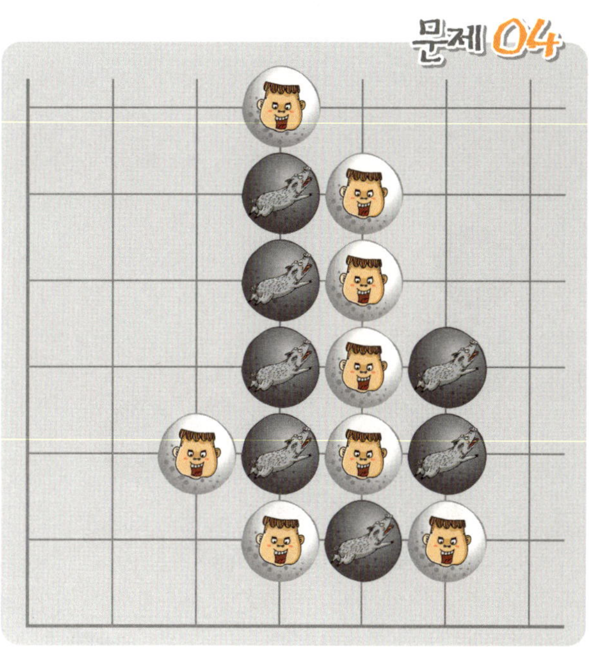

문제 05

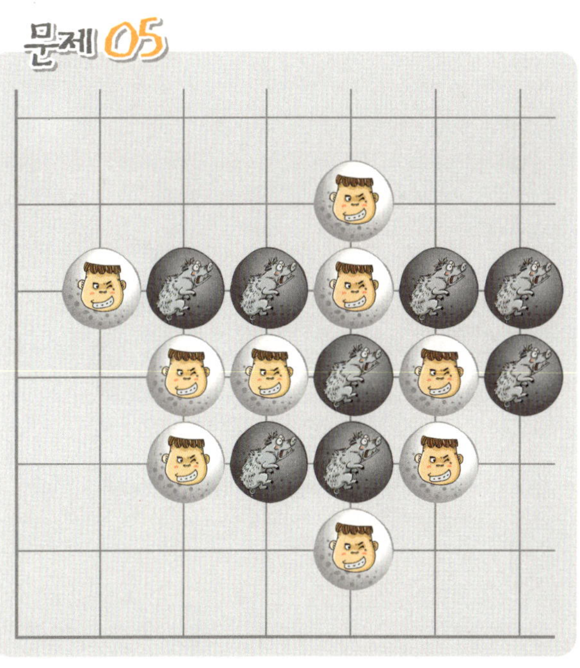

문제 06

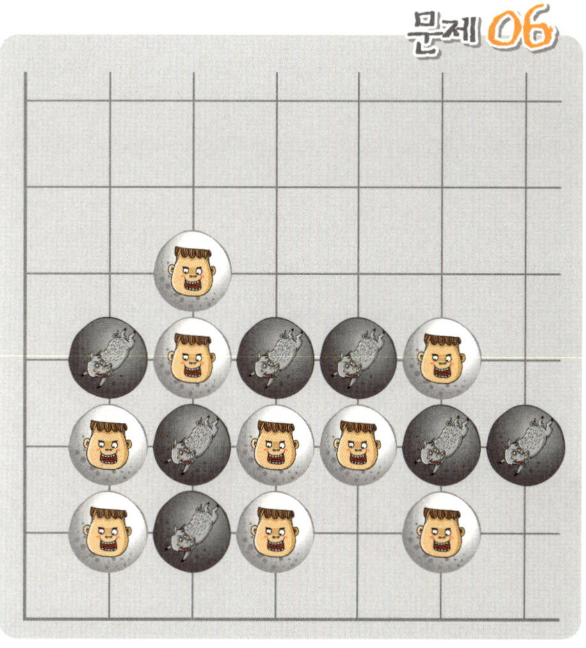

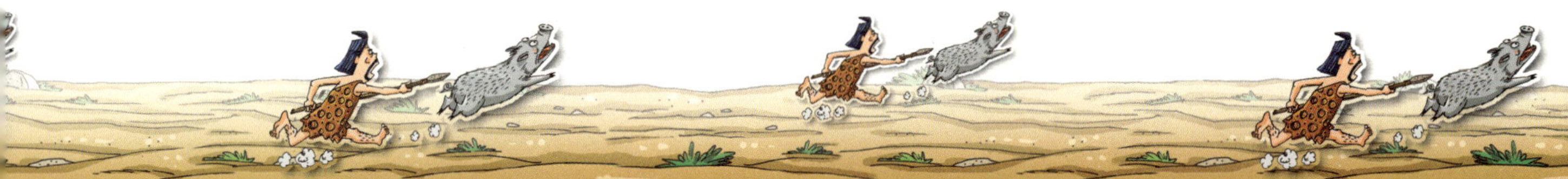

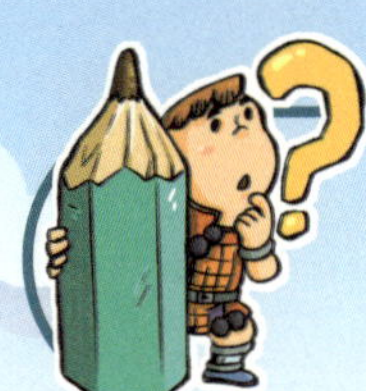

달아날 수 있는 길이 한 곳인 흑돌을
찾아서 동그라미해 보세요.

문제 07

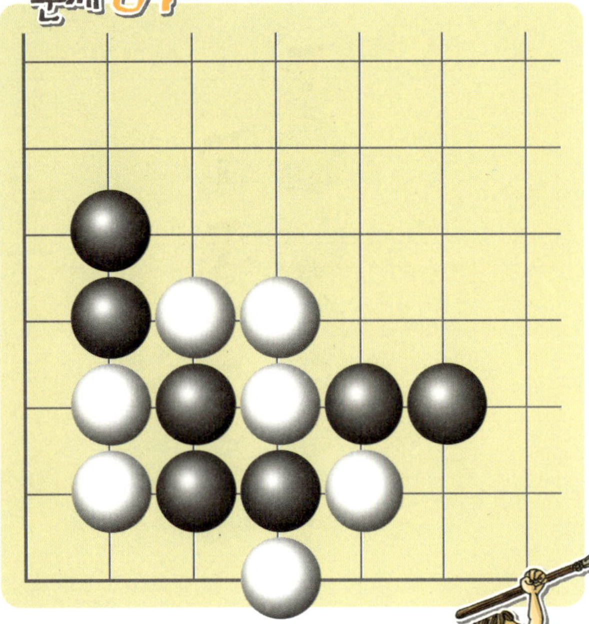

문제 08

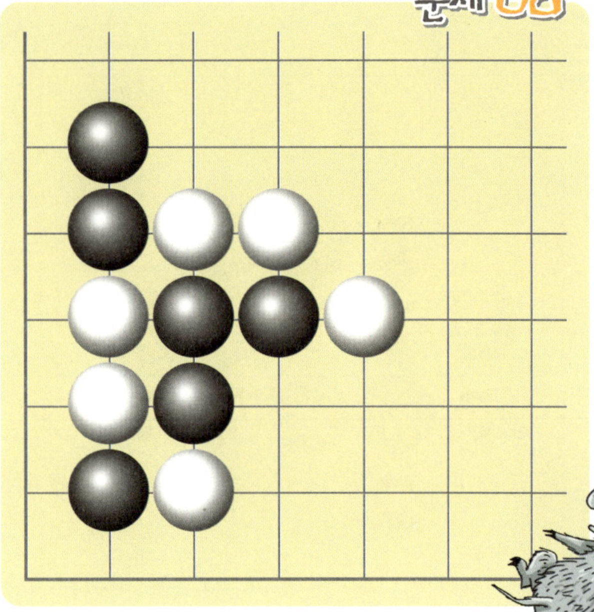

문제 09

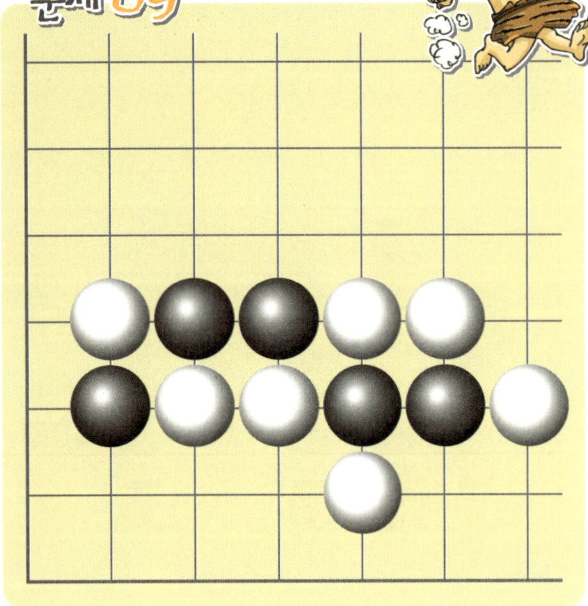

문제 10

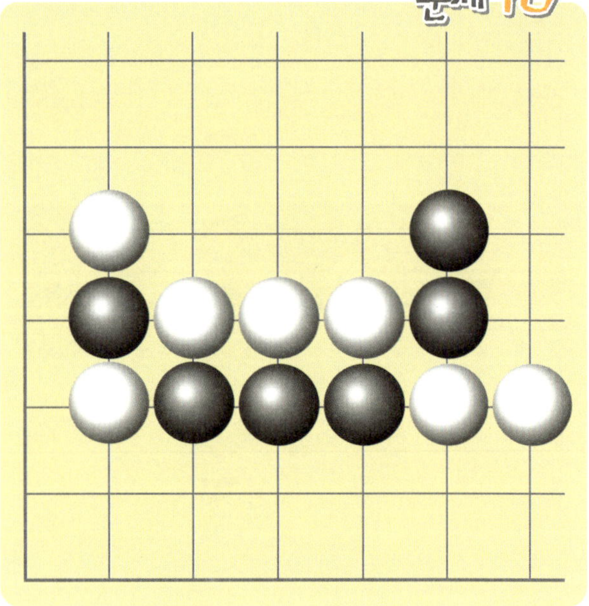

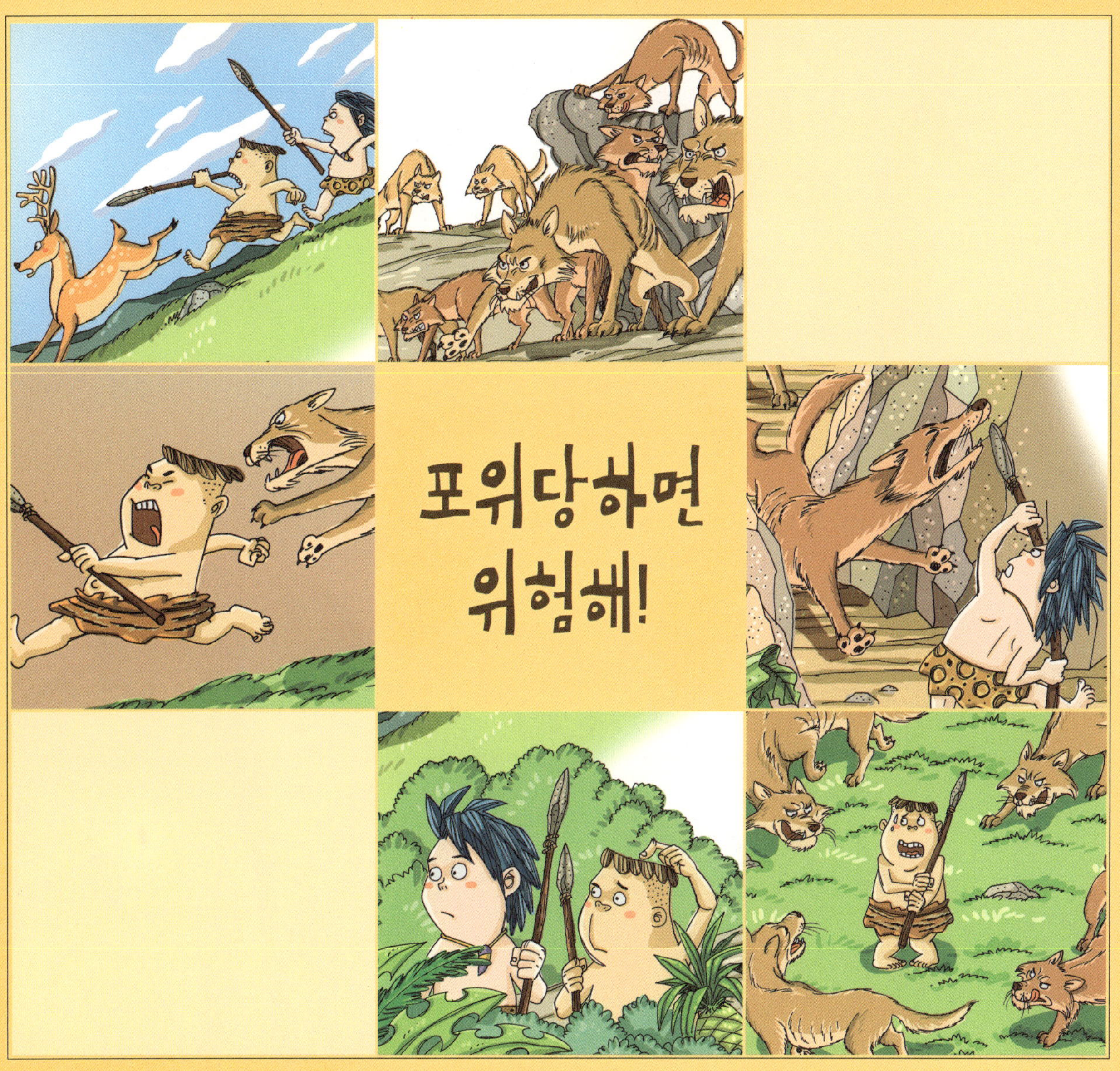
포위당하면
위험해!

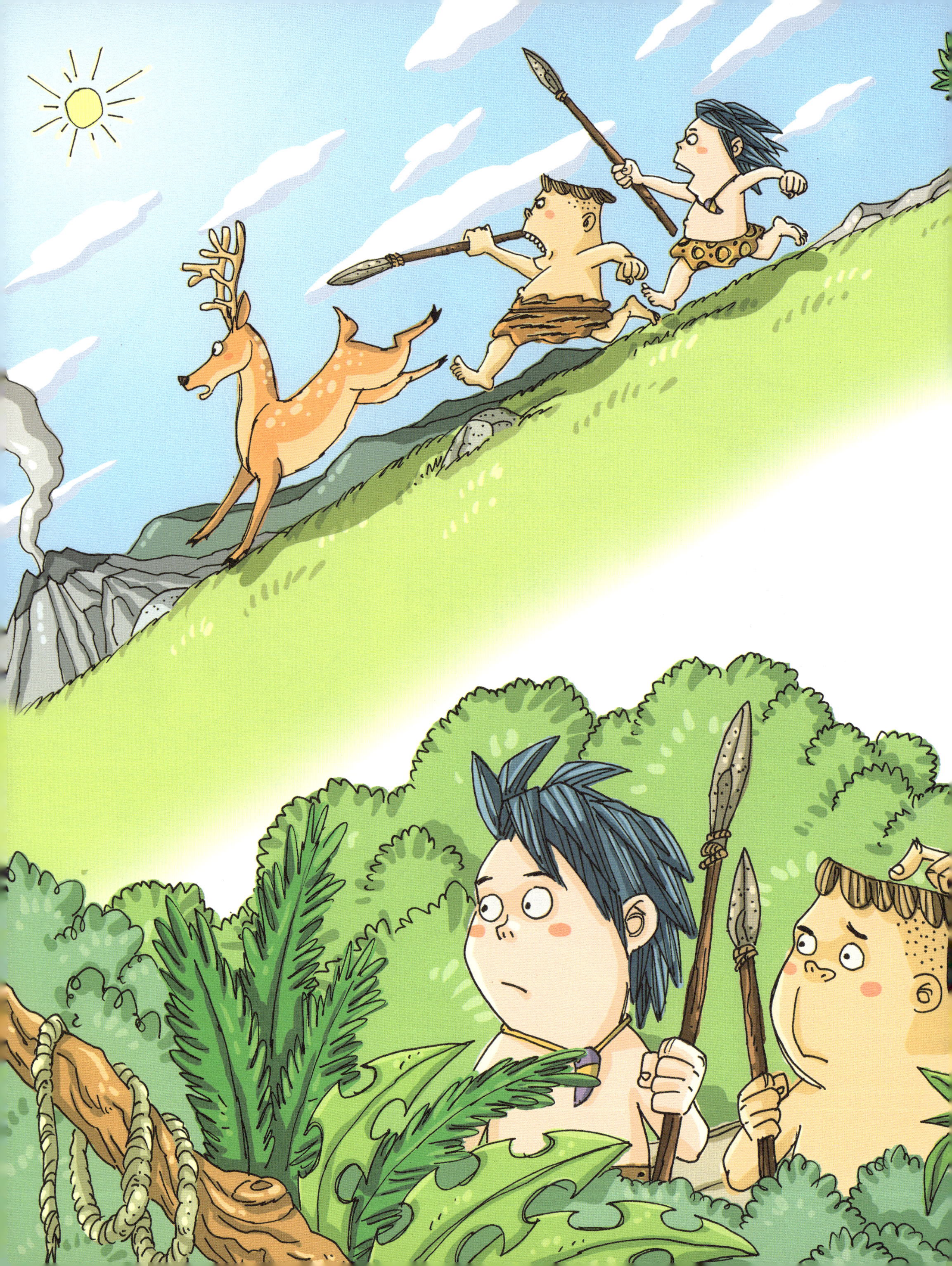

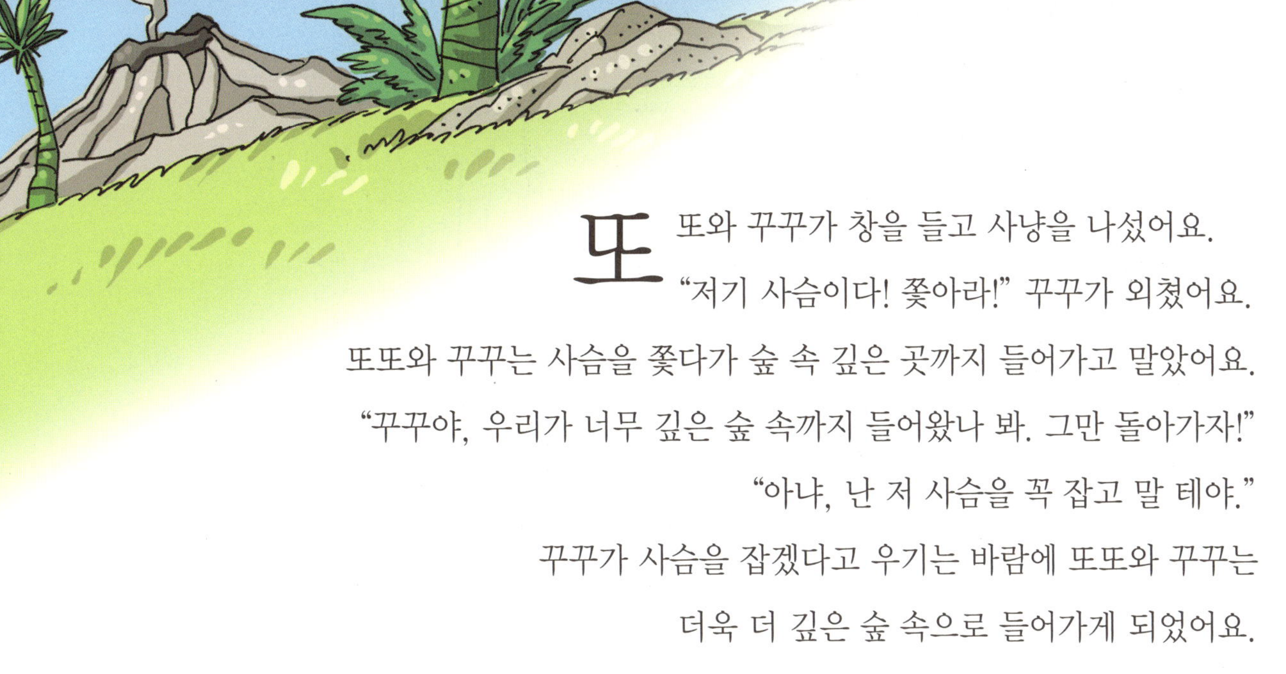

또 또와 꾸꾸가 창을 들고 사냥을 나섰어요.
"저기 사슴이다! 쫓아라!" 꾸꾸가 외쳤어요.
또또와 꾸꾸는 사슴을 쫓다가 숲 속 깊은 곳까지 들어가고 말았어요.
"꾸꾸야, 우리가 너무 깊은 숲 속까지 들어왔나 봐. 그만 돌아가자!"
"아냐, 난 저 사슴을 꼭 잡고 말 테야."
꾸꾸가 사슴을 잡겠다고 우기는 바람에 또또와 꾸꾸는
더욱 더 깊은 숲 속으로 들어가게 되었어요.

"앗! 저게 뭐야? 늑대잖아."
큰일 났어요. 앞쪽에서 늑대들이 다가오고 있었어요.
그것도 1마리가 아니라 8마리나 되었지요.
"꾸꾸야 난 이쪽으로 도망칠 테니, 넌 저쪽으로 도망쳐!"
꾸꾸와 또또가 서로 다른 길로 도망치기 시작했어요.
그러자 늑대들도 반으로 나누어 쫓아왔지요.

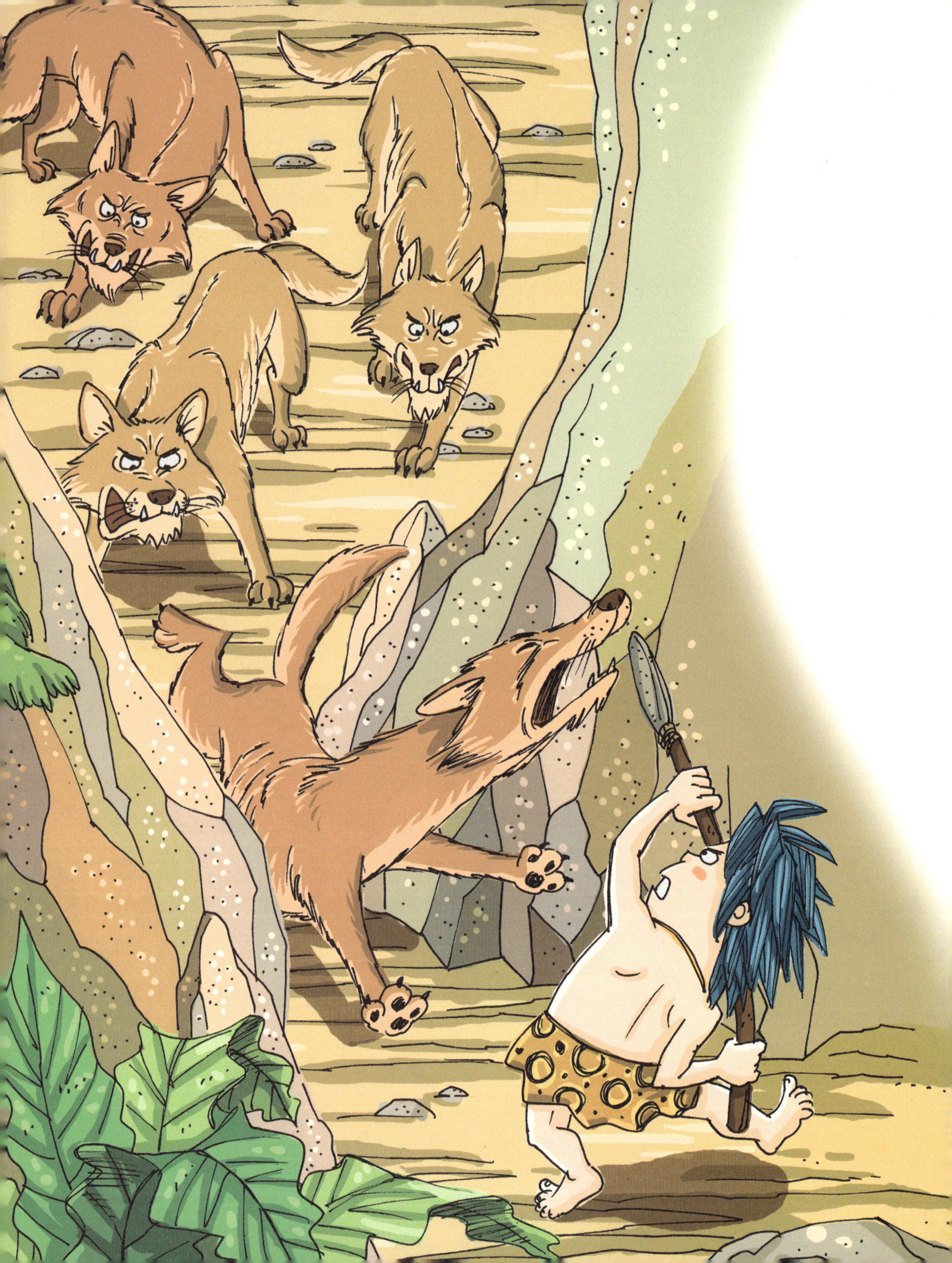

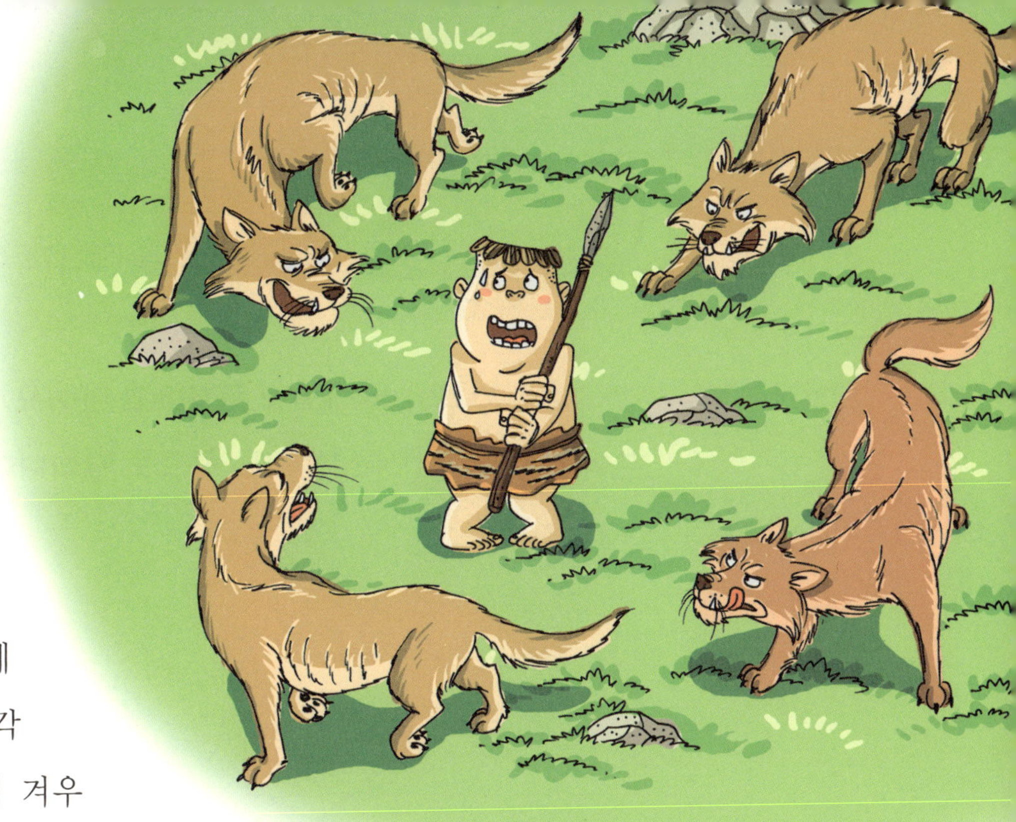

또또는 도망치면서 늑대에게
포위되면 안 되겠다고 생각
했어요. 그래서 한 사람이 겨우
지나갈 만한 좁은 길 쪽으로 뛰었어요.
그 길 양옆에는 높은 바위가 있어서 포위당할
위험이 없었어요.
또또는 더 이상 도망치기 힘겨워지자 뒤돌아서서 늑대들과 싸우기로 결심했어요.
늑대들은 4마리나 있었지만 앞으로 나오는 길이 좁아서 한꺼번에 공격해 오지 못했어요.
그래서 또또는 맨 앞에 선 늑대 1마리와 싸우면 되었지요. 맨 앞의 늑대를 물리치고 뒤에 서
있던 늑대를 또 물리치고……. 이렇게 해서 늑대 4마리를 모두 물리칠 수 있었어요.

한편 꾸꾸도 열심히 도망쳤어요.
그런데 꾸꾸는 아무 생각이 없었기 때문에 무조건 넓은 길로만 달렸어요.
"난 달리기를 잘해. 그러니까 도망칠 수 있어."
하지만 달리기를 아무리 잘해도 늑대가 끊임없이 쫓아오자 꾸꾸도 지치기 시작했어요.
더 이상 도망치기가 힘들자 꾸꾸는 늑대와 맞서 싸우기로 했어요. 그런데 꾸꾸가 멈추자마자
늑대들이 에워쌌어요. 늑대가 1마리면 싸워 볼 수 있겠지만 늑대 4마리가 한꺼번에 공격해
오자 꾸꾸도 어찌 이길 도리가 없었지요. 꾸꾸는 큰 곤경에 처하고 말았답니다.

1. 포위망 탈출하기

꾸꾸가 늑대에게 공격받고 있어요,
포위망을 **탈출**하려면 어느 곳으로 달아나야 할까요?

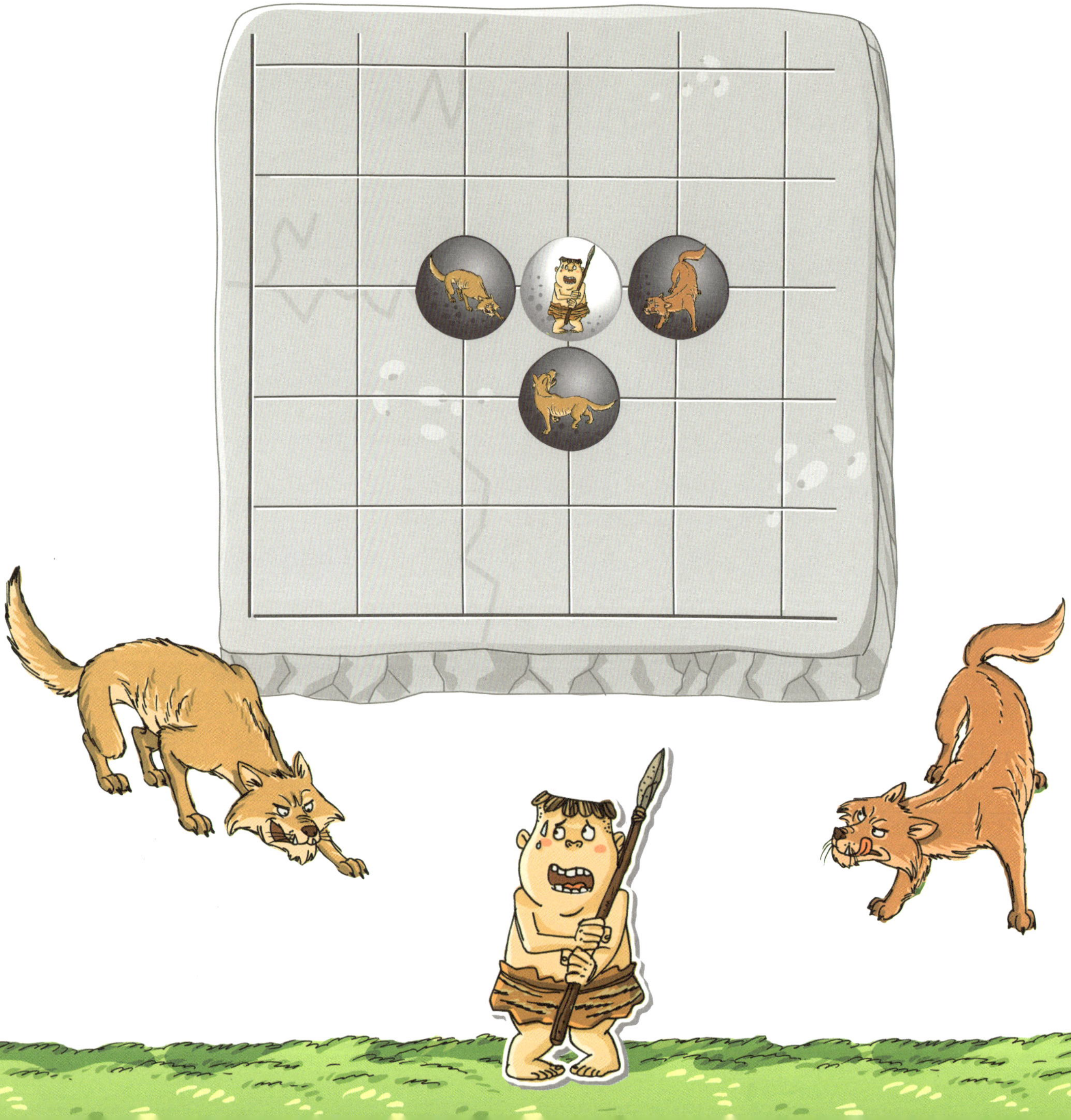

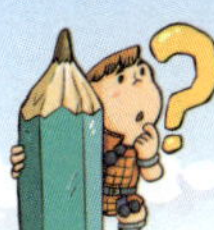 

실패 그림 ❶

백1은 달아나는 길이 아닙니다.
흑2로 막으면 꾸꾸가 잡히게 됩니다.

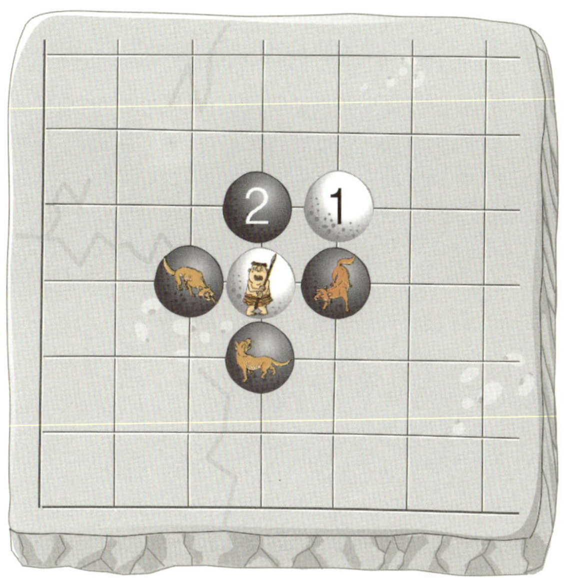

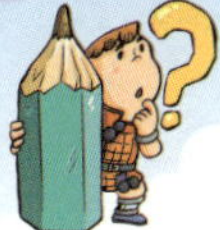

실패 그림 ❷

백1도 달아나는 길이 아닙니다.
흑2로 막으면 역시 꾸꾸가 잡히게
됩니다.

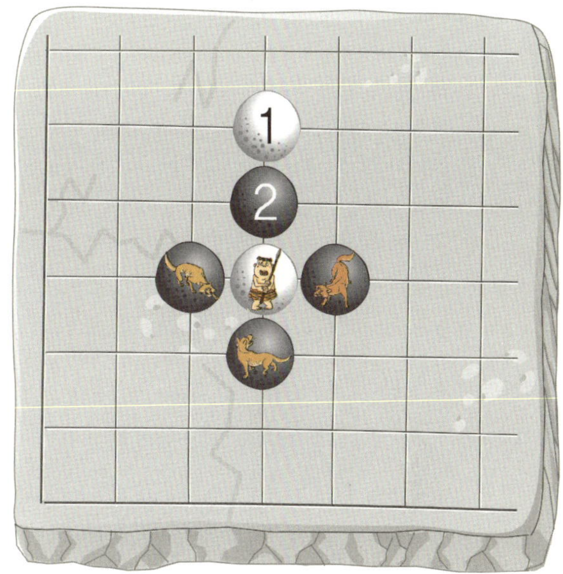

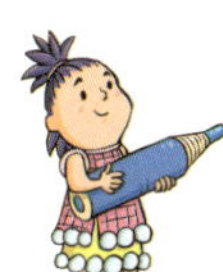

정답 그림

백1이 정답입니다.

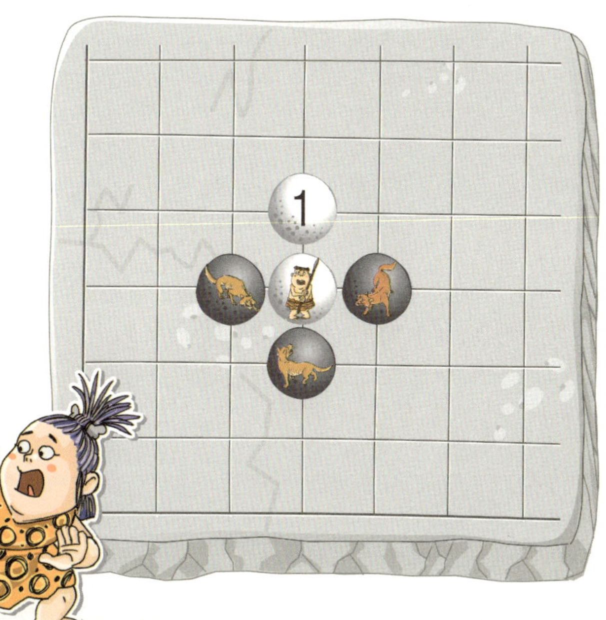

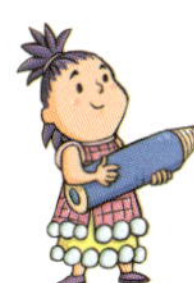

정답 설명

이제 꾸꾸가 달아날 수 있는 길은
A, B, C 세 곳으로 늘어났습니다.

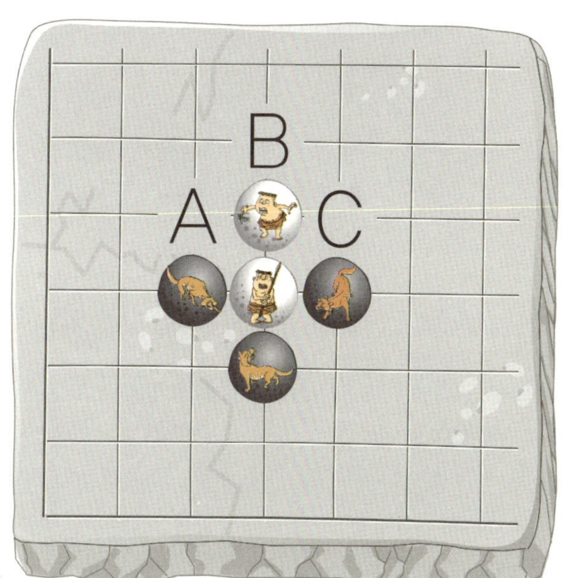

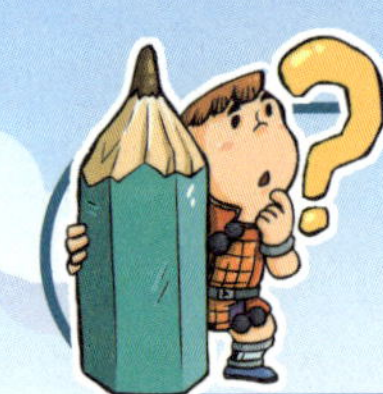

늑대의 포위망을 탈출하기 위해서
꾸꾸는 어디로 달아나야 할까요?

문제 01

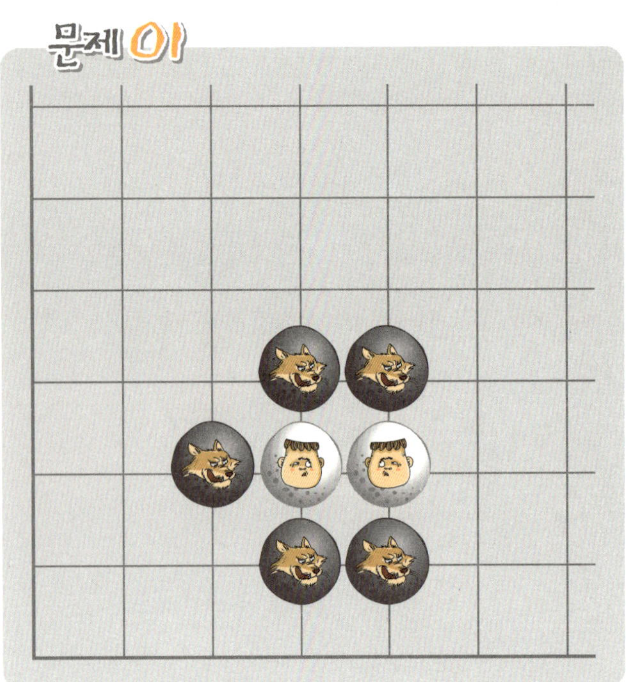

문제 02

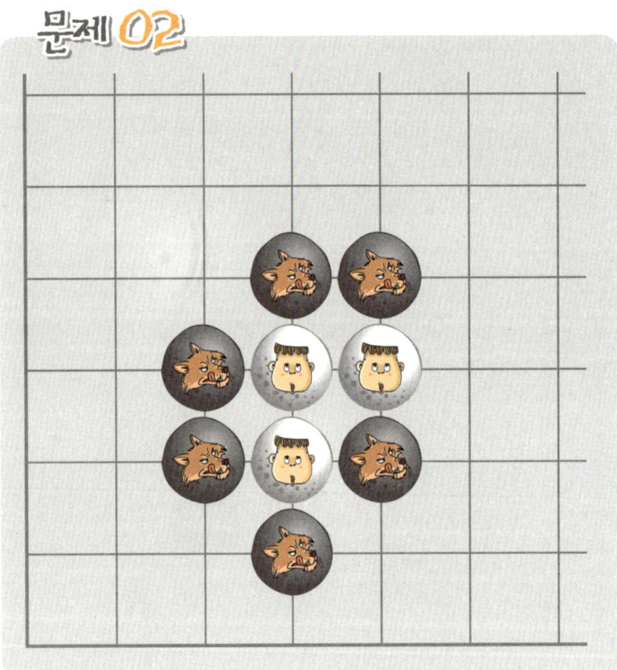

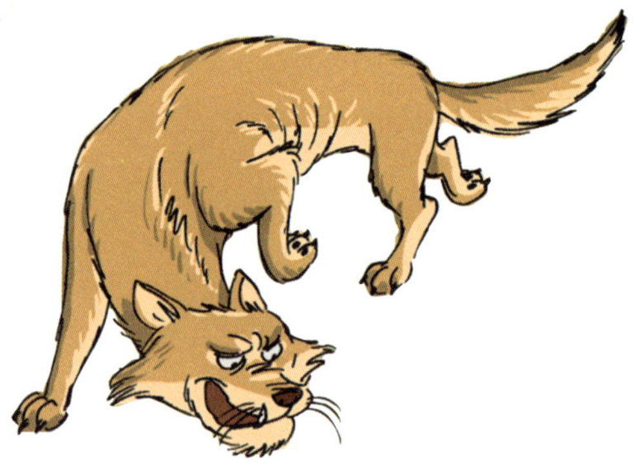

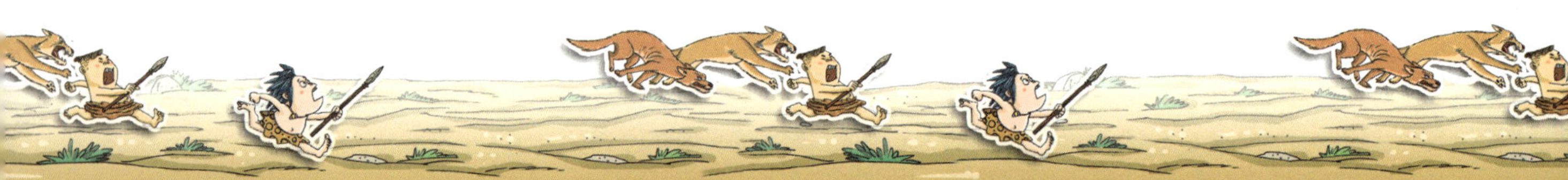

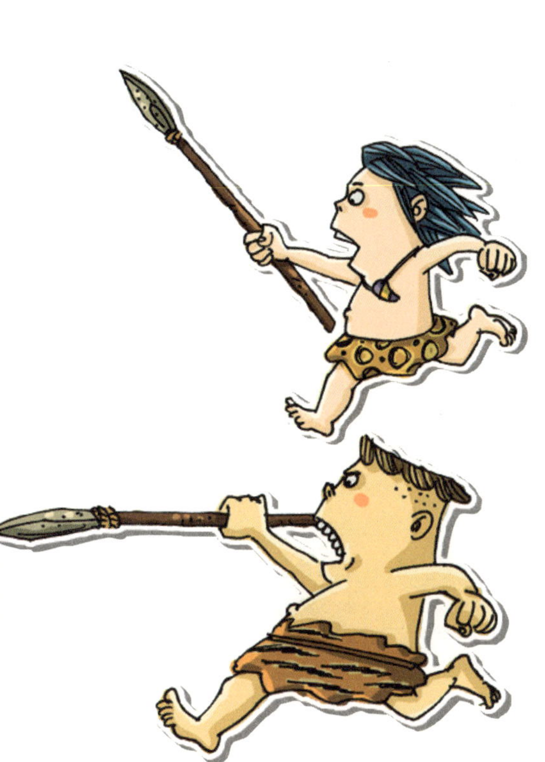

문제 **03**

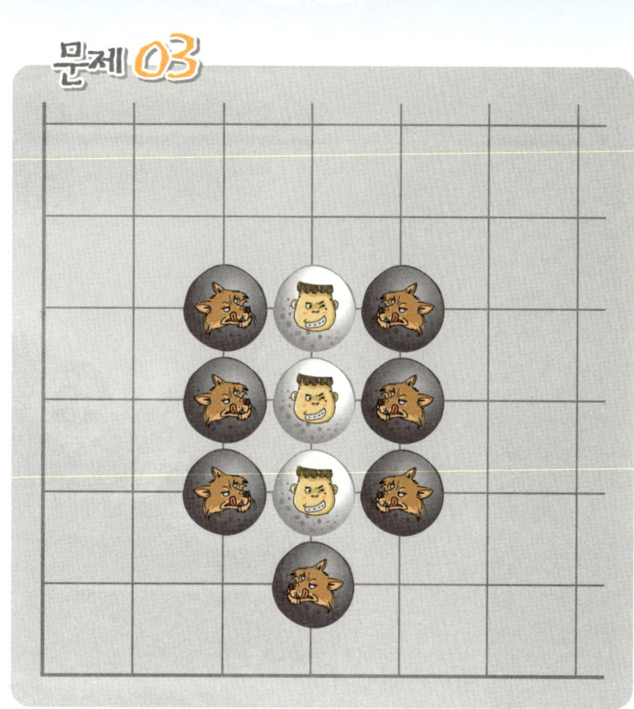

문제 **04**

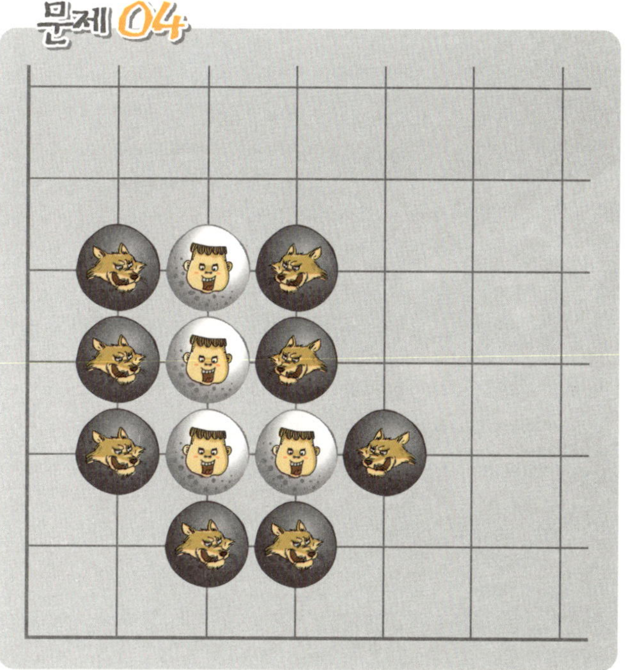

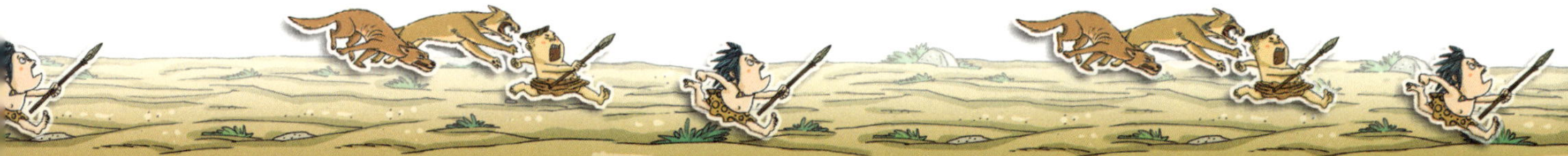

문제 05

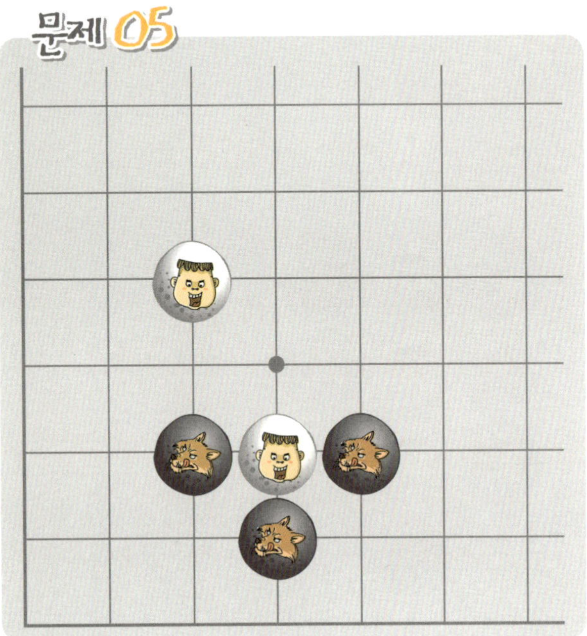

문제 06

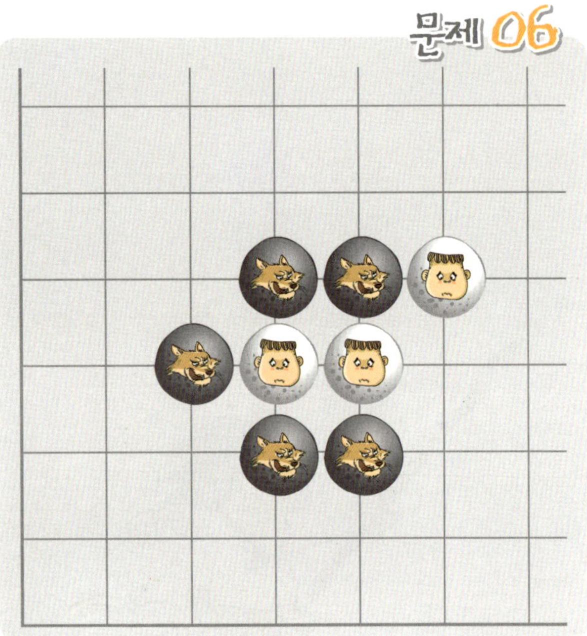

문제 07

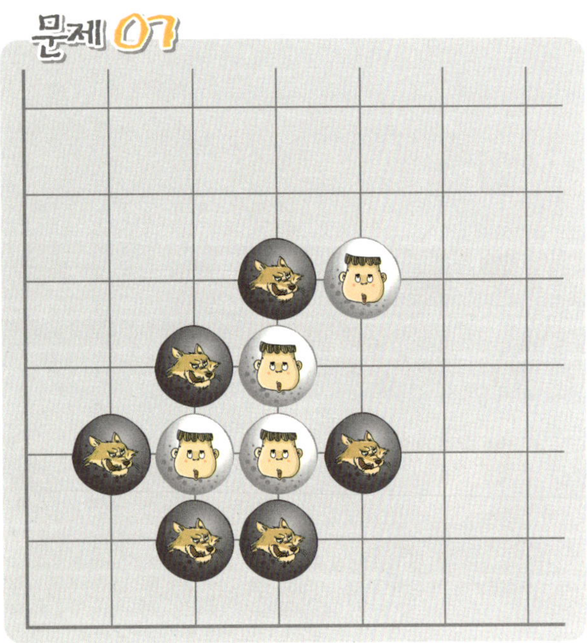

문제 08

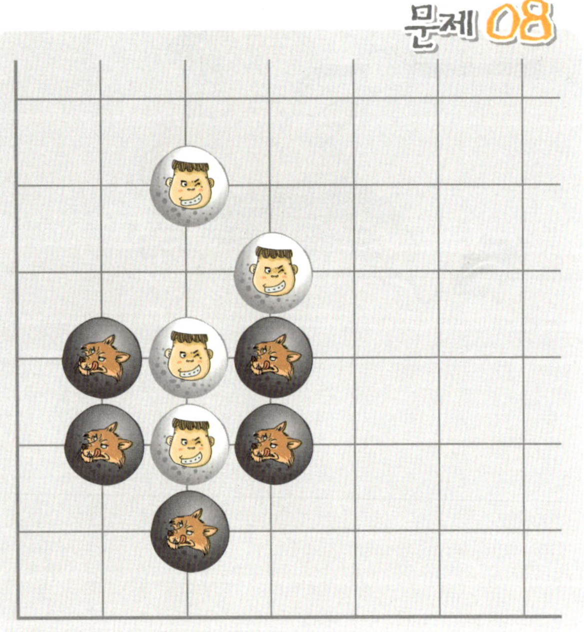

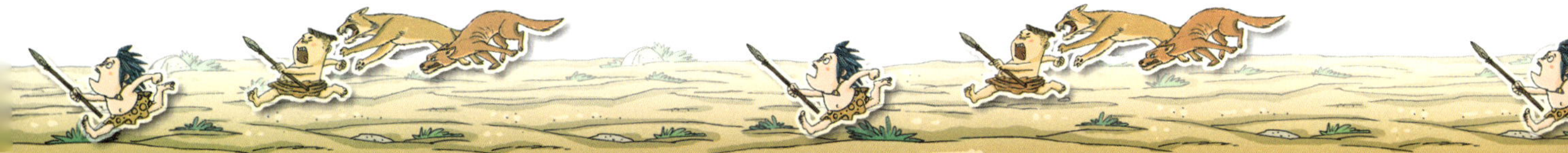

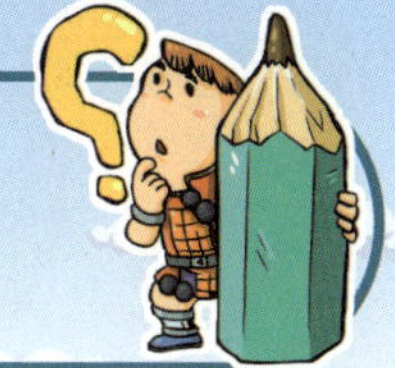

흑돌의 포위망을 탈출하기 위해서
백돌은 어디로 달아나야 할까요?

문제 09

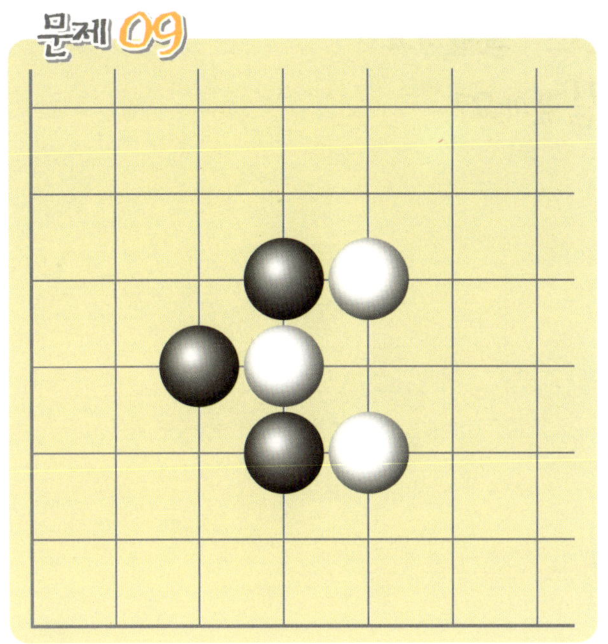

문제 10

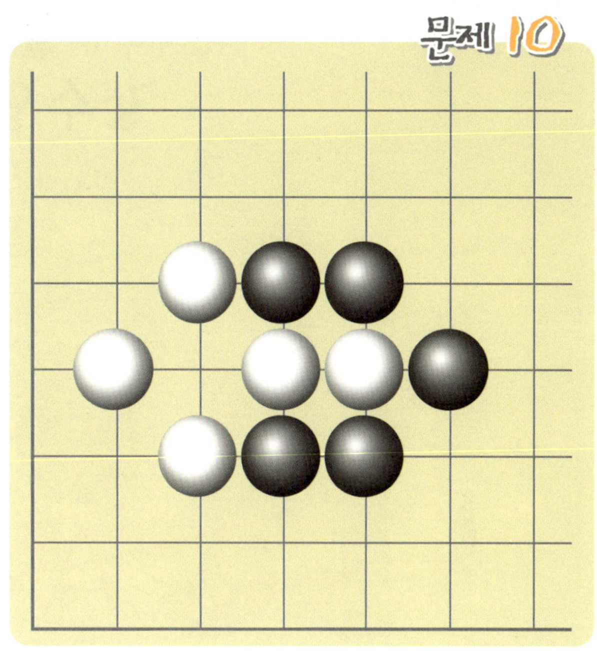

문제 11

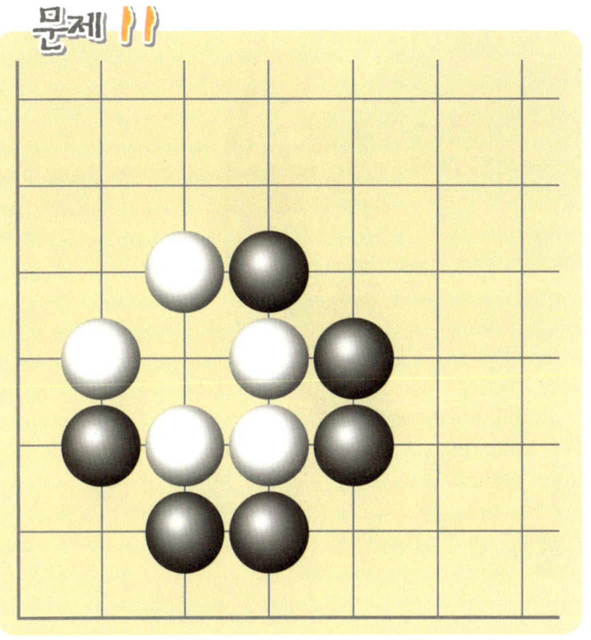

문제 12

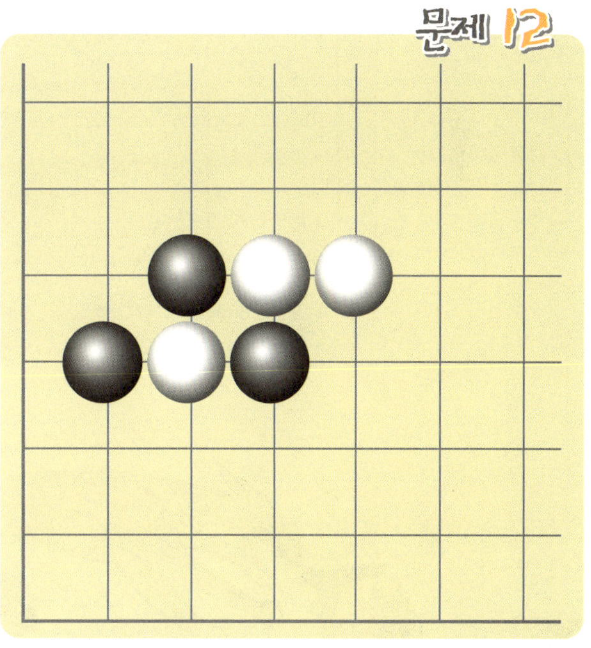

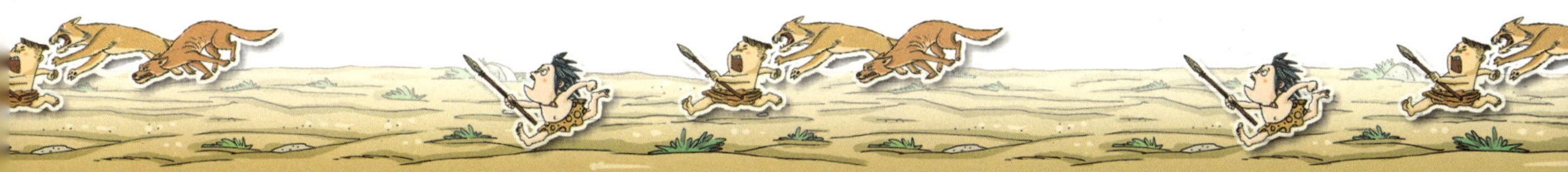

2. 갈 수 있는 길, 없는 길

A는 꾸꾸가 **갈 수 있는 길**일까요?
갈 수 없는 길일까요?

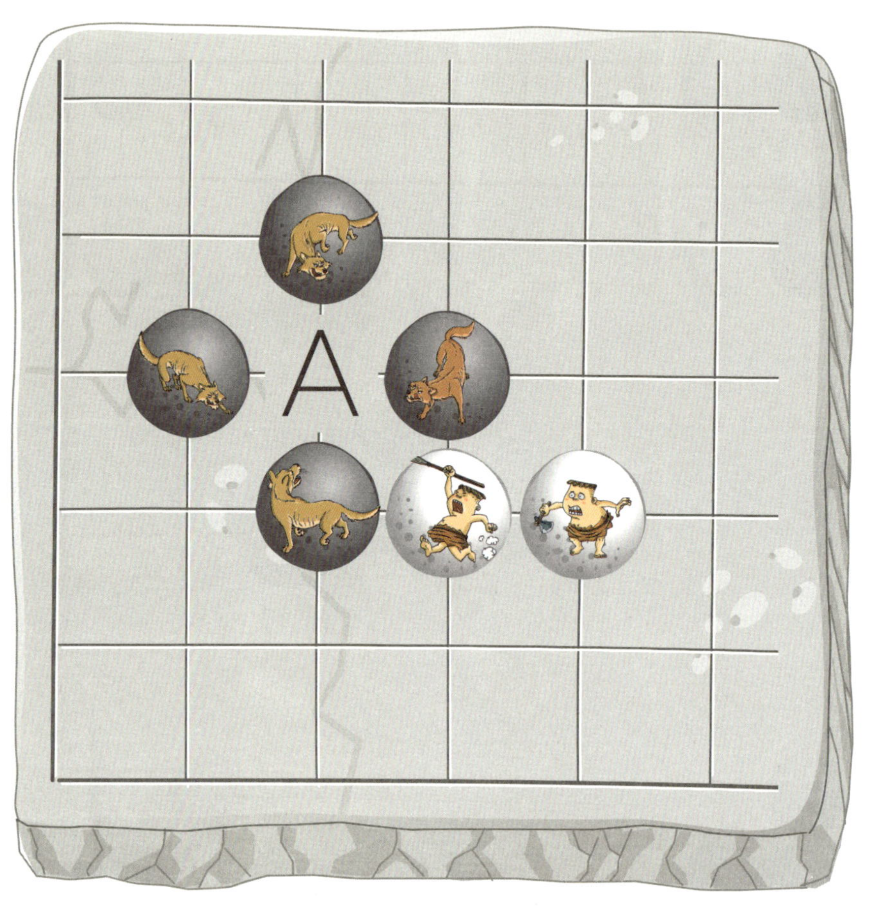

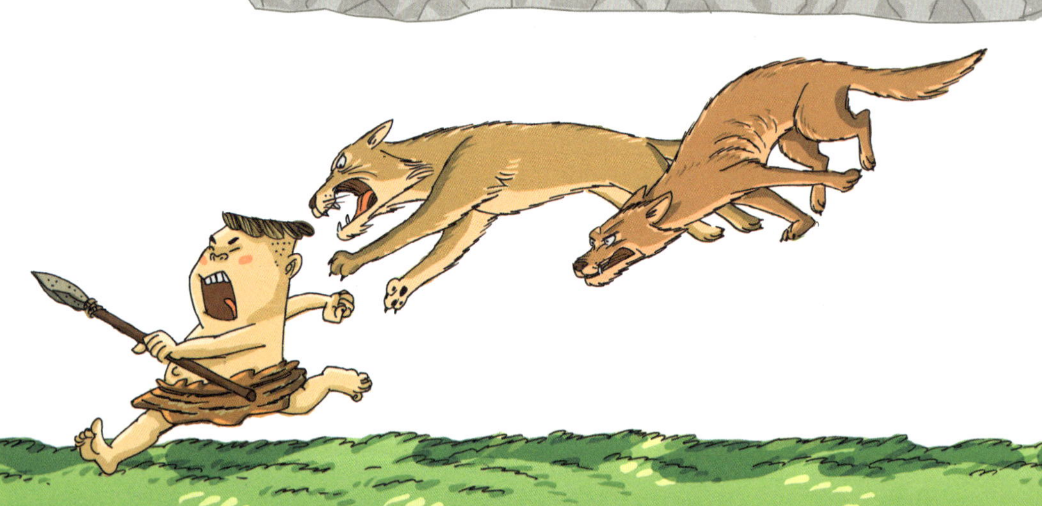

정답 그림

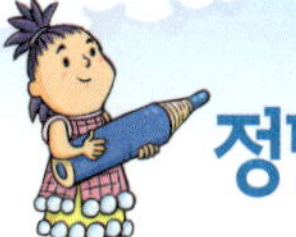

백1은 네 곳의 탈출로가 모두 막혀
있으므로 갈 수 없는 길입니다.
늑대에게 포위당한 꾸꾸는
늑대에게 꼼짝없이 잡혔습니다.

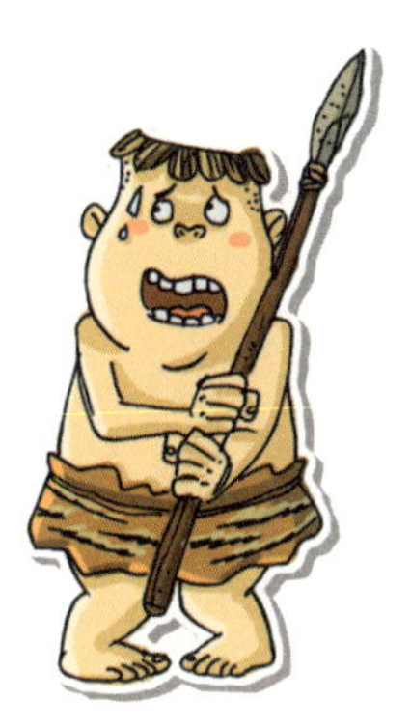

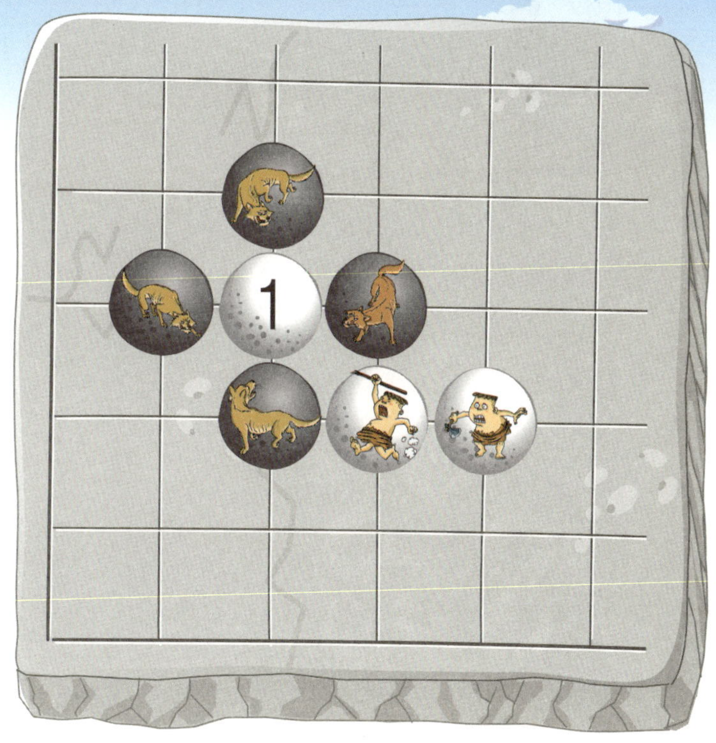

참고 그림

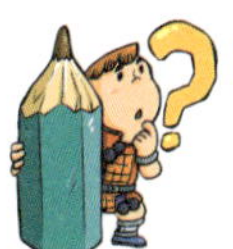

그렇다면 A는 백돌이
갈 수 있는 길일까요? 아닐까요?

백2는 흑△로 표시한 2마리의 늑대를
잡을 수 있으므로 갈 수 있는 길입니다.

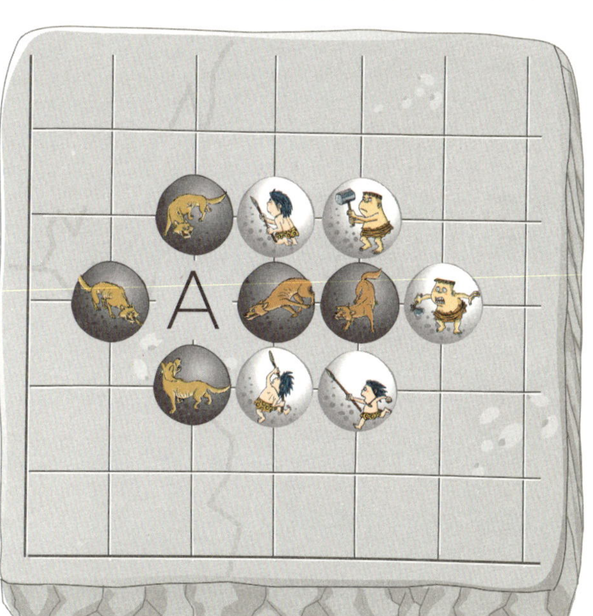

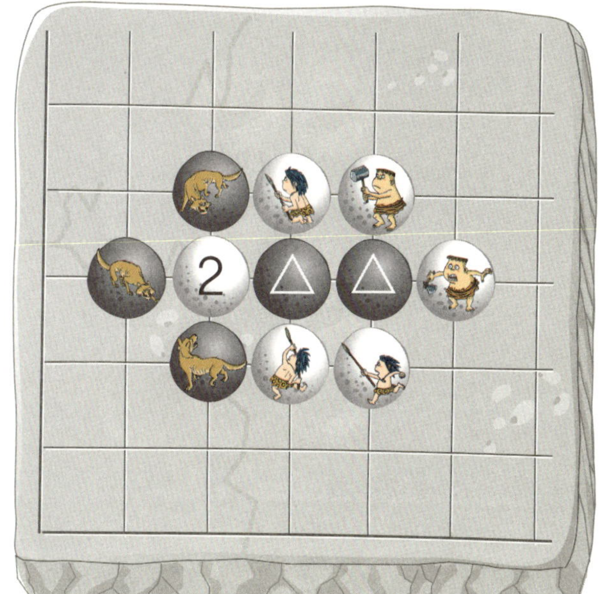

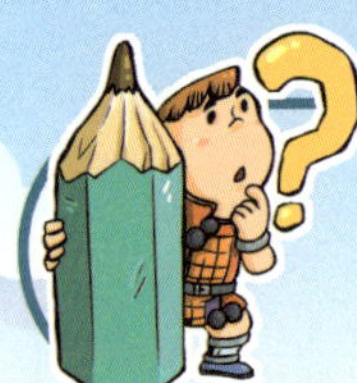

A와 B 중에서 꾸꾸가 갈 수 없는 길은 어느 곳일까요?

문제 01

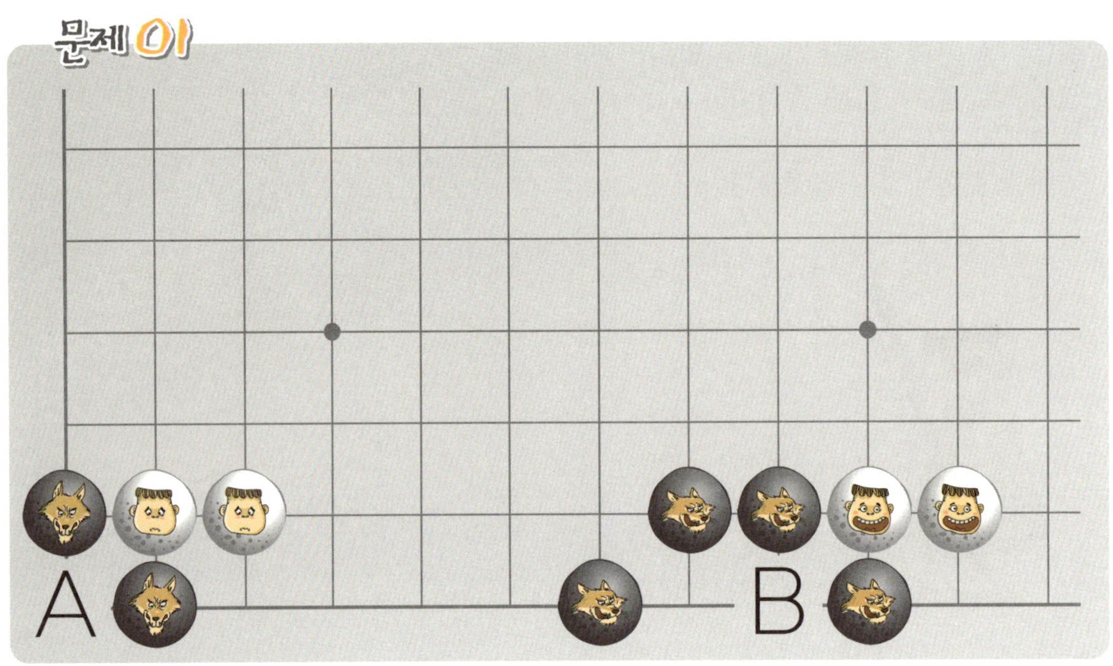

문제 02

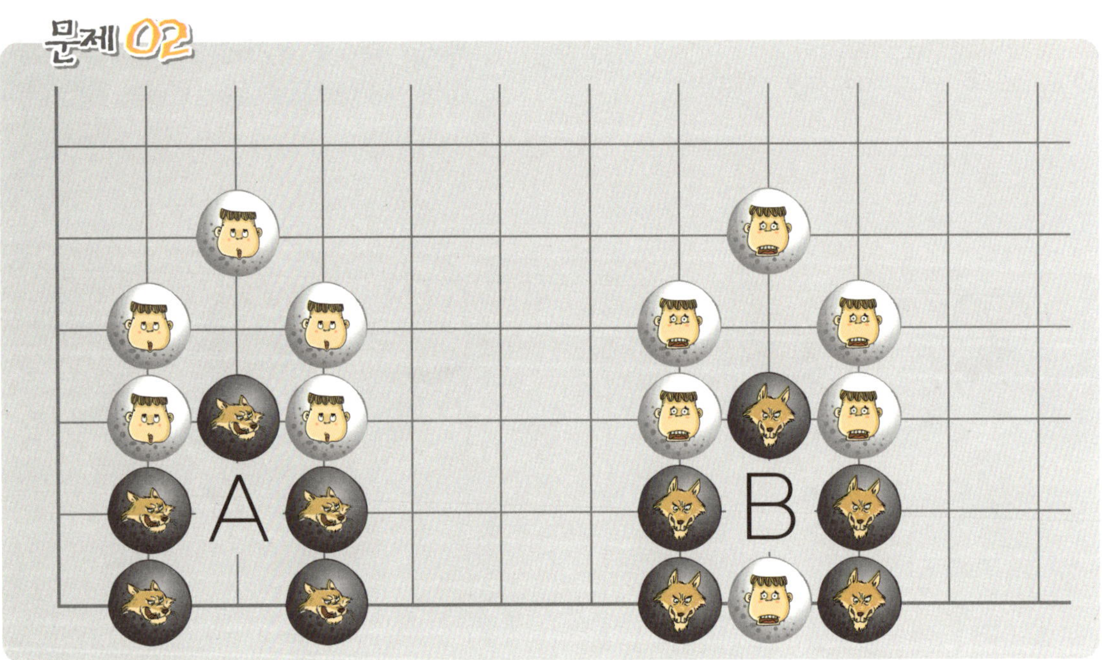

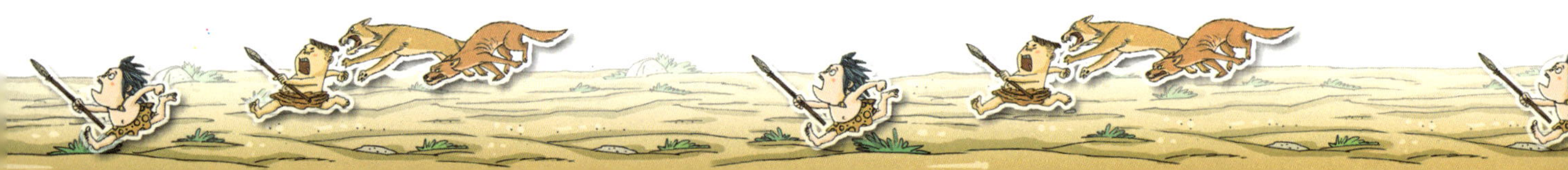

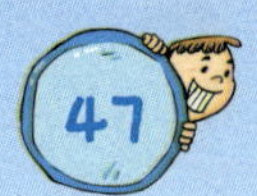

문제 **03**

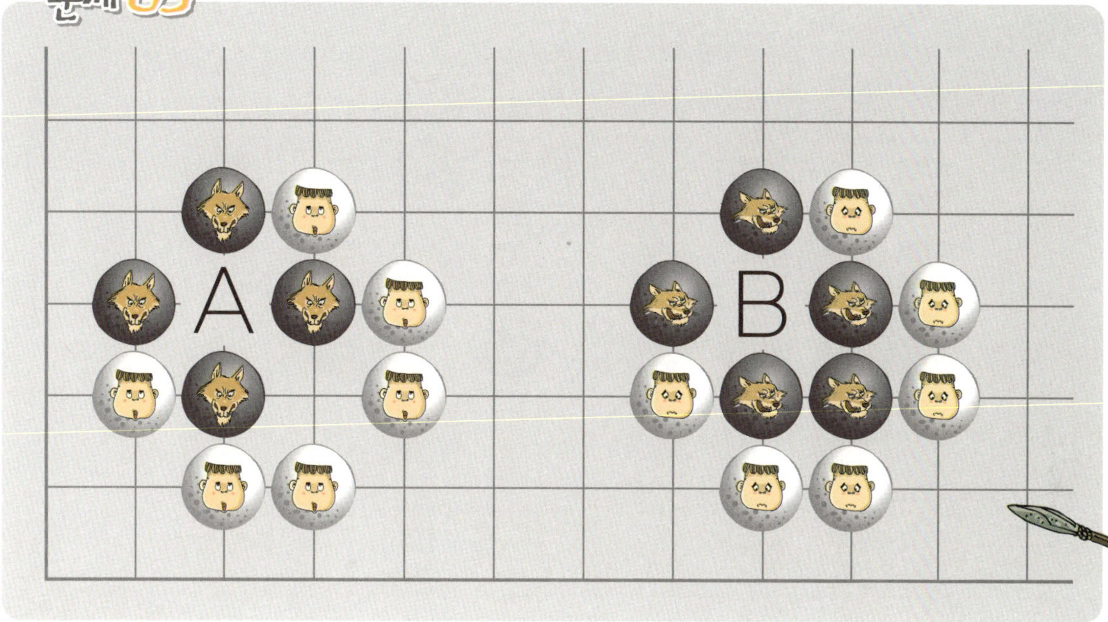

문제 **04**

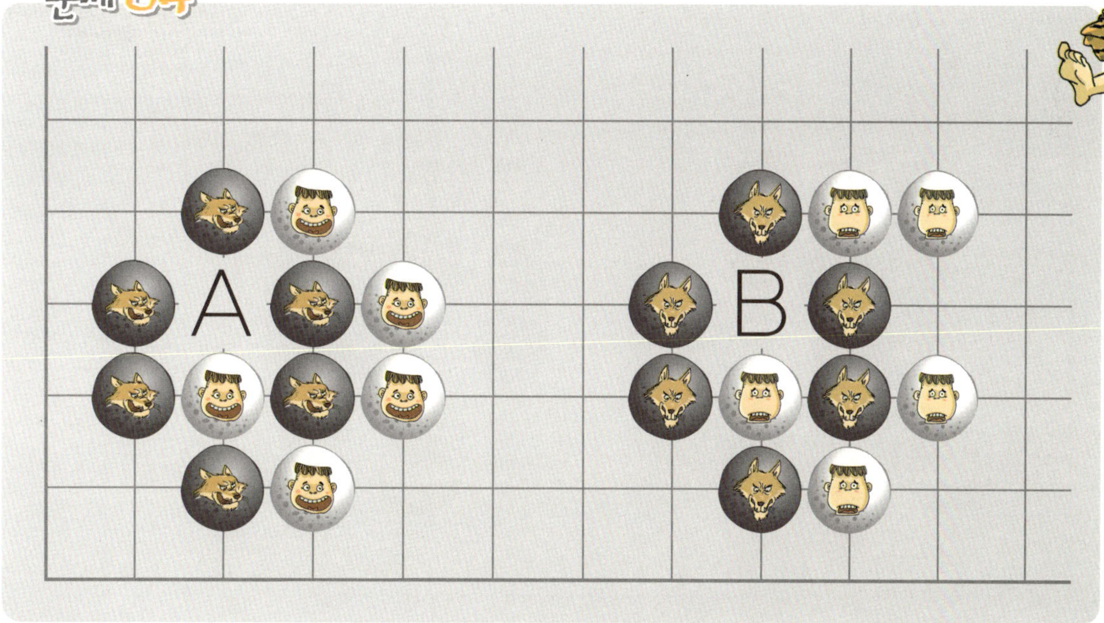

문제 05

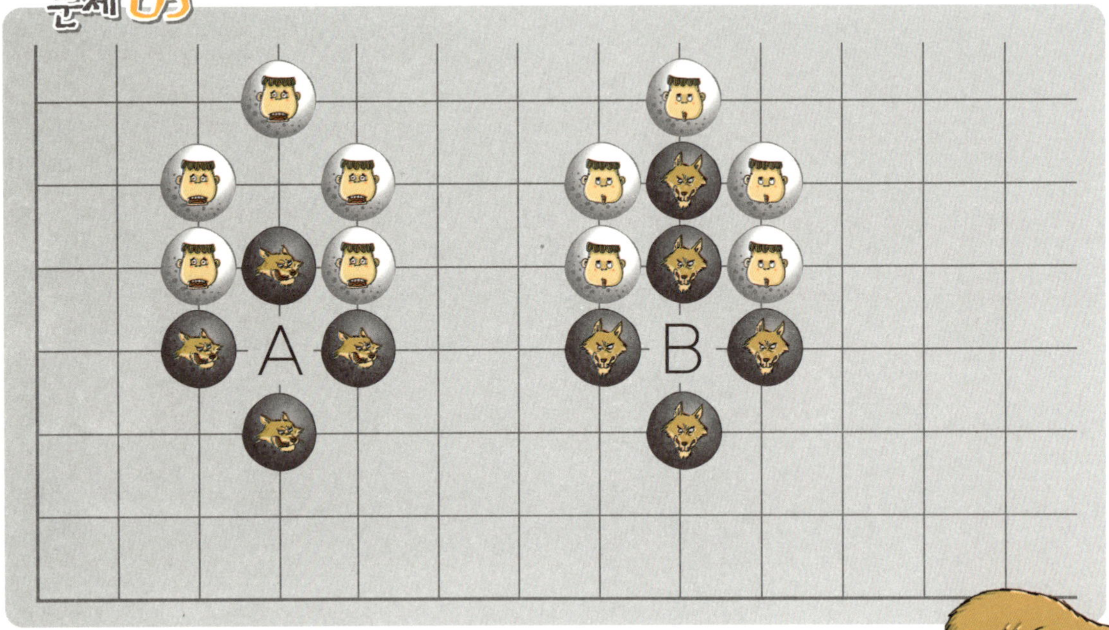

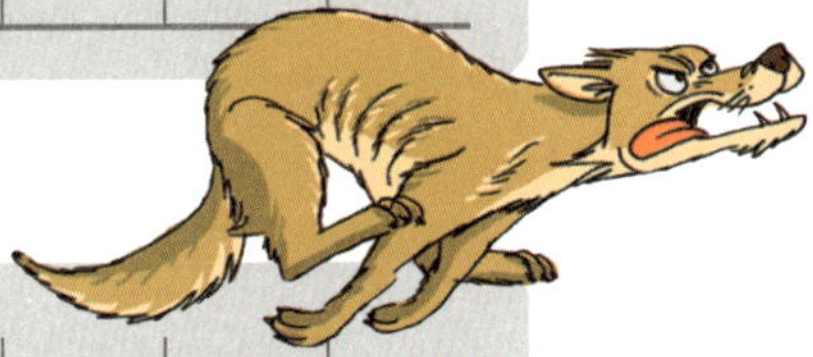

문제 06

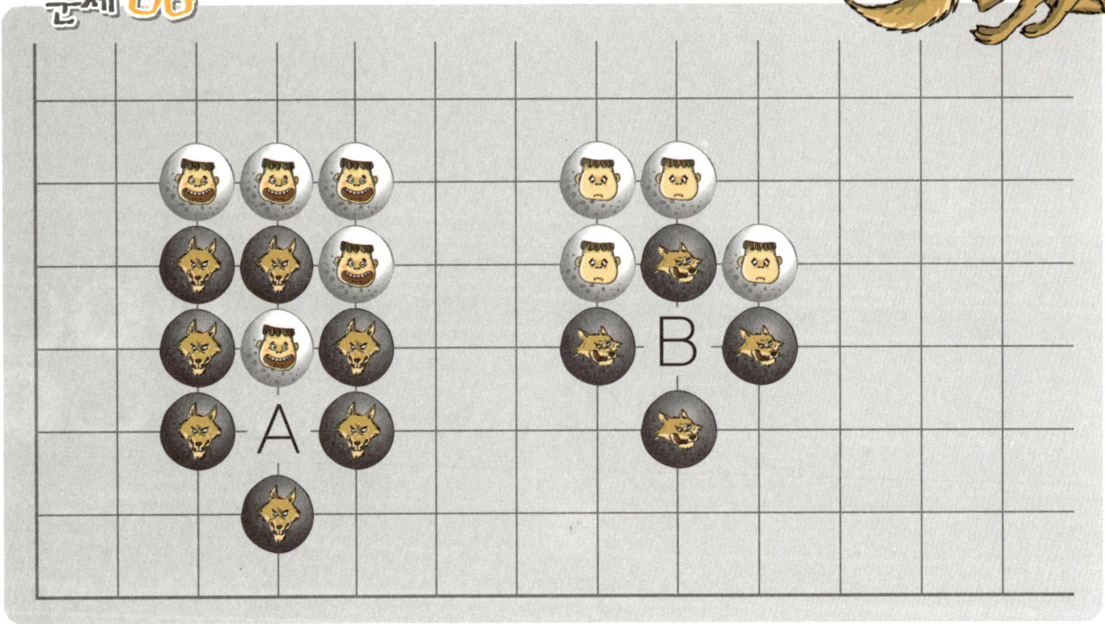

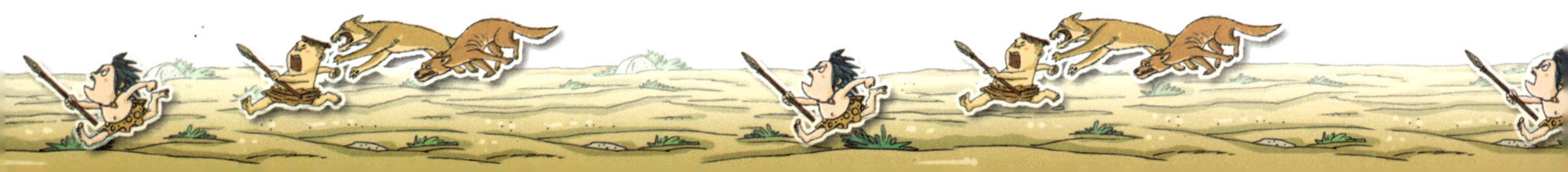

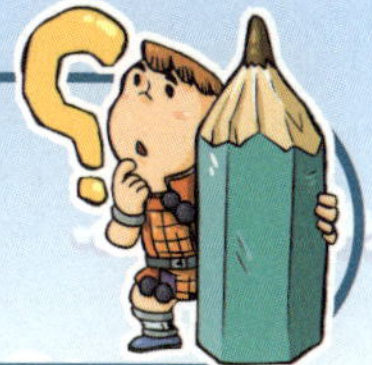

백돌이 갈 수 없는 길을 모두 찾아서
동그라미해 보세요.

문제 **07**

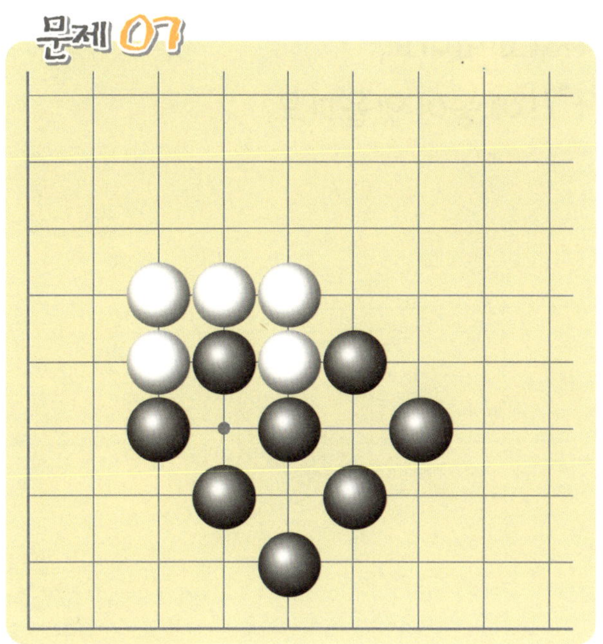

문제 **08**

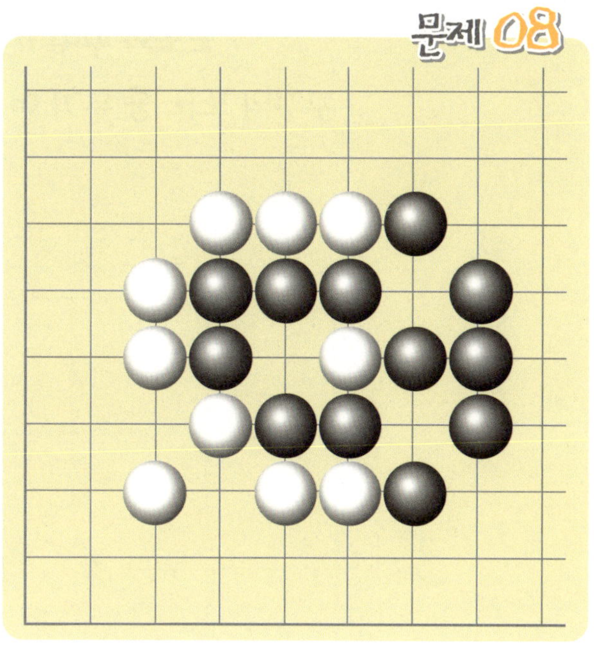

문제 **09**

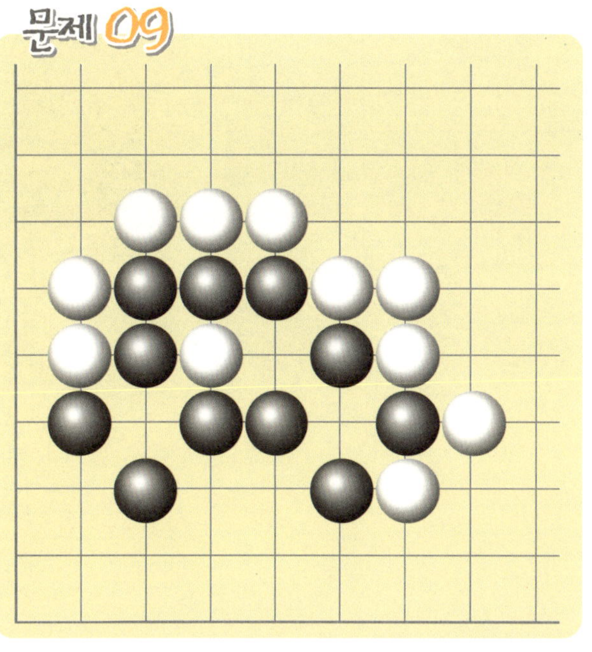

문제 **10**

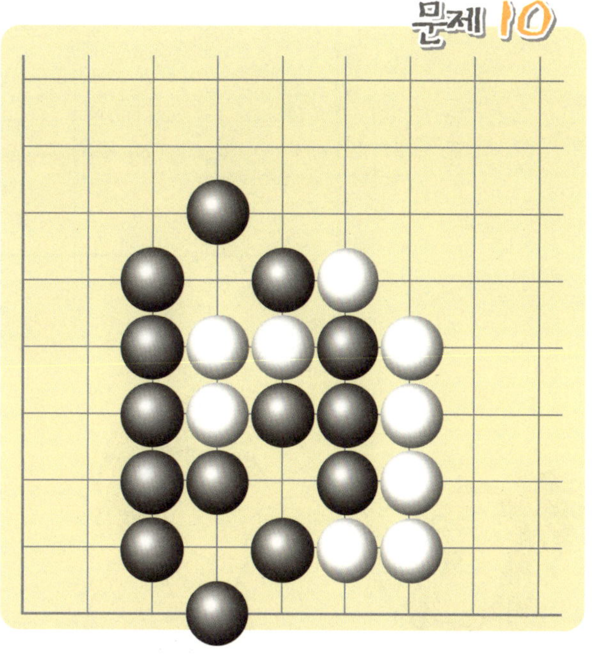

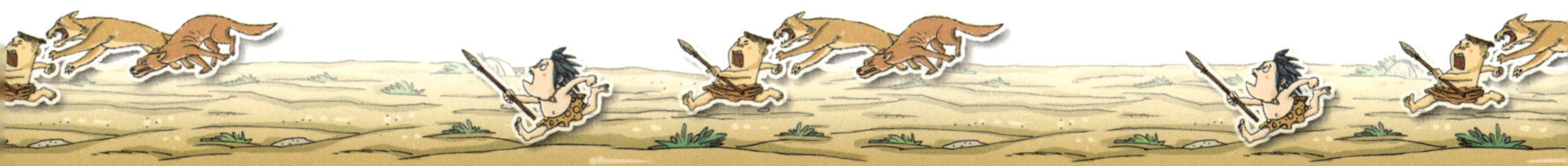

3. 위기에 놓인 친구 찾기

또또와 꾸꾸가 늑대와 싸우고 있어요,
꾸꾸와 또또 중 누가 더 급한 **위기**에 놓여 있을까요?

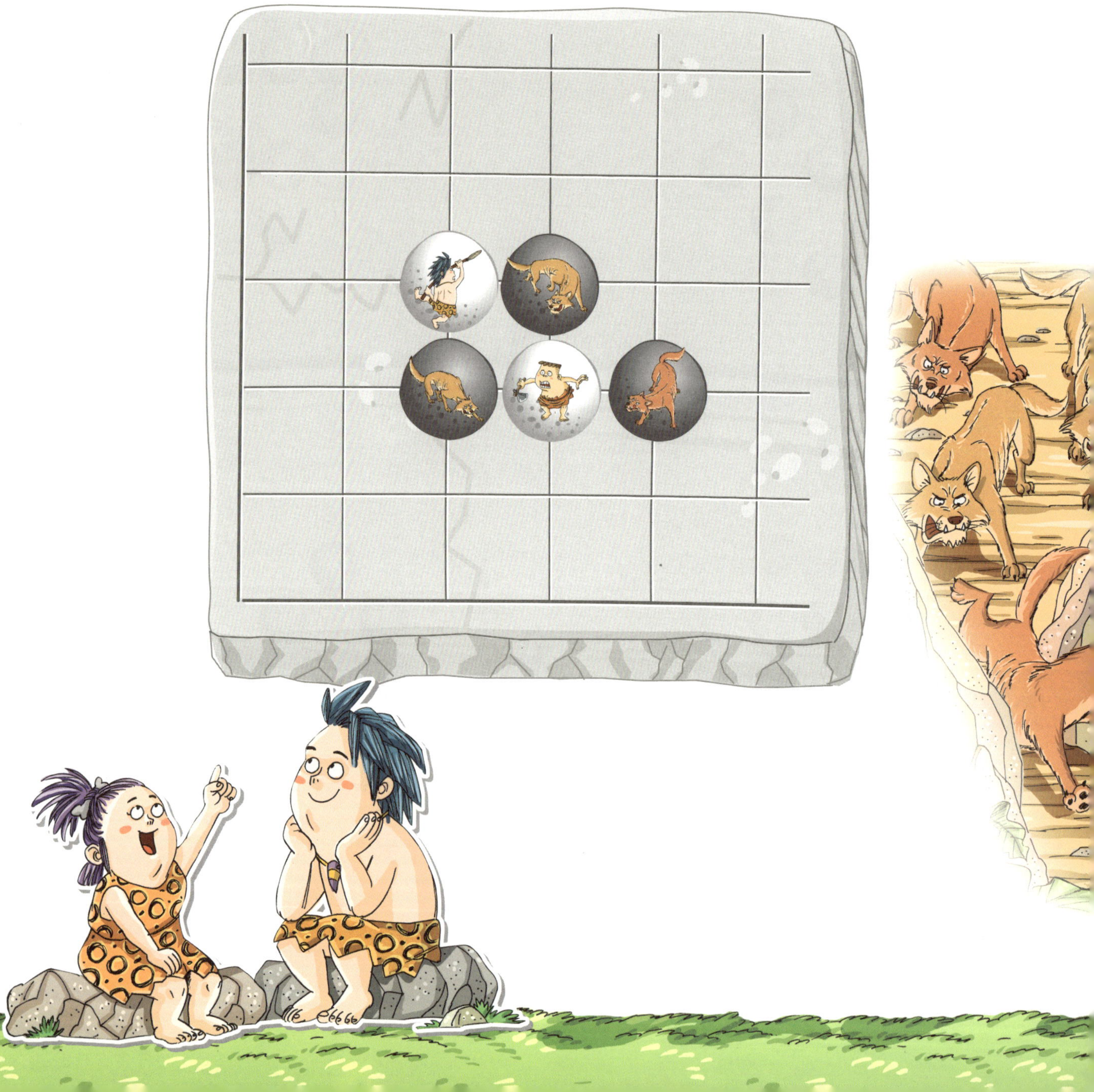

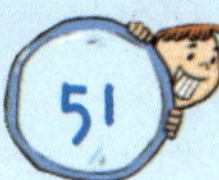

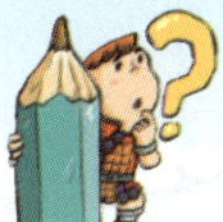

실패 그림 ❶

또또는 A와 B 두 곳으로 탈출할 수 있으므로 급한 위기에 놓여 있지 않습니다.

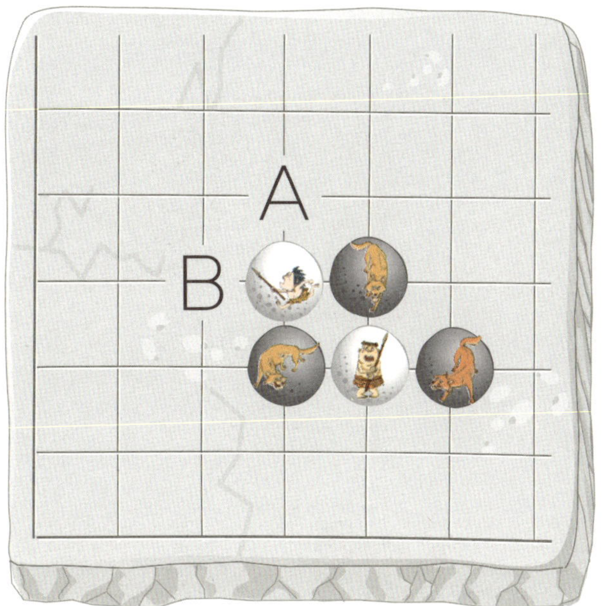

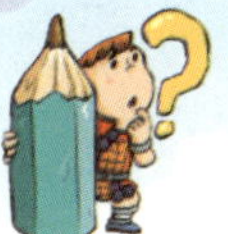

실패 그림 ❷

꾸꾸는 탈출할 수 있는 길이 A 한 곳밖에 없으므로 매우 급한 위기에 놓여 있습니다.

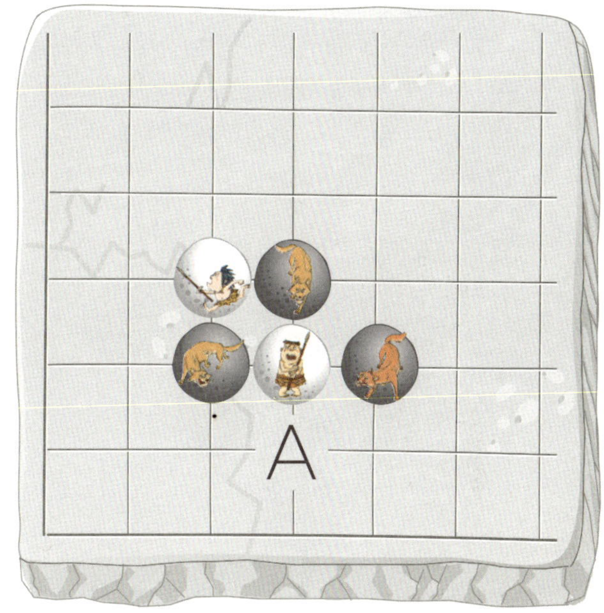

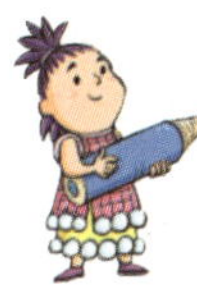

정답 그림

탈출할 수 있는 길이 적을수록 더 위험에 놓이게 됩니다. 그러므로 또또와 꾸꾸 중에서 더 급한 위기에 놓여 있는 친구는 꾸꾸입니다.

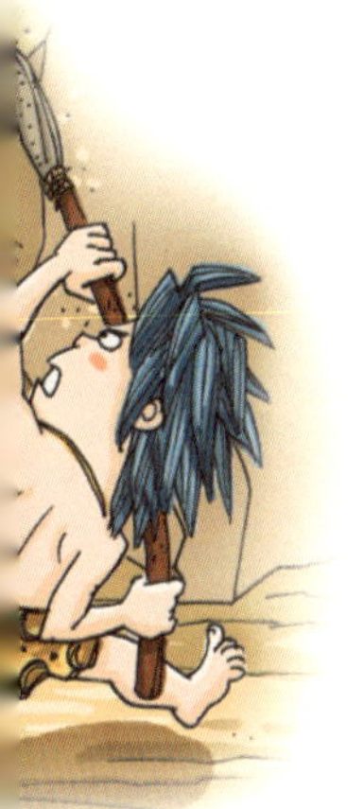

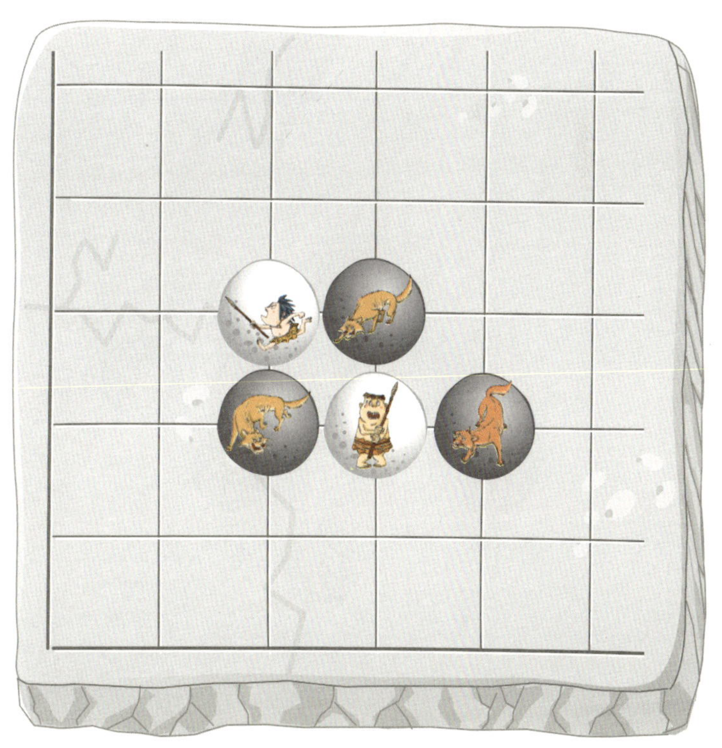

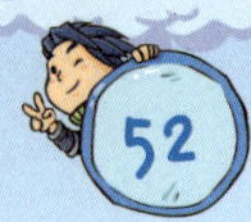
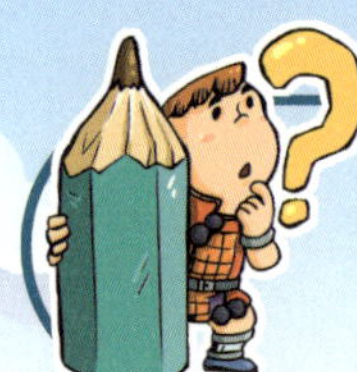

백△와 백〇 중에서 더 급한 위기에
놓여 있는 돌은 무엇일까요?

문제 01

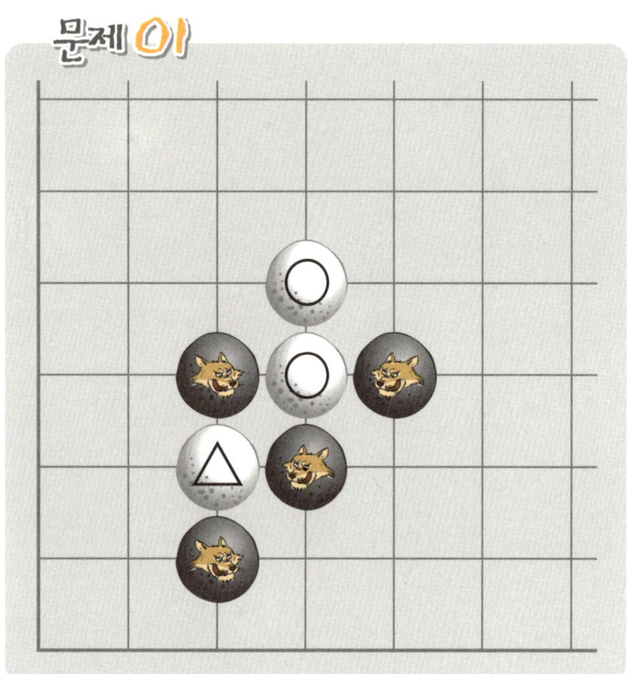

문제 02

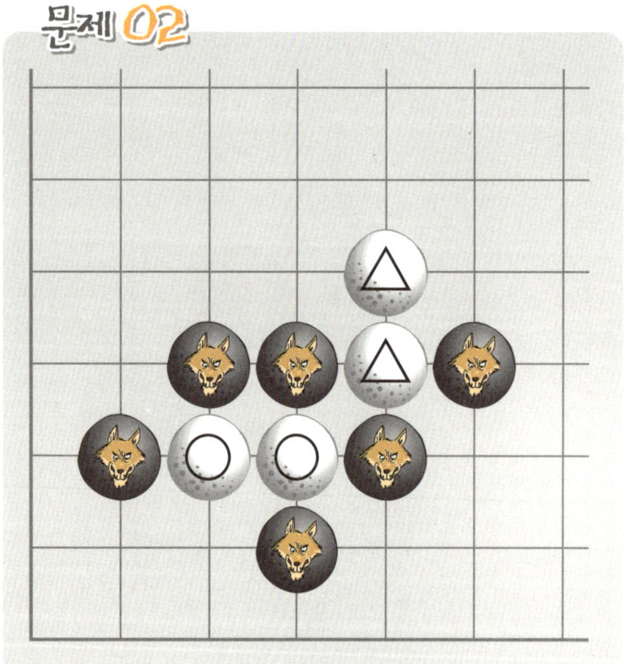

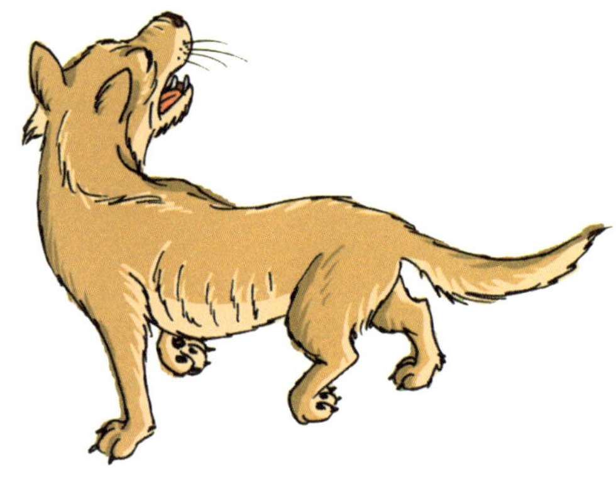

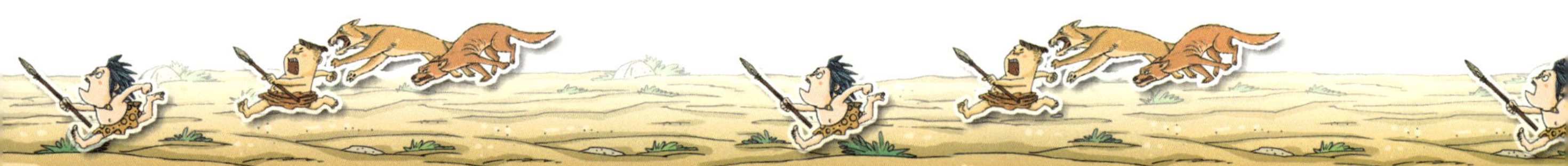

문제 03

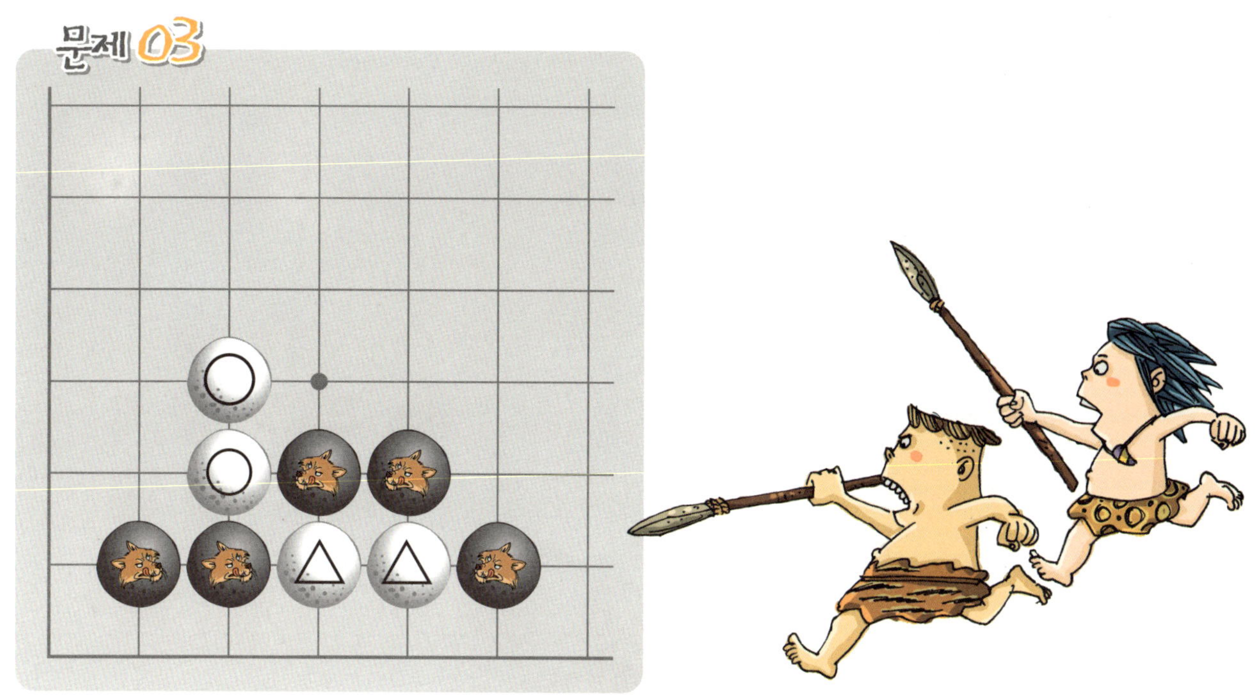

문제 04

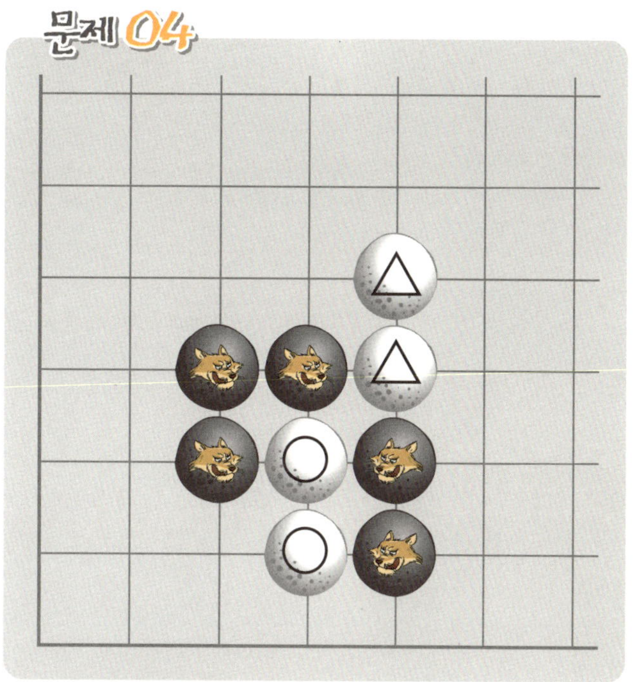

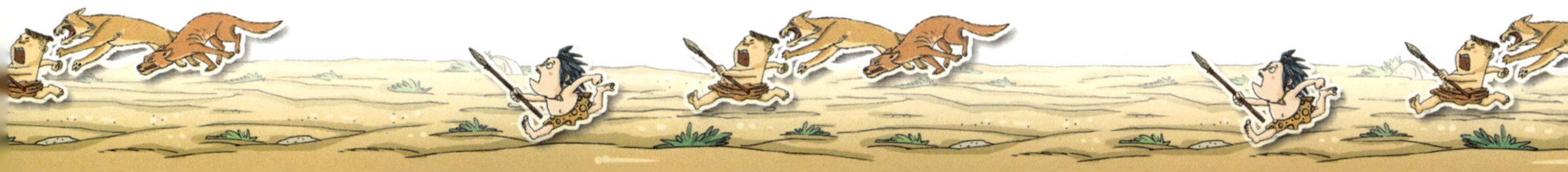

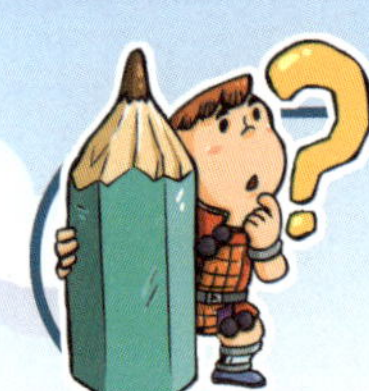

가장 급한 위기에 놓인 친구를 찾아서
동그라미해 보세요.

문제 05

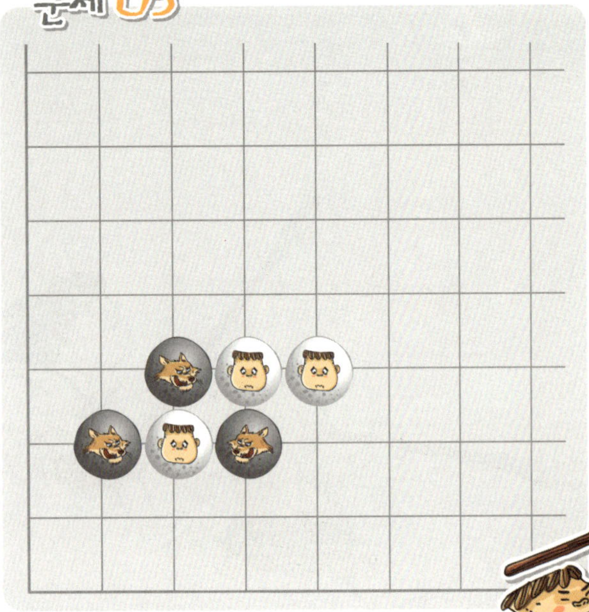

문제 06

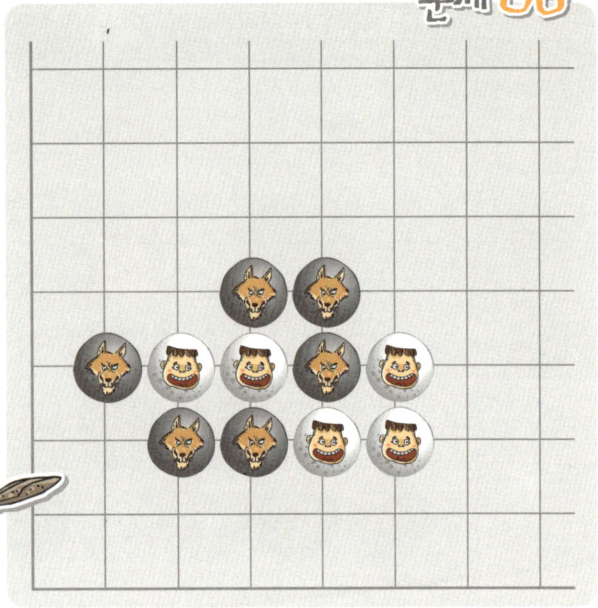

문제 07

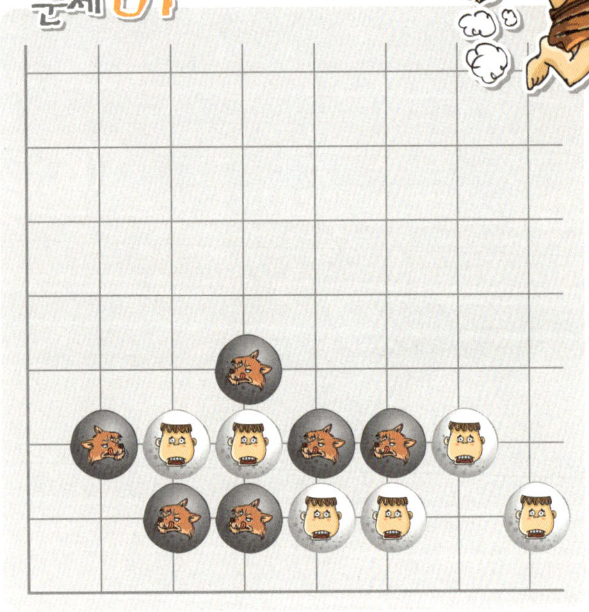

문제 08

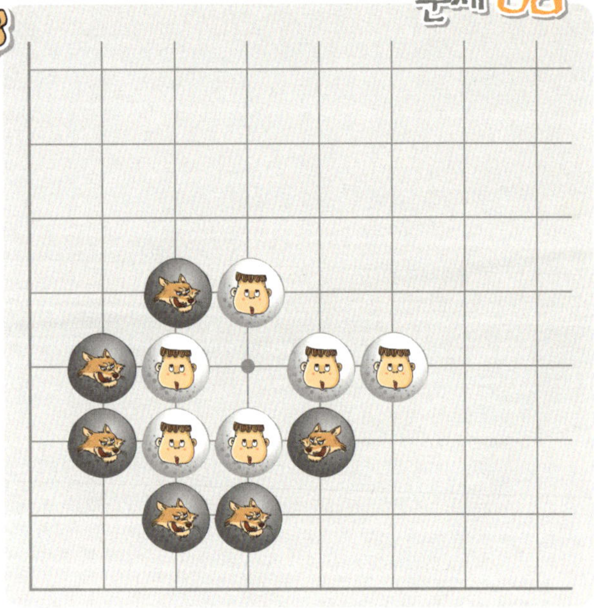

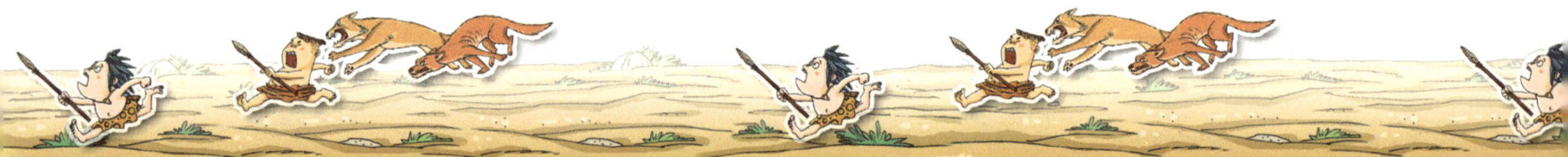

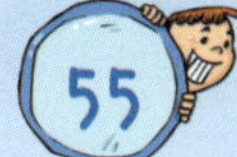
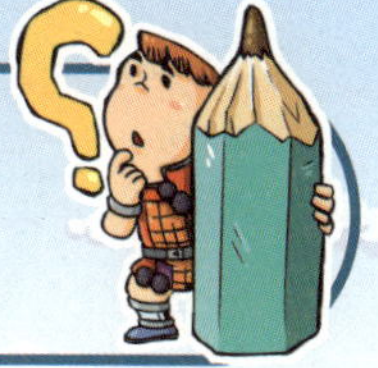

가장 급한 위기에 놓인 백돌을 찾아서
동그라미해 보세요.

문제 09

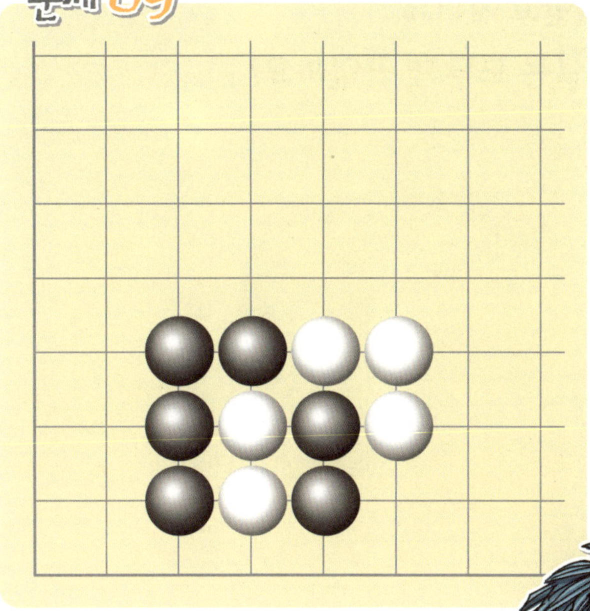

문제 10

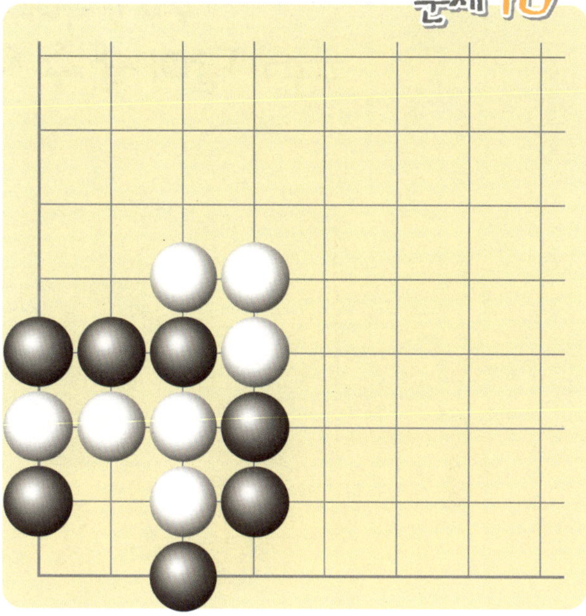

문제 11

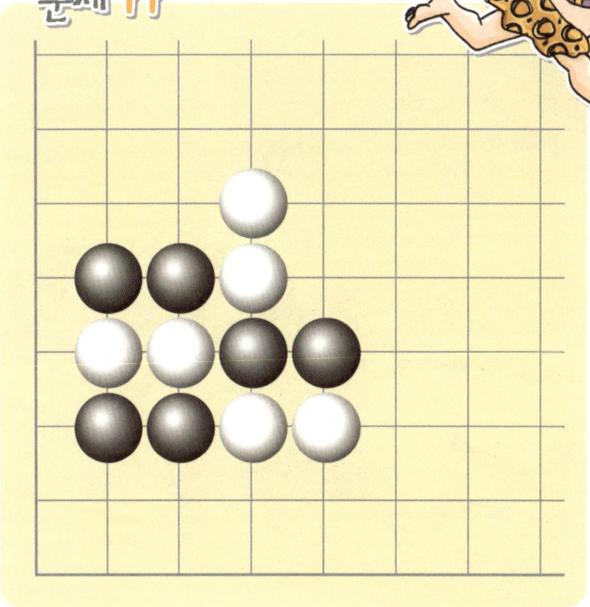

문제 12

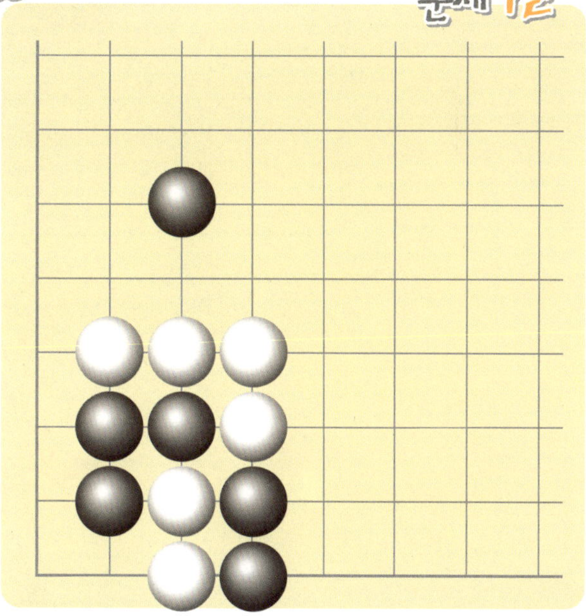

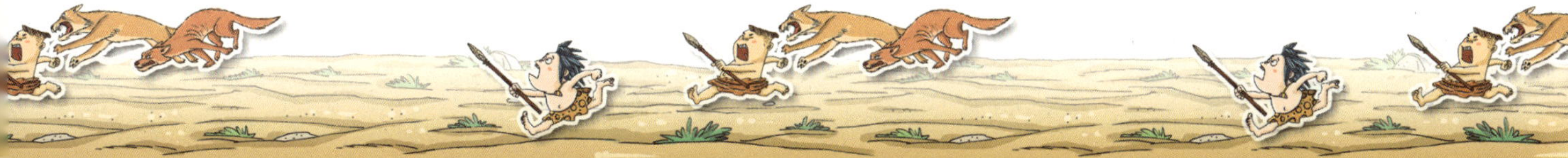

4. 도망갈 수 있는 길

꾸꾸가 늑대에게 공격받고 있어요,
꾸꾸가 **달아날 수 있는 길**은 모두 몇 곳일까요?

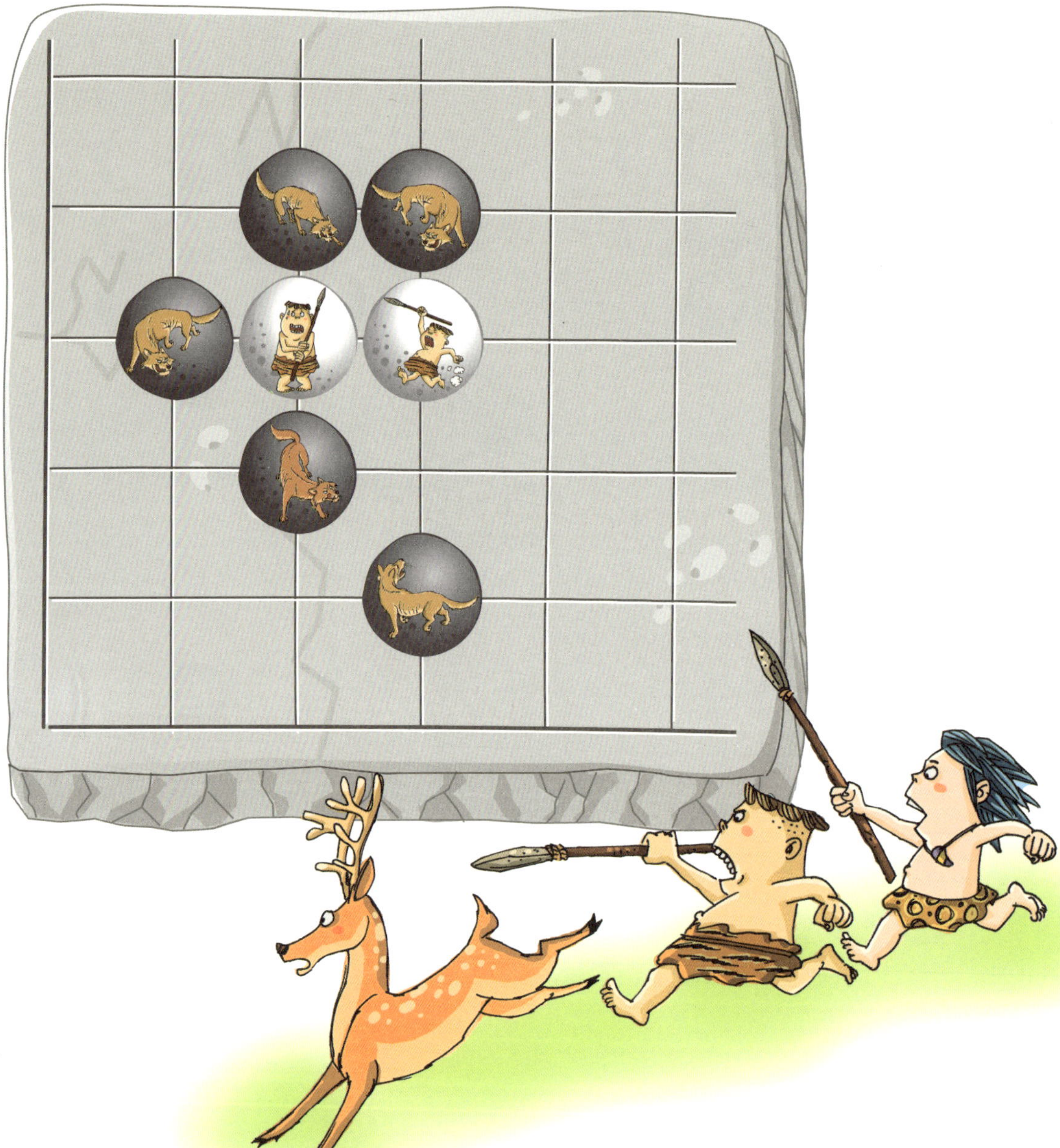

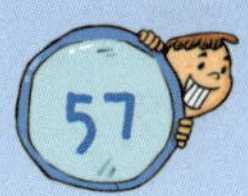

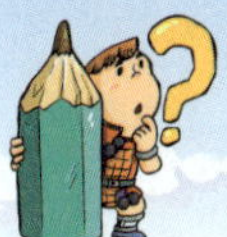

참고 그림

백1의 자리는 흑△가
앞을 막고 있으므로 달아나 봐야
소용없는 길입니다.

늑대가 흑1로 길을 막아 버리면
꾸꾸는 달아나기가 더 힘들어집니다.

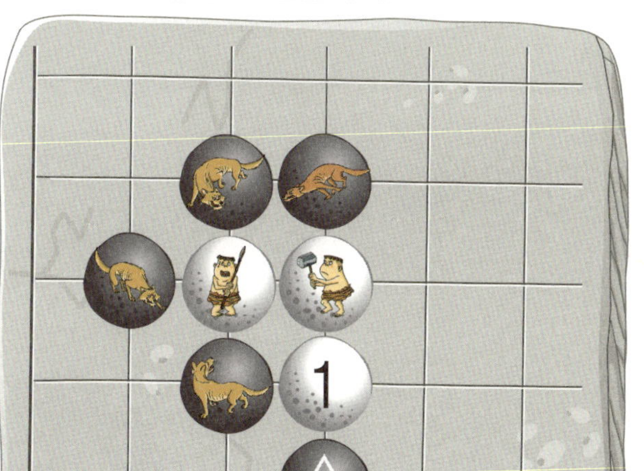

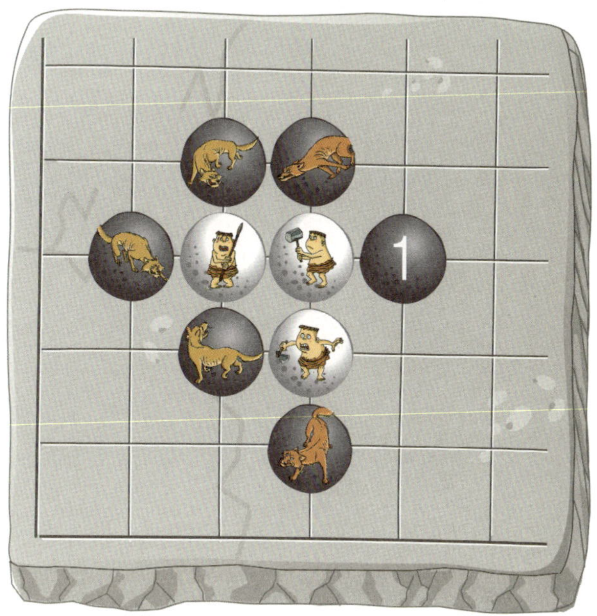

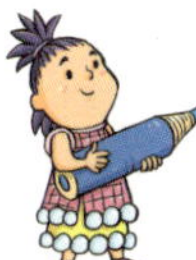

정답 그림

꾸꾸가 달아날 수
있는 길은 A
한 곳입니다.

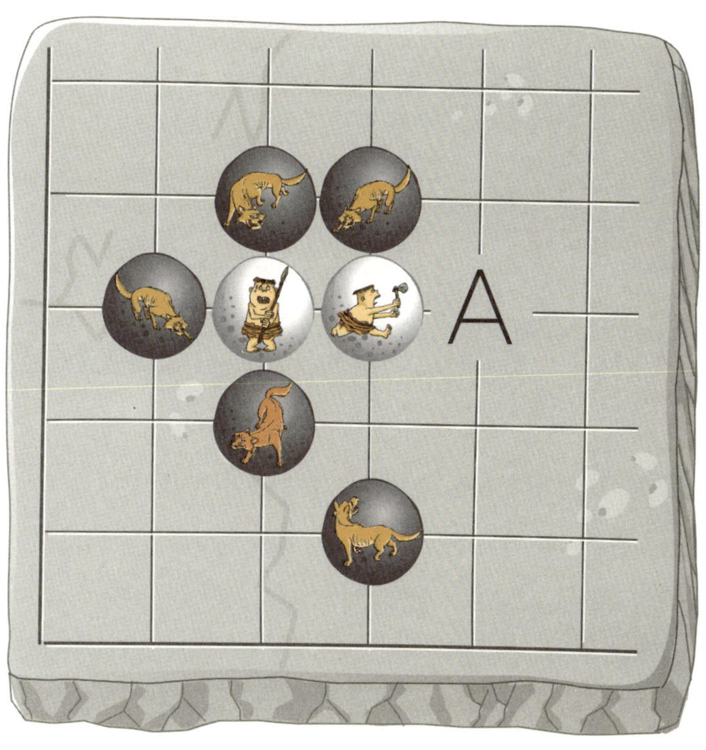

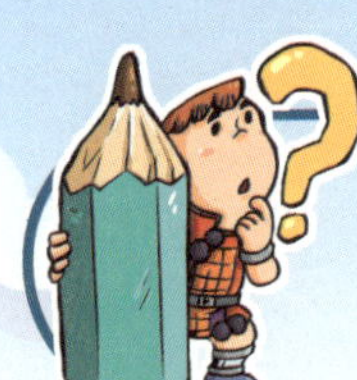
꾸꾸가 달아날 수 있는 길은 모두 몇 곳일까요?
모두 동그라미해 보세요.

문제 **01**

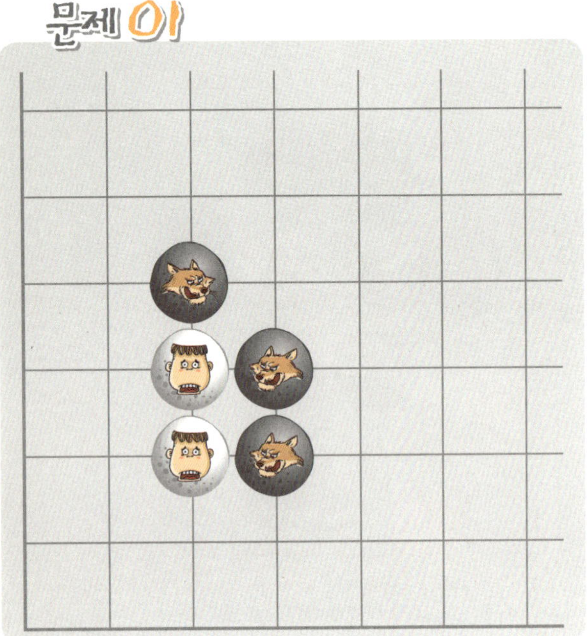

문제 **02**

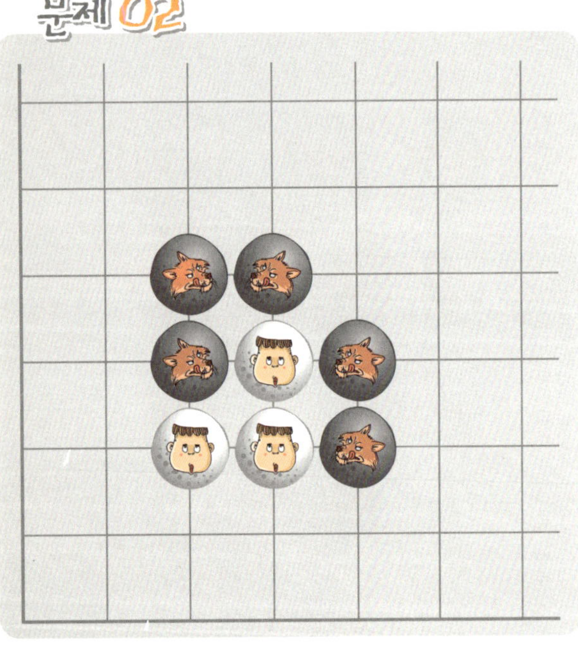

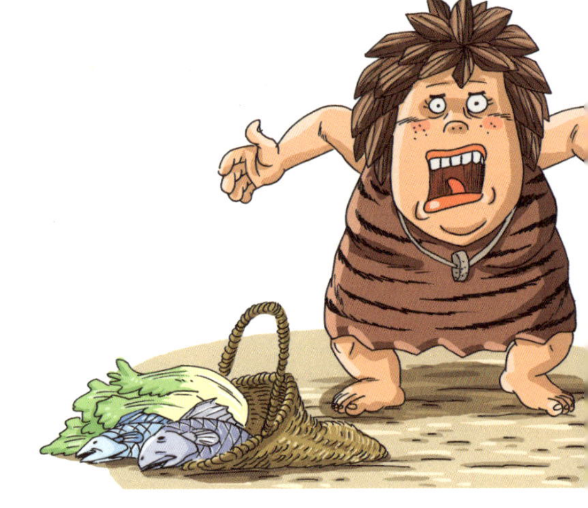

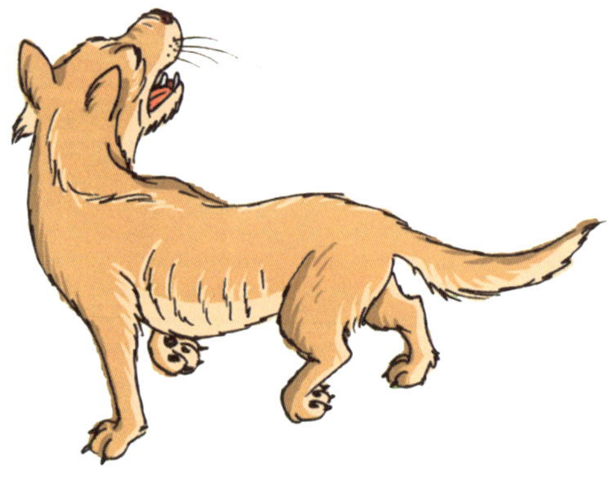

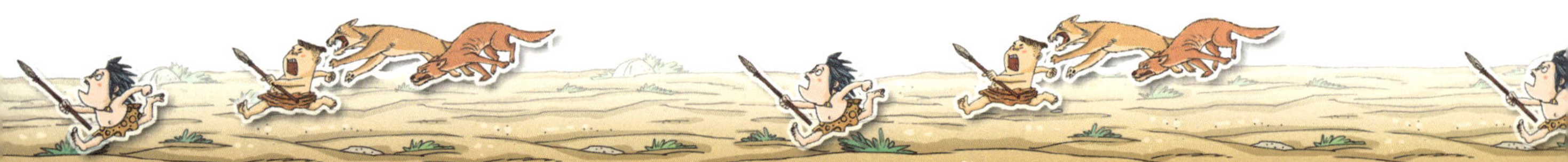

문제 03

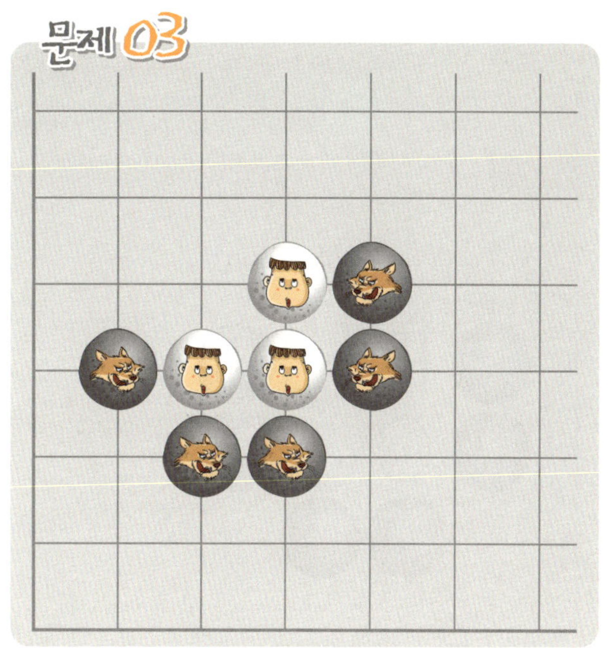

문제 04

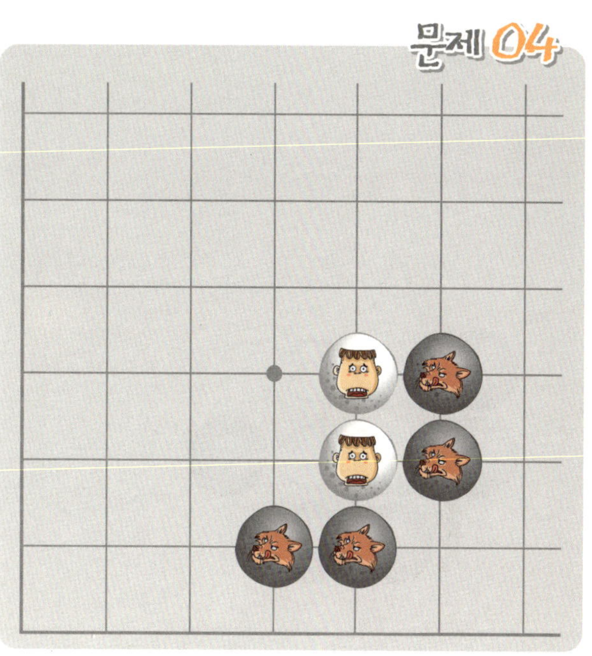

문제 05

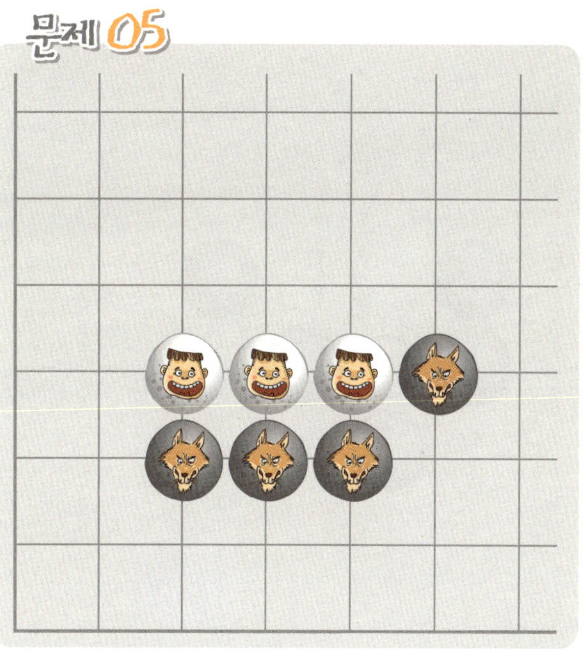

문제 06

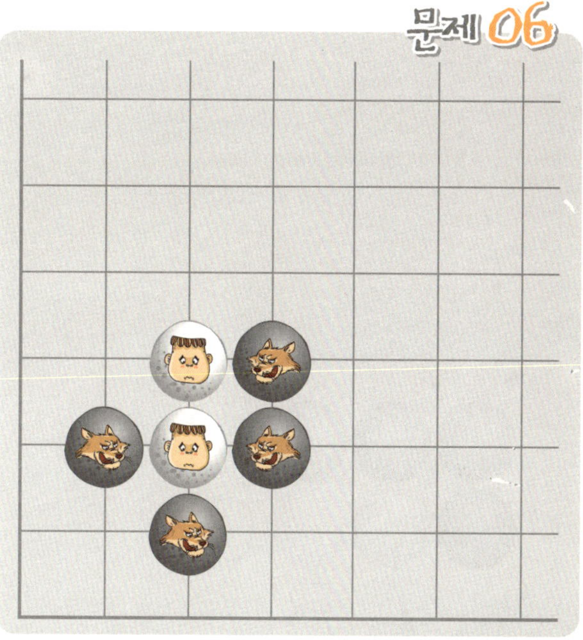

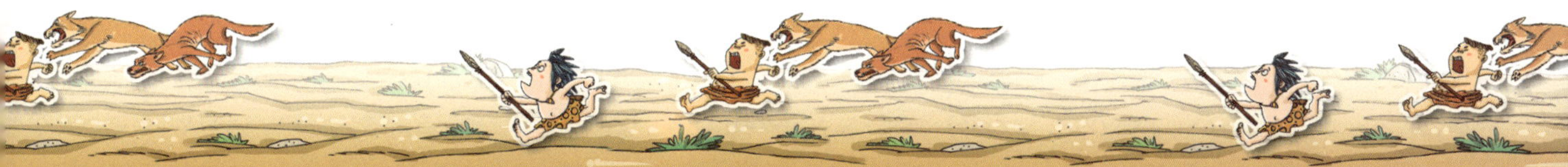

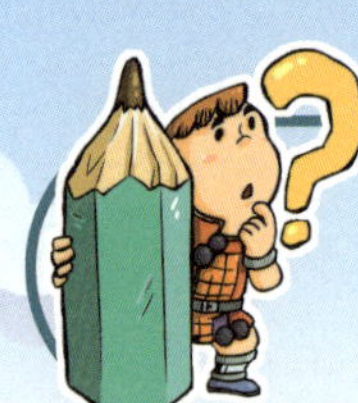

A ~ C 중에서 백돌이 달아나 봐야
소용없는 길을 모두 찾아 동그라미해 보세요.

문제 **07**

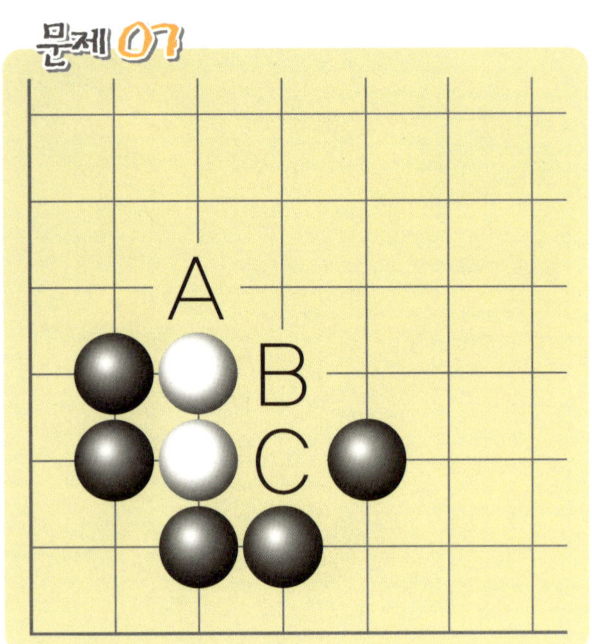

문제 **08**

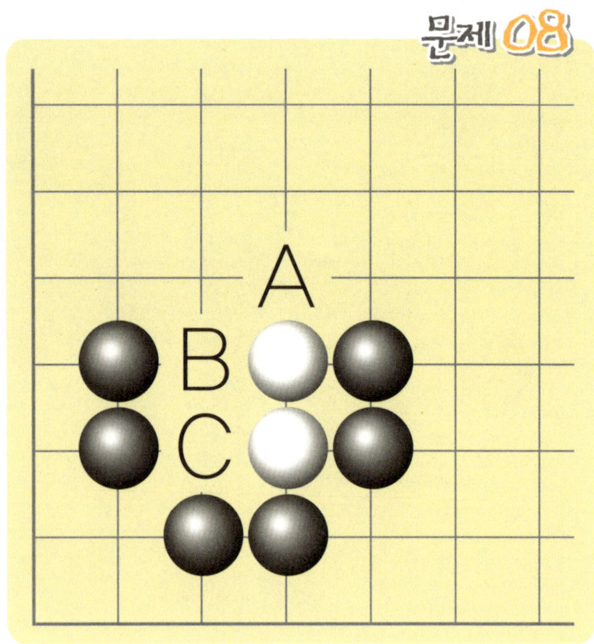

문제 **09**

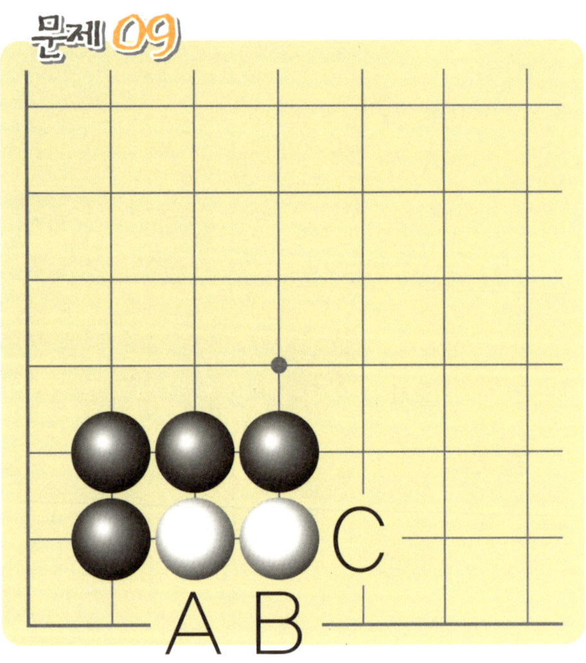

문제 **10**

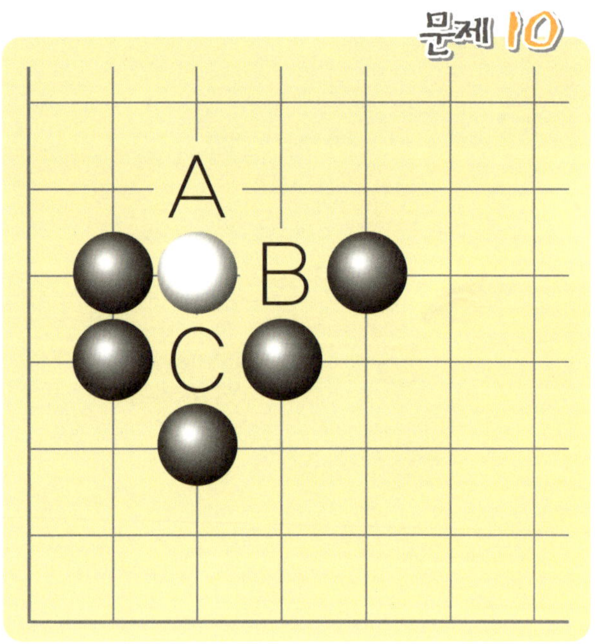

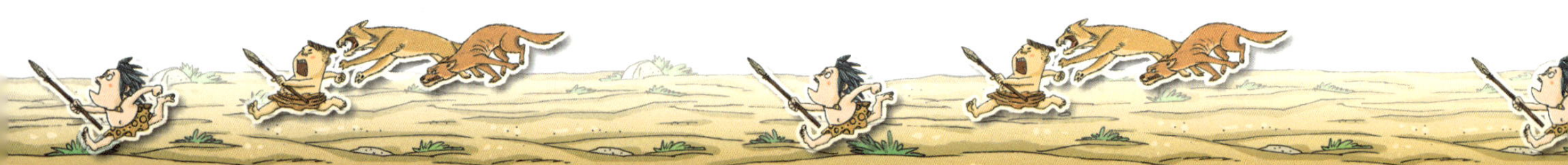

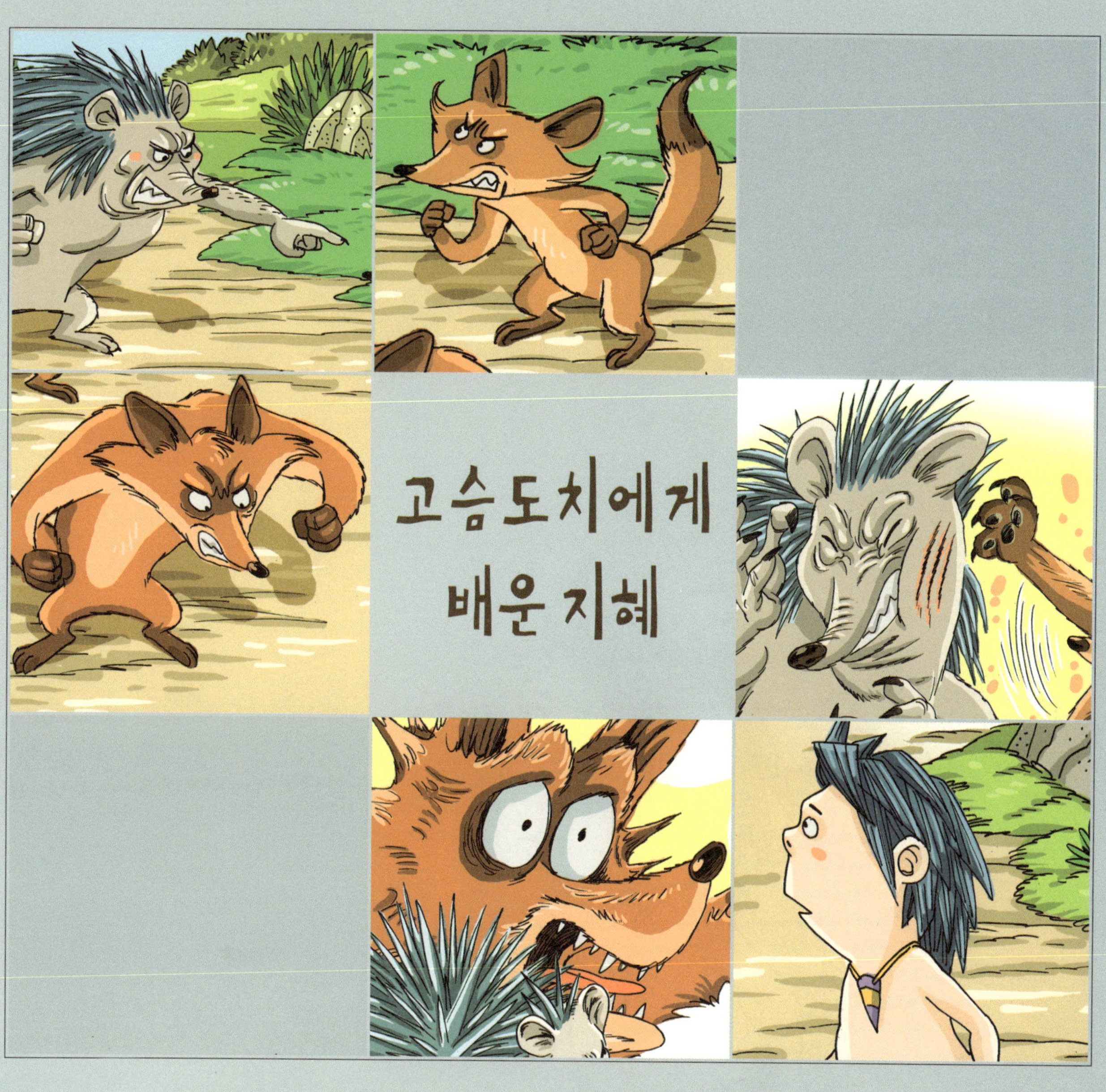

고슴도치에게
배운 지혜

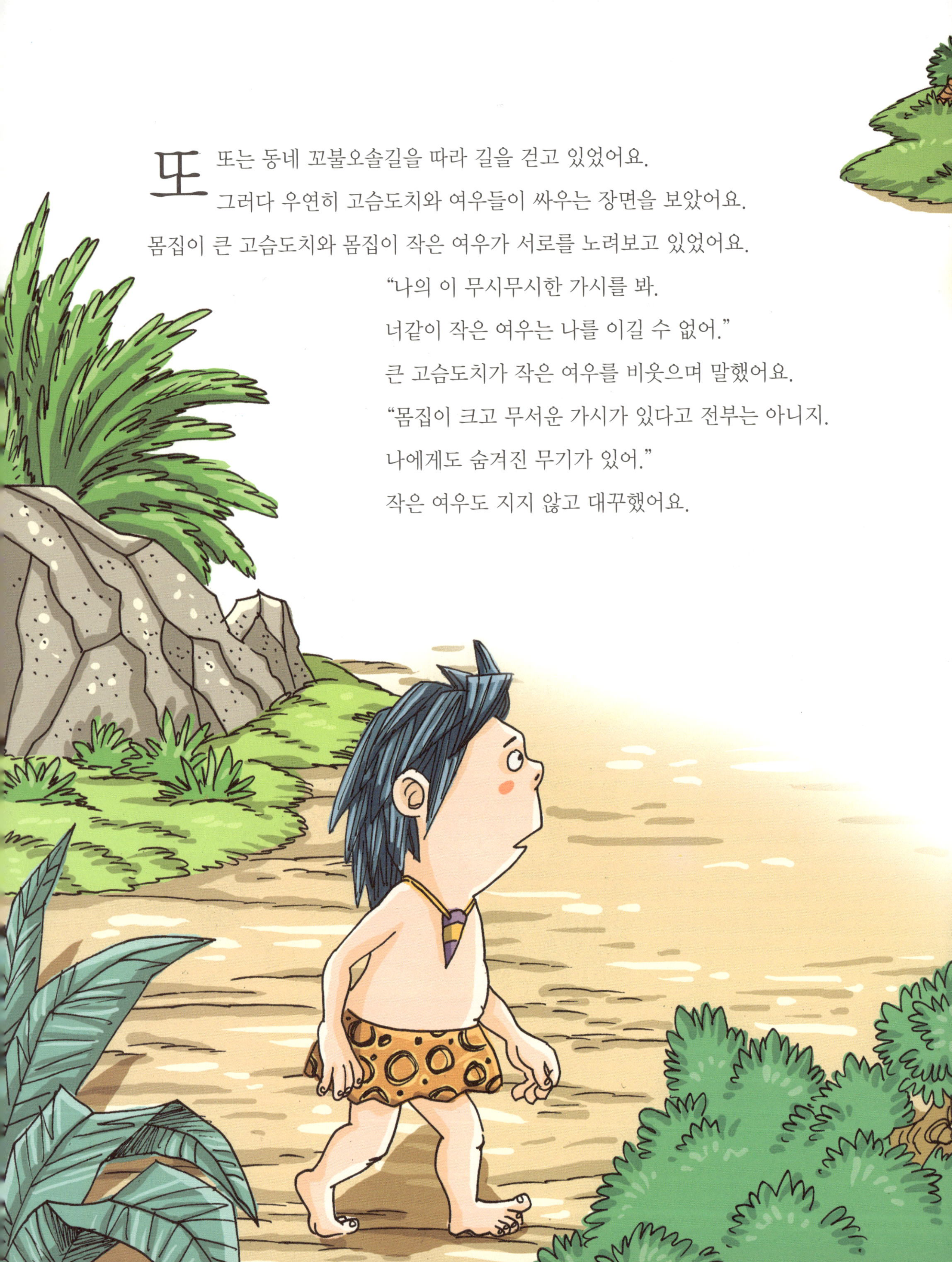

또는 동네 꼬불오솔길을 따라 길을 걷고 있었어요.
그러다 우연히 고슴도치와 여우들이 싸우는 장면을 보았어요.
몸집이 큰 고슴도치와 몸집이 작은 여우가 서로를 노려보고 있었어요.
"나의 이 무시무시한 가시를 봐.
너같이 작은 여우는 나를 이길 수 없어."
큰 고슴도치가 작은 여우를 비웃으며 말했어요.
"몸집이 크고 무서운 가시가 있다고 전부는 아니지.
나에게도 숨겨진 무기가 있어."
작은 여우도 지지 않고 대꾸했어요.

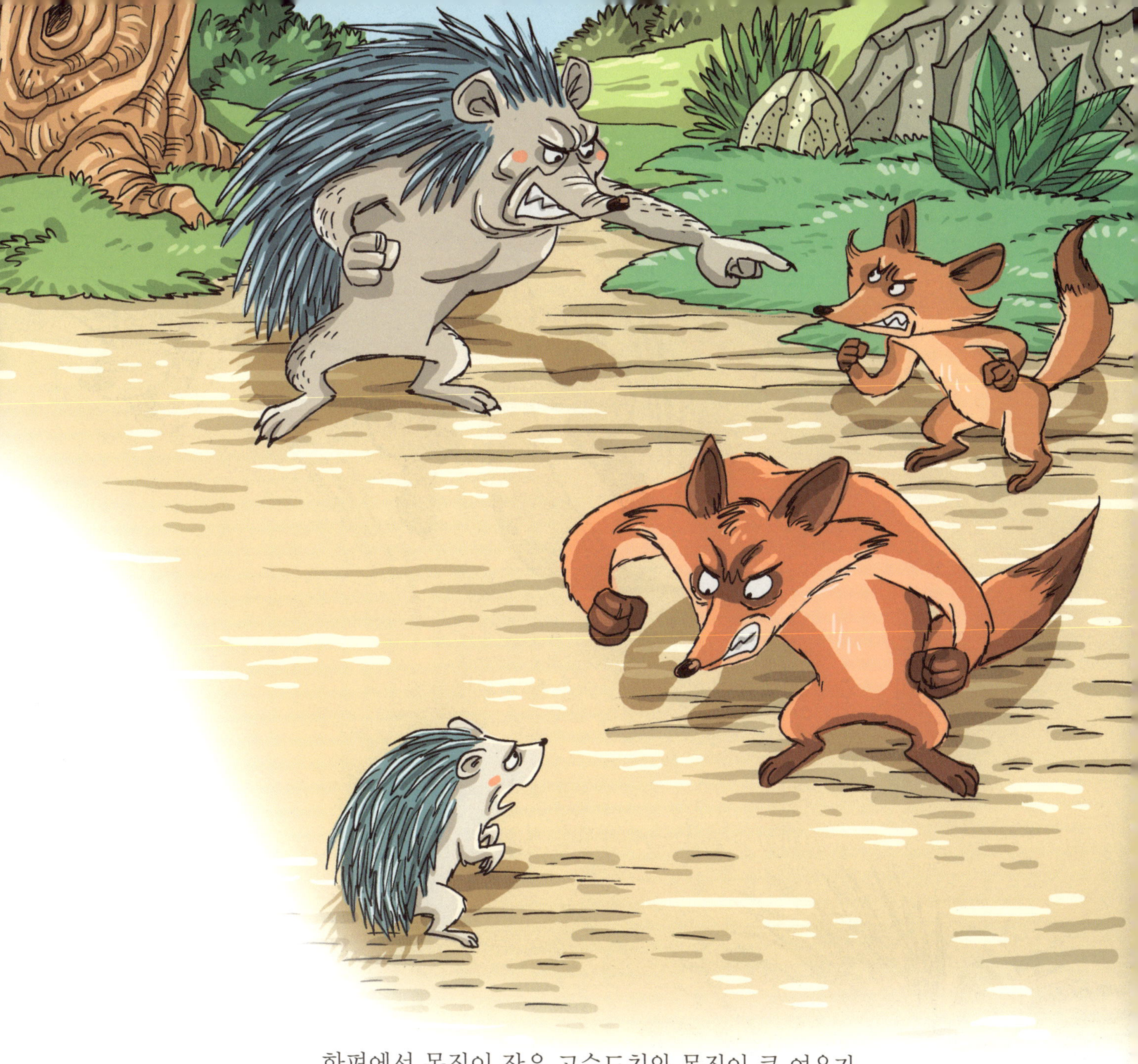

한편에선 몸집이 작은 고슴도치와 몸집이 큰 여우가
금방이라도 덤벼들 태세로 마주보고 있었어요.
"몸집도 조그만 녀석이 나같이 큰 여우님에게 덤비겠다고?"
큰 여우가 씩씩대며 말했어요.
"흥 작다고 깔보면 큰 코 다칠걸."
작은 고슴도치도 당당히 말했어요.
또또는 몸집이 작은 동물들이 다칠까 봐 걱정스러웠어요.
또 어떤 동물이 이길지 궁금하기도 해서 좀 더 지켜보기로 했어요.

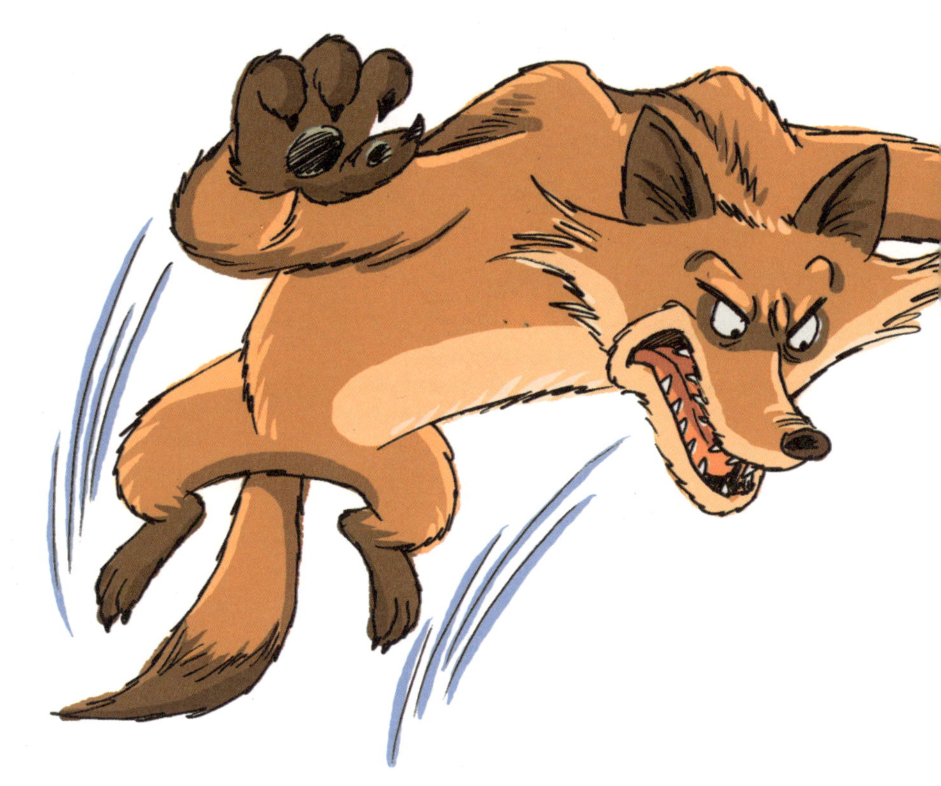

먼저 몸집이 큰 고슴도치가 몸집이 작은 여우에게 덤벼들었어요.

"내 가시 맛 좀 봐라."

그렇지만 몸집이 작은 여우는 날쌔게 잘 피했어요.

그리고 고슴도치가 방심한 틈을 타서 재빨리 날카로운 발톱을 휘둘렀지요.

"아야. 피가 난다. 너무 아프다."

몸집이 큰 고슴도치는 얼굴을 감싸며 주저앉았어요.

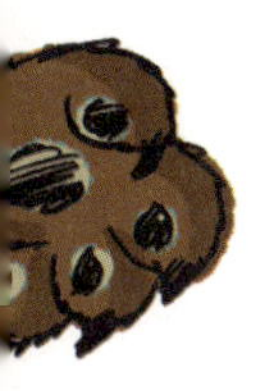

이번엔 몸집이 큰 여우가 몸집이 작은 고슴도치에게 덤벼들었어요.
"감히 조그만 녀석이 나에게 덤비다니. 내 주먹 맛 좀 봐라."
그러자 작은 고슴도치는 몸을 둥글게 말았어요.
몸집이 큰 여우의 주먹과 온몸에 고슴도치의 가시가 박혀 버렸지요.

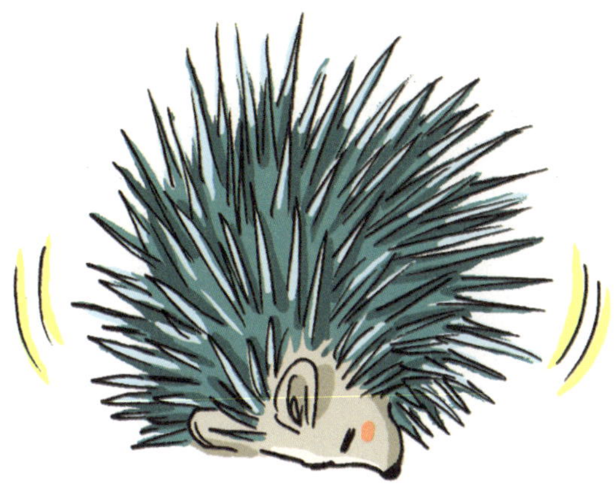

"아악. 누가 이 가시 좀 빼 줘! 너무 아파!"
몸집이 큰 여우는 눈물만 주룩주룩 흘렸어요.
또또는 고슴도치와 여우의 싸움을 지켜보면서 새롭게 깨달았답니다.
'아, 상대가 작다고 제 힘만 믿고 마구 대들다가는 큰 봉변을 당할 수도 있겠구나!
항상 조심해야지.'

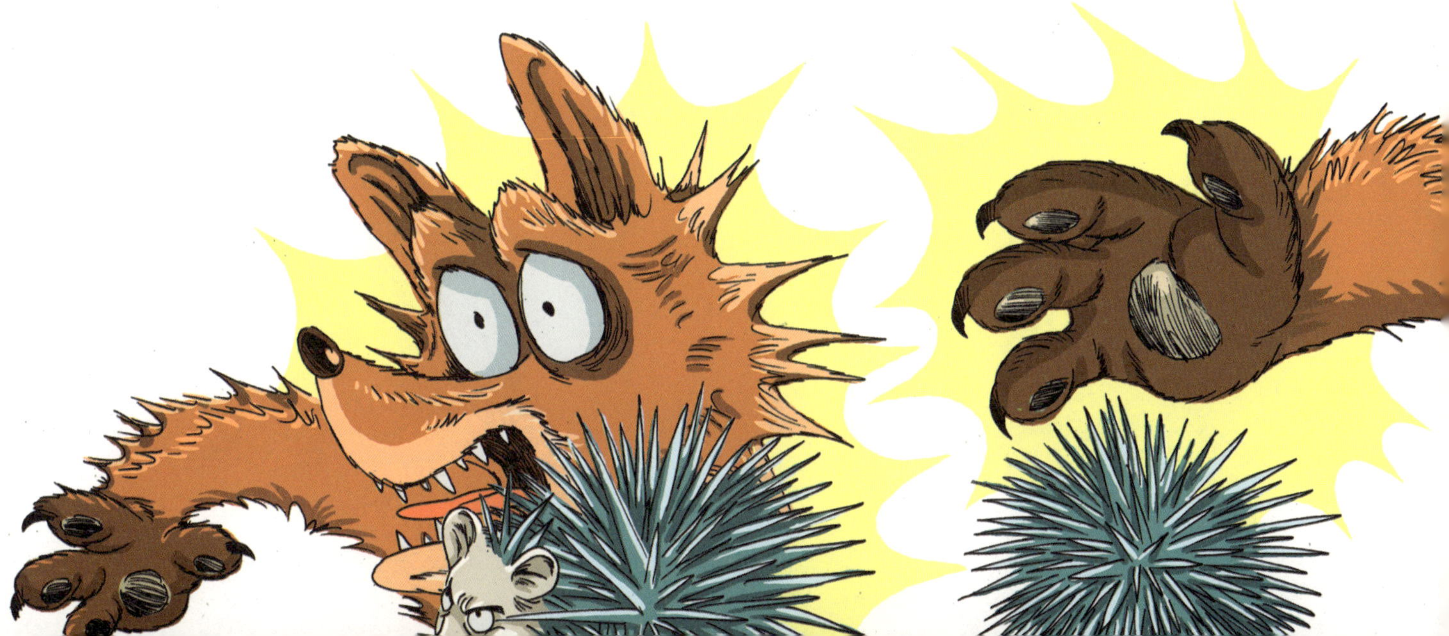

1. 누가 더 강할까?

고슴도치와 늑대가 서로 공격하고 있어요.
그렇다면 고슴도치와 여우 중에서 **누가 더 강할까요?**

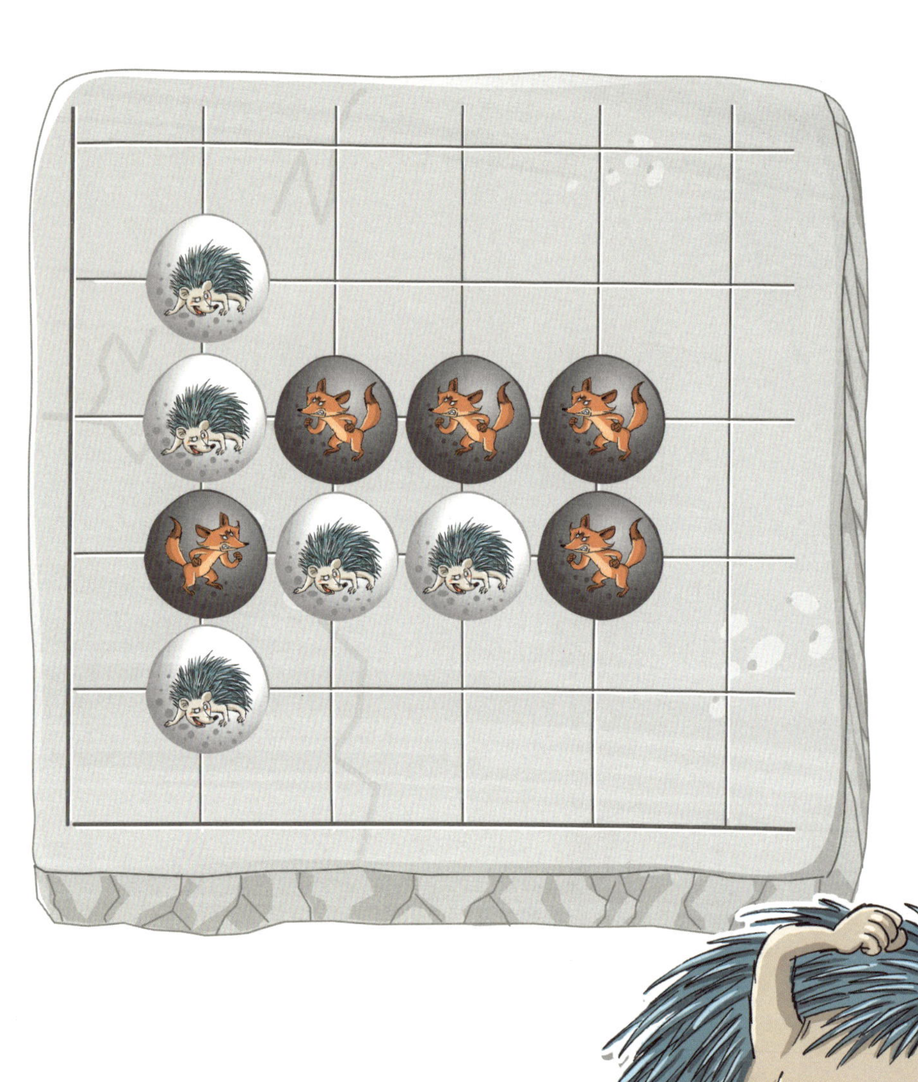

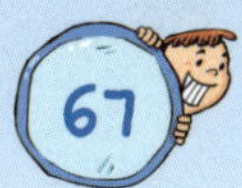

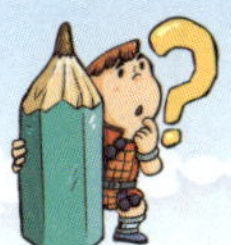

참고 그림 ❶

백O가 달아날 수 있는
길은 A와 B 두 곳입니다.

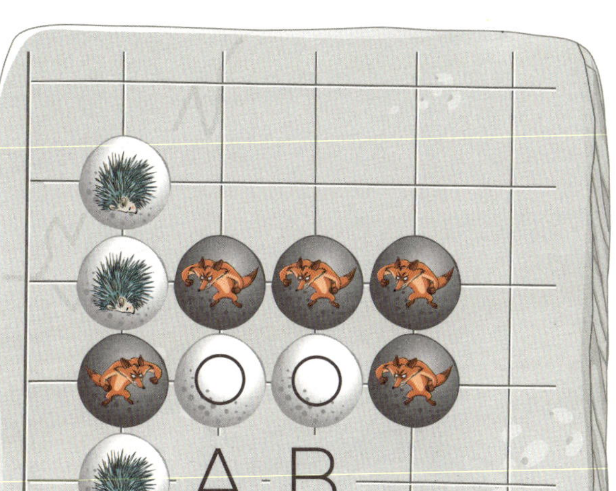

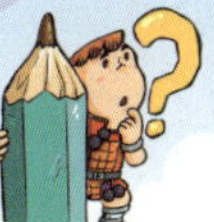

참고 그림 ❷

흑△가 달아날 수 있는
길은 A 한 곳입니다.

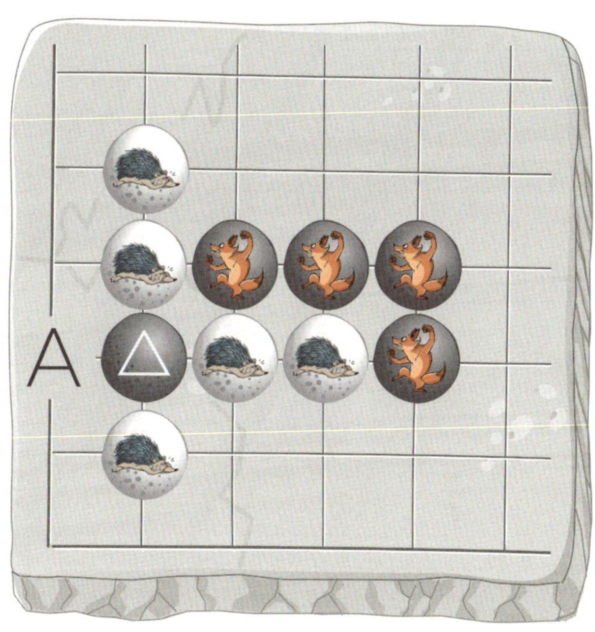

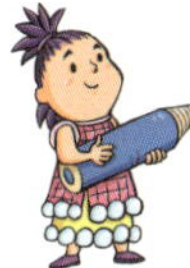

정답 그림

늑대보다 고슴도치가
달아날 수 있는 길이
한 군데 더 많으므로
고슴도치가
더 강합니다.

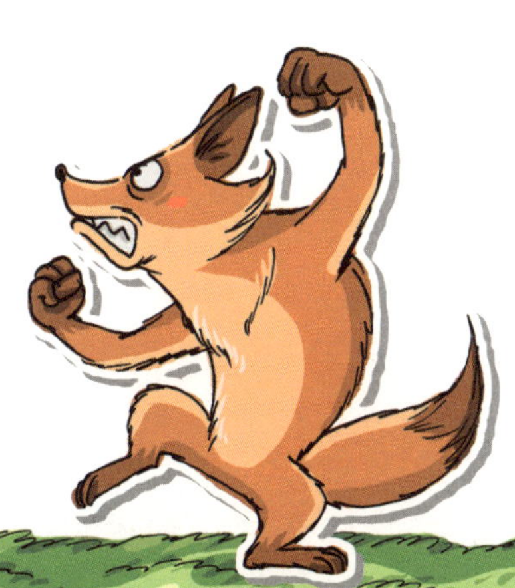

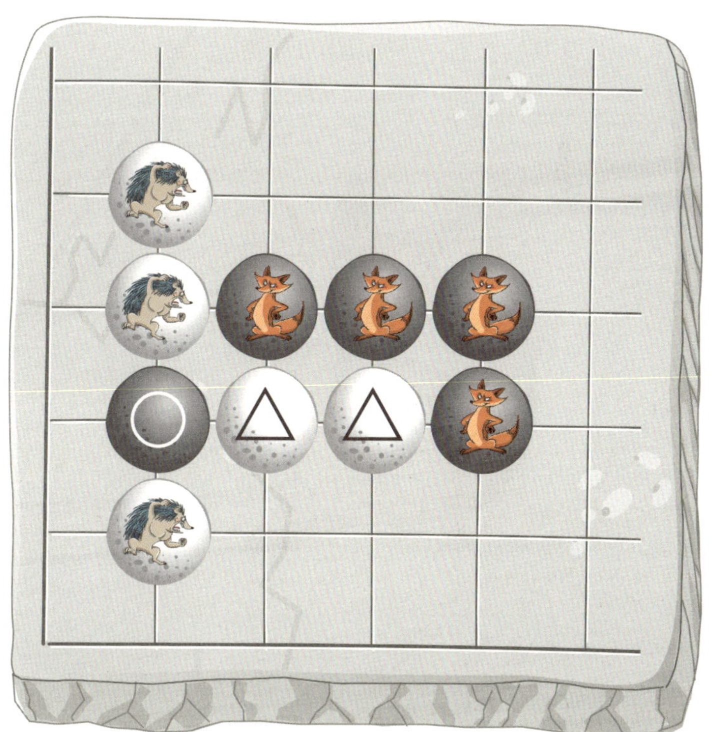

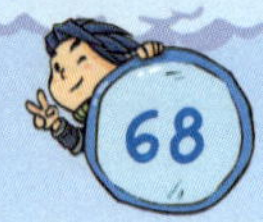
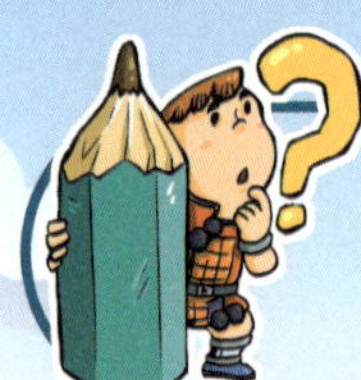

고슴도치(백○)와 여우(흑△) 중에서 누가 더
강할까요? 강한 쪽에 동그라미하세요.

문제 01

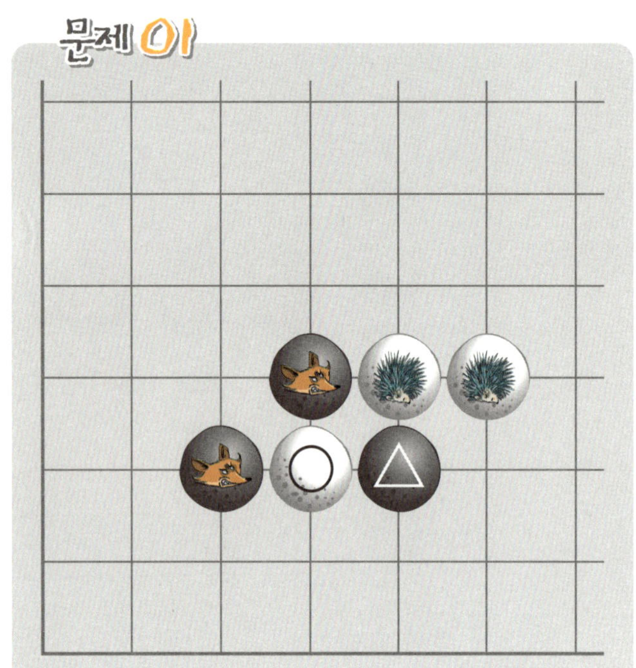

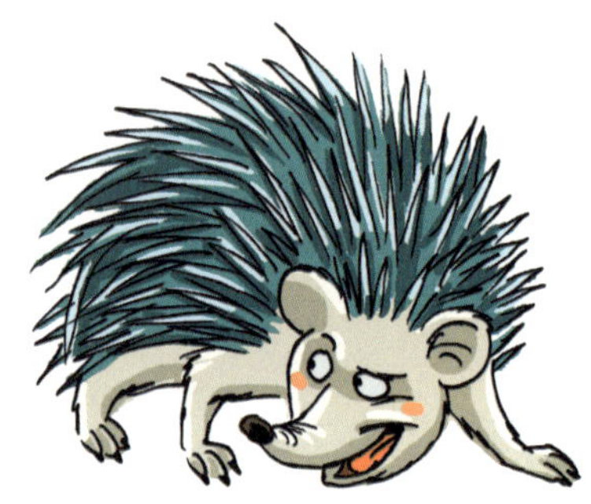

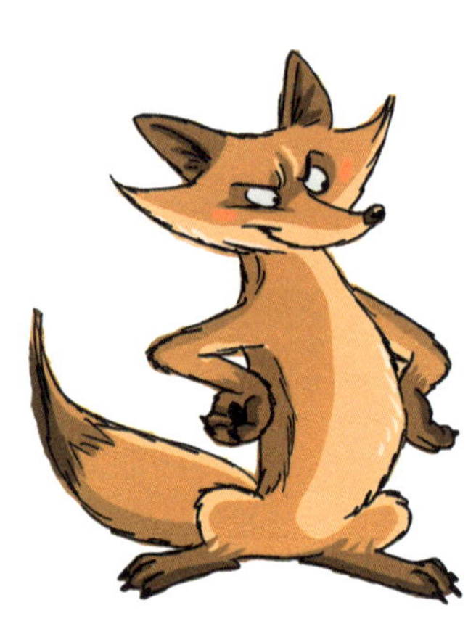

문제 02

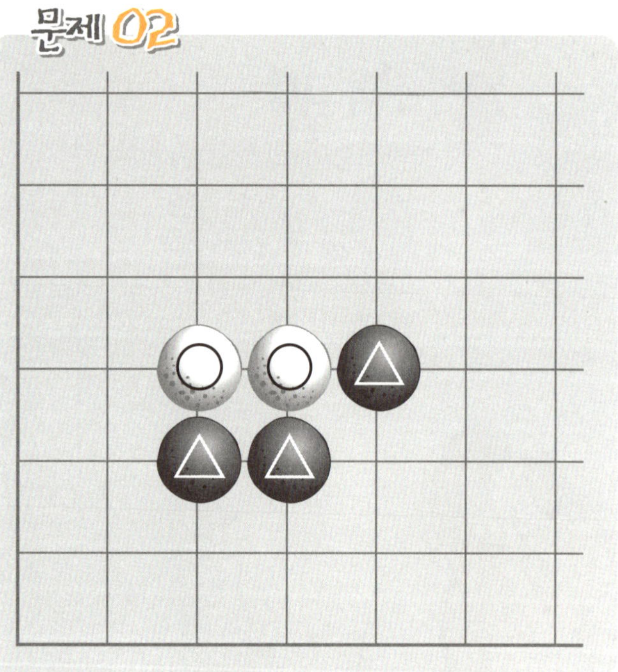

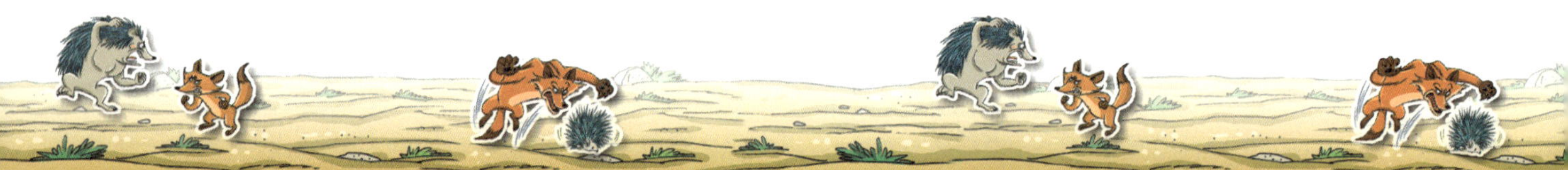

문제 **03**

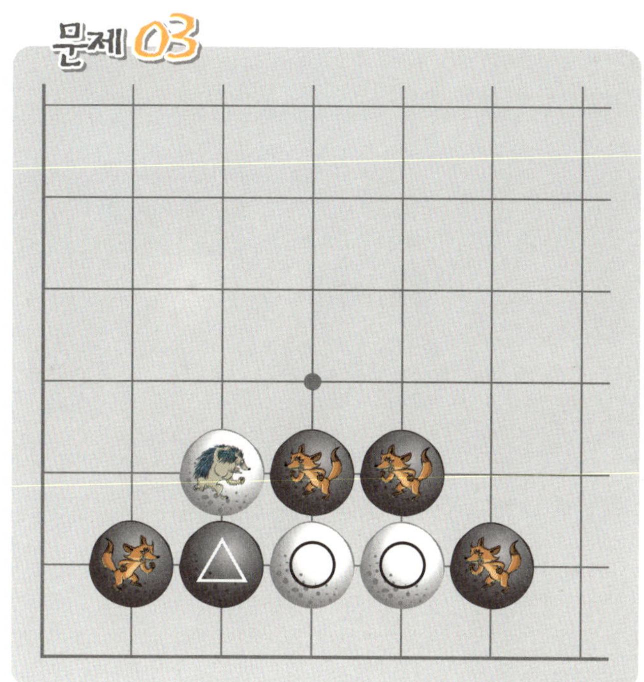

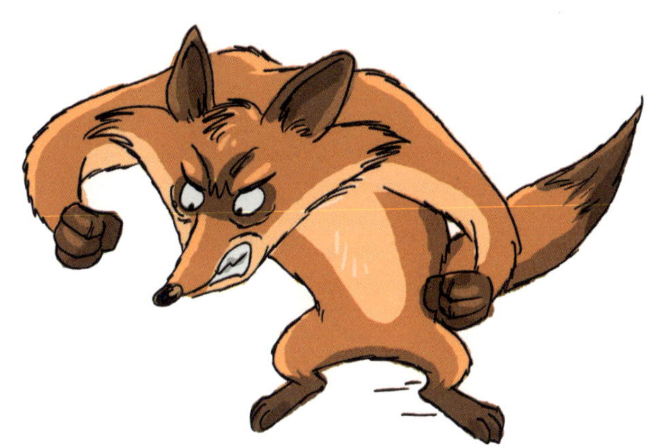

문제 **04**

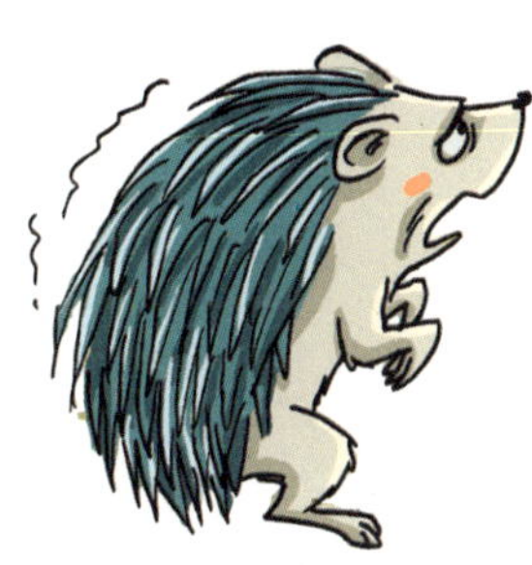

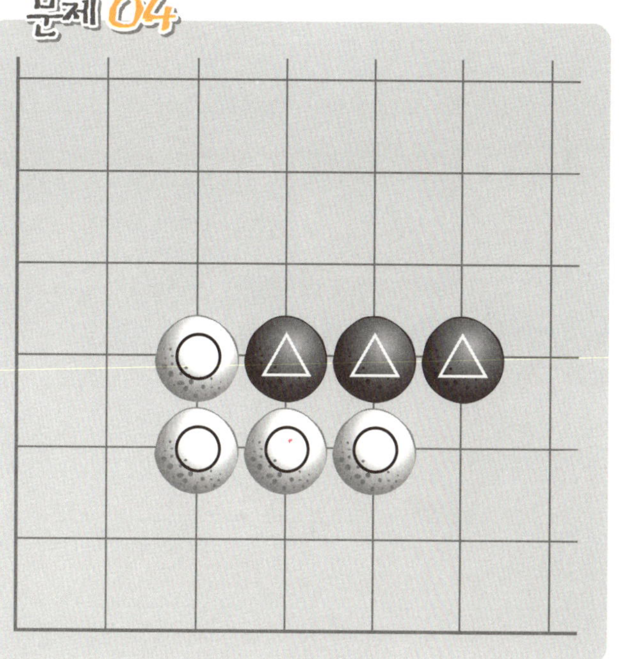

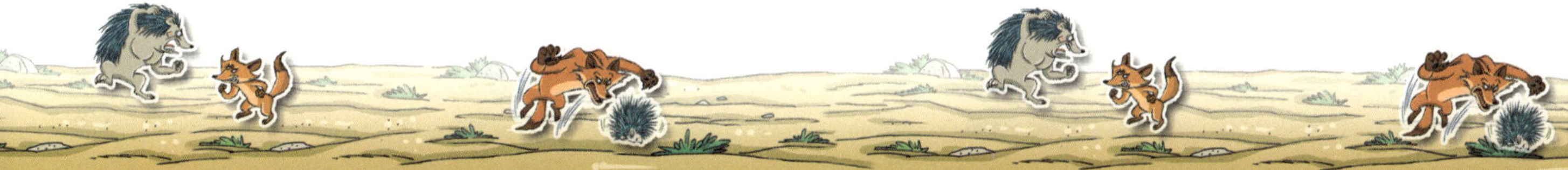

문제 **05**

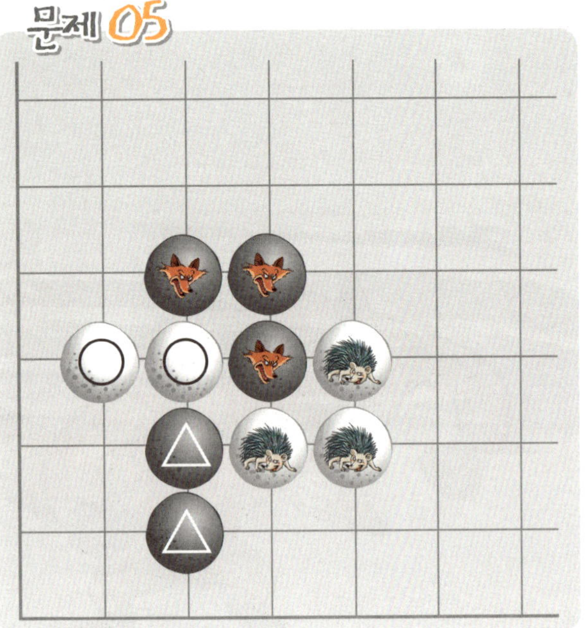

문제 **06**

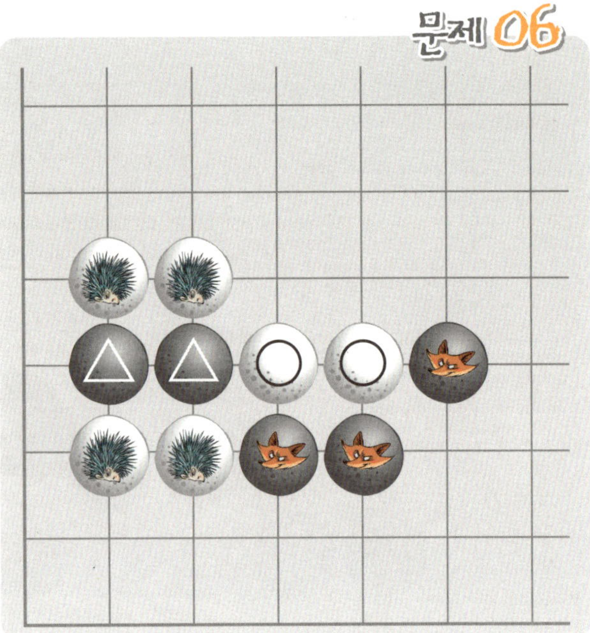

문제 **07**

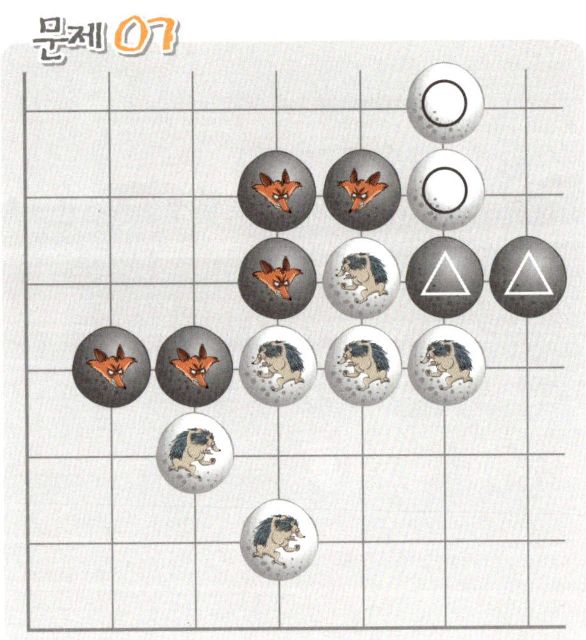

문제 **08**

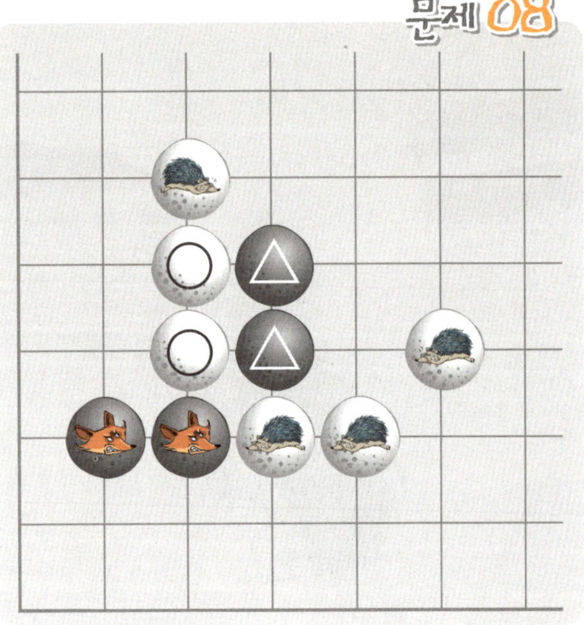

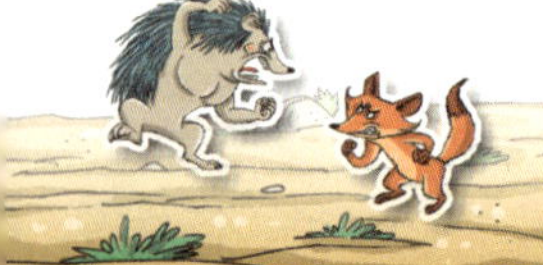
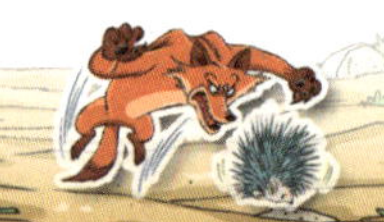
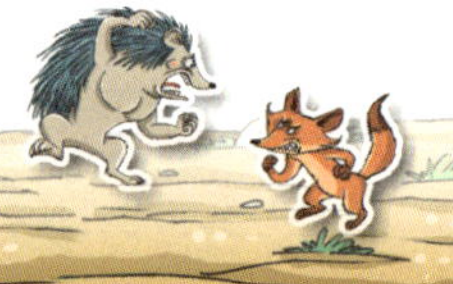
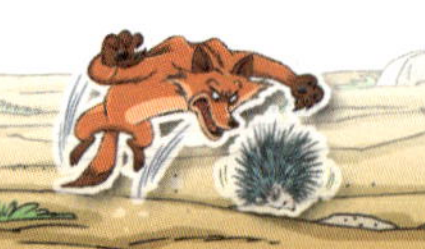

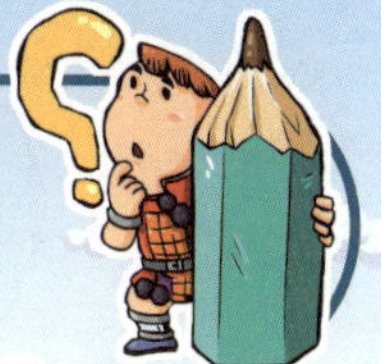

백○와 흑△ 중에서 누가 더 강할까요?
강한 쪽에 동그라미하세요.

문제 09

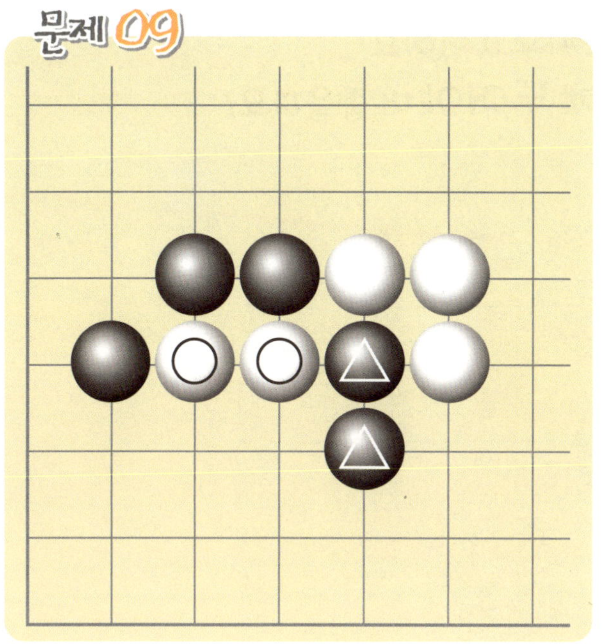

문제 10

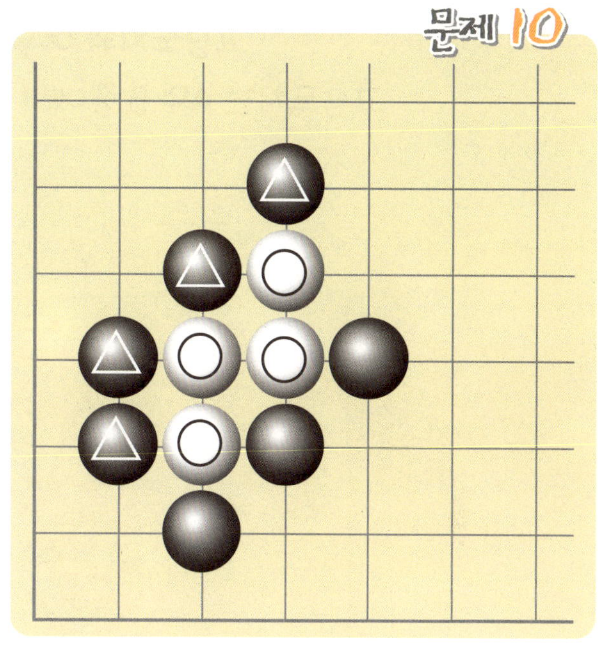

문제 11

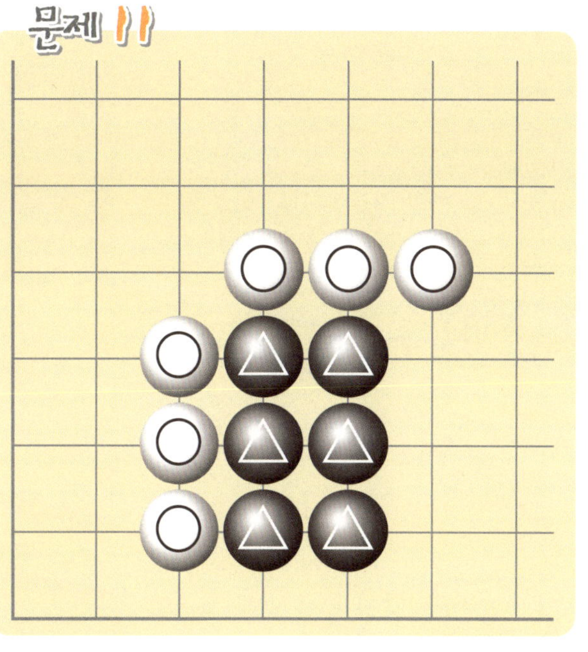

문제 12

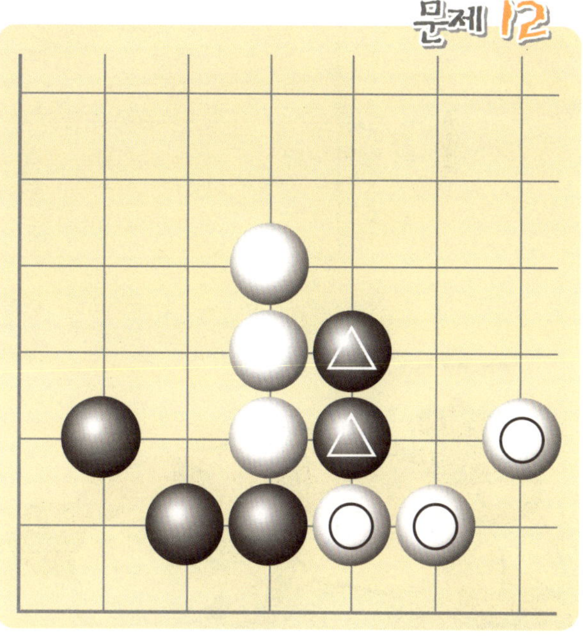

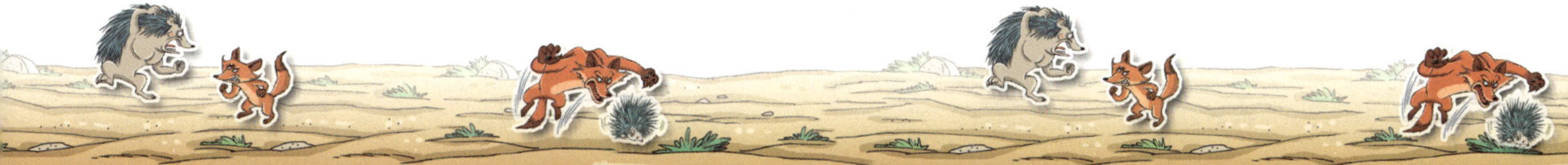

2. 약점 보강하기

고슴도치와 여우가 서로 싸우고 있어요,
고슴도치는 A와 B 중에서 **어디에 두어야** 더 좋을까요?

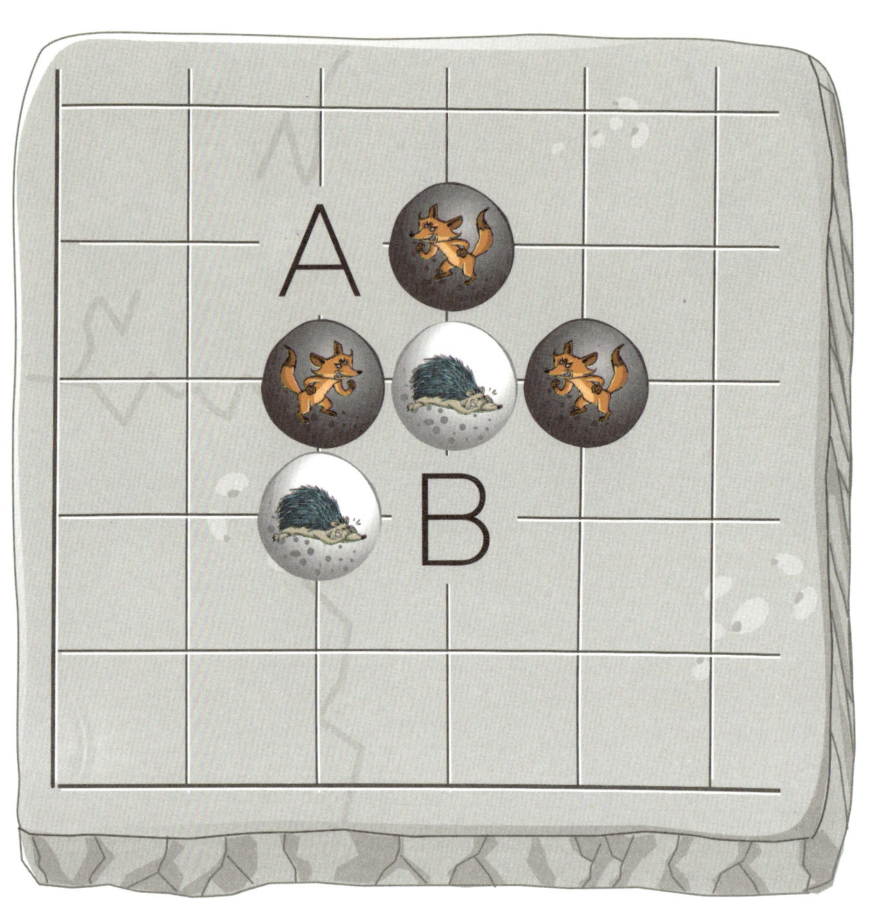

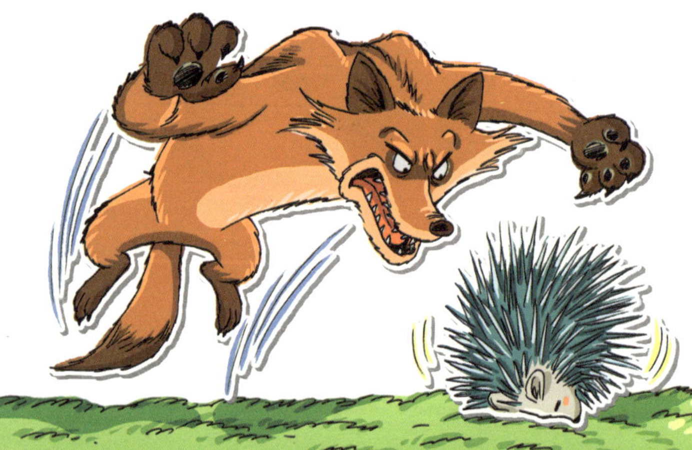

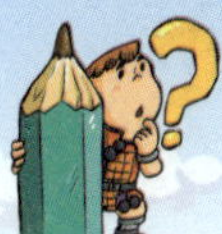 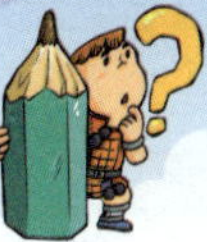

실패그림 ❶

백1로 공격하는 것은 큰 실수입니다.
여우가 흑2로 공격하면 고슴도치가
도리어 잡히게 됩니다.

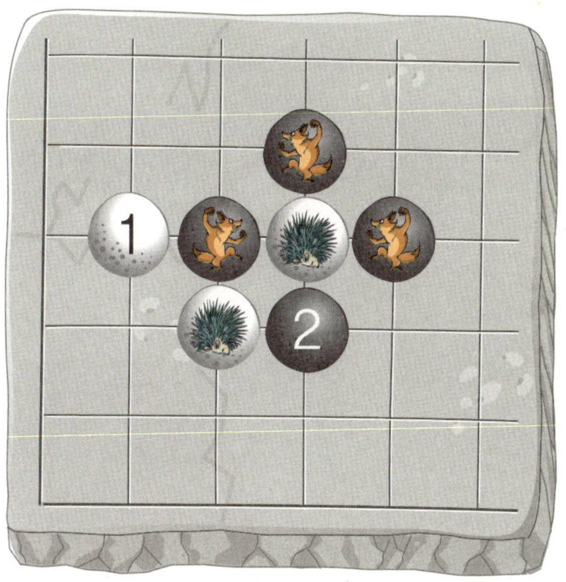

실패 그림 ❷

백1도 정답이 아닙니다.
흑2로 공격하면 고슴도치가 또
잡히고 맙니다.

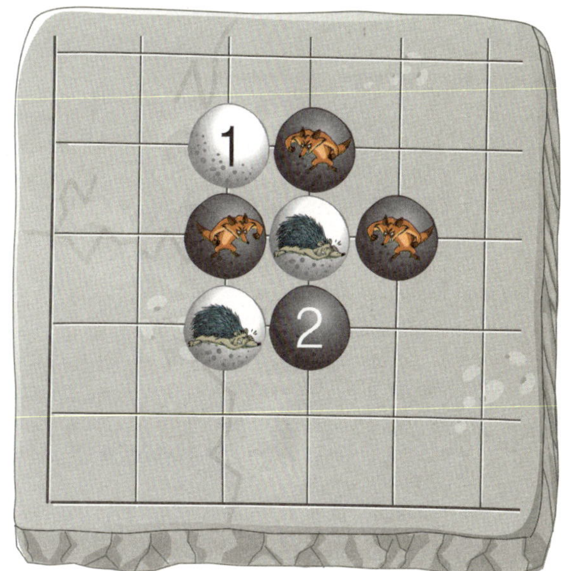

참고 그림

고슴도치는 백○가 잡힐 위기에 놓여
있으므로 방어를 먼저 해야 합니다.

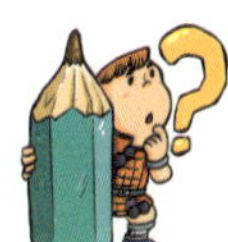

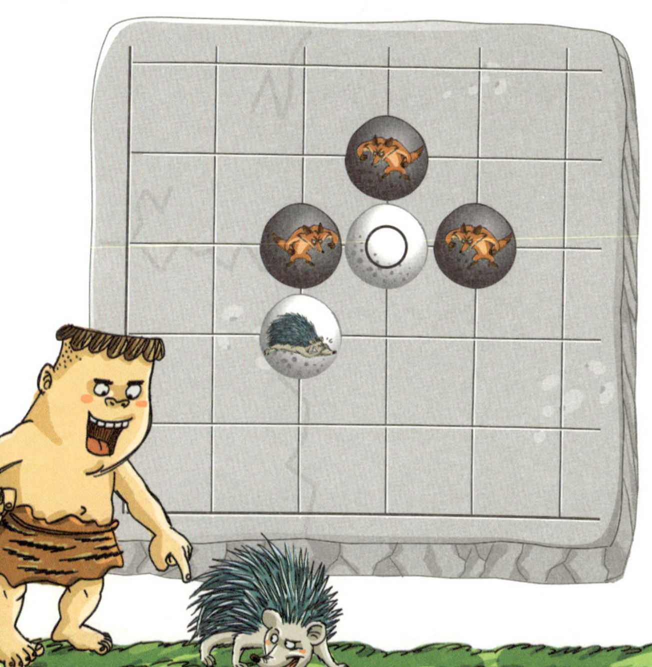

정답 그림

백1로 두어서 자신의 약점을 방어하는
것이 정답입니다.

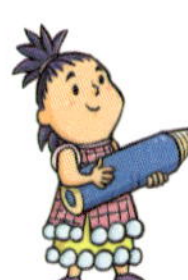

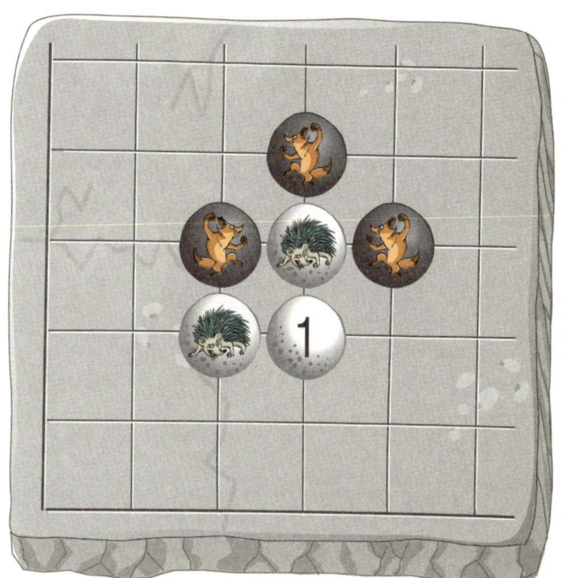

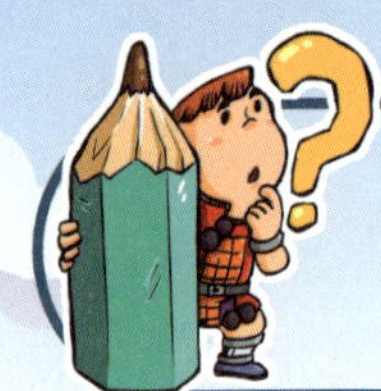

고슴도치는 A와 B 중에서
어느 곳을 선택해야 할까요?

문제 01

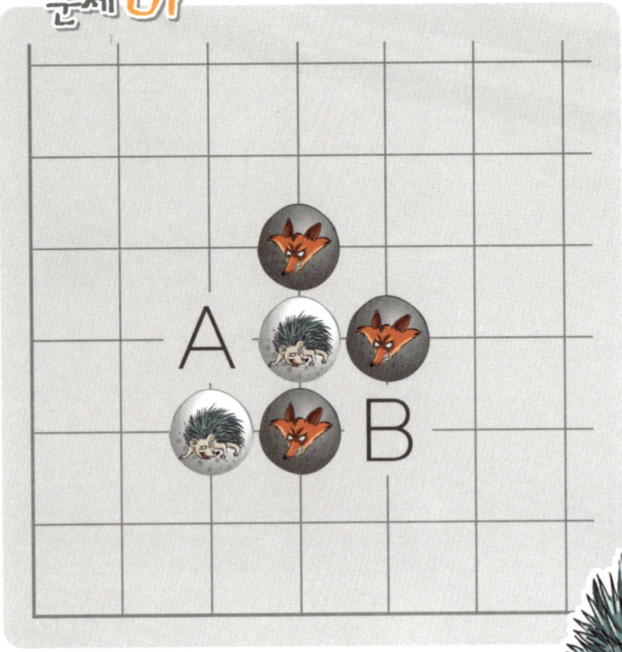

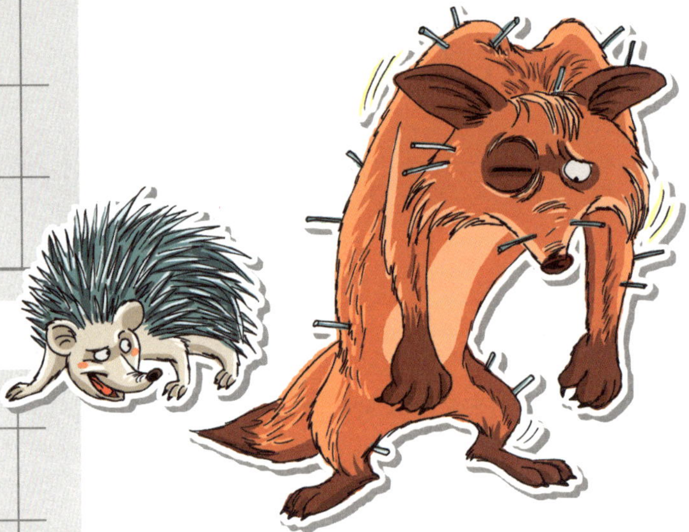

문제 02

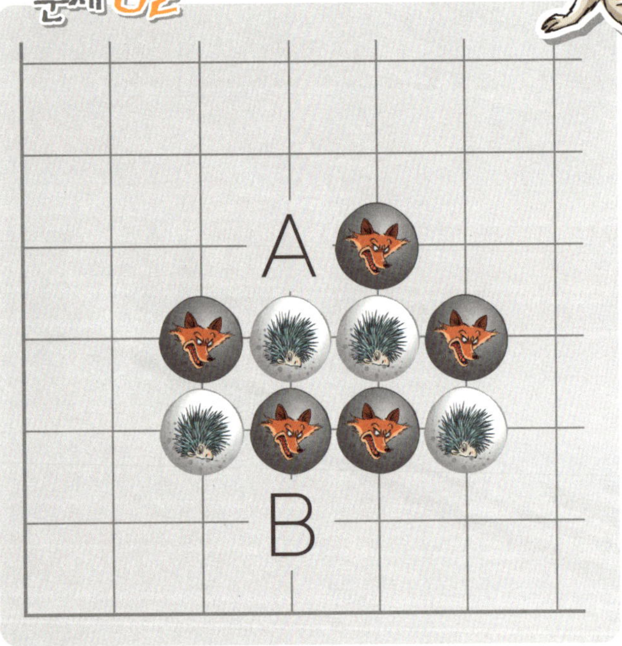

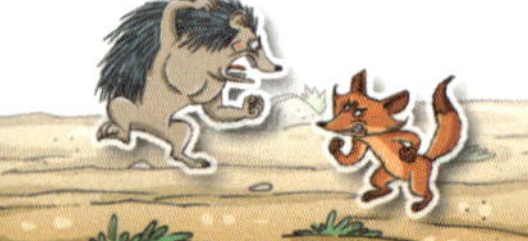
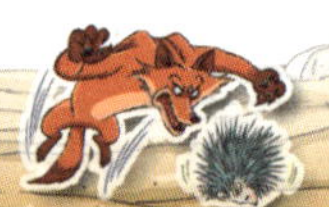
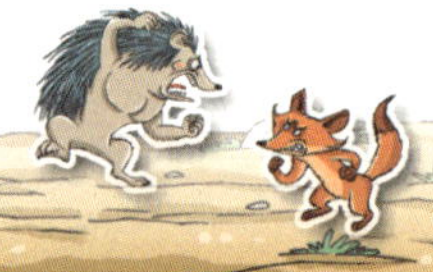
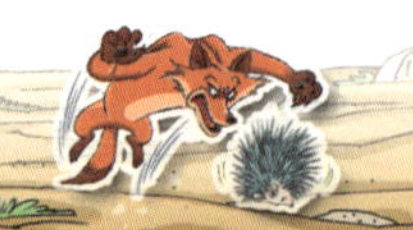

문제 03

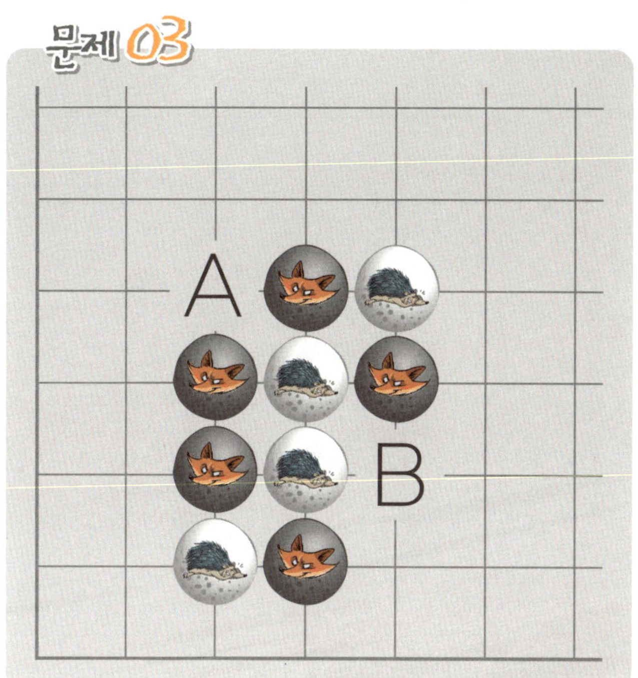

문제 04

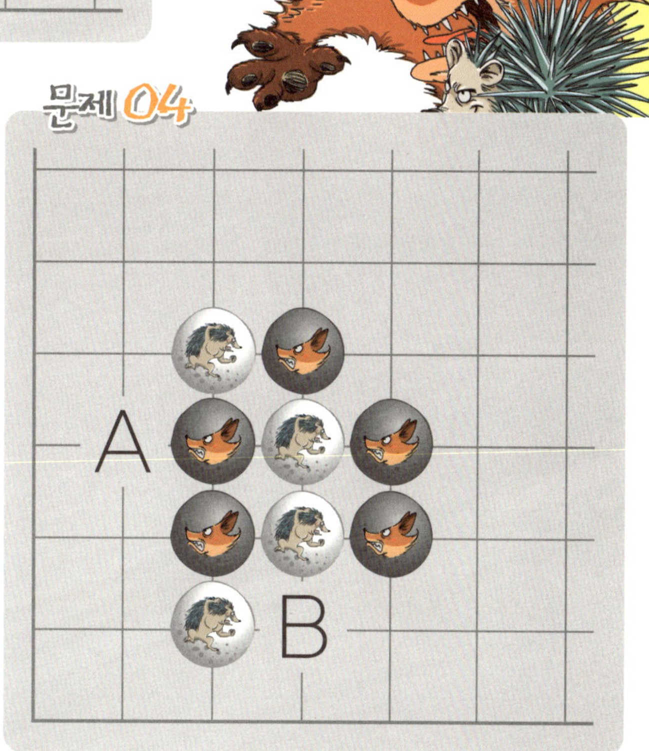

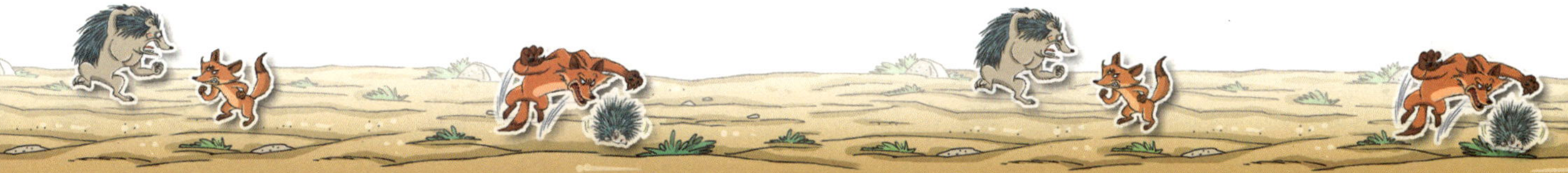

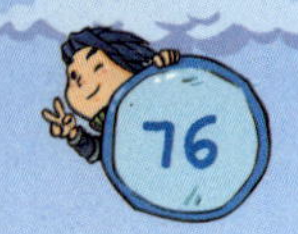

문제 **05**

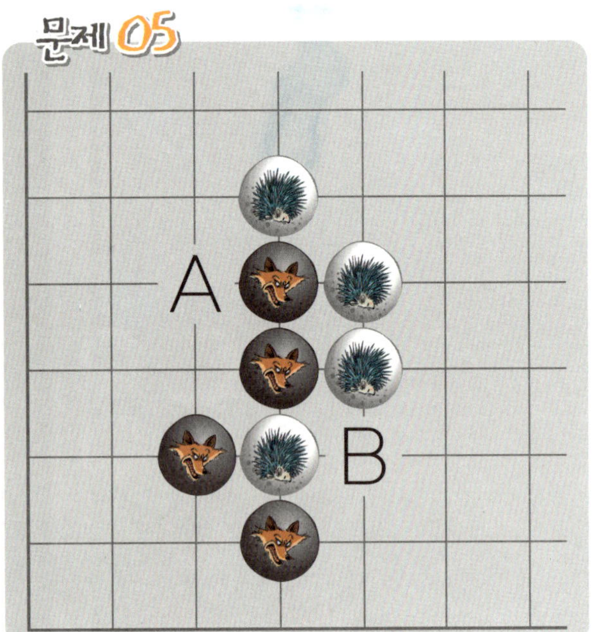

문제 **06**

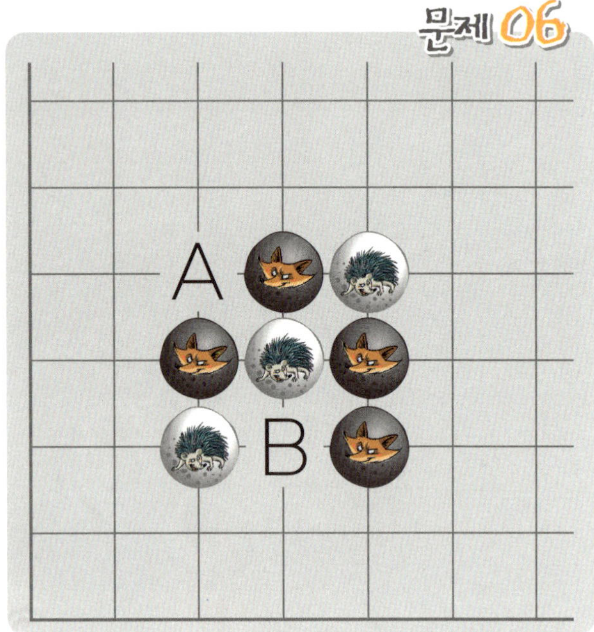

문제 **07**

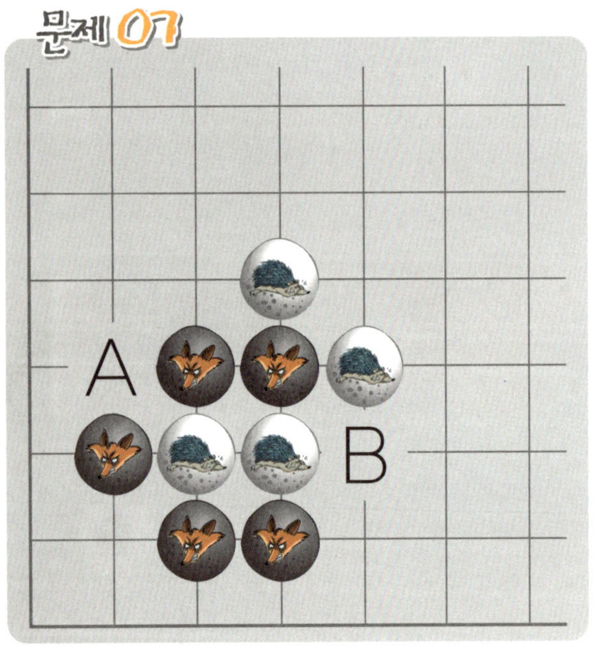

문제 **08**

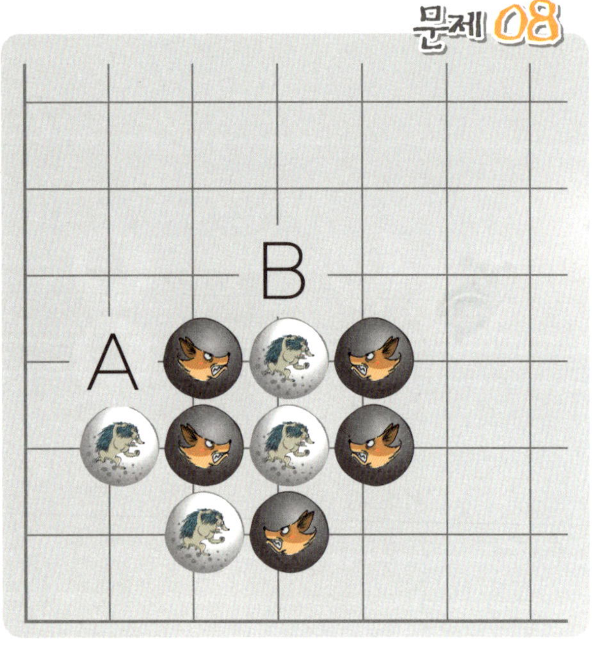

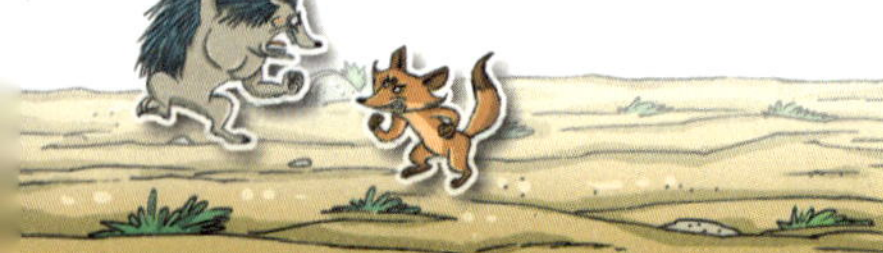

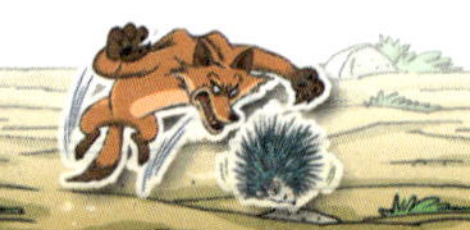

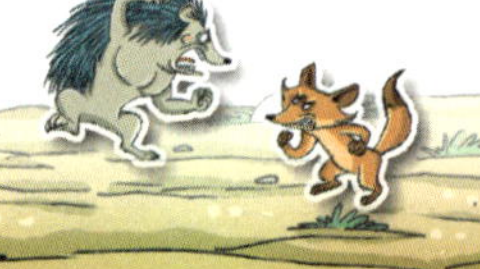

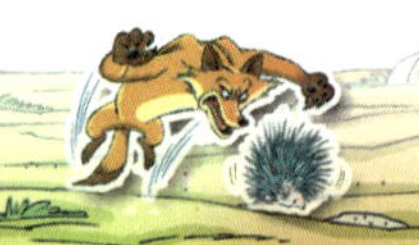

백돌은 어느 곳에 두어야 할까요?
적당한 곳을 찾아서 표시해 보세요.

문제 09

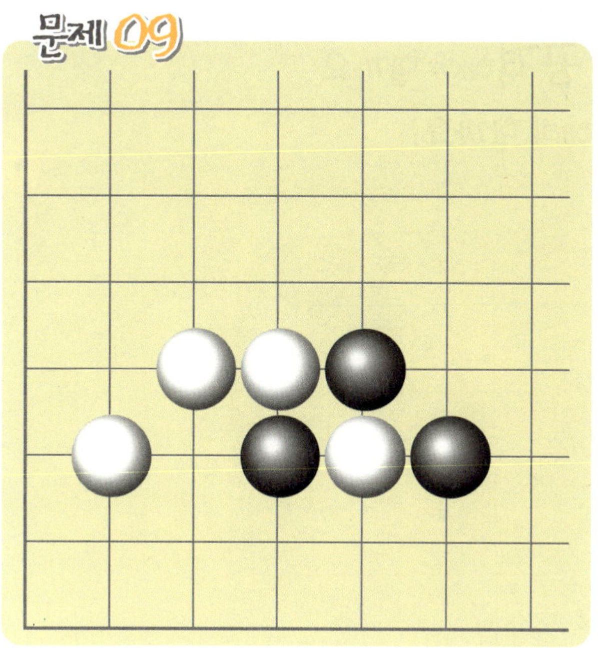

문제 10

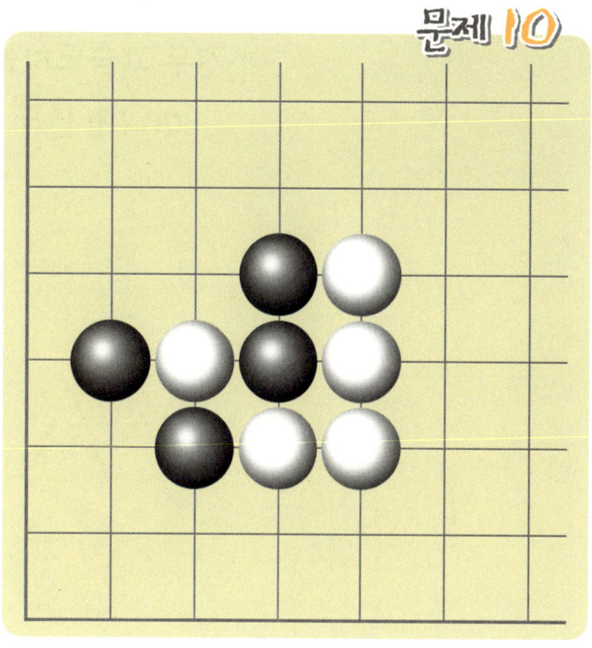

문제 11

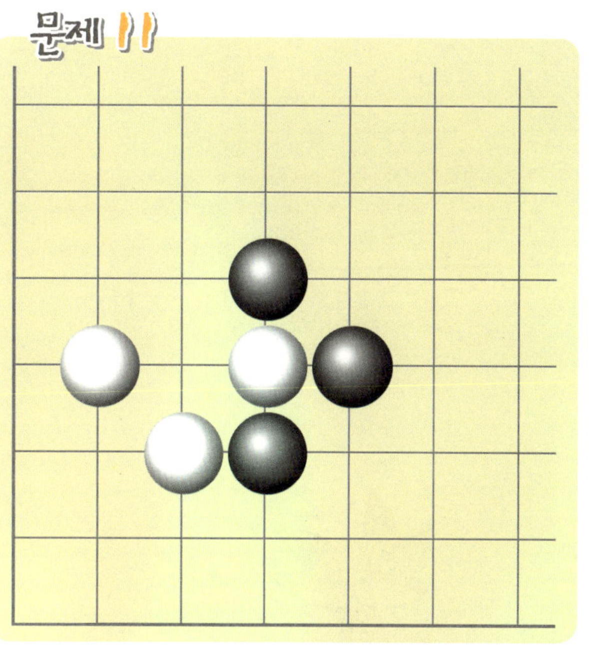

문제 12

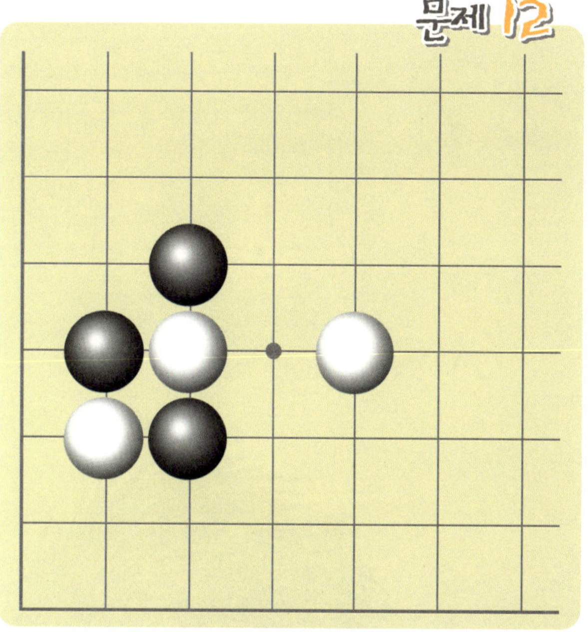

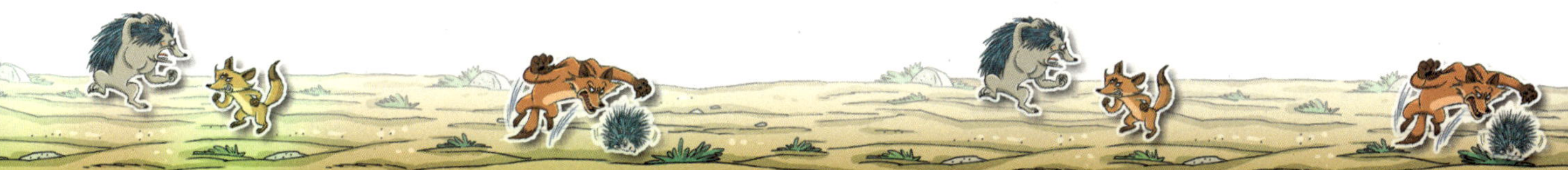

3. 공격할까? 수비할까?

고슴도치와 여우가 서로 공격하고 있어요.
이 경우 고슴도치는 A로 공격해야 할까요
아니면 B로 수비해야 할까요?

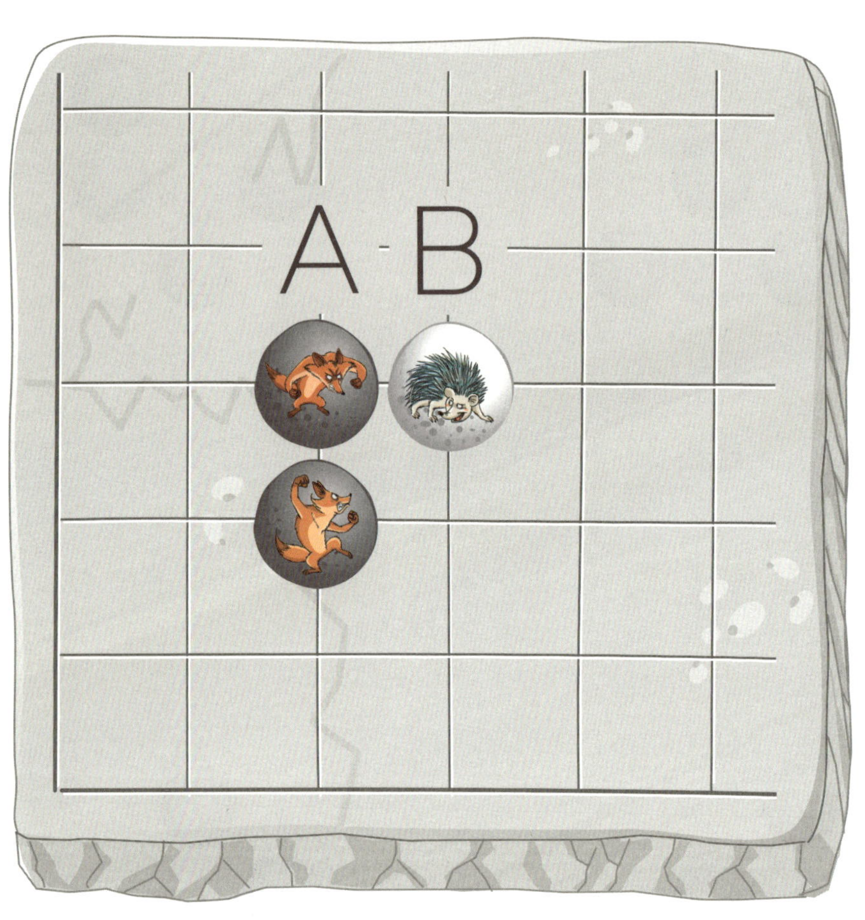

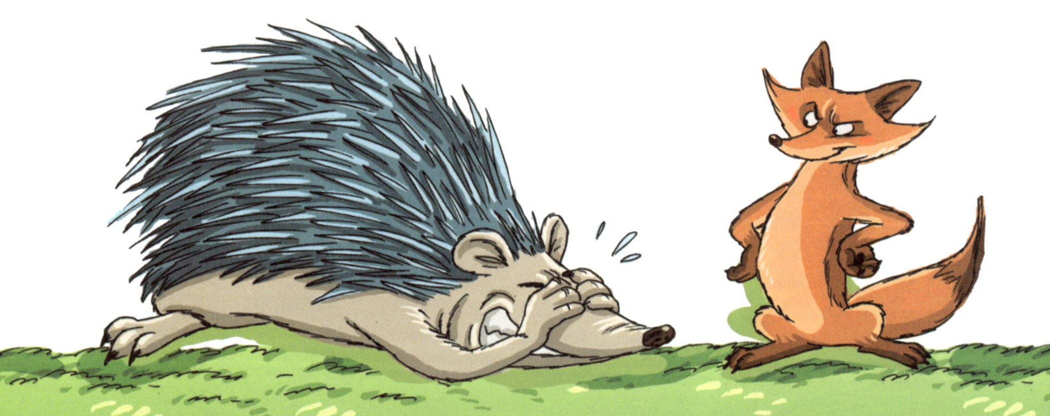

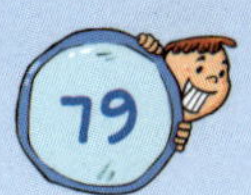

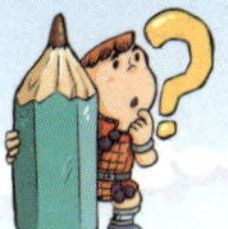

참고 그림 ❶

고슴도치가 달아날 수 있는 길은
A~C까지 세 곳입니다.

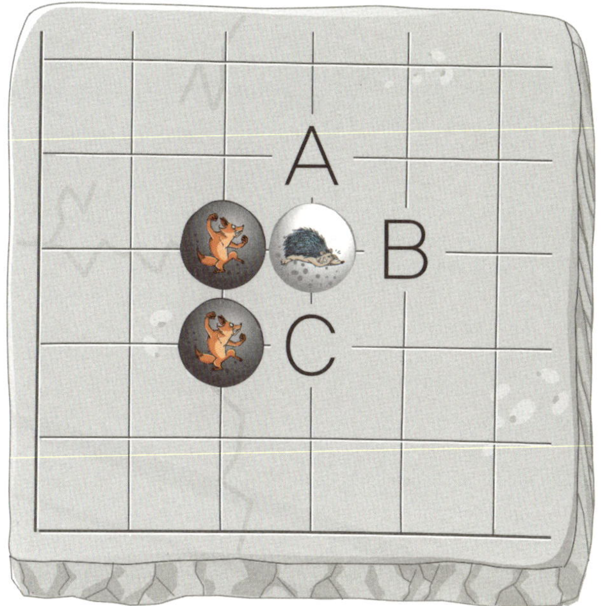

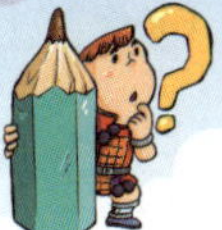

참고 그림 ❷

여우가 달아날 수 있는 길은
A~E까지 다섯 곳입니다.

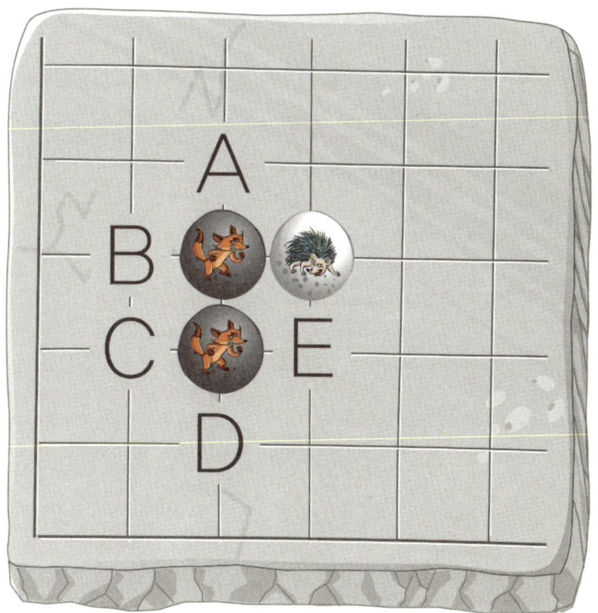

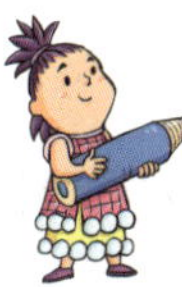

정답 그림

여우가 고슴도치보다
달아날 수 있는 길이
두 곳이 더 많습니다.
그러므로 여우가 더 강하기
때문에 고슴도치는 백1로
달아나야 합니다.

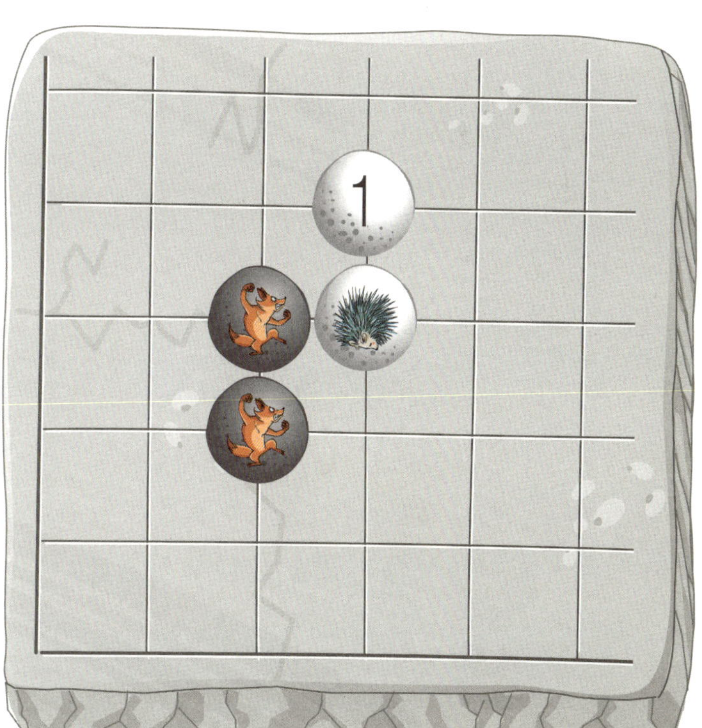

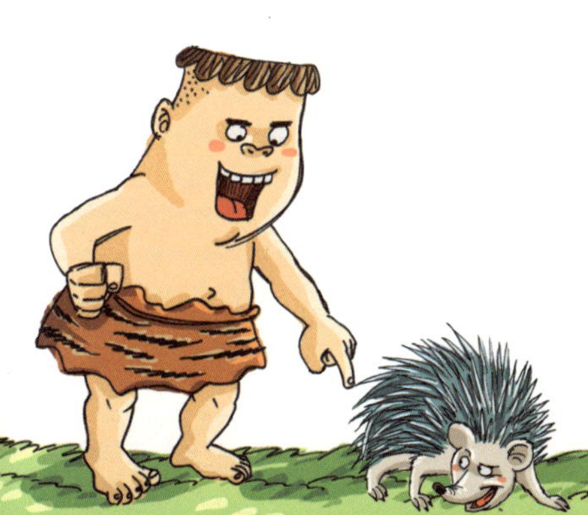

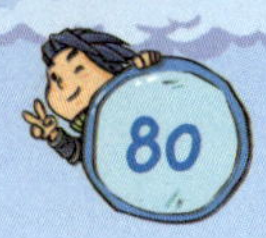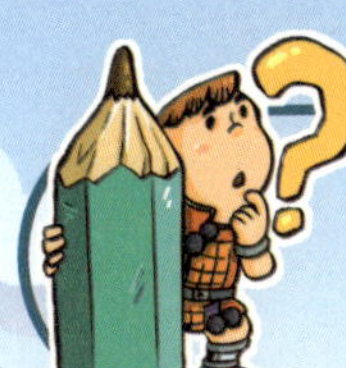

A는 고슴도치가 여우를 공격하는 곳이고 B는 자신의 약점을
보강하는 곳이에요. 그렇다면 둘 중에 어느 곳이 더 좋을까요?

문제 01

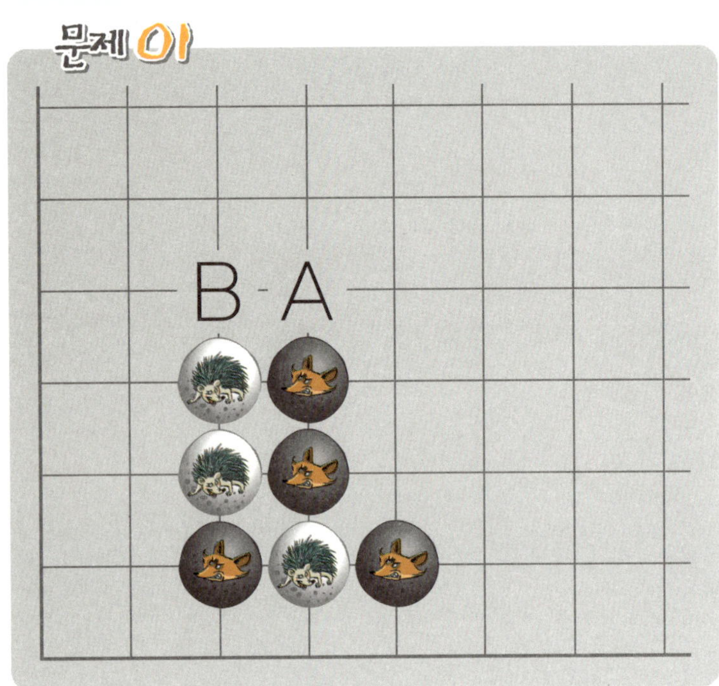

문제 02

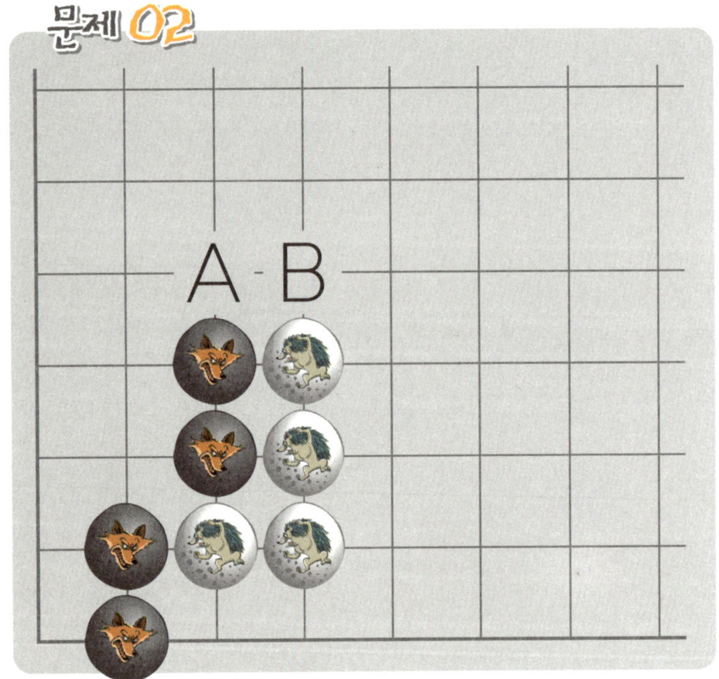

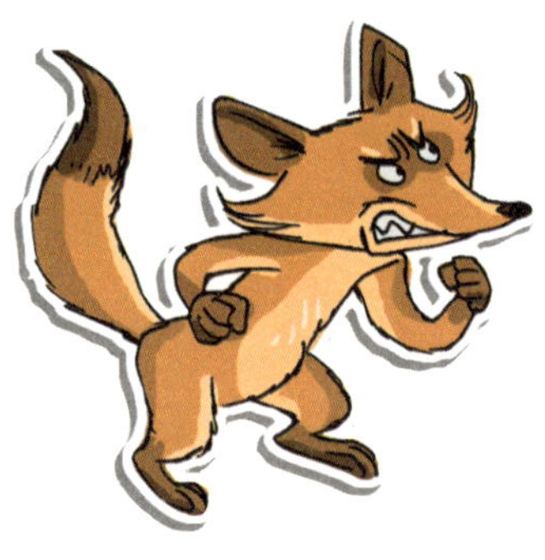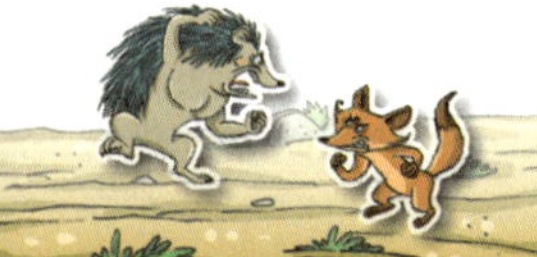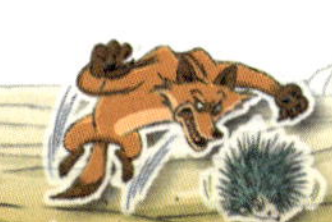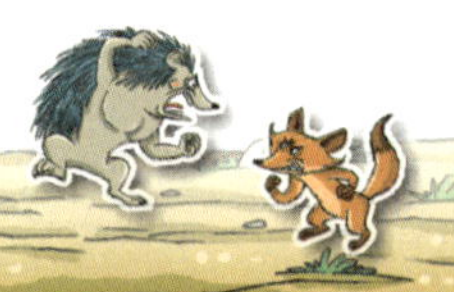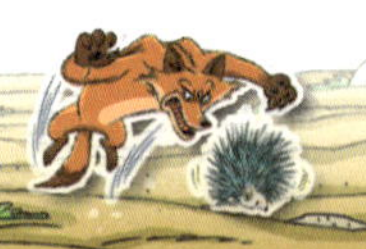

문제 03

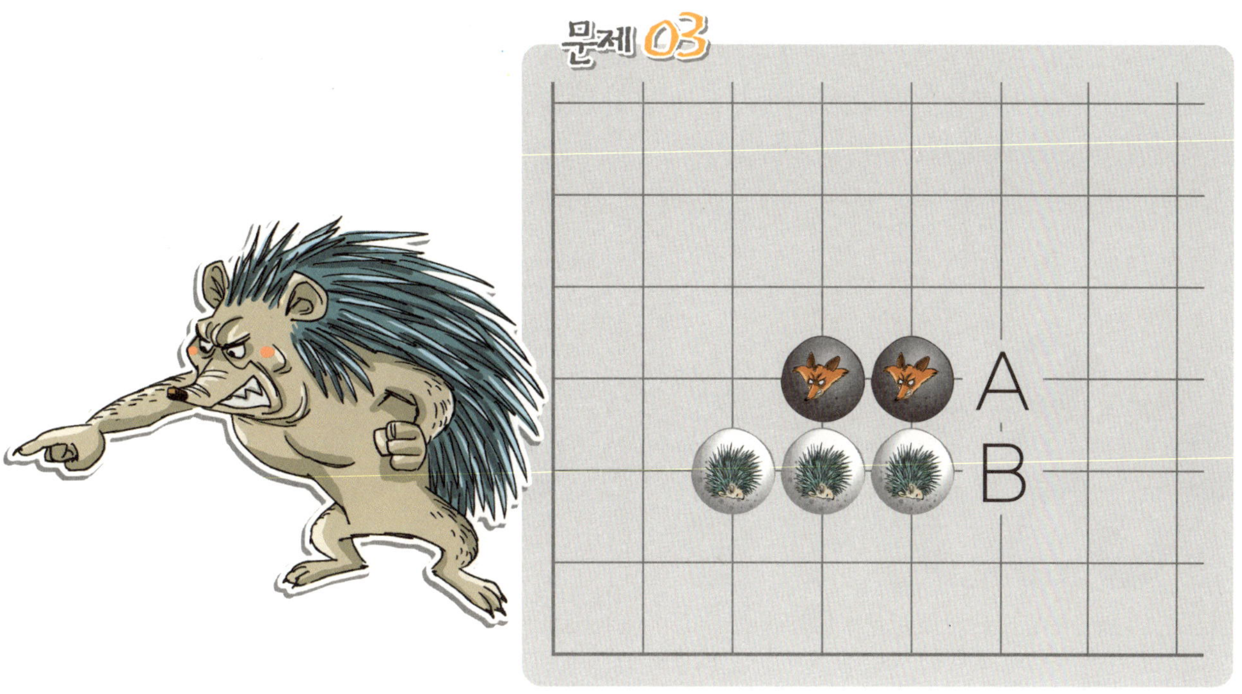

문제 04

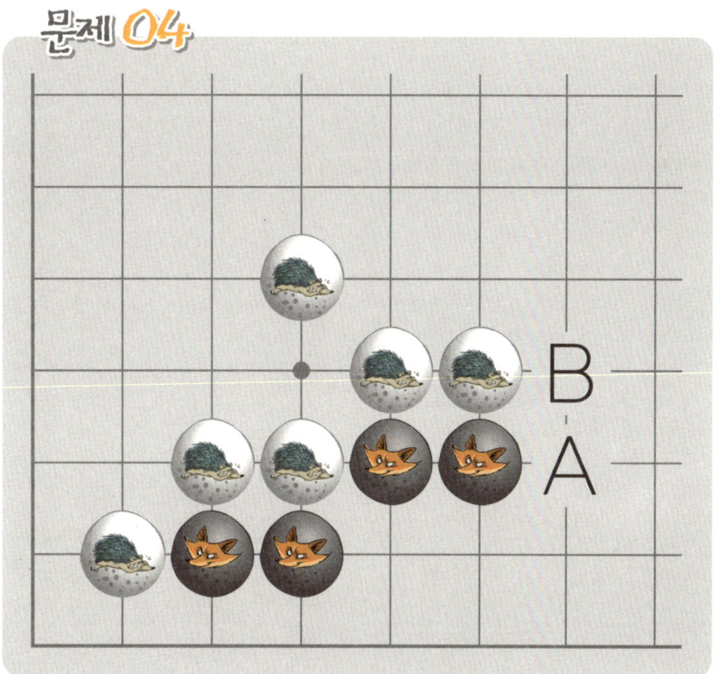

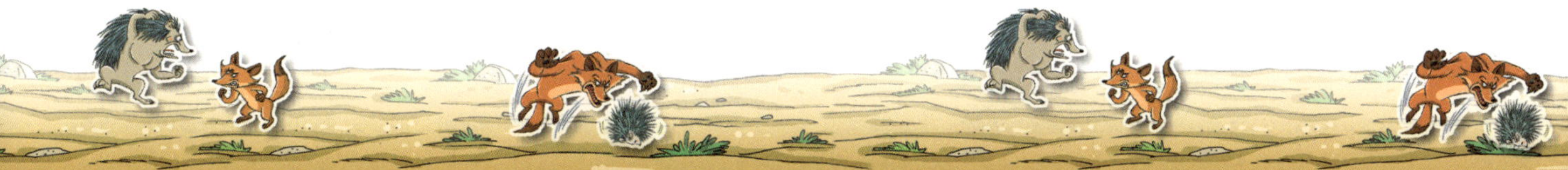

A는 백돌이 공격하는 곳이고 B는 백돌이 자신의 약점을 보강하는 곳이에요. 그렇다면 둘 중에 어느 곳이 더 좋을까요?

문제 05

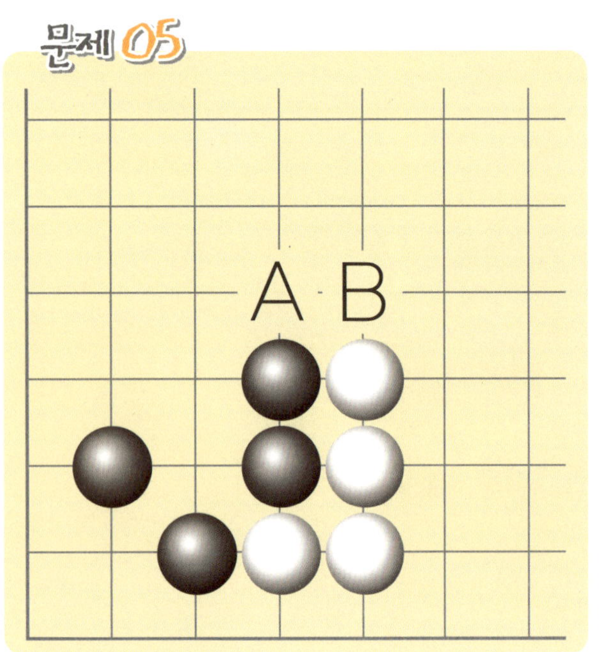

문제 06

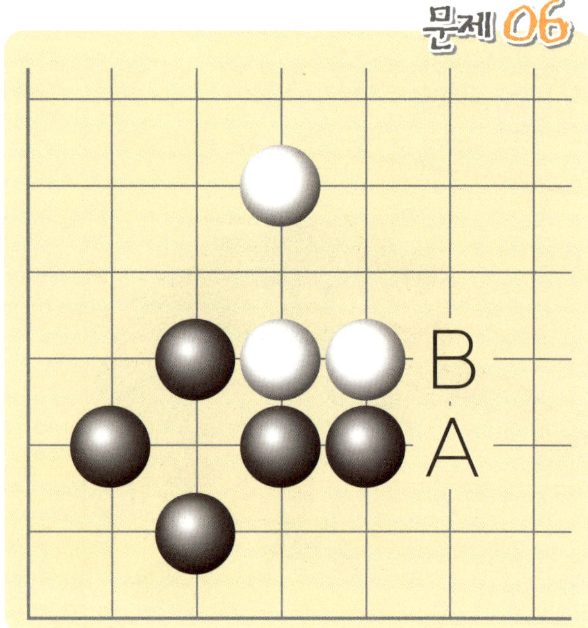

문제 07

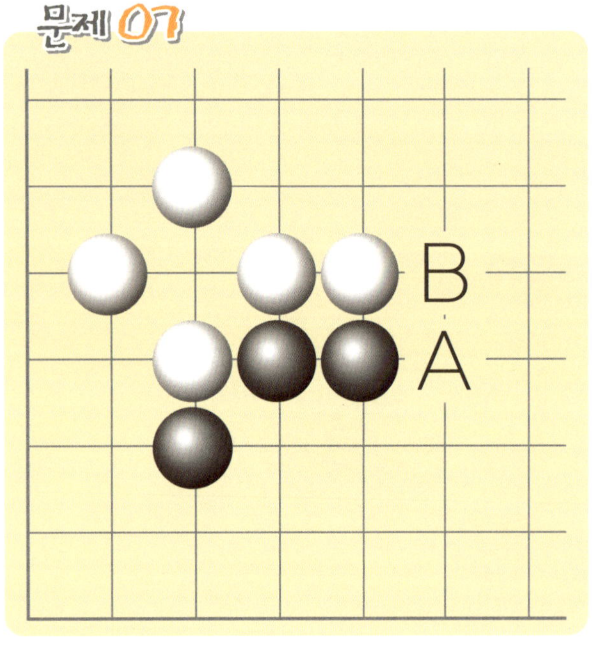

문제 08

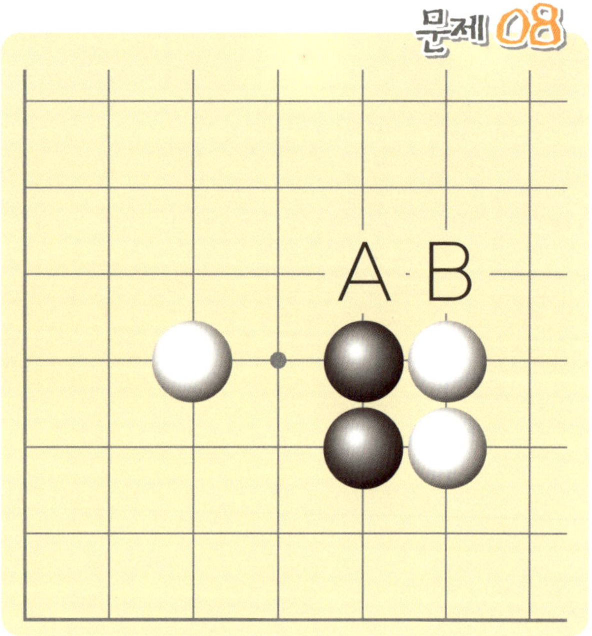

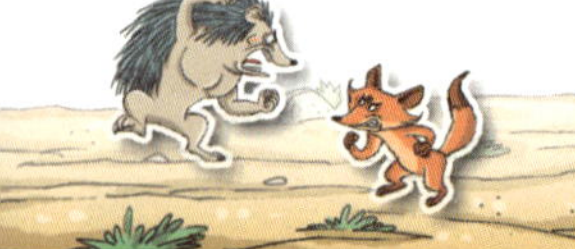
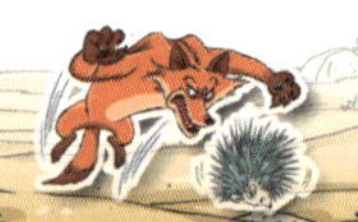
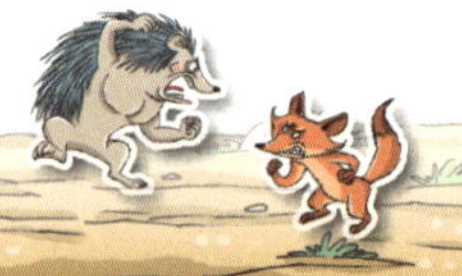
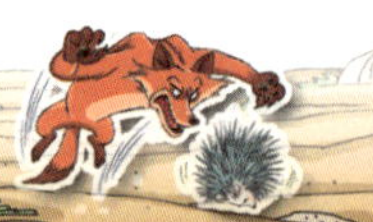

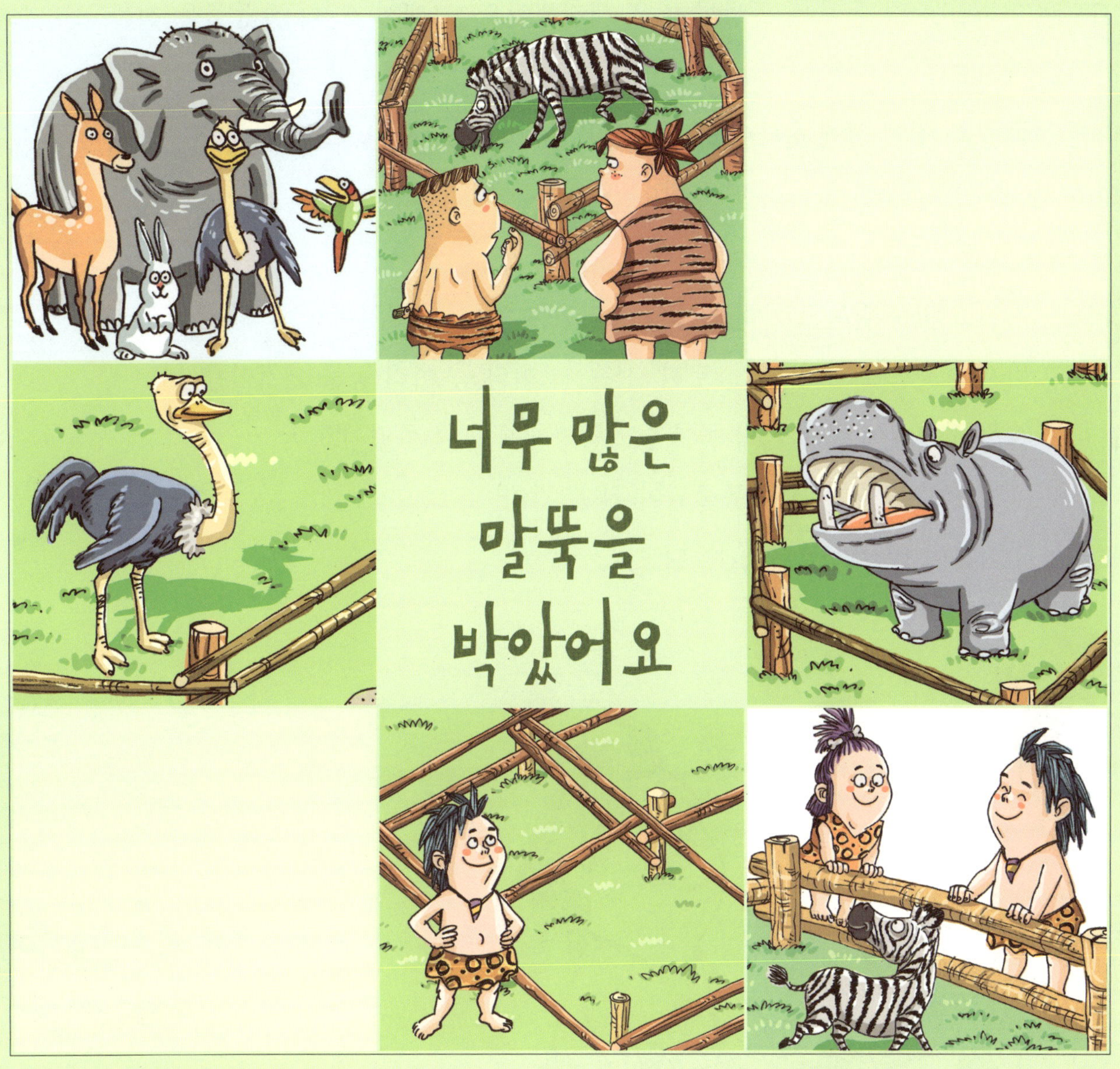

너무 많은
말뚝을
박았어요

또리는 새끼 얼룩말을 좋아해요.

검줄이라는 이름을 지어 주고 매일같이 열심히 돌보았어요.

"검줄아, 어쩜 줄무늬가 이렇게 멋지니? 여기 맛있는 풀이 있어. 맛있게 먹으렴."

또또는 얼룩말을 잘 돌보는 동생이 매우 대견했어요. 그래서 또 다른 동물을 선물

하기로 했지요.

다른 동물을 더 잡기 전에 울타리를 만들어야겠다고 생각했어요. 그래서 아빠가 만들

어 주신 말뚝을 검줄이 울타리 옆에 박아 또 다른 울타리를 세웠어요.

"이 정도면 튼튼하겠지."

또또는 가지고 있는 말뚝으로 여러 개의 울타리를 만들 수 있었어요.

그러고 나서 초원으로 나가 타조, 토끼, 사슴, 코끼리 등 여러 동물을 잡아왔어요.

동물들을 한 울타리에 한 마리씩 몰아넣고 동생에게 보여 주었어요.

"오빠, 너무 고마워! 우리 집이 동물원이 된 것 같아"

또리는 좋아하며 팔짝팔짝 뛰었답니다.

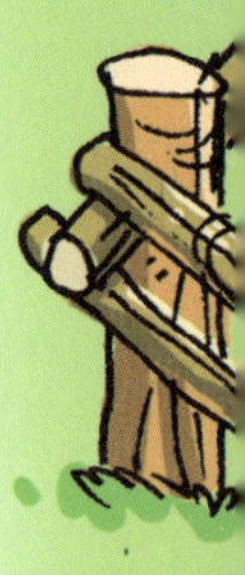

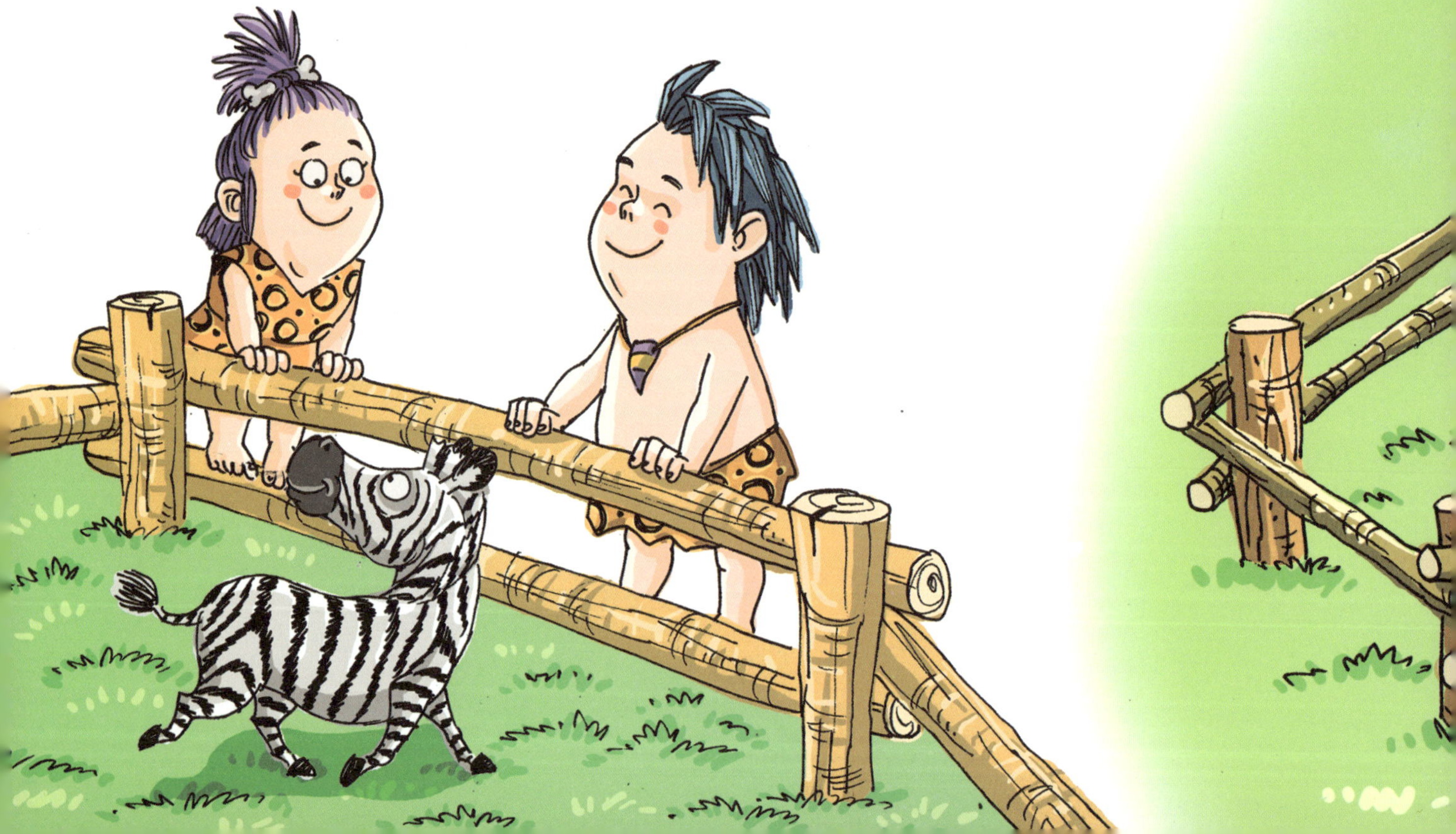

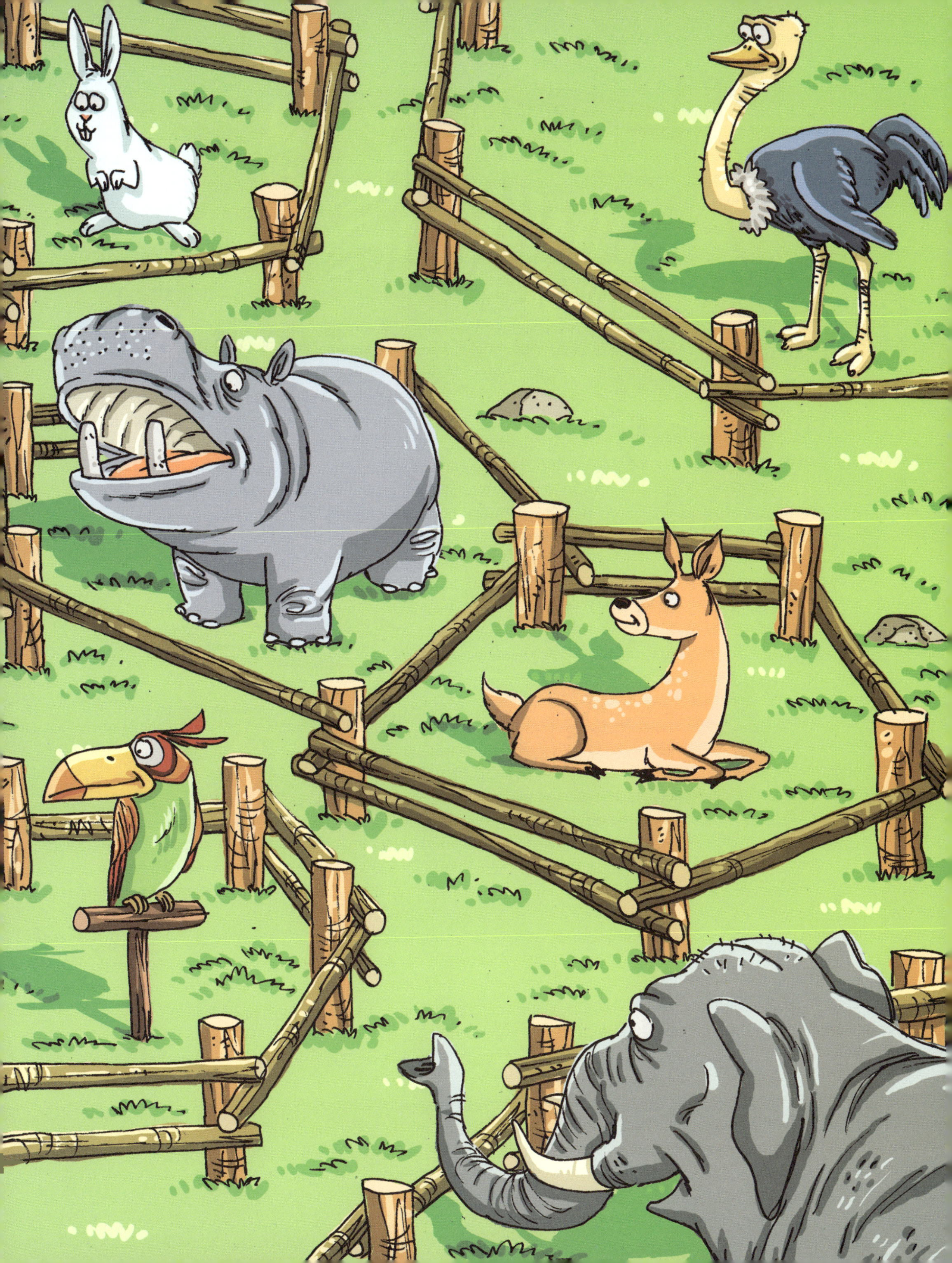

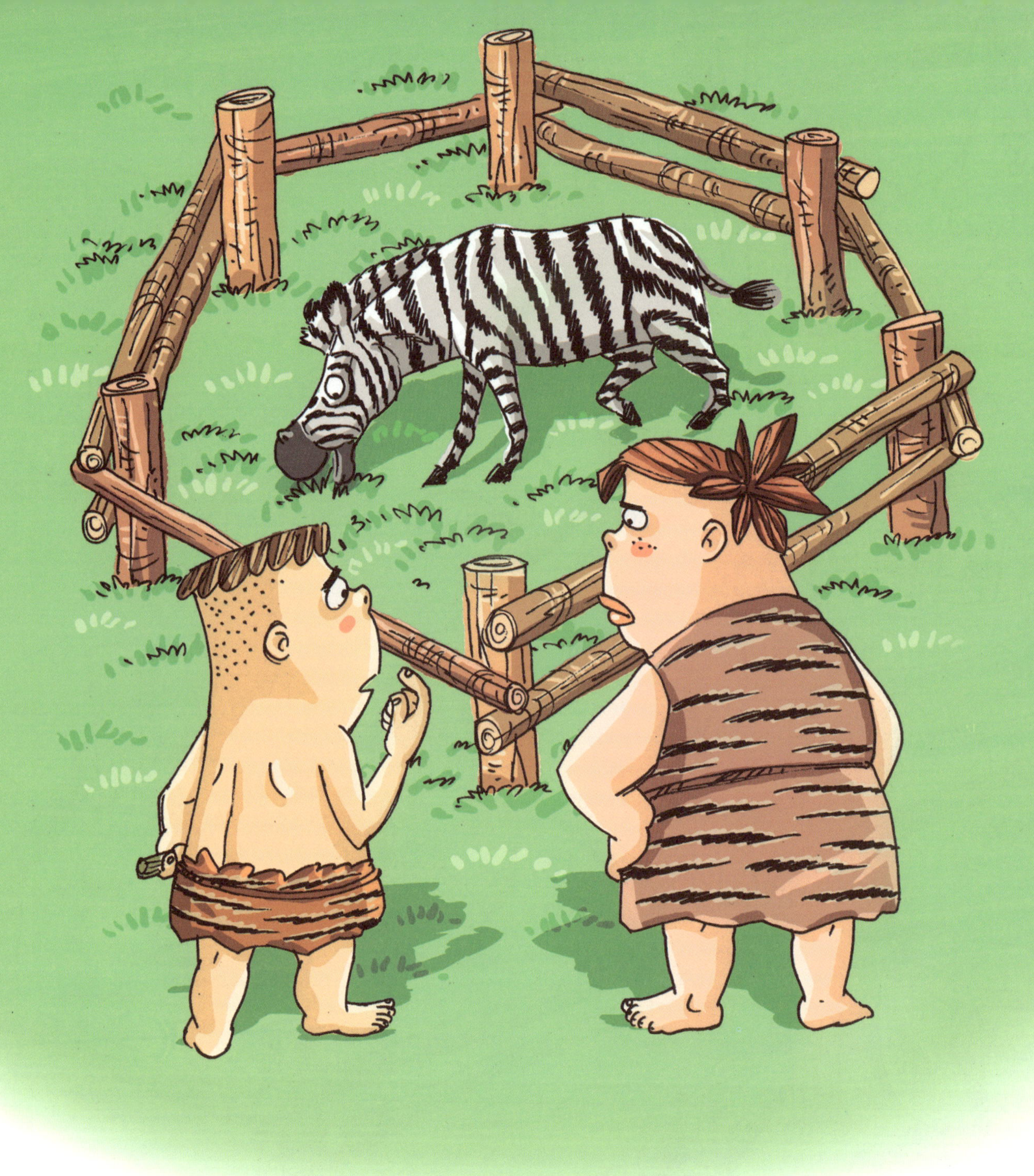

한편 꾸순이에게도 새끼 얼룩말이 한 마리 있었어요.

얼룩말을 너무 좋아하는 꾸순이는 항상 얼룩말이 도망칠까 봐 걱정스러웠어요.

"꾸꾸야 얼룩말이 도망가면 어쩌지?"

"걱정마 누나. 내가 더 튼튼한 울타리를 만들어 줄게."

꾸꾸는 아빠가 만들어 주신 말뚝을 모두 사용해서 얼룩말의 울타리를 보강했어요.

얼룩말의 울타리는 어떤 일이 생겨도 부서지지 않을 만큼 튼튼해 보였어요.

"휴, 이제 안심이다. 얼룩말이 절대 도망가지 못할 거야."

튼튼하게 완성된 울타리를 바라보며 꾸꾸와 꾸순이는 씨익 웃었어요.

그런데 꾸순이는 또리의 동물원이 떠오르자 자신도 더 많은 동물이 갖고 싶어졌어요.

"그런데 꾸꾸야, 나도 또리처럼 토끼나 사슴이 갖고 싶어.

우리도 다른 동물을 잡으러 가자."

"그럼 동물들을 가둘 울타리가 더 필요한데……."

하지만 꾸꾸와 꾸순이는

울타리를 만들 말뚝이 하나도 남지 않은 것을 알고

우울해졌답니다.

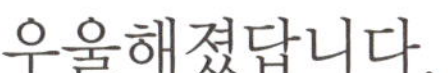

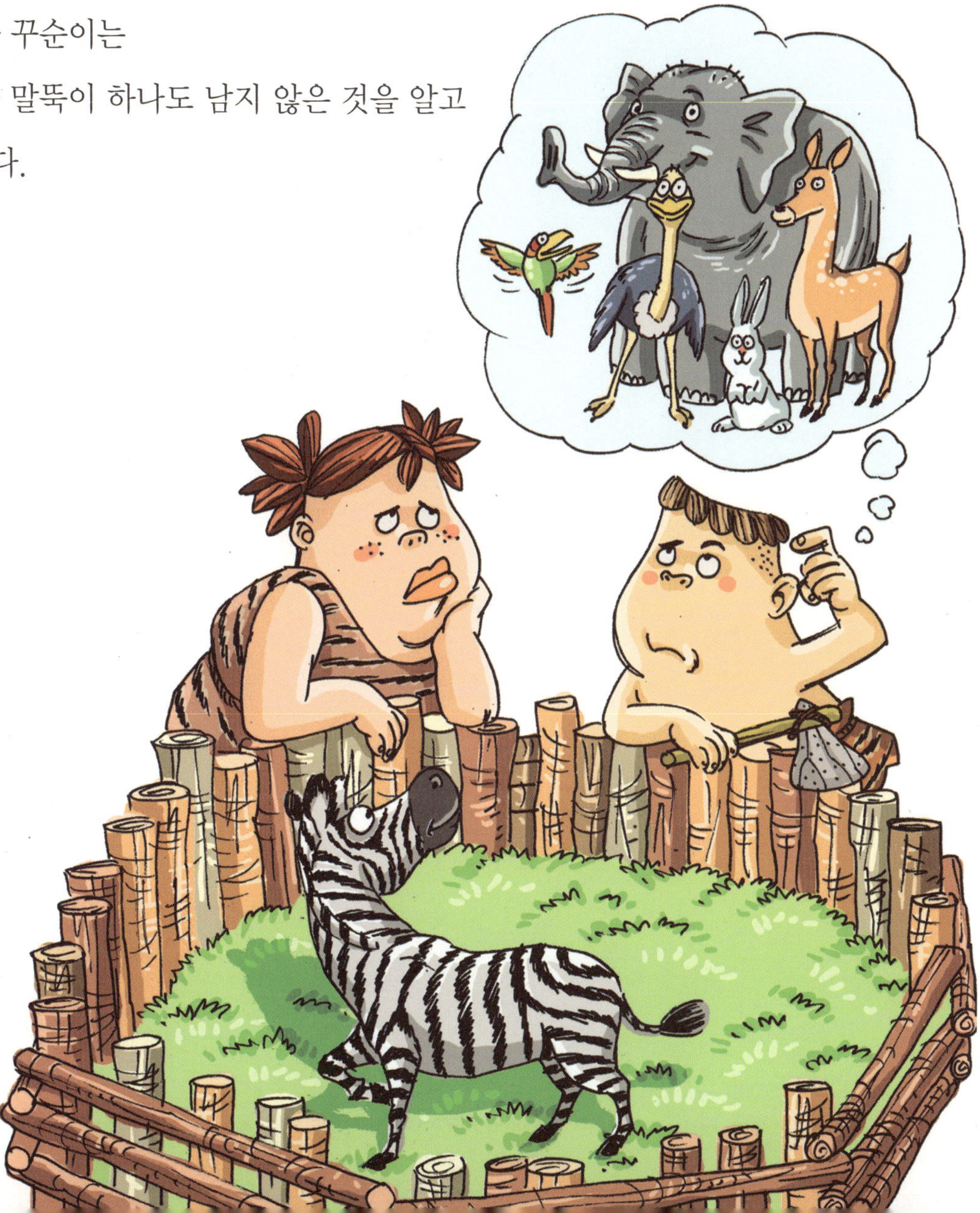

1. 몇 개의 말뚝이 필요할까?

얼룩말을 가두기 위해 울타리를 만들 거예요.
울타리를 만들기 위해서는 **몇 개의 말뚝**이 필요할까요?

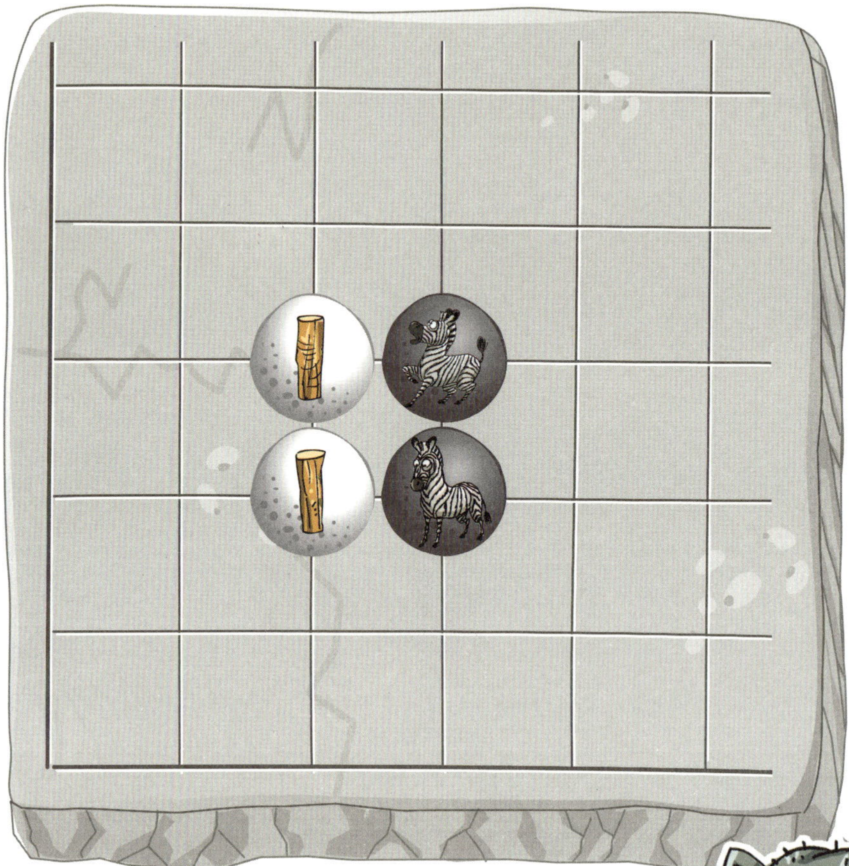

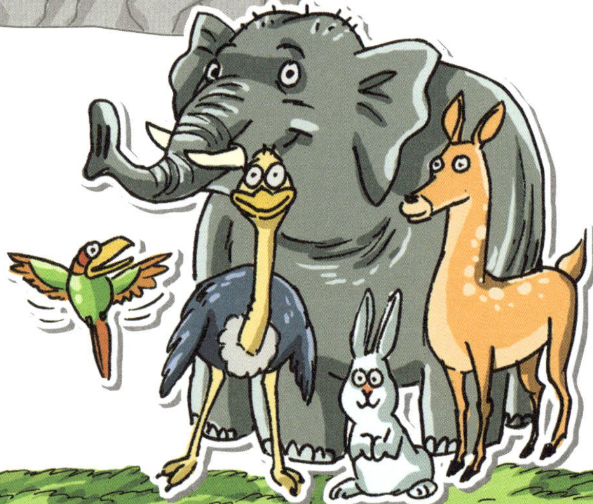

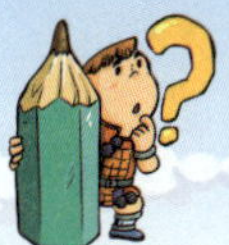 ## 참고 그림 ❶

얼룩말이 달아날 수 있는 길은
A, B, C, D의 네 곳입니다.

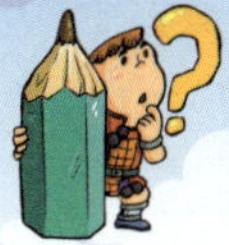 ## 실패 그림

백○가 놓인 곳은 얼룩말이 달아날
수 있는 길이 아닙니다.

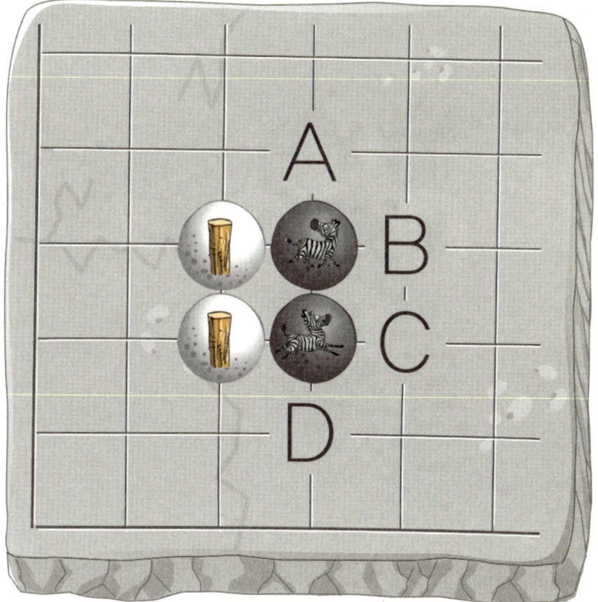

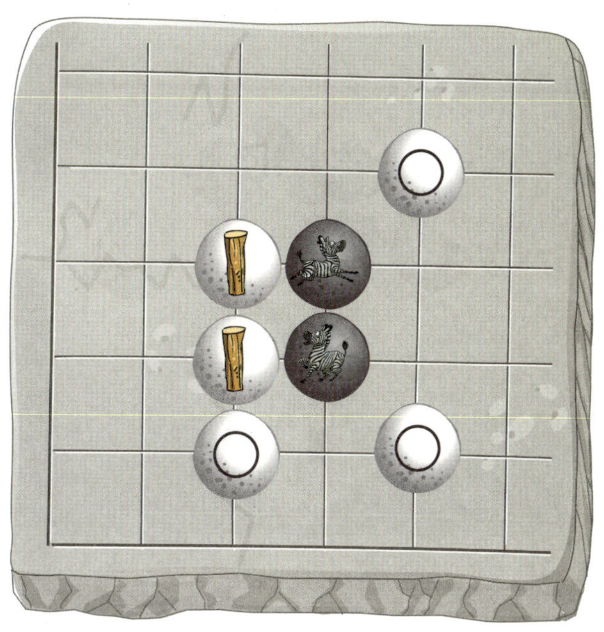

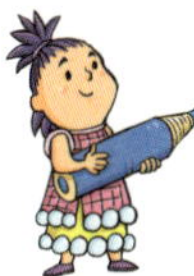 ## 정답 그림

백○가 놓인 곳이 얼룩말이
달아날 수 있는 길이며 4개의
말뚝이 필요합니다.

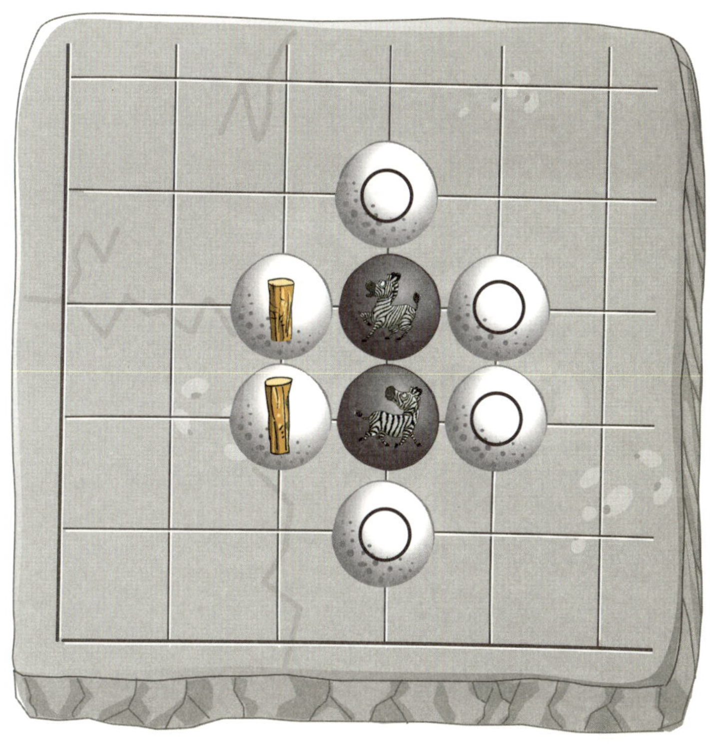

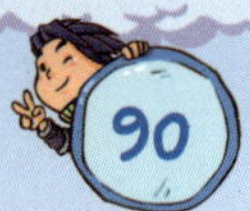
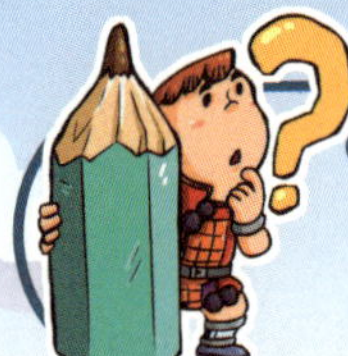

얼룩말을 가두기 위해서는 몇 개의 말뚝이 필요할까요?
말뚝이 필요한 곳에 동그라미해 보세요.

문제 **01**

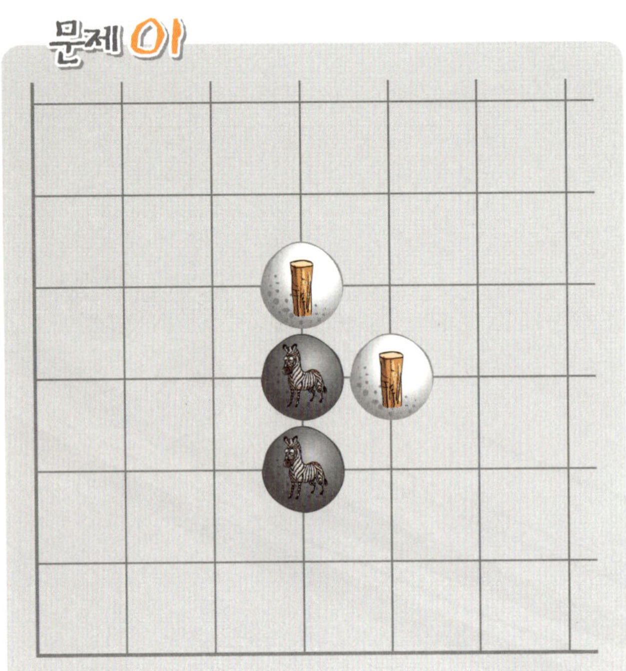

문제 **02**

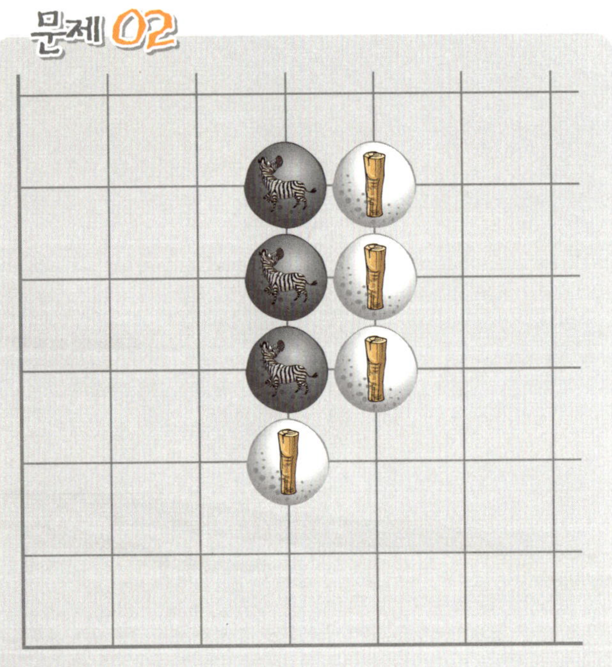

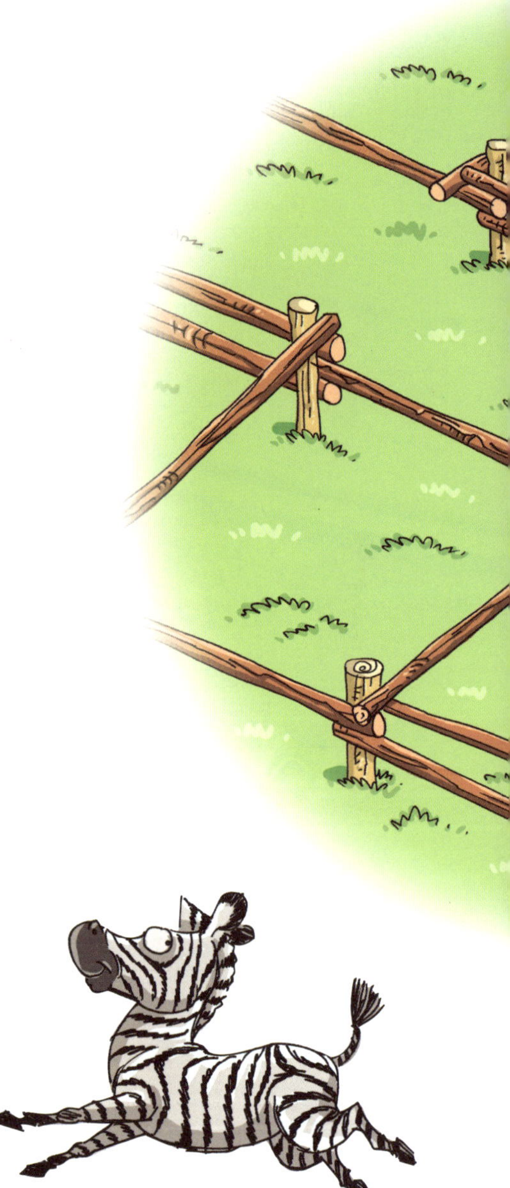

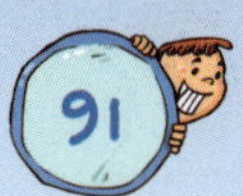

문제 **03**

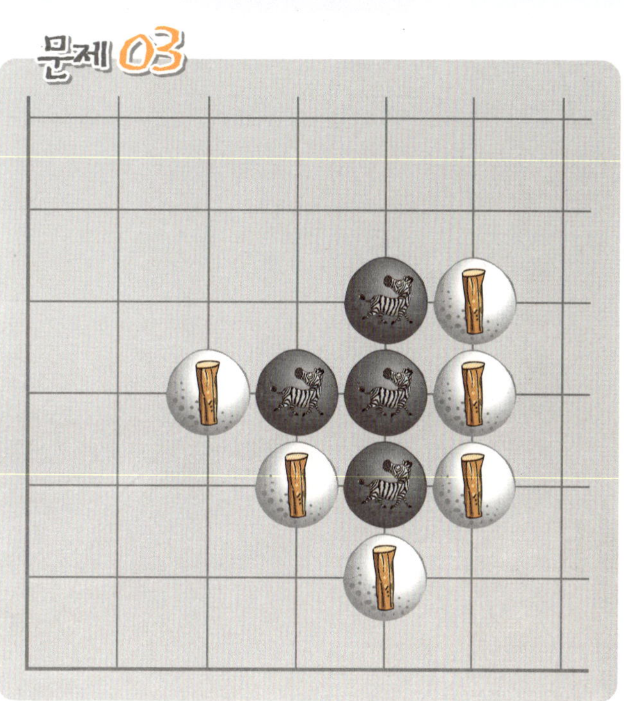

문제 **04**

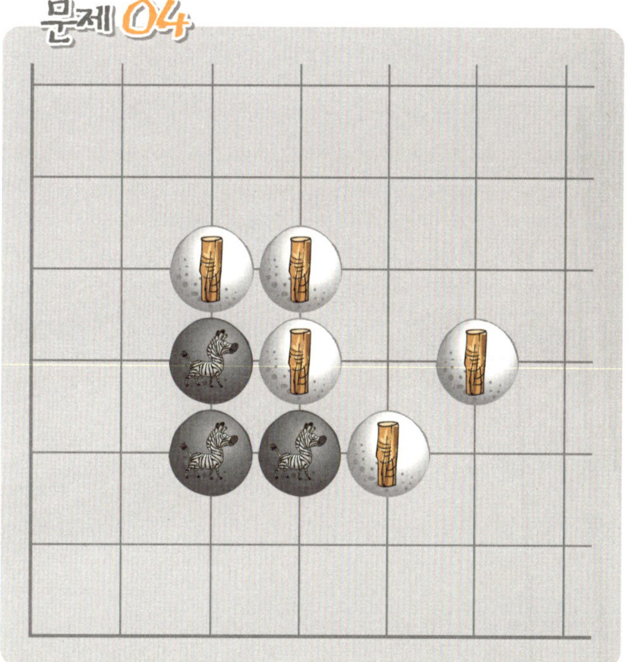

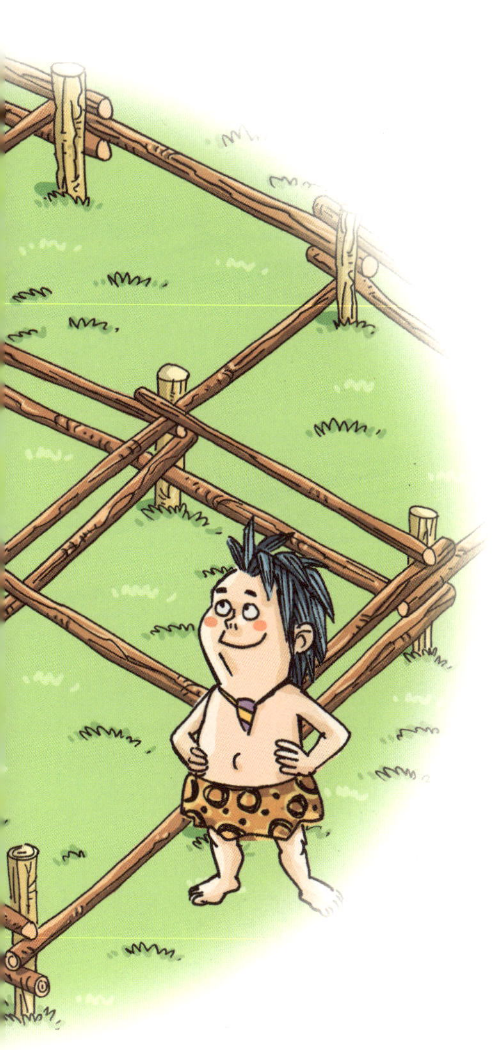

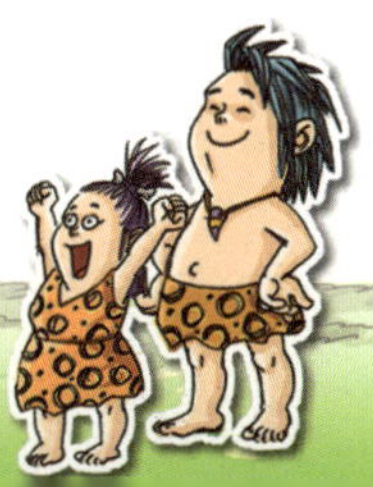

문제 05

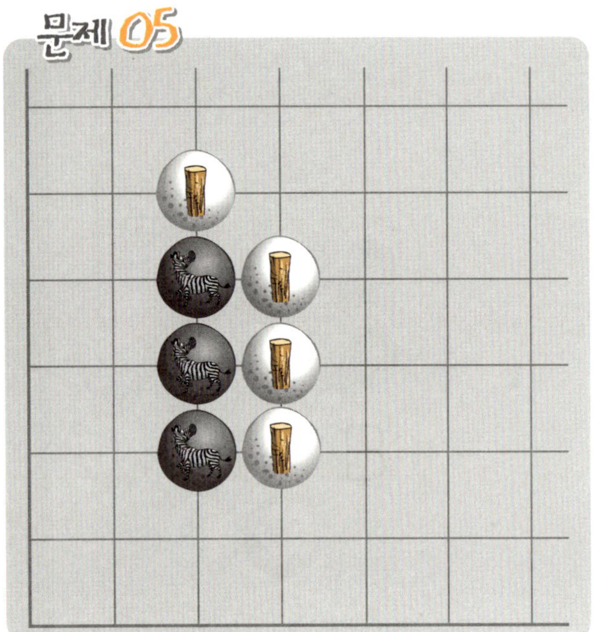

문제 06

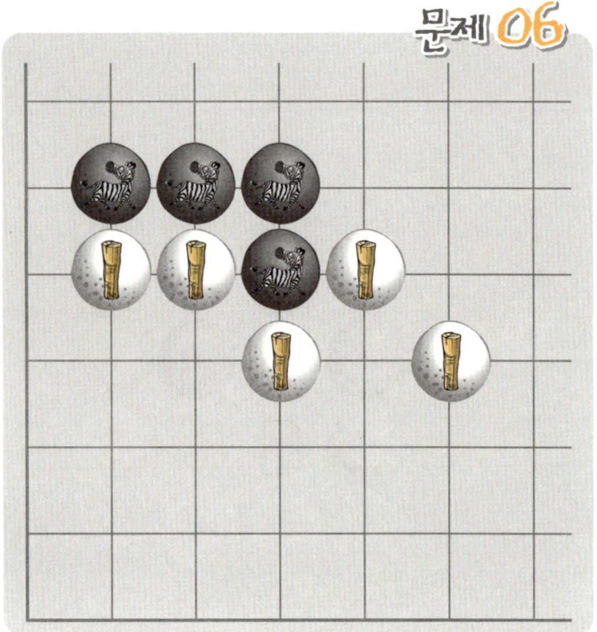

문제 07

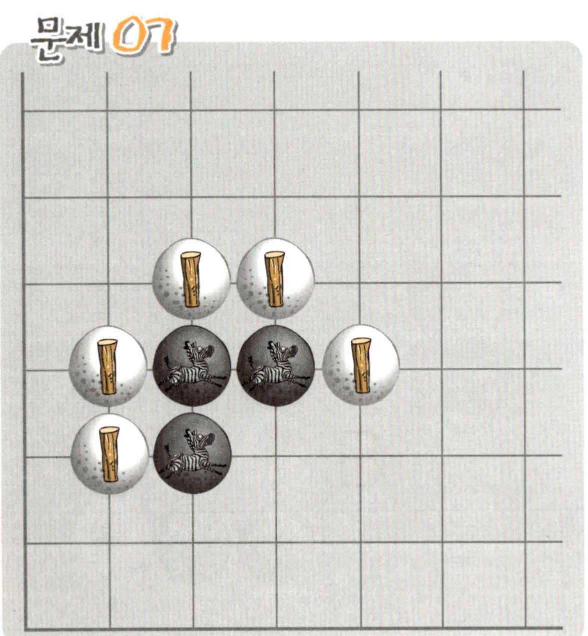

문제 08

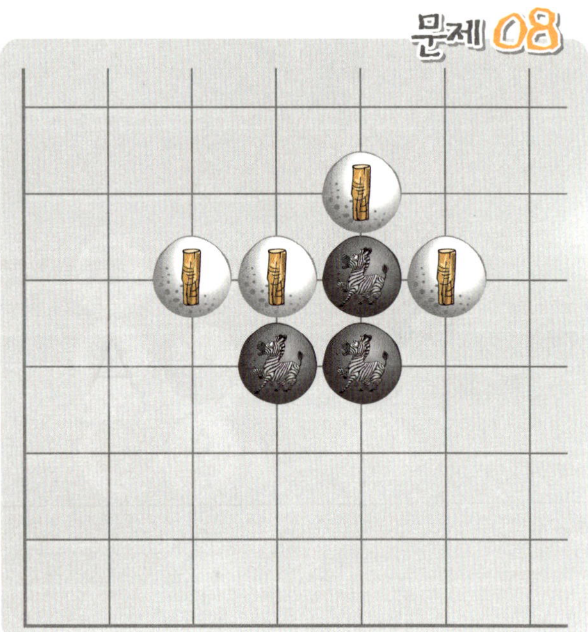

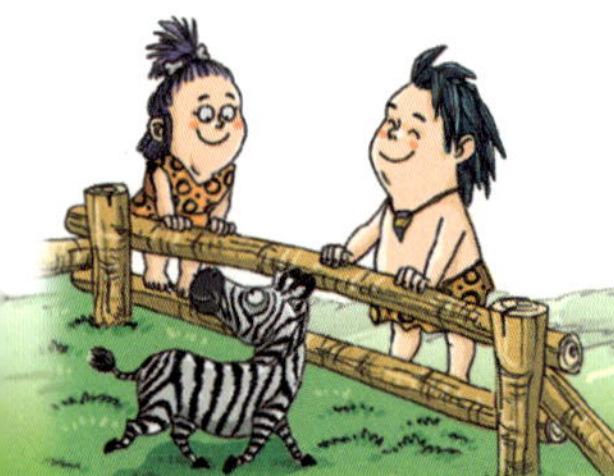

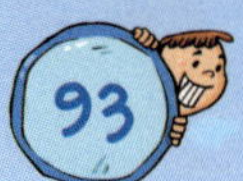

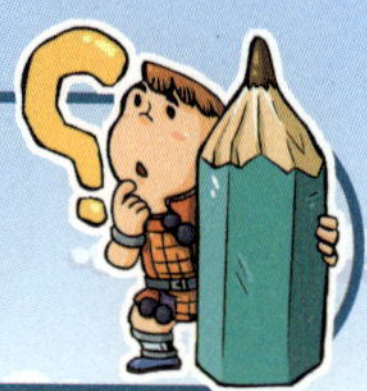

흑돌을 가두기 위해서는 몇 개의 백돌이 필요할까요?
백돌이 필요한 곳에 동그라미해 보세요.

문제 09

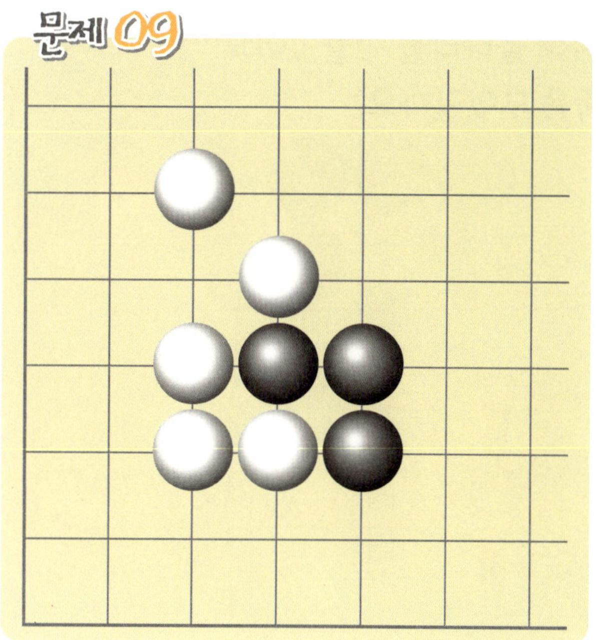

문제 10

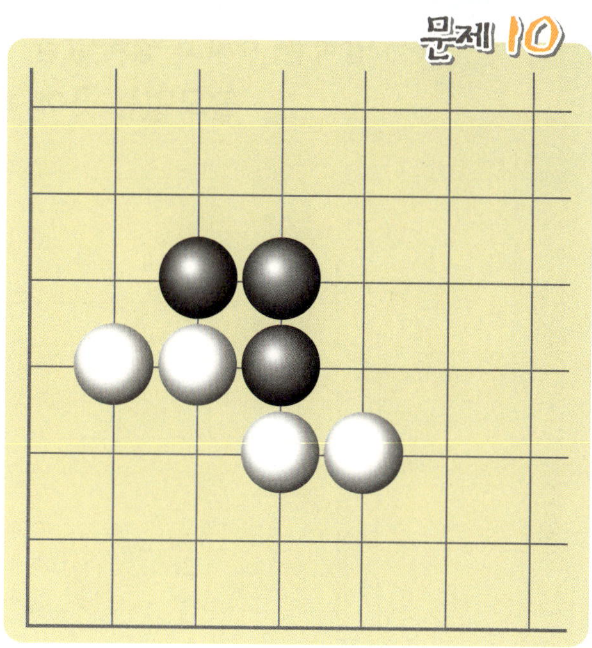

문제 11

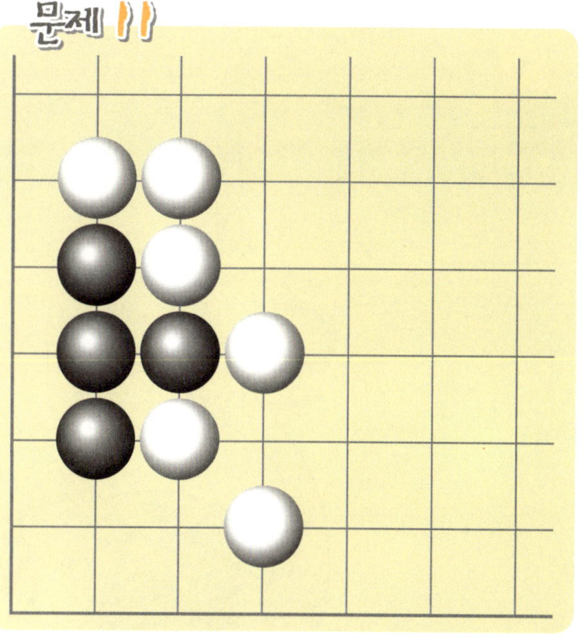

문제 12

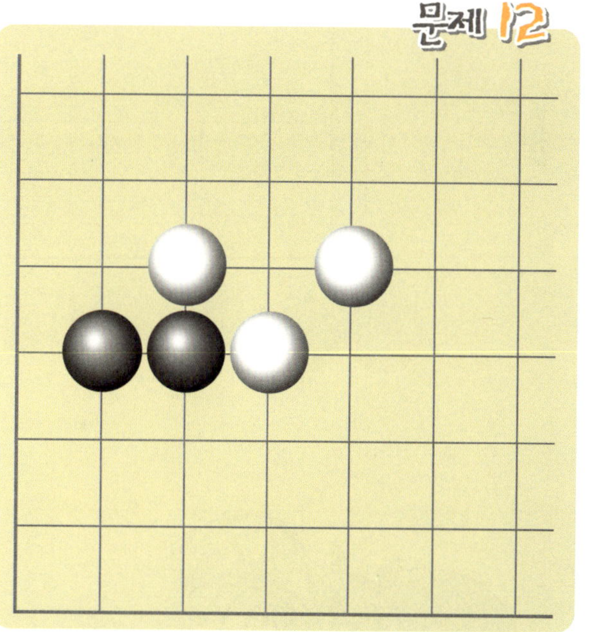

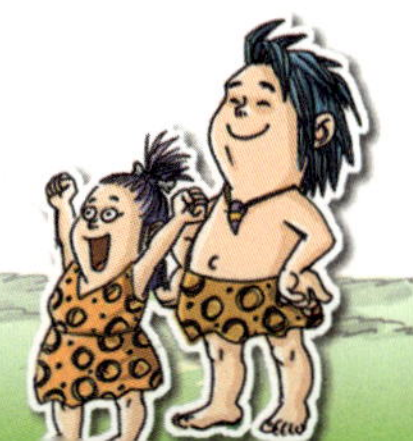

2. 불필요한 말뚝 찾기

말뚝을 가지고 얼룩말을 가두기 위해 울타리를 만들었어요,
쓸모없는 곳에 놓인 말뚝은 무엇일까요?

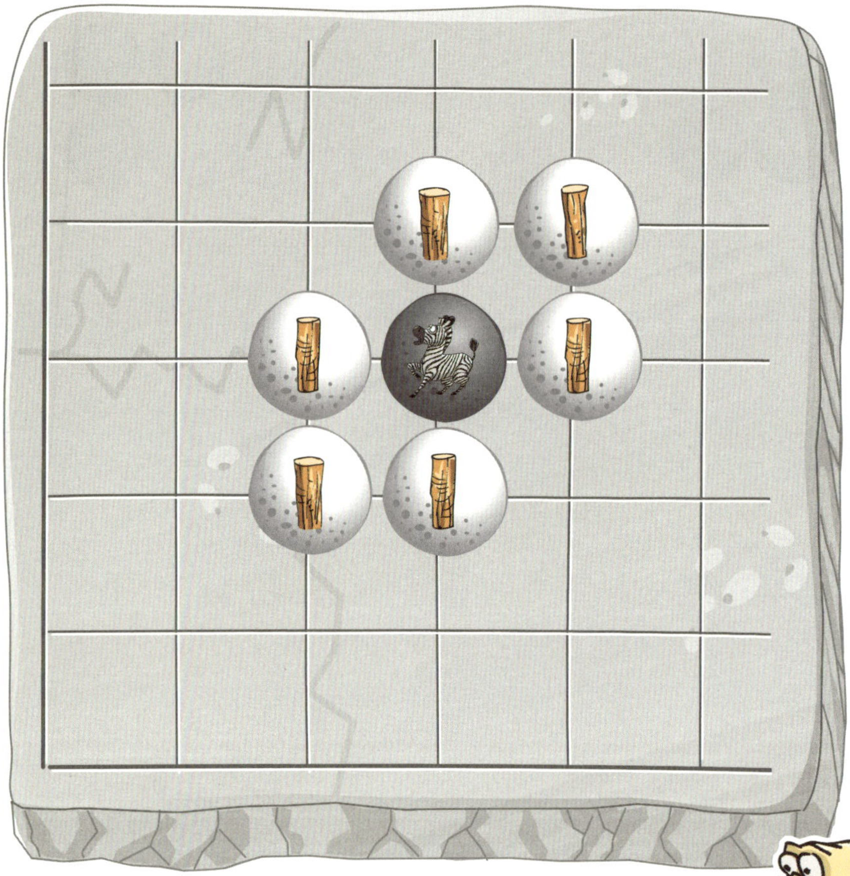

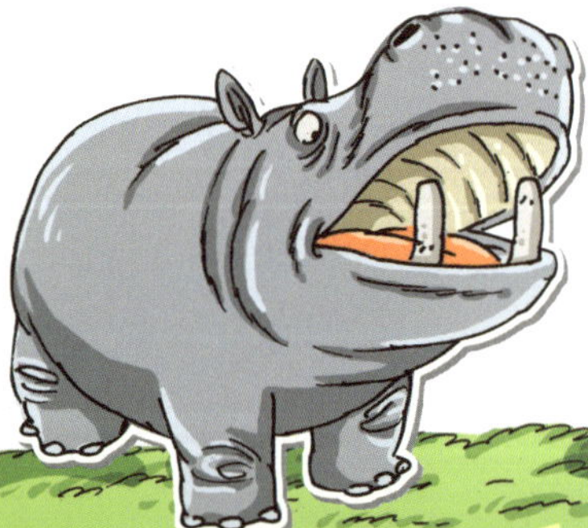

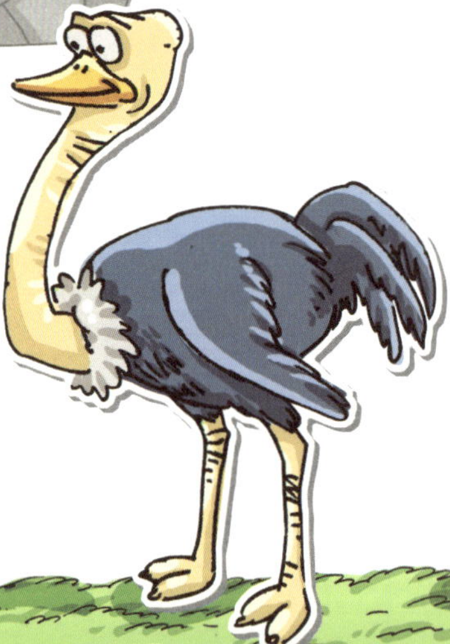

참고 그림 ❶

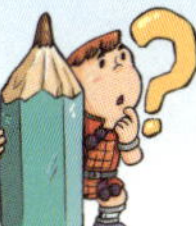

백○ 말뚝들은 얼룩말의
앞길을 가로막고 있으므로
꼭 필요한 말뚝입니다.

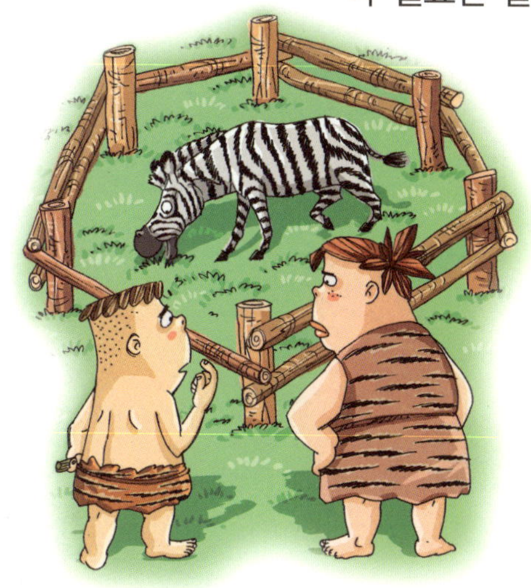

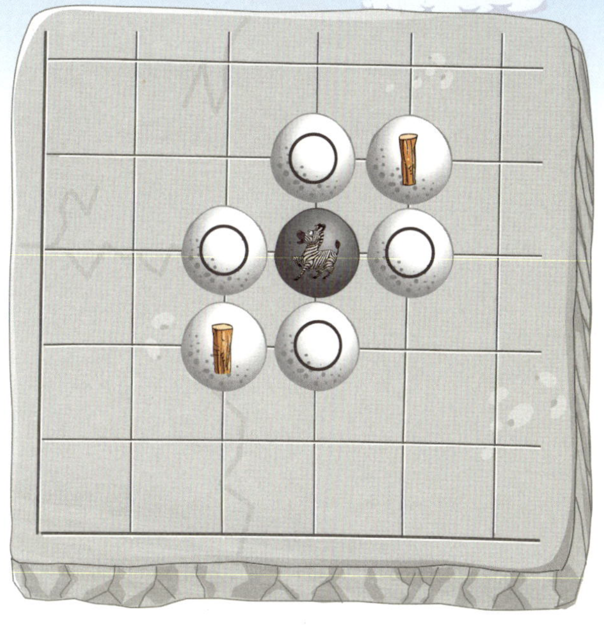

정답 그림 ❶

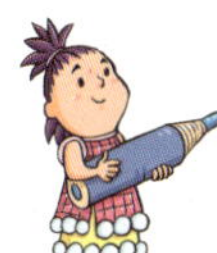

백△ 말뚝은 얼룩말이 달아나는
길이 아니므로 불필요한 말뚝입니다.

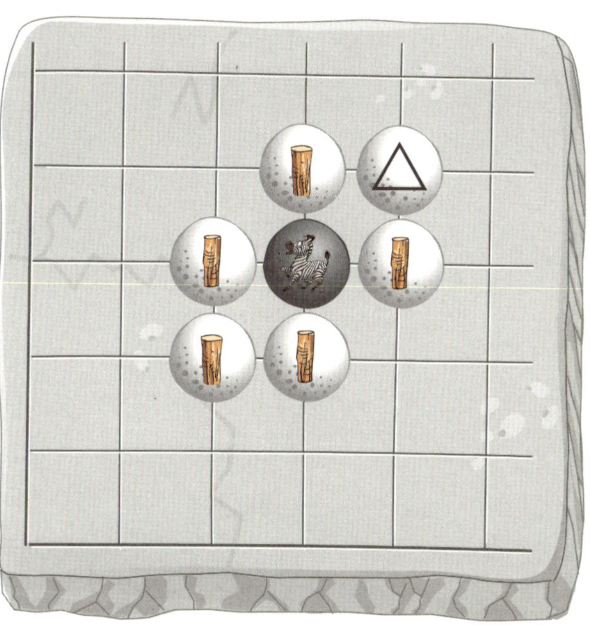

정답 그림 ❷

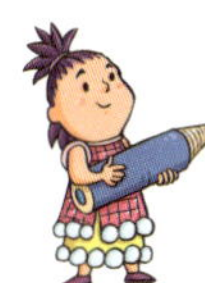

백□ 말뚝도 얼룩말이 달아나는 길이
아니므로 불필요한 말뚝입니다.

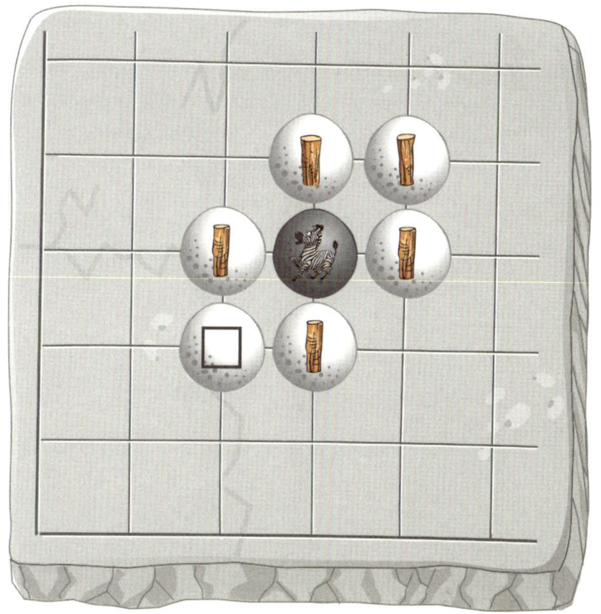

얼룩말을 가두기 위해 잘못 박힌 말뚝은 무엇일까요?
모두 찾아서 동그라미해 보세요.

문제 01

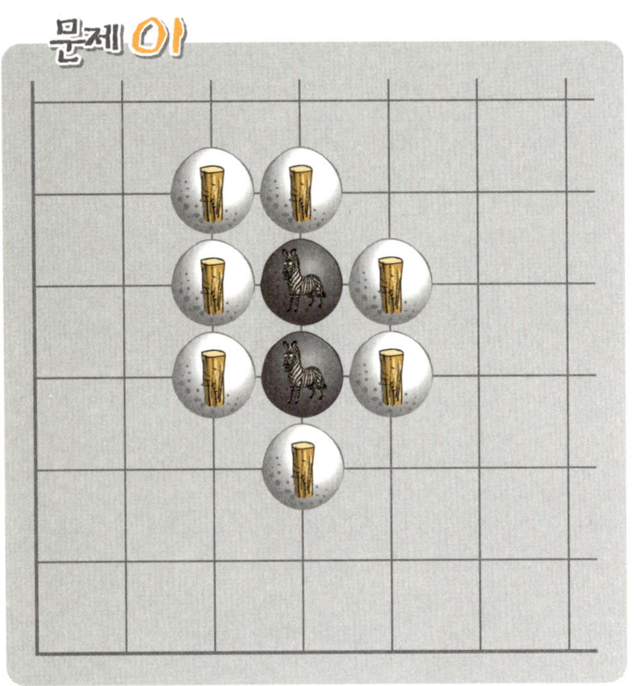

문제 02

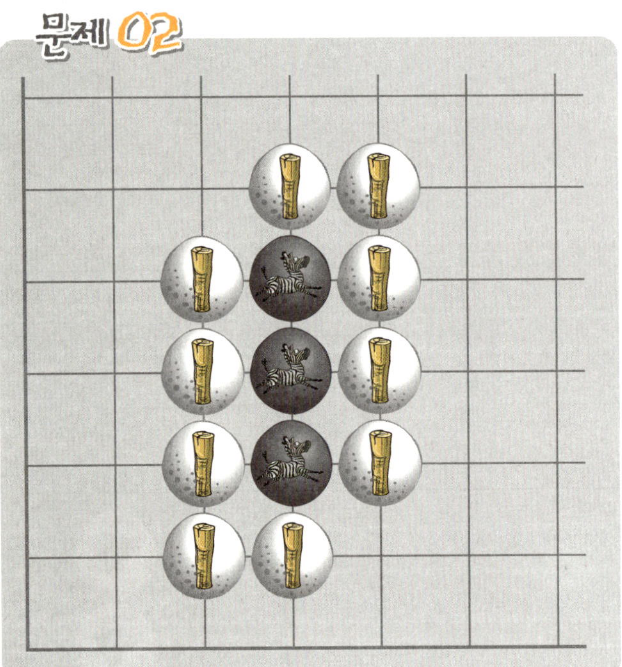

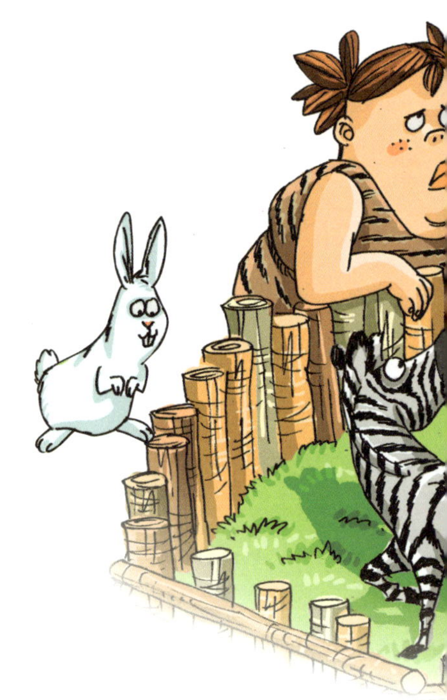
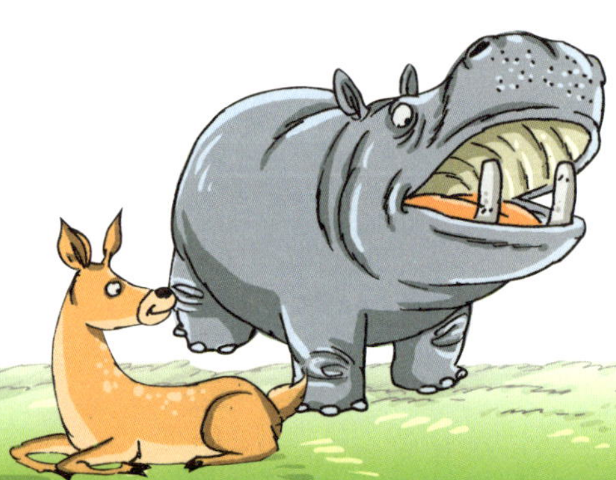

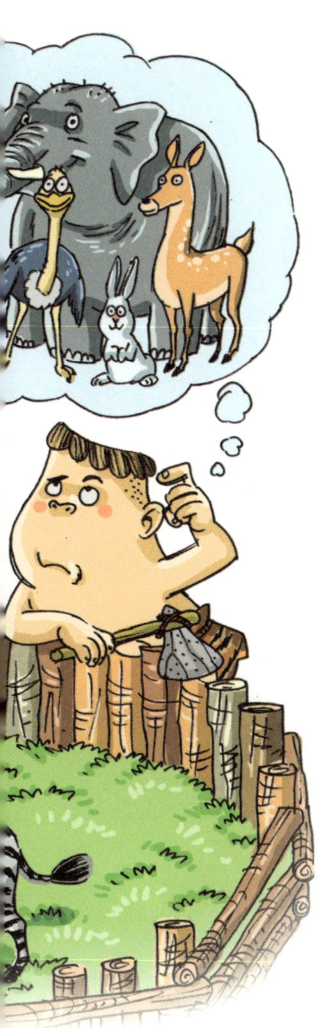

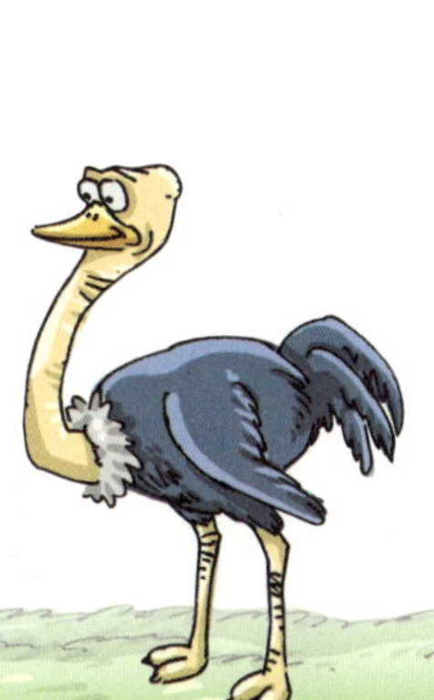

문제 03

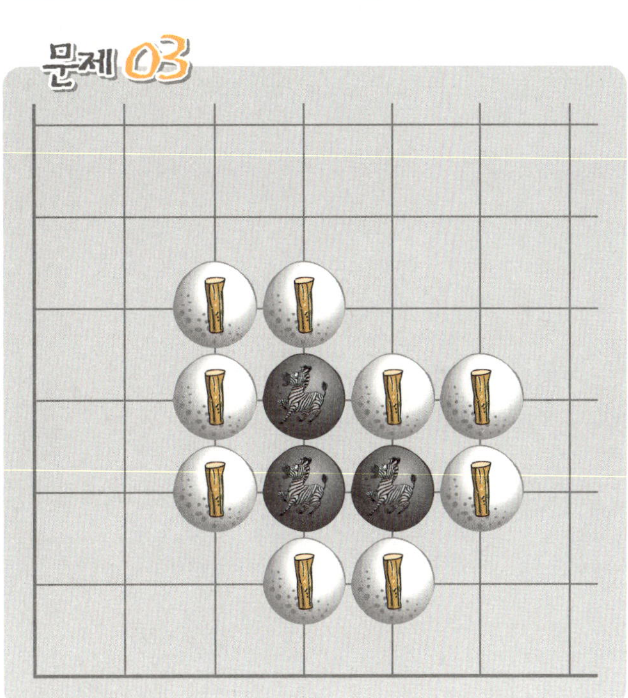

문제 04

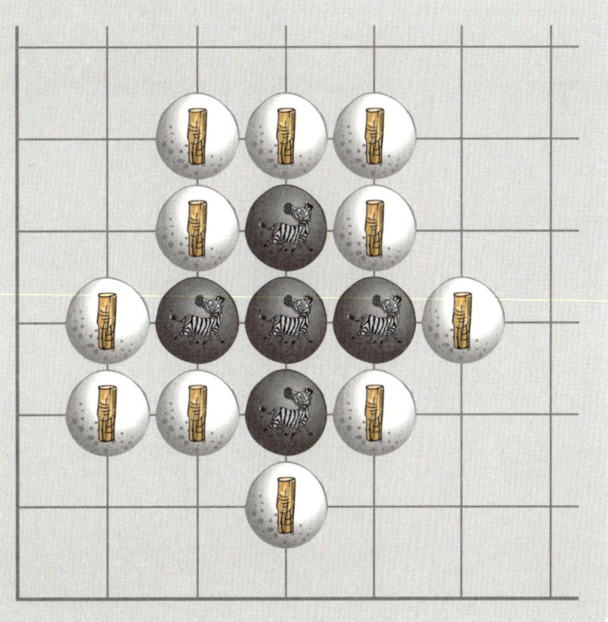

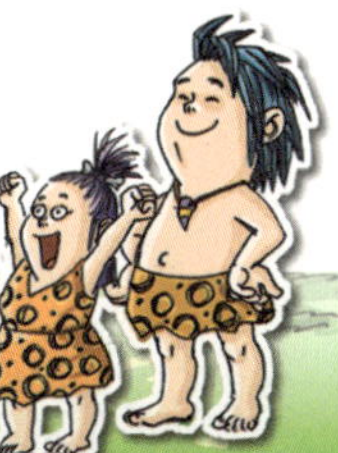

문제 05

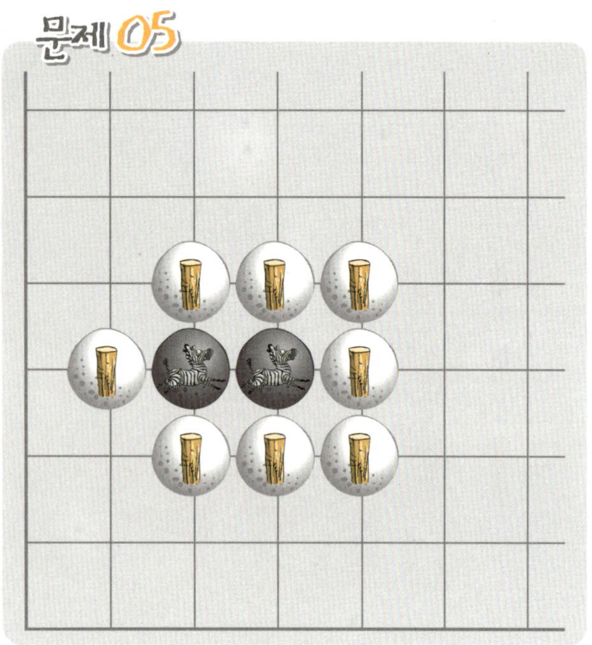

문제 06

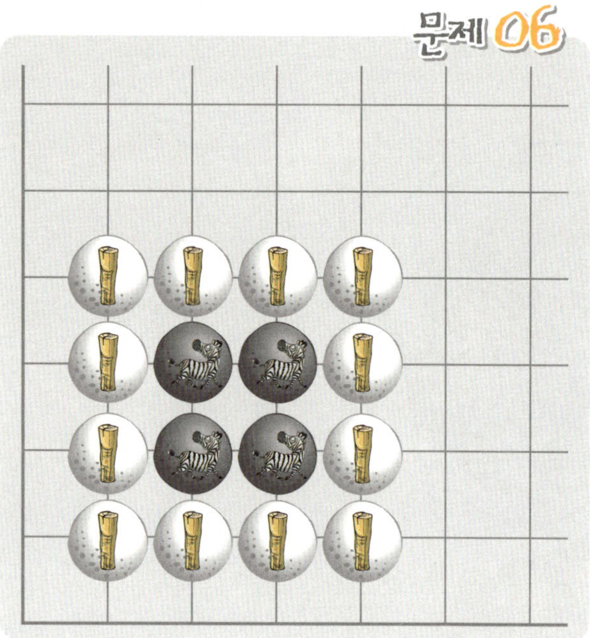

문제 07

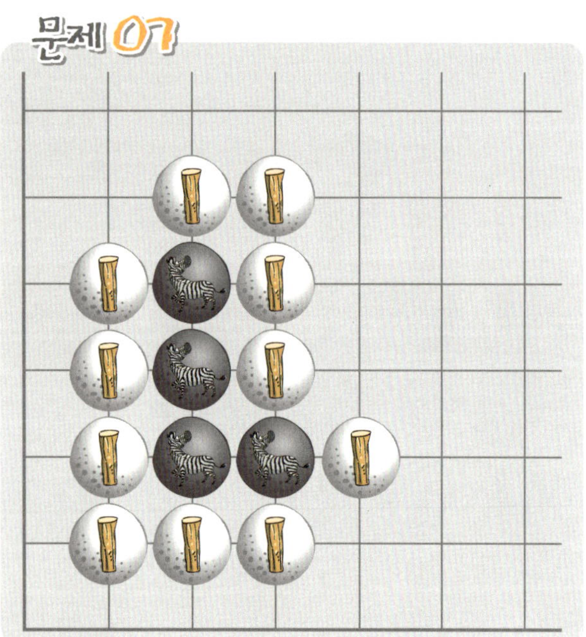

문제 08

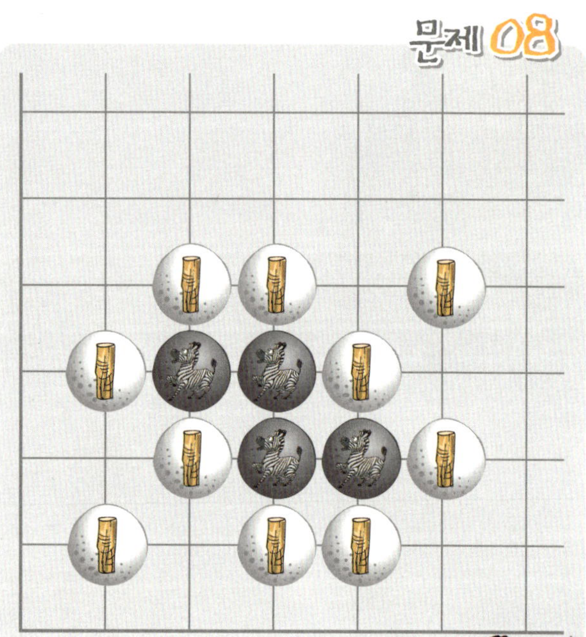

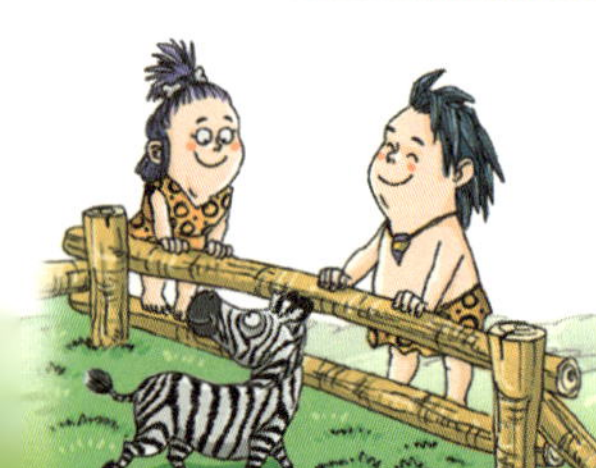

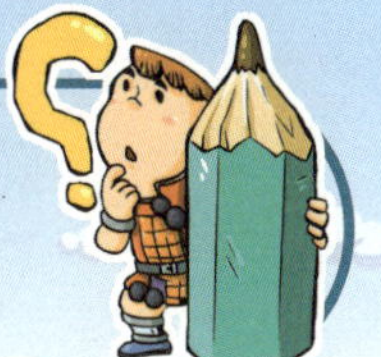

흑돌을 가두기 위해 잘못 놓은 백돌은 무엇일까요?
모두 찾아서 동그라미해 보세요.

문제 09

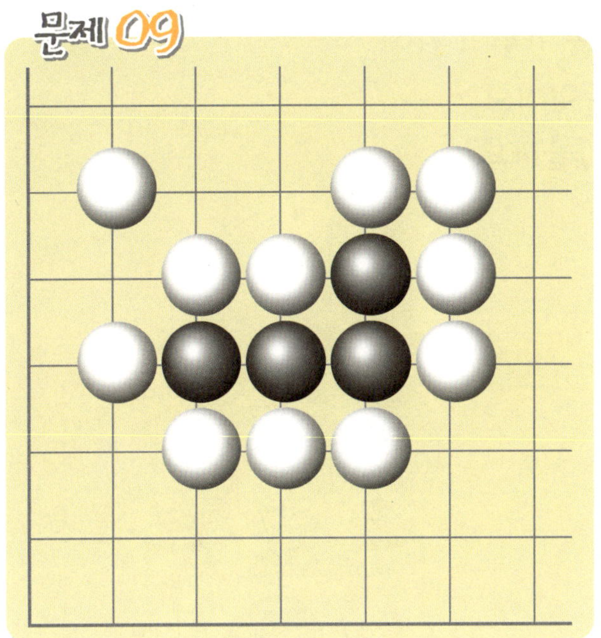

문제 10

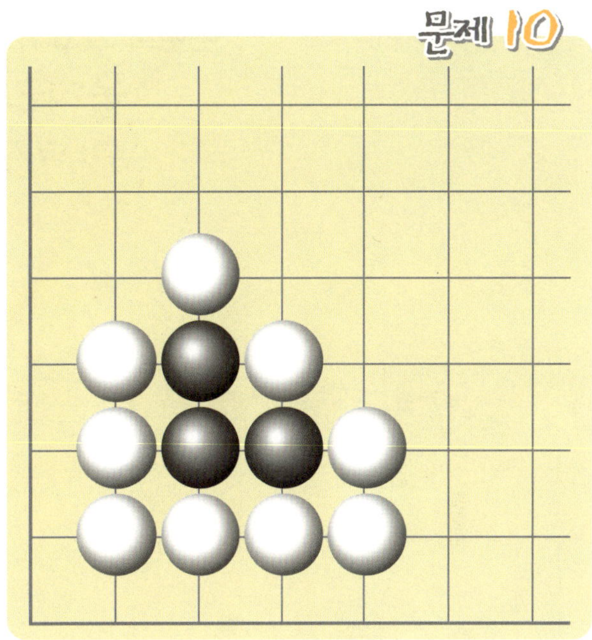

문제 11

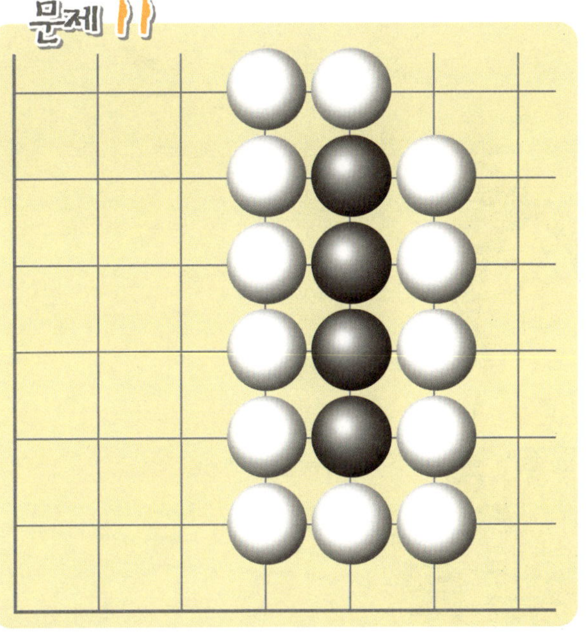

문제 12

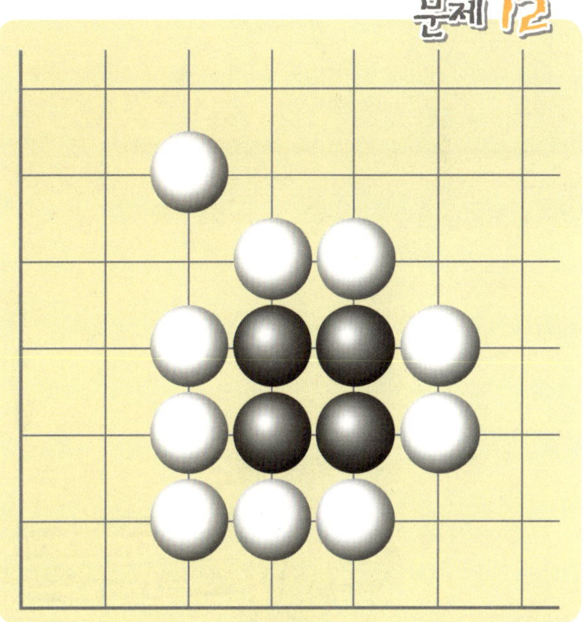

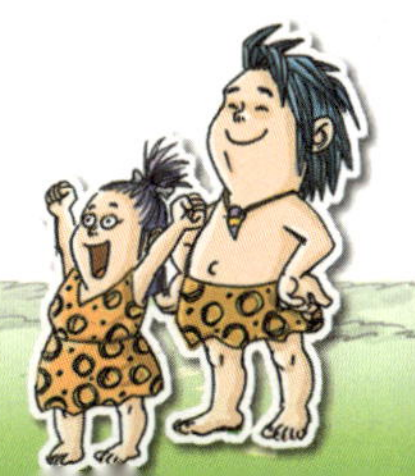

3 누가 더 울타리를 잘 만들었을까?

또또와 꾸꾸가 얼룩말을 가두기 위해
울타리를 만들었어요.
누가 더 잘 만들었을까요?

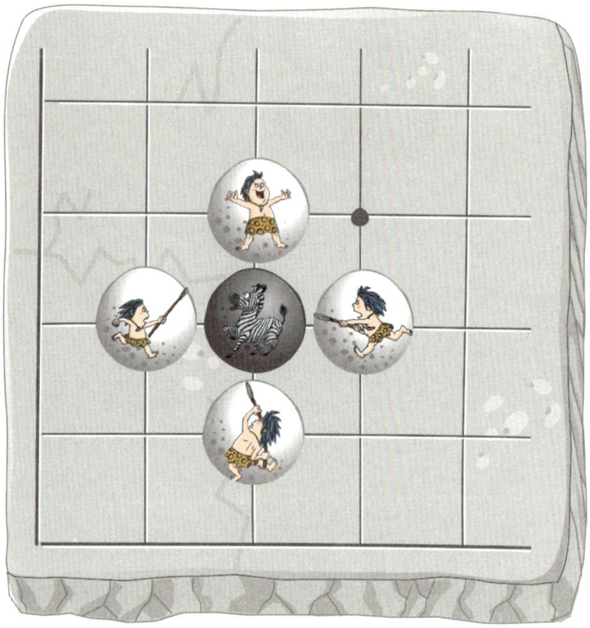

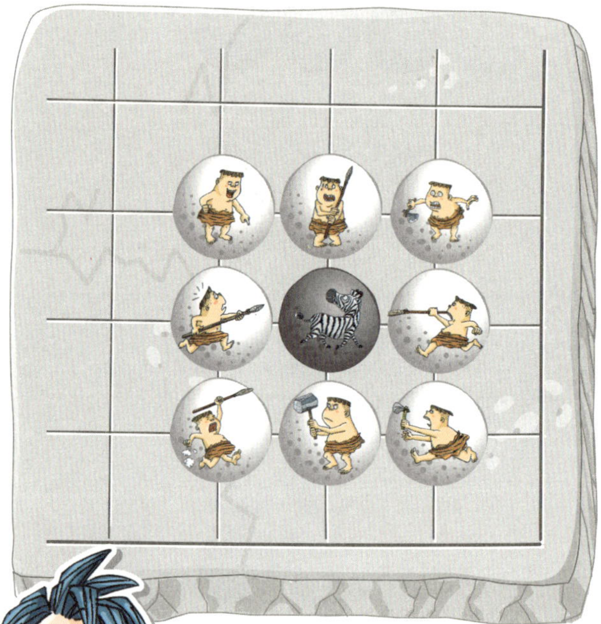

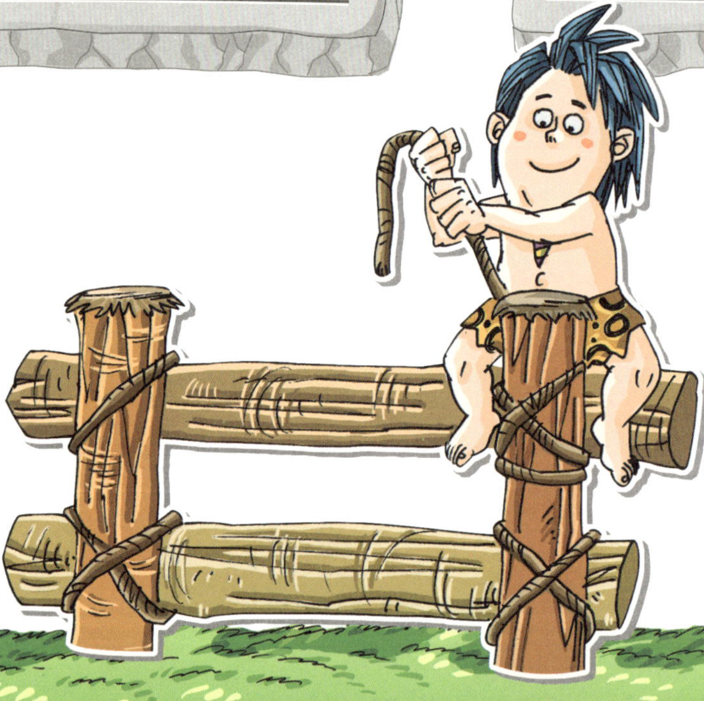

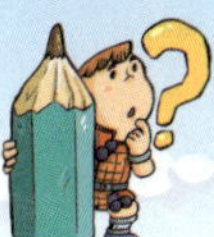 참고 그림 ❶

또또는 4개의 말뚝으로
얼룩말 1마리를 가두었습니다.

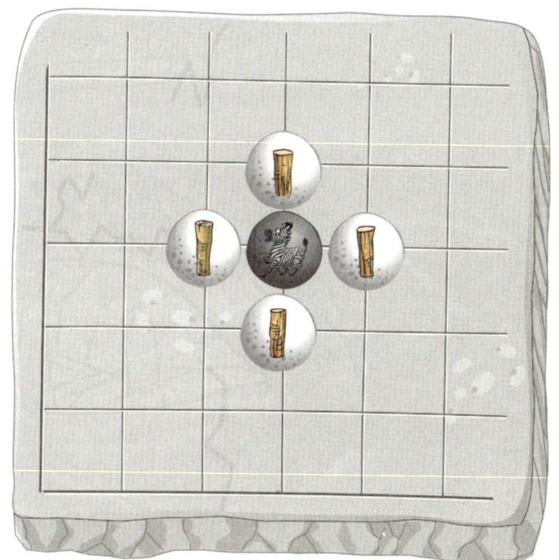

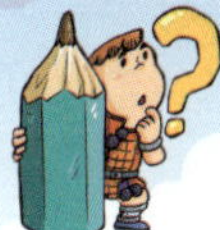 참고 그림 ❷

꾸꾸는 6개의 말뚝으로
얼룩말 1마리를 가두었습니다.

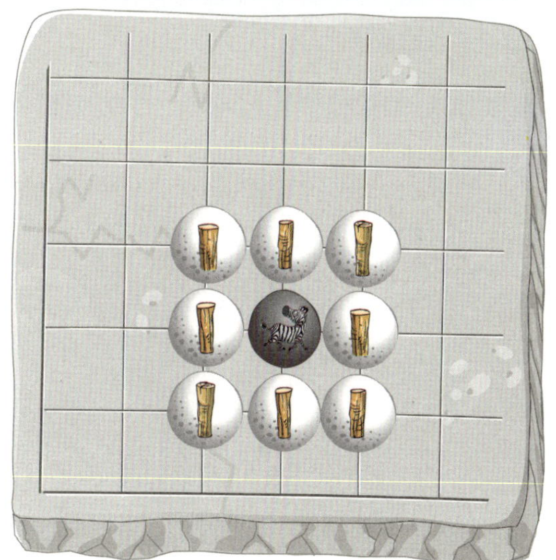

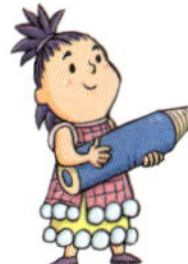 정답 그림

얼룩말 1마리를 가두기 위해 또또는 4개의 말뚝을, 꾸꾸는
6개의 말뚝을 사용했으므로 또또가 더 잘 만들었습니다.

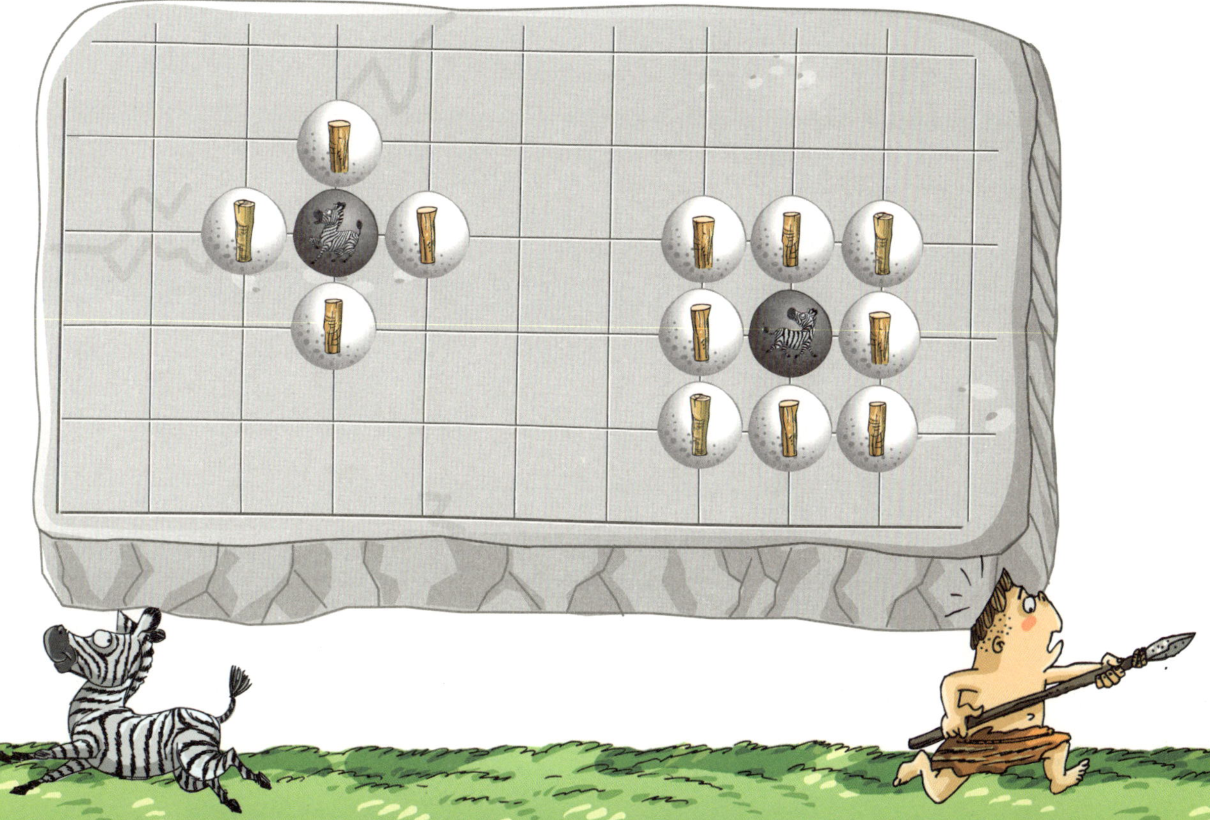

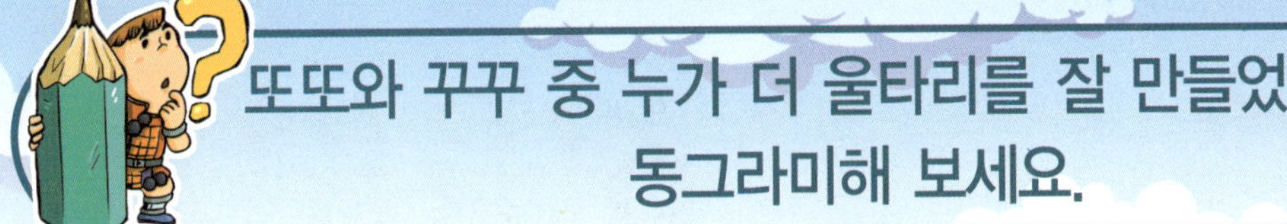

문제 01

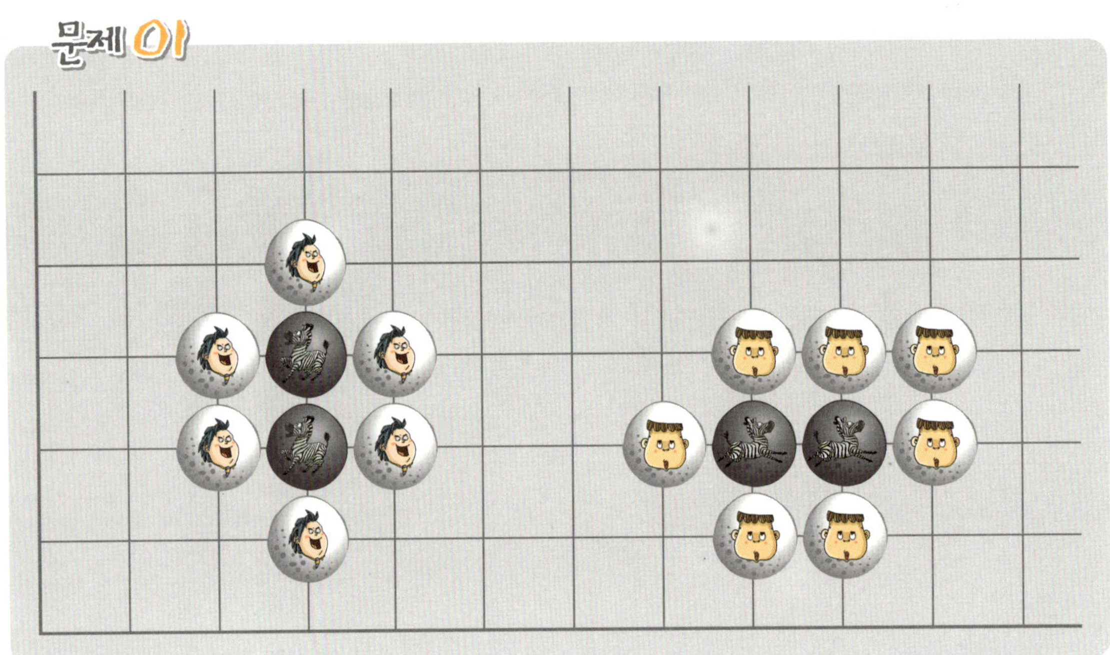

문제 02

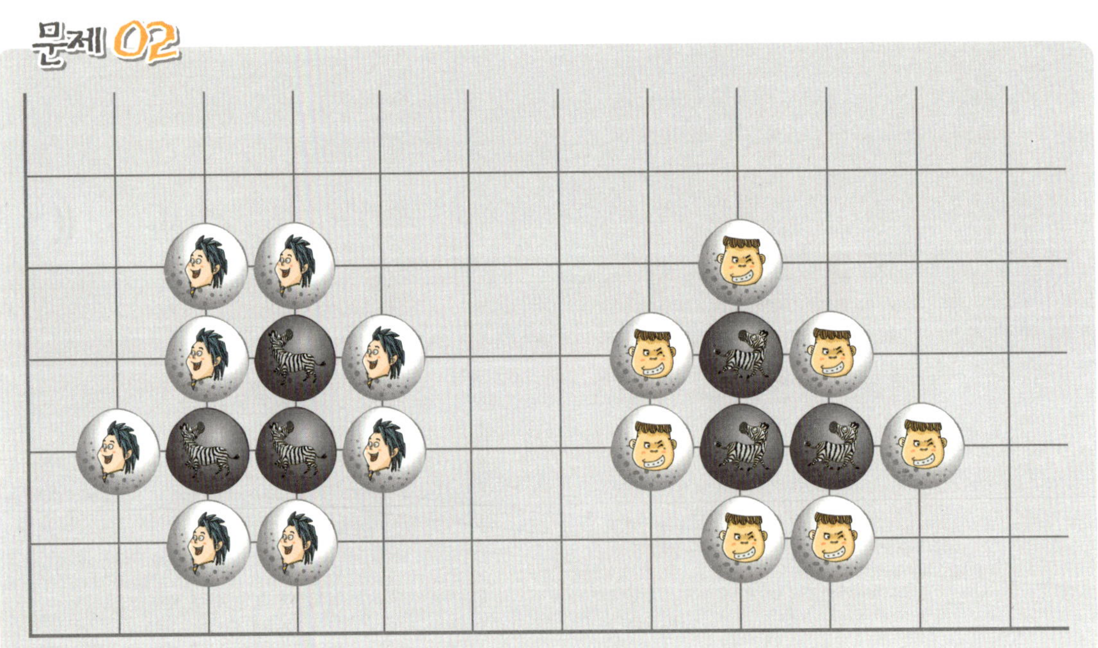

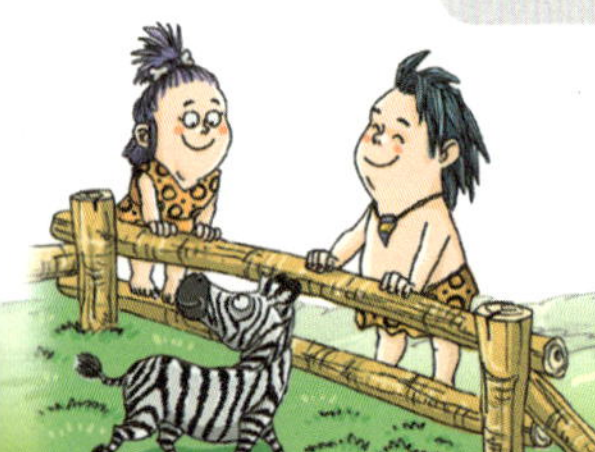

문제 03

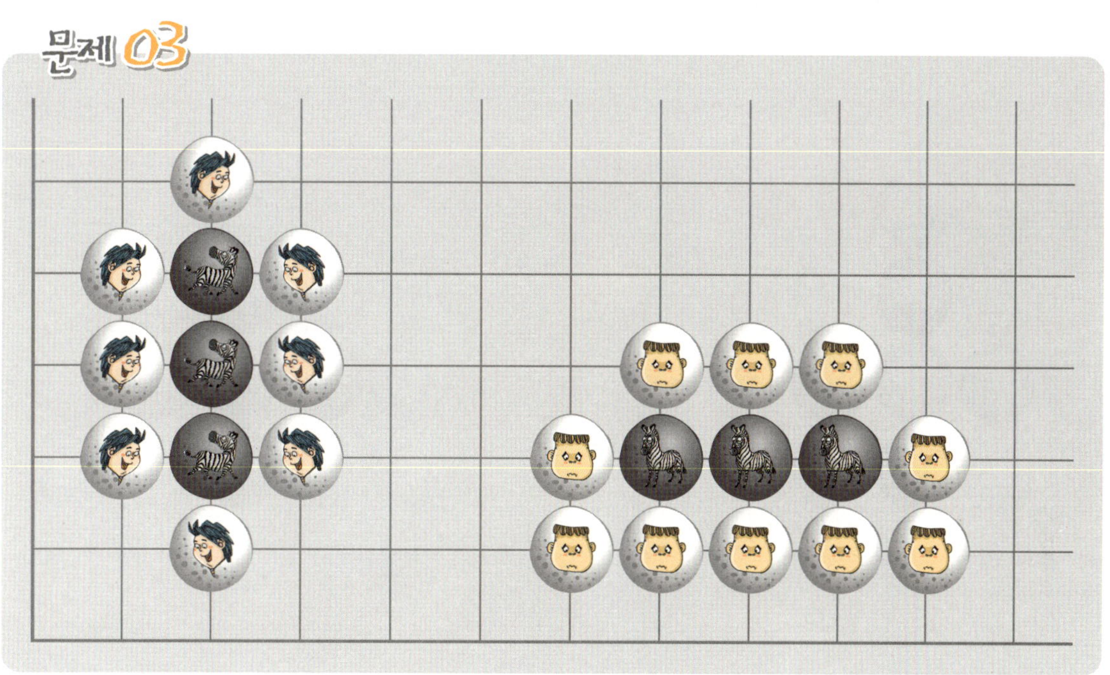

문제 04

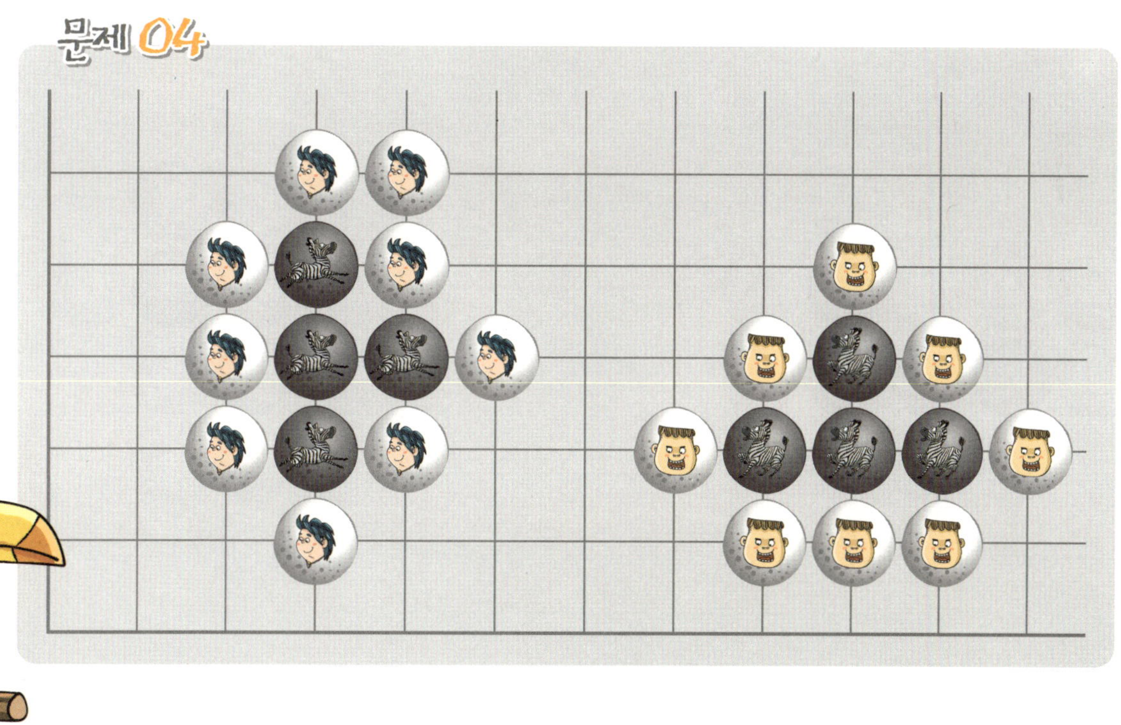

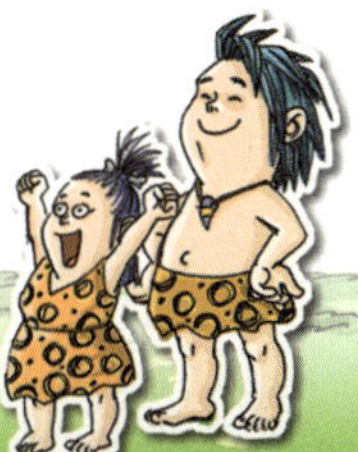

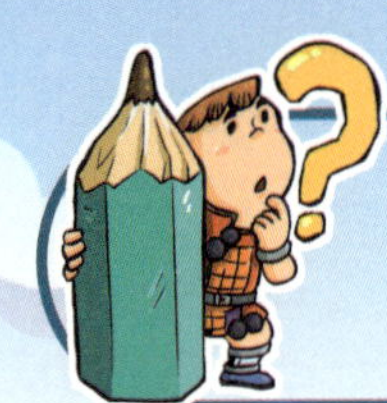

백△와 백○ 중 누가 더 울타리를
잘 만들었을까요? 동그라미해 보세요.

문제 05

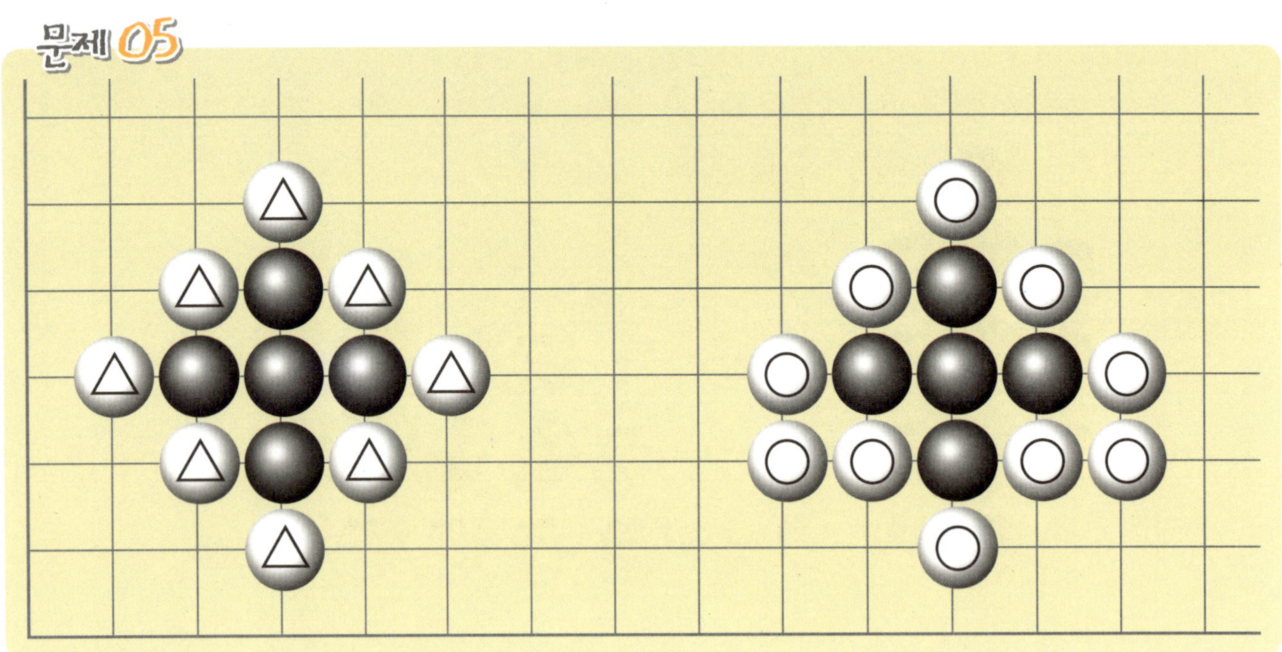

문제 06

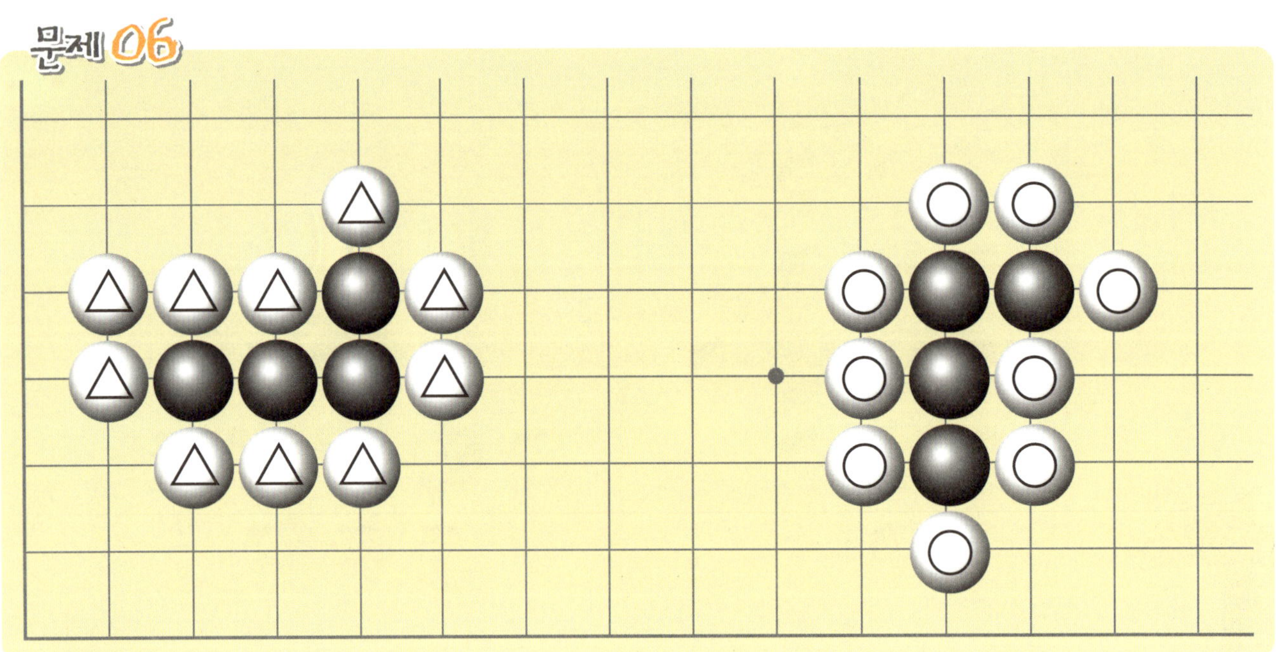

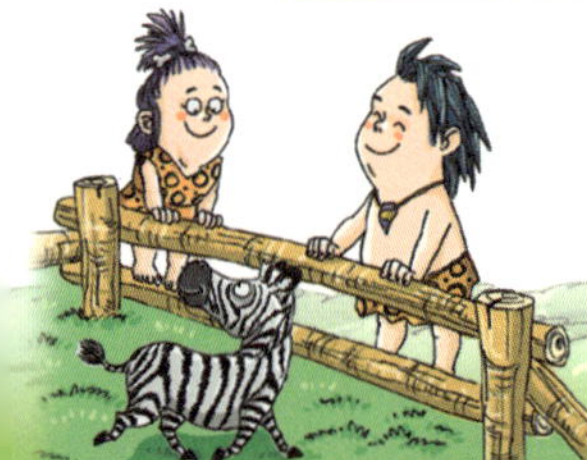

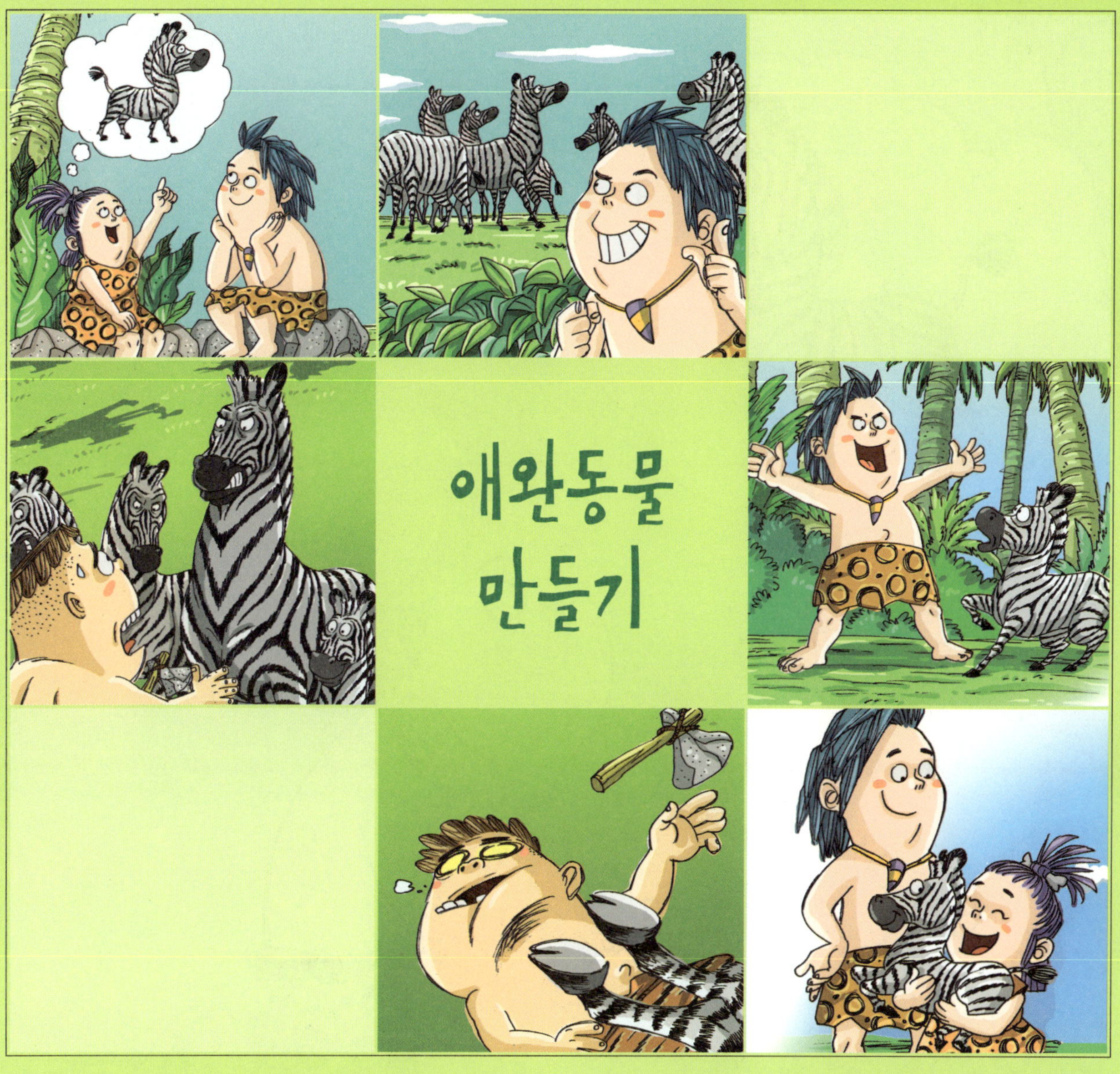
애완동물
만들기

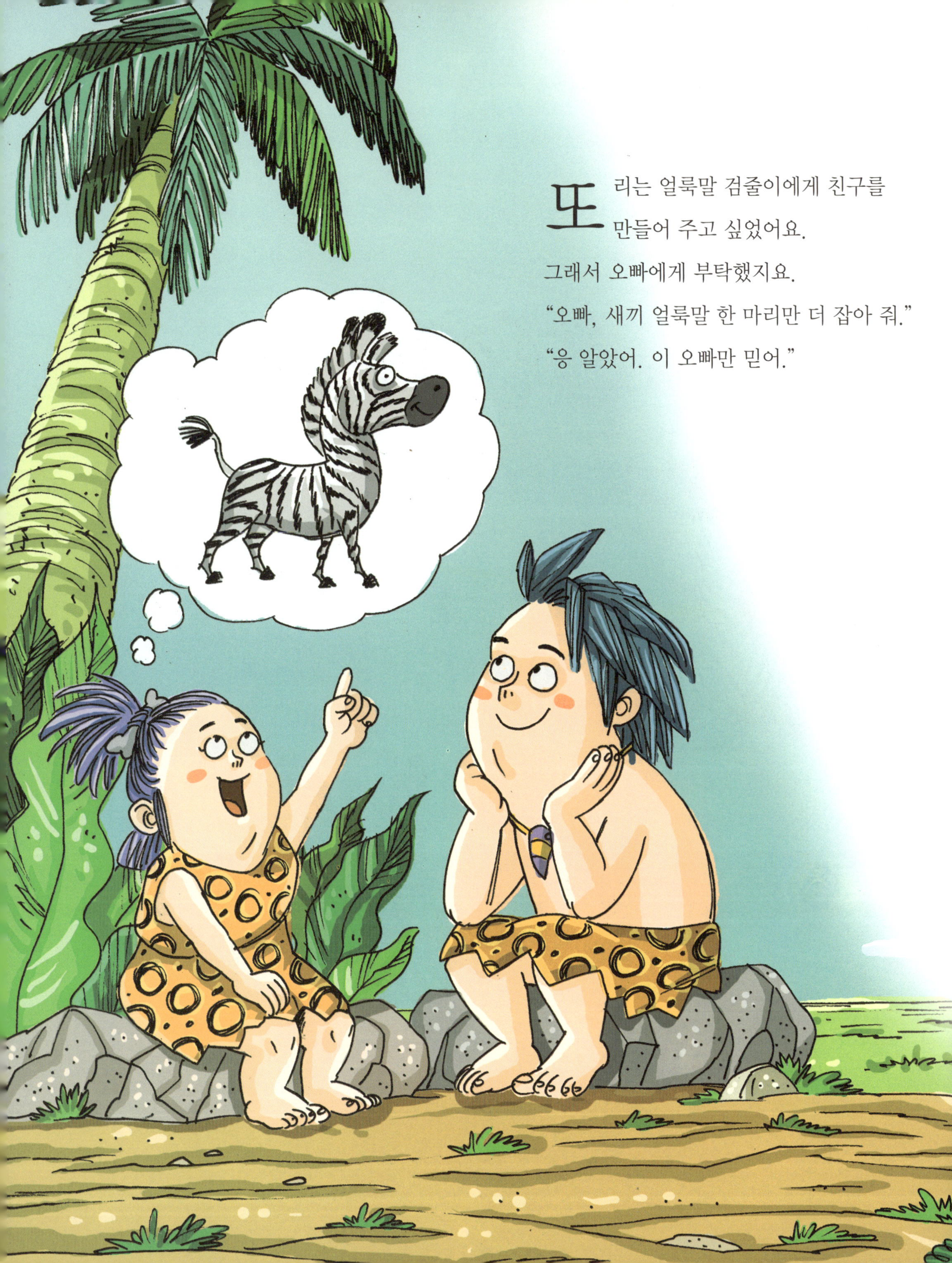

또리는 얼룩말 검줄이에게 친구를 만들어 주고 싶었어요.
그래서 오빠에게 부탁했지요.
"오빠, 새끼 얼룩말 한 마리만 더 잡아 줘."
"응 알았어. 이 오빠만 믿어."

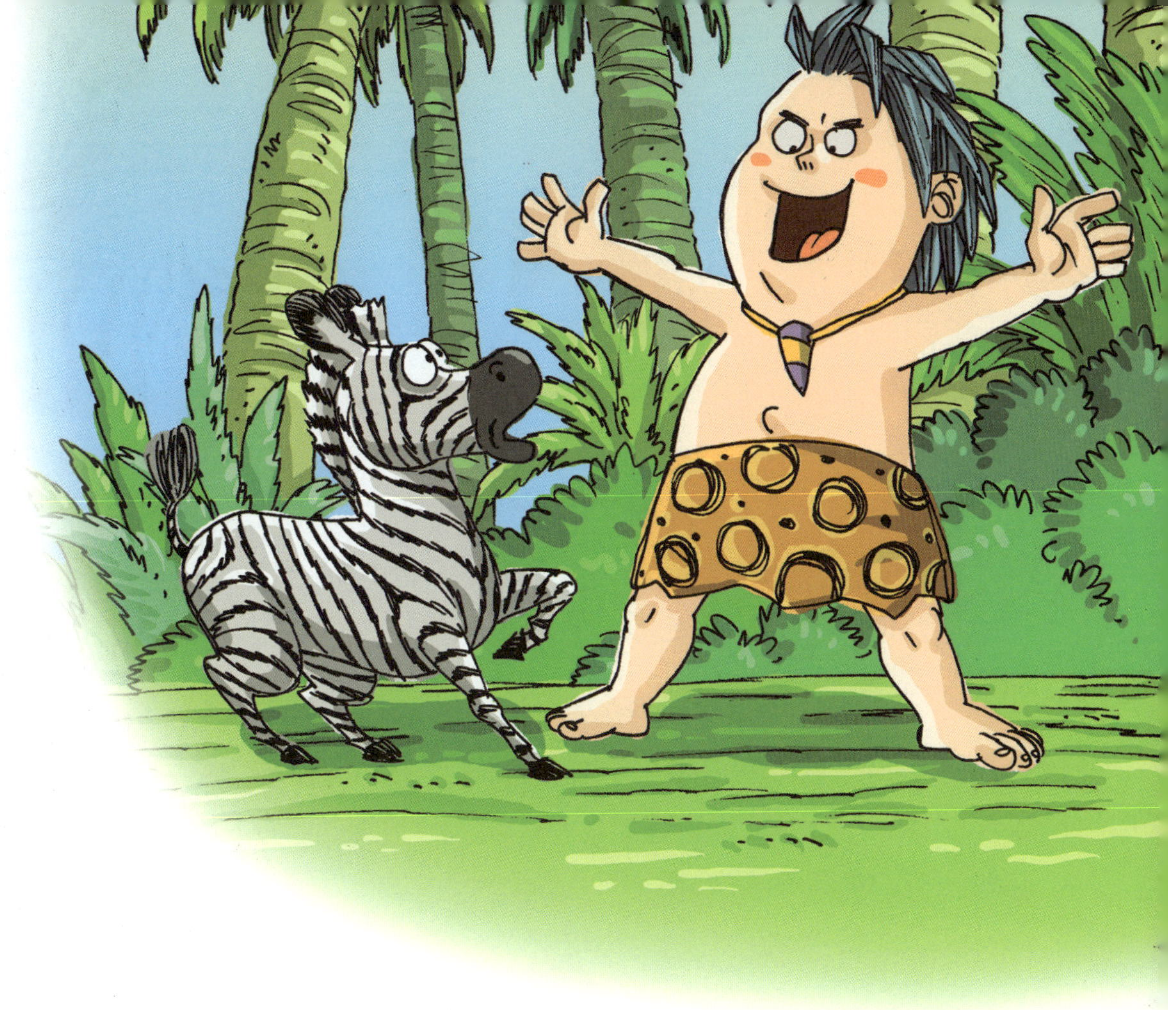

또또는 또리에게 선뜻 약속을 했지만 걱정이 되었어요.

사실 새끼 얼룩말을 잡는 일은 매우 어렵거든요.

얼룩말은 떼를 지어 살기 때문에 자칫

어미 얼룩말에게 혼쭐날 수도 있기 때문이에요.

"옳지, 좋은 방법이 떠올랐어."

또또는 무리로부터 떨어져 있는 새끼 얼룩말을 찾기 시작했어요.

그러다가 무리와 떨어져 혼자 풀을 뜯어먹고 있는 새끼 얼룩말을 발견했어요.

또또는 살금살금 다가가 새끼 얼룩말이 무리 근처로 도망가지 못하도록

길을 막았어요. 그러자 깜짝 놀란 새끼 얼룩말이 도망쳤는데 또또의 생각대로

새끼 얼룩말은 무리로부터 점점 떨어지게 되었지요.

무리의 도움을 받지 못하는 새끼 얼룩말을 잡기는 쉬웠답니다.

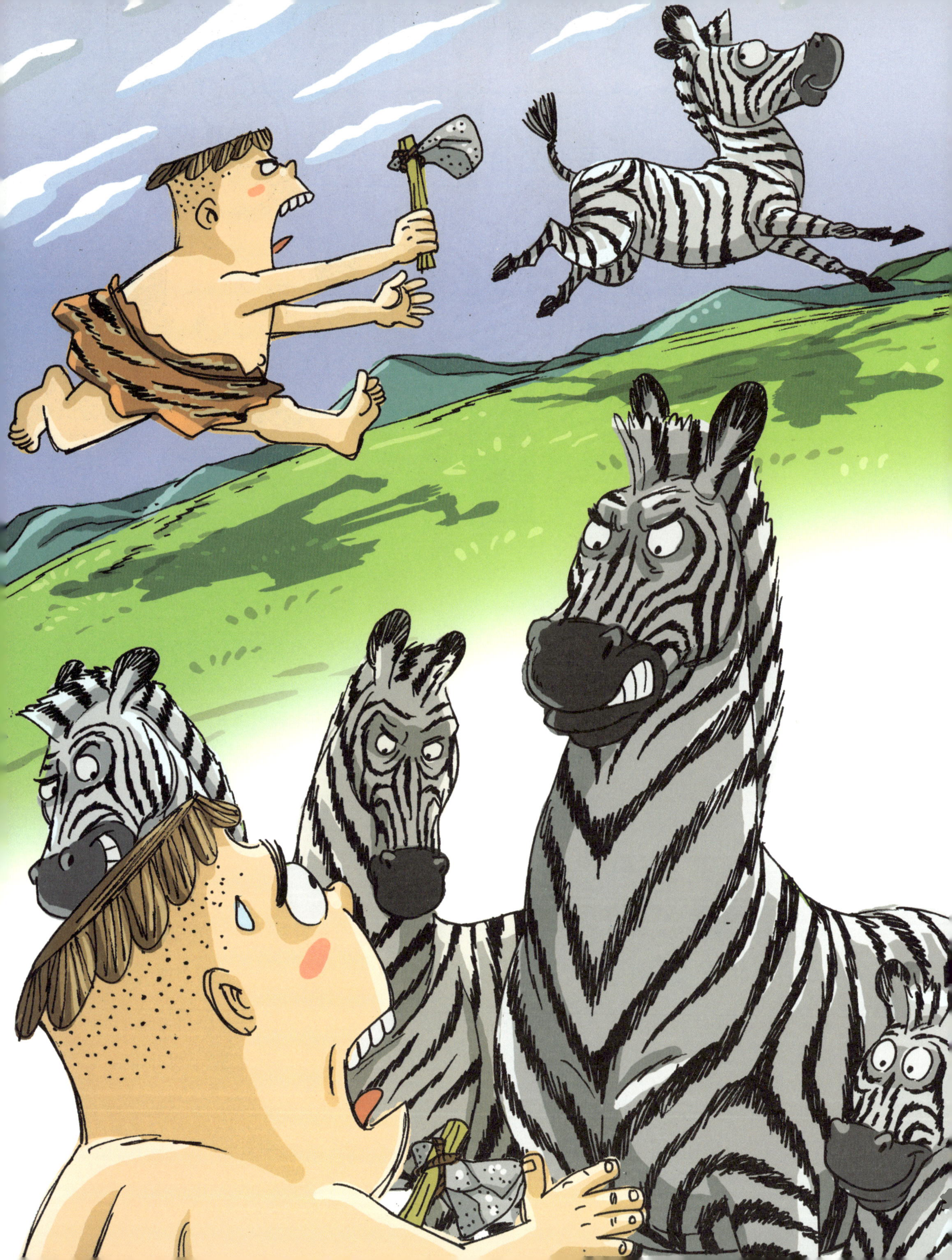

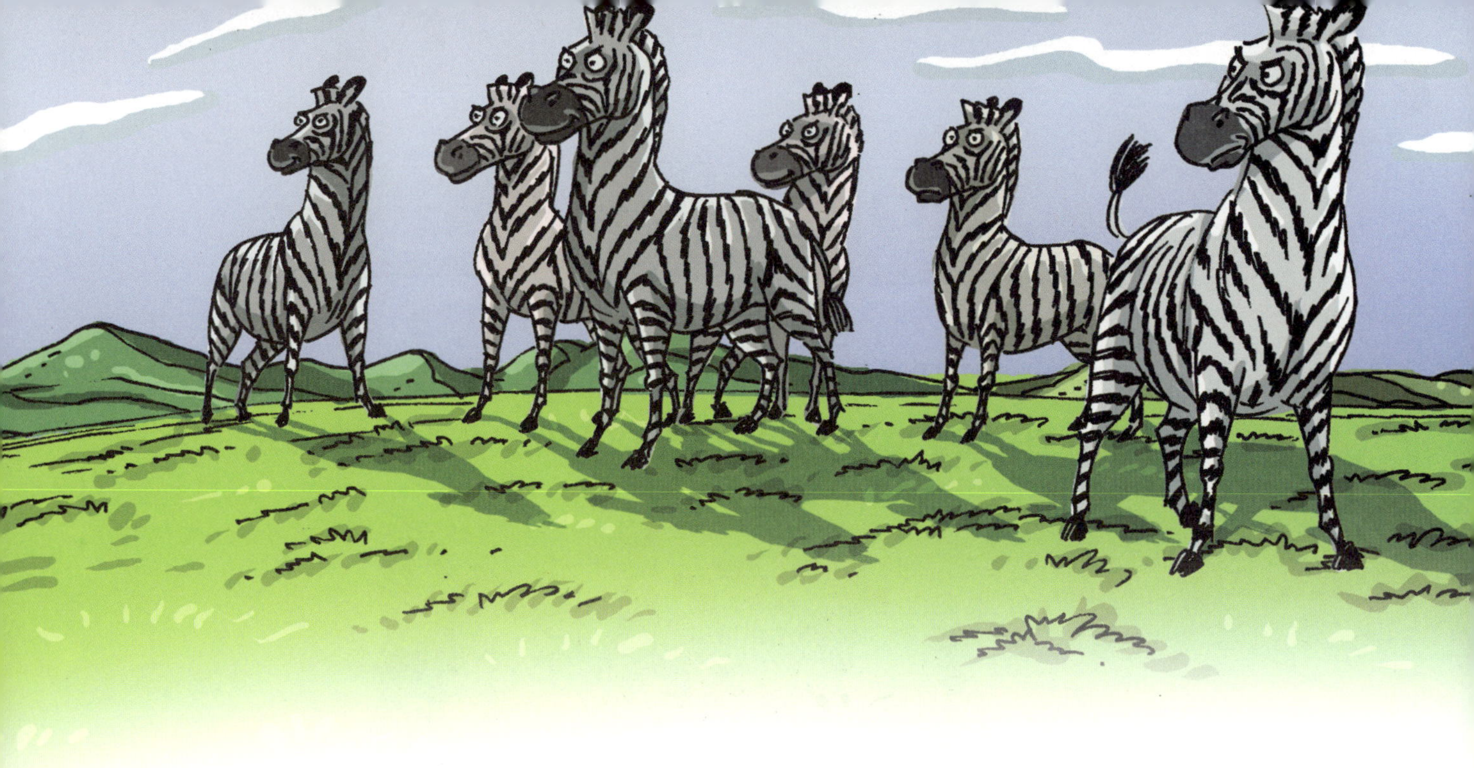

꾸순이는 또리가 얼룩말을 두 마리나 가진 것을 보자 너무 샘이 났어요.

“꾸꾸야. 또또가 또리한테 얼룩말을 또 잡아 줬대.

나한테도 얼룩말을 한 마리 더 잡아 줘.”

꾸꾸는 귀찮았지만 또또가 얼룩말을 또 잡았다는 말을 듣자 경쟁심이 생겼어요.

“걱정마 누나. 내가 또또보다 사냥을 더 잘하잖아. 얼룩말을 꼭 잡아 올게.”

꾸꾸는 도끼를 들고 초원으로 나갔어요. 저 멀리에 얼룩말 무리가 보였어요.

얼룩말 무리 근처에는 무리에서 살짝 떨어져 있는 새끼 얼룩말도 보였지요.

“옳지, 사냥감이 저기 있구나. 몸집도 작으니까 잡기 쉽겠는걸.”

꾸꾸는 무작정 새끼 얼룩말을 향해 달려갔어요. 새끼 얼룩말은 자신을 향해 달려

오는 꾸꾸를 보자 얼른 무리가 있는 쪽으로 도망갔어요.

“에잇, 도망갔잖아. 그래도 포기하지 말아야지.”

꾸꾸는 다시 새끼를 잡기 위해 얼룩말 무리로 뛰어들었어요. 그러자 힘 좋은

어미 얼룩말들이 뒷발차기로 꾸꾸를 세게 걷어찼어요.

꾸꾸는 새끼 얼룩말도 잡지 못하고 얼굴만 퉁퉁 부은 채 집으로 돌아와야 했답니다.

막다른 길로 몰아서 공격하기

얼룩말을 막다른 길로 몰아서 잡고 싶어요.

또또가 얼룩말을 잡으려면 A와 B 중 어느 곳을 공격해야 할까요?

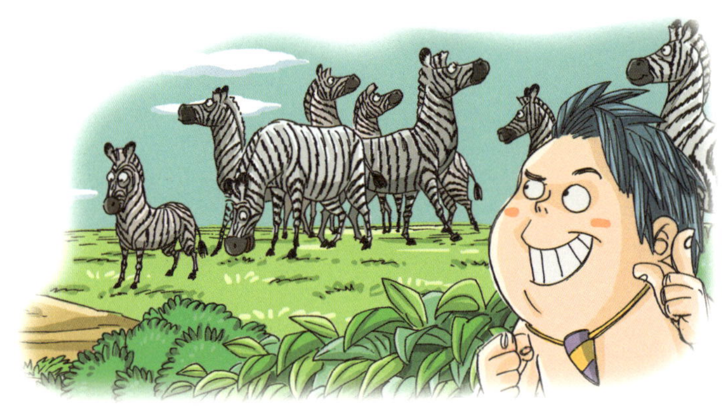

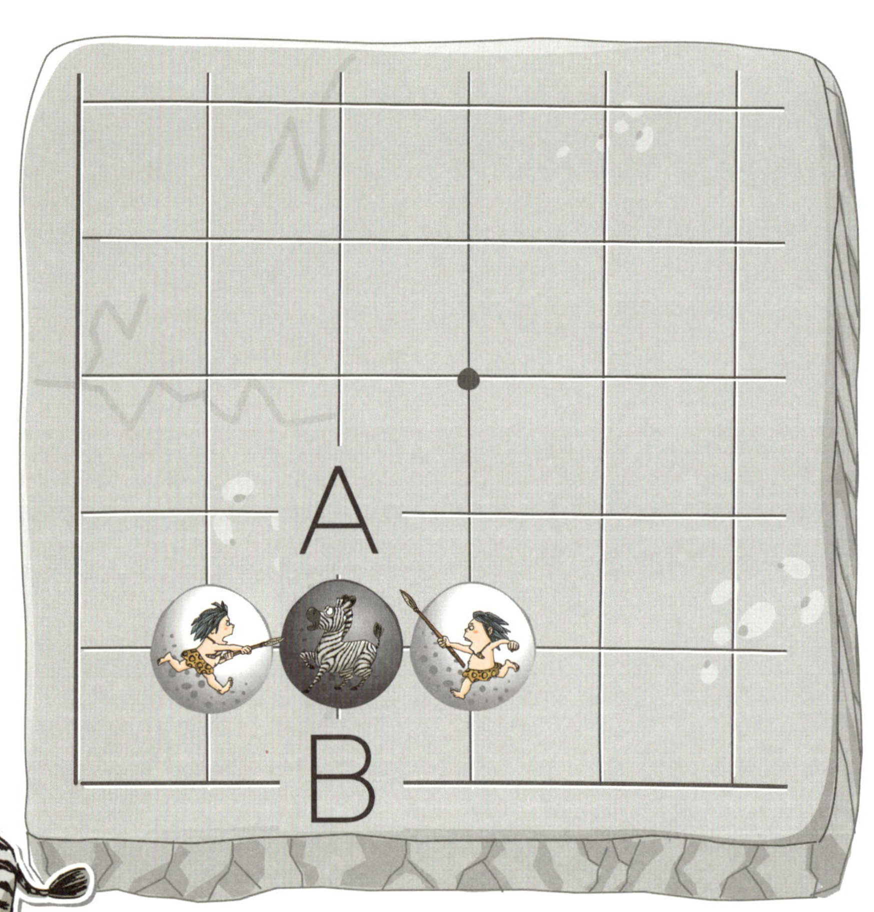

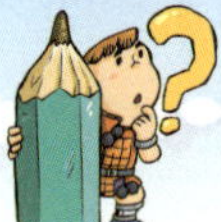

실패 그림

백1로 공격하는 것은 어떨까요?

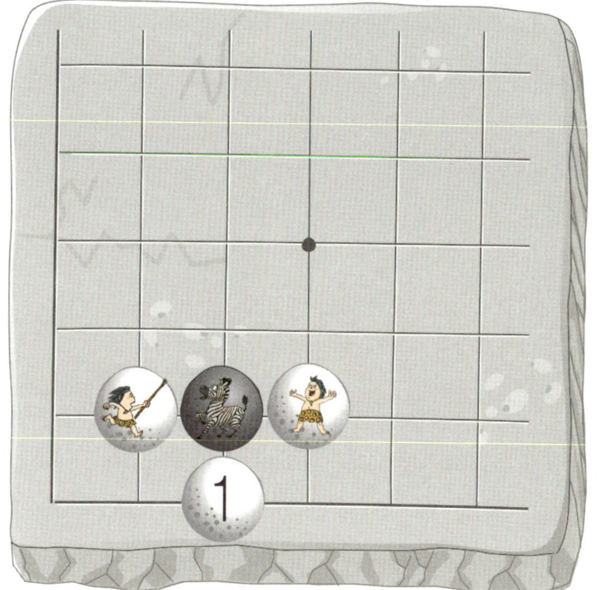

흑1로 얼룩말은 쉽게 달아나 버립니다.

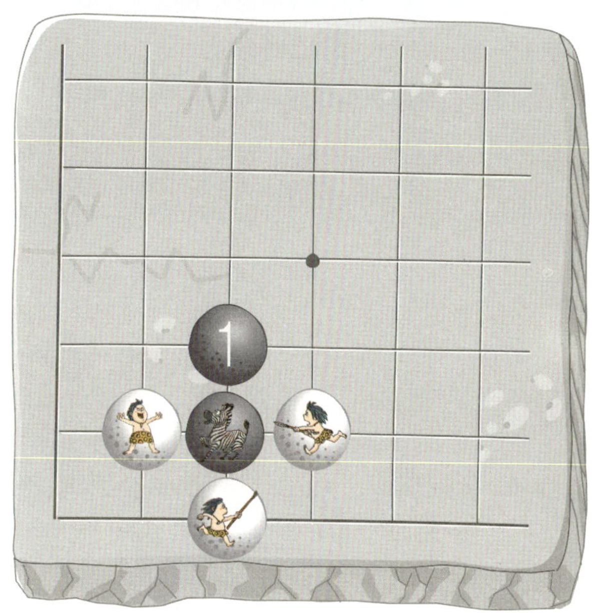

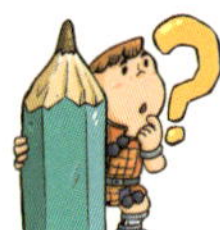

참고 그림

A와 B 중 B가 더 이상 갈 곳이 없는
막다른 길입니다.

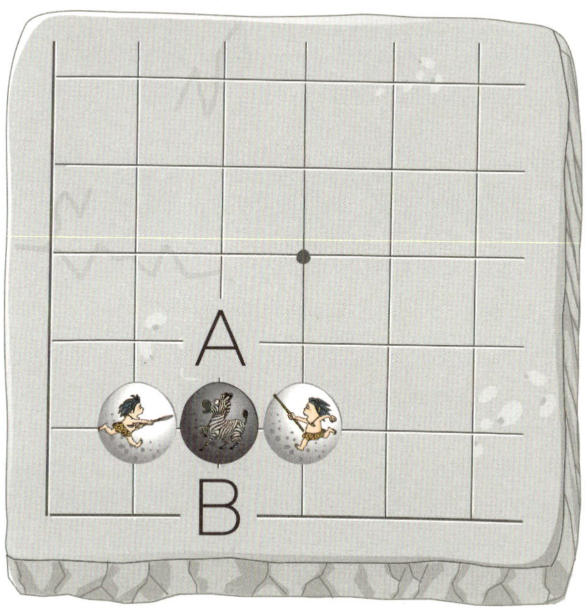

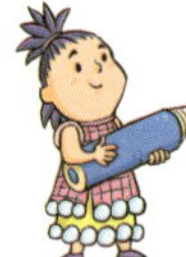

정답 그림

그러므로 백1로 몰면 얼룩말은
더 이상 달아날 곳이 없습니다.

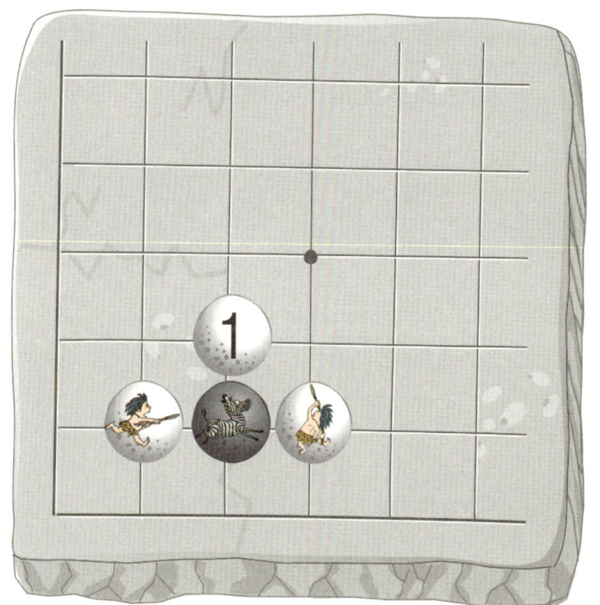

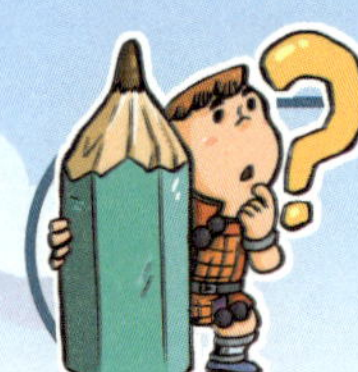

얼룩말을 막다른 길로 몰아서 잡으려면
또또는 A와 B 중 어느 곳으로 공격해야 할까요?

문제 **01**

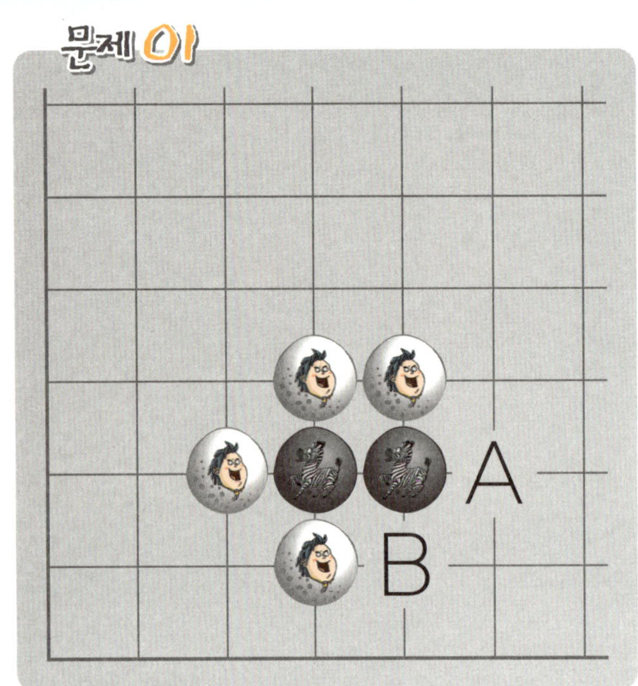

문제 **02**

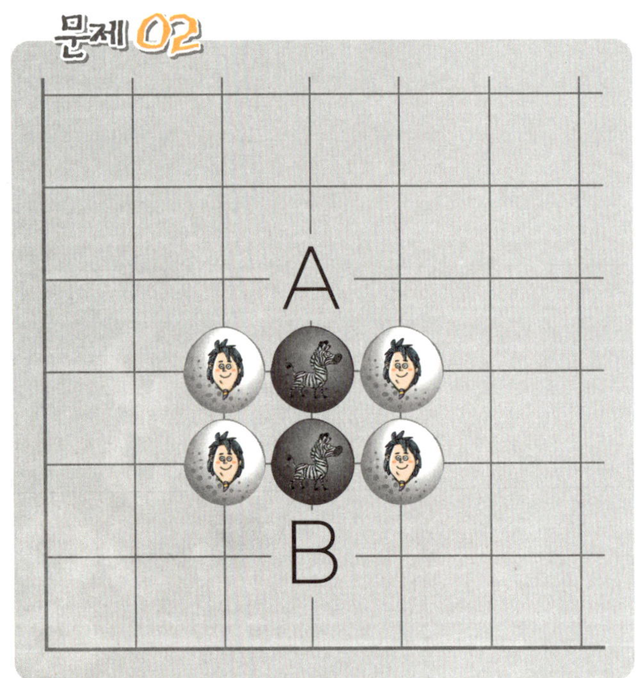

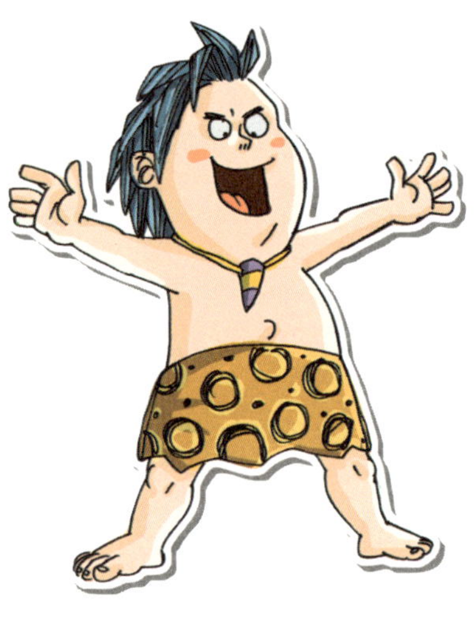
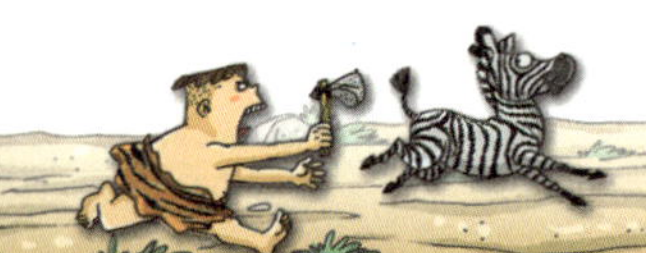
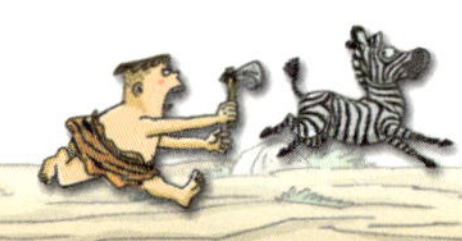
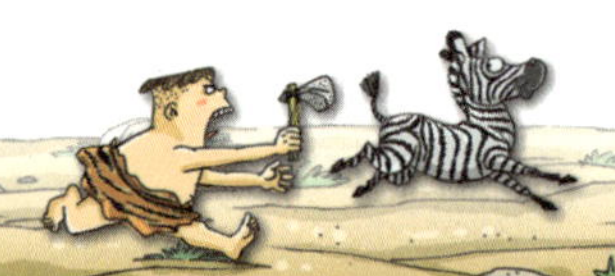

문제 **03**

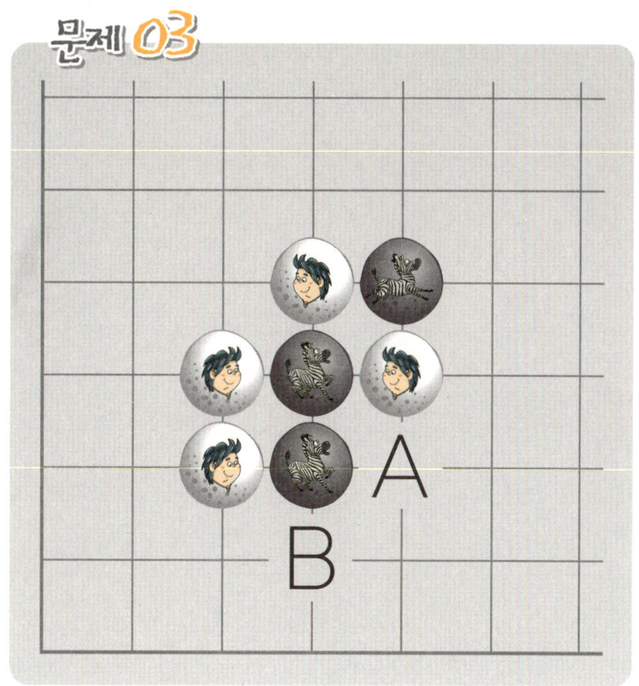

문제 **04**

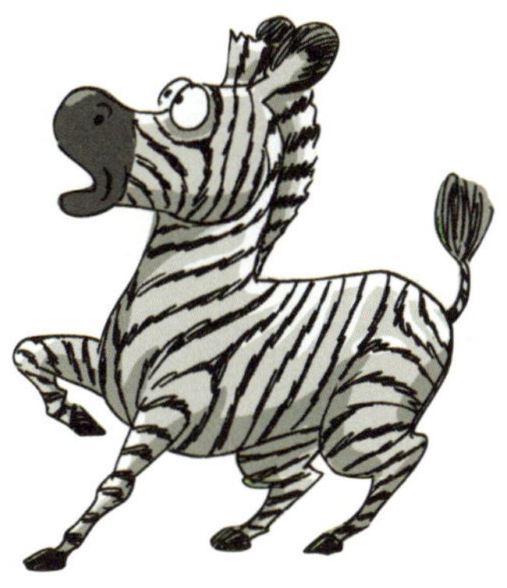

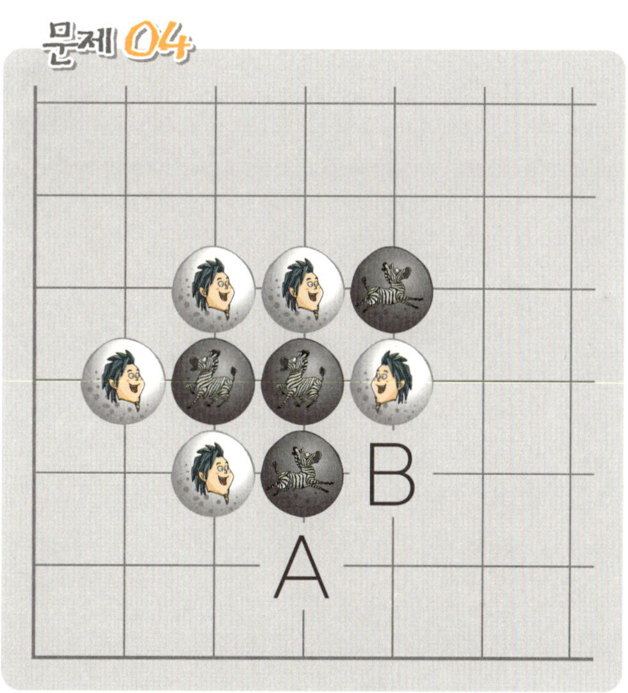

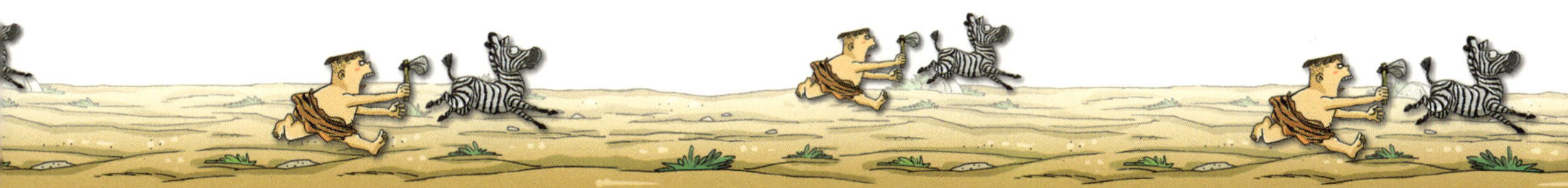

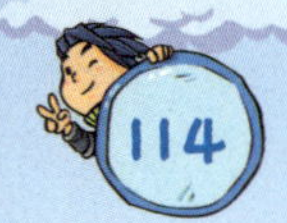

문제 **05**

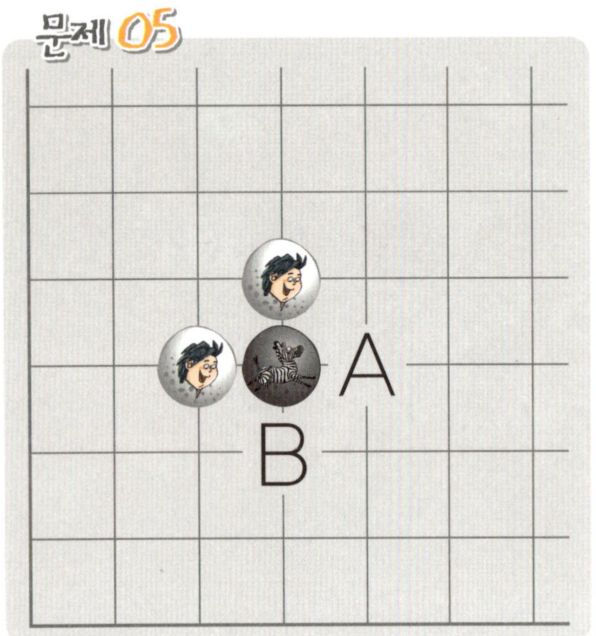

문제 **06**

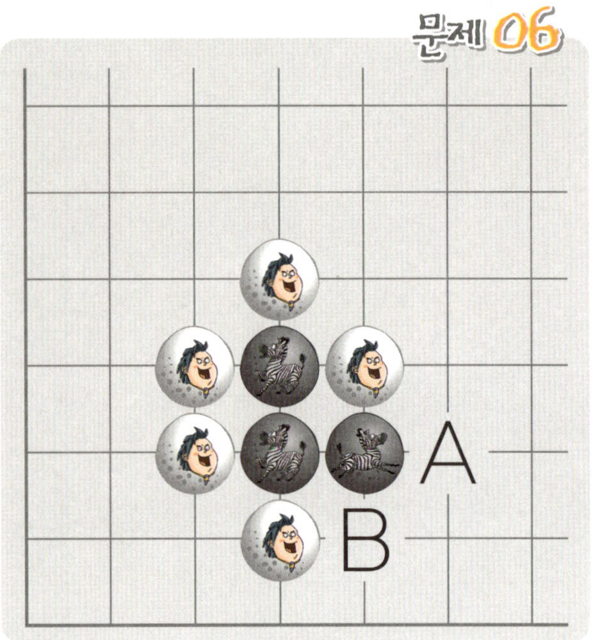

문제 **07**

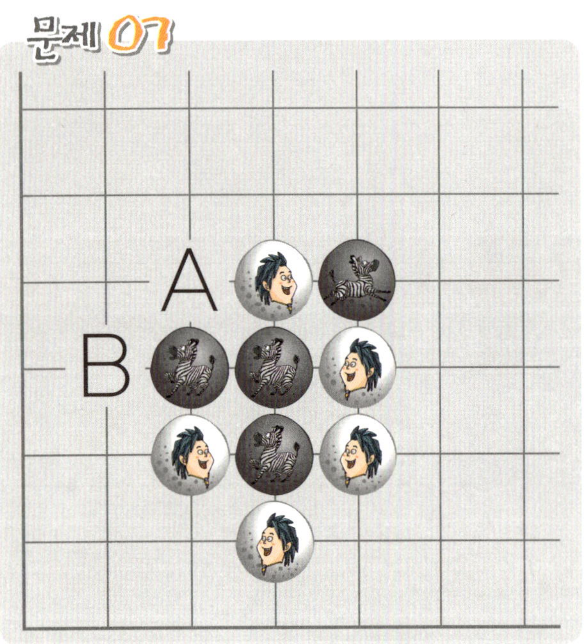

문제 **08**

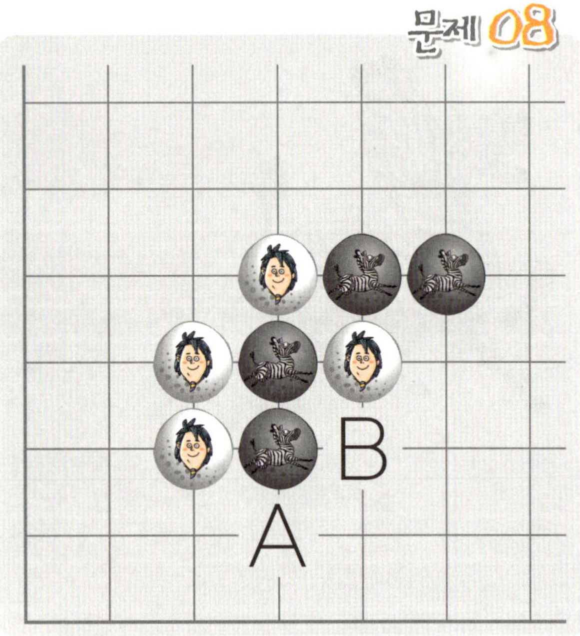

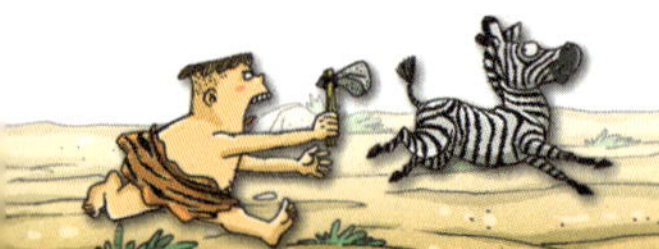
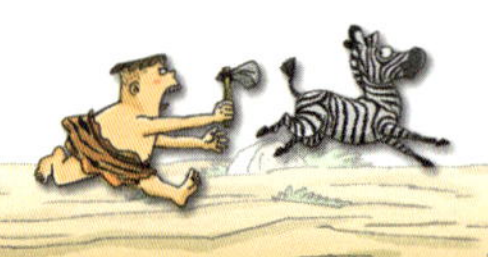
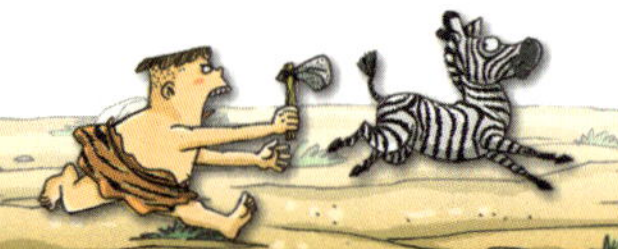

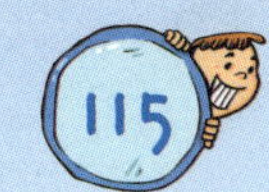

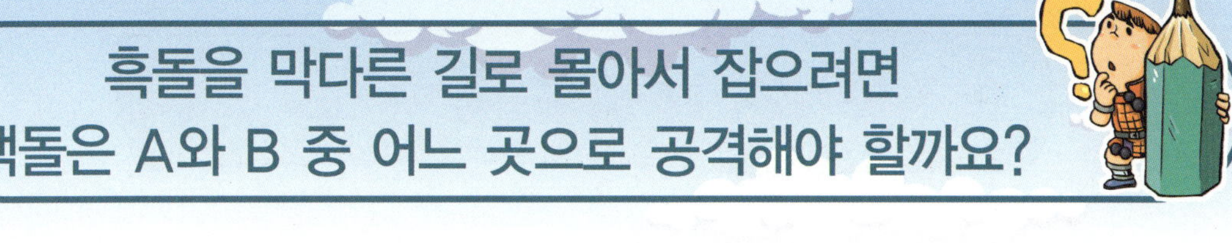

흑돌을 막다른 길로 몰아서 잡으려면
백돌은 A와 B 중 어느 곳으로 공격해야 할까요?

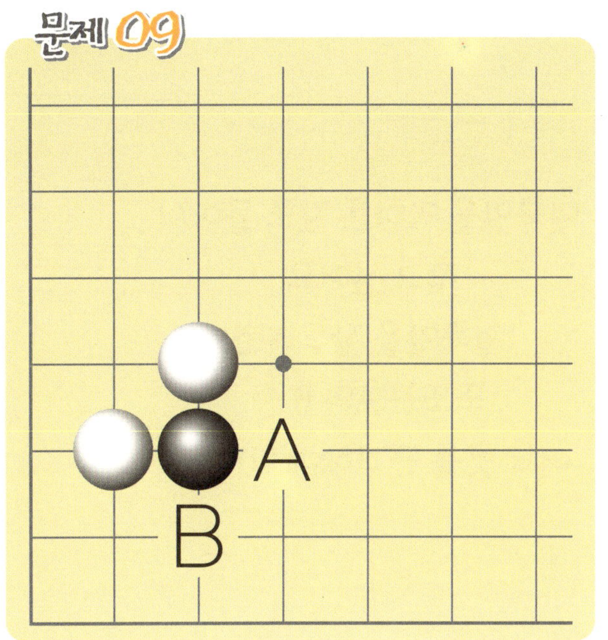

문제 09
A
B

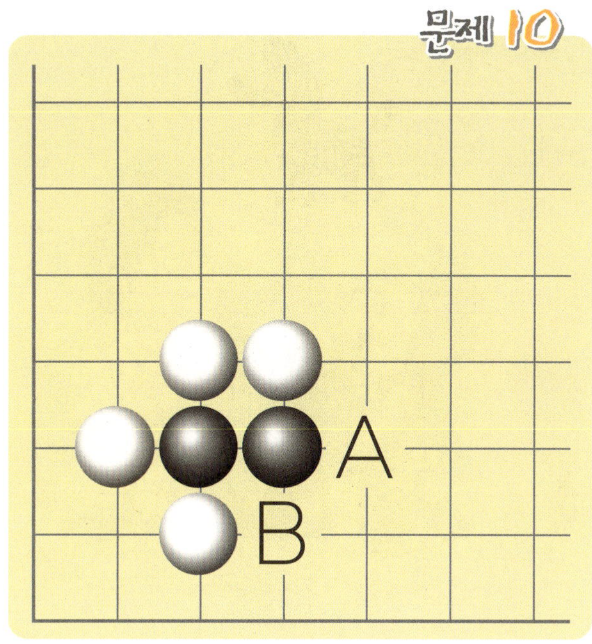

문제 10
A
B

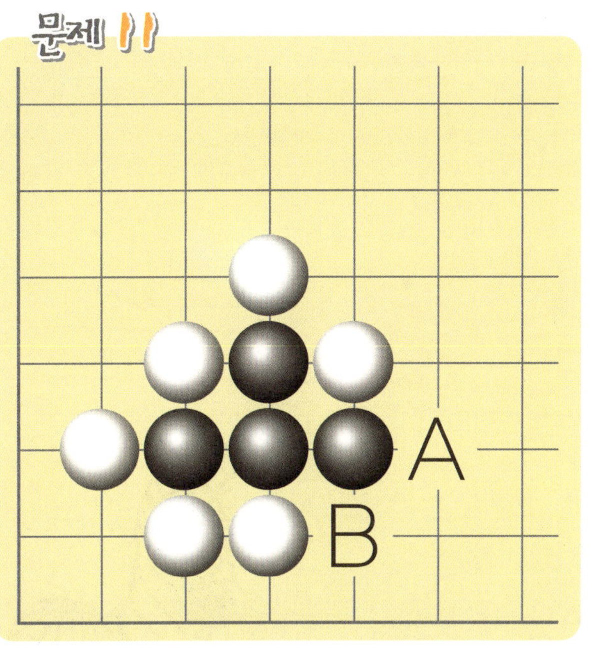

문제 11
A
B

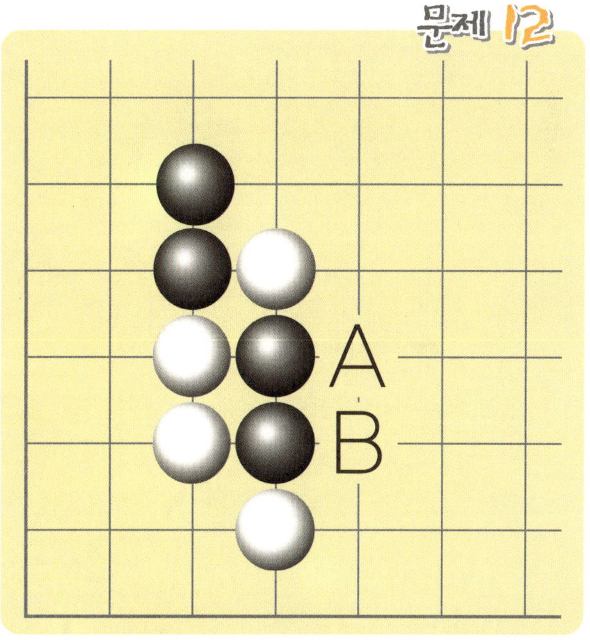

문제 12
A
B

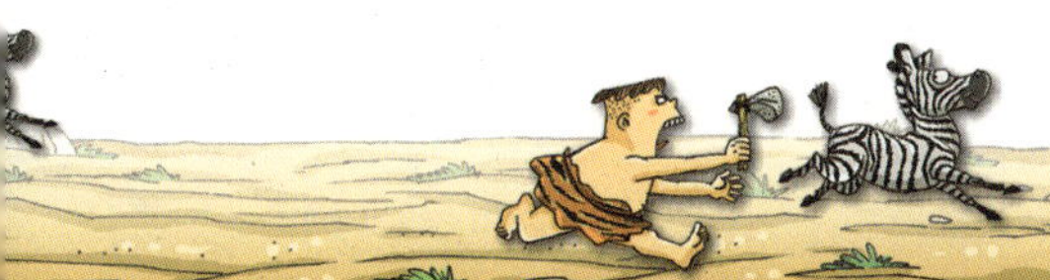

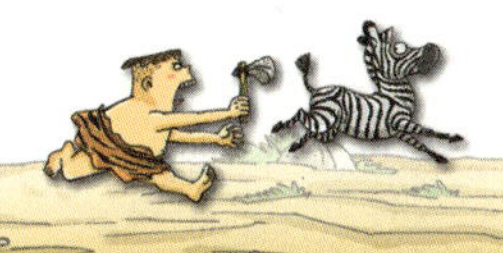

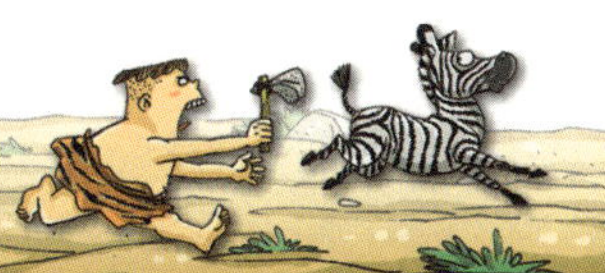

2. 사냥감 몰기

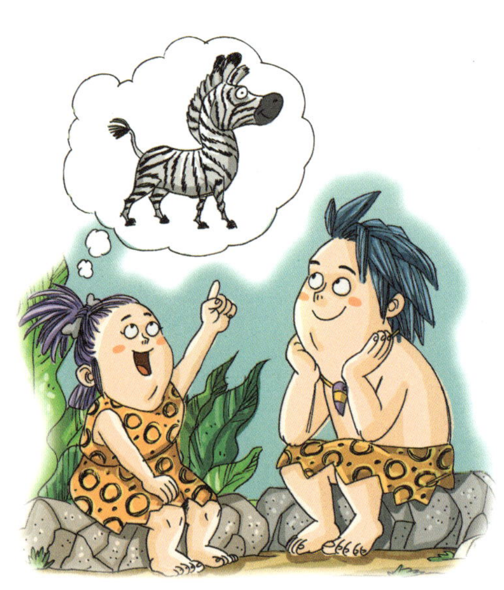

얼룩말을 막다른 길로 몰아서
잡고 싶어요,
얼룩말을 잡으려면
또또는 A와 B 중
어느 곳을 공격해야 할까요?

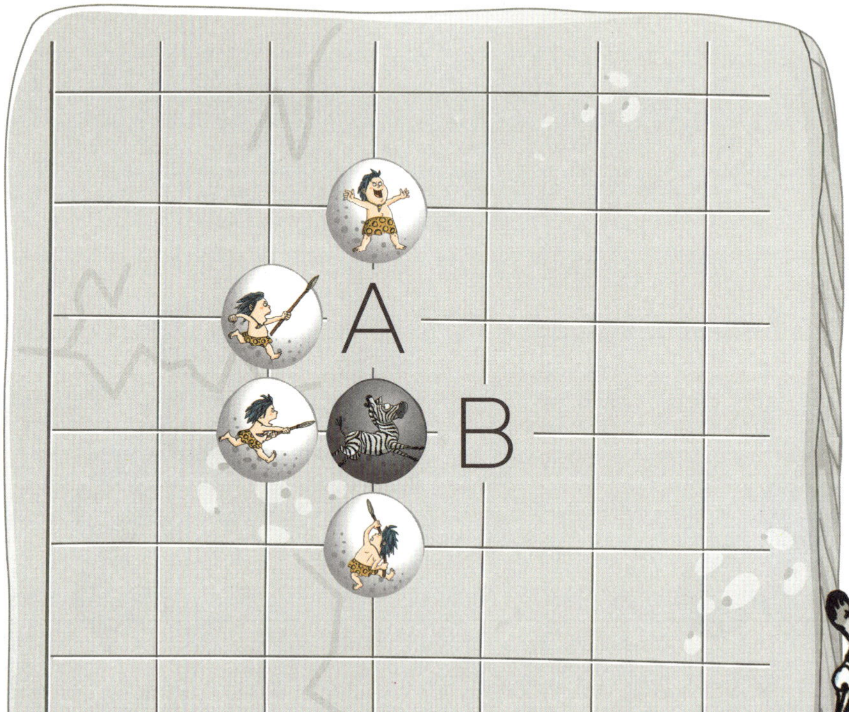

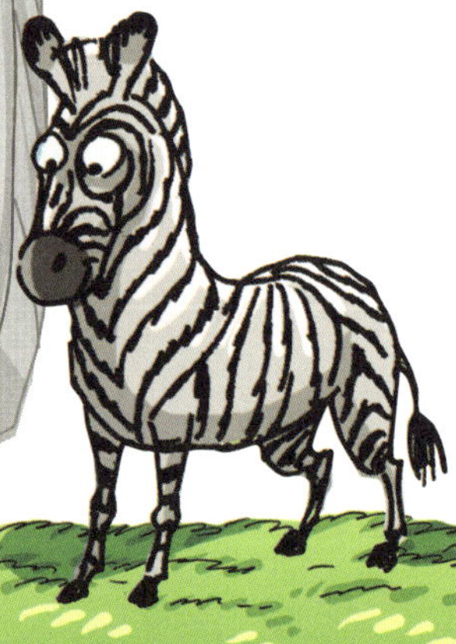

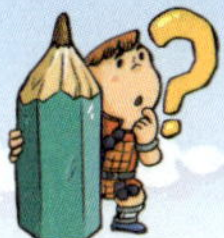 ### 실패 그림

백1로 공격하면 어떨까요?

흑1로 얼룩말은
쉽게 달아나 버립니다.

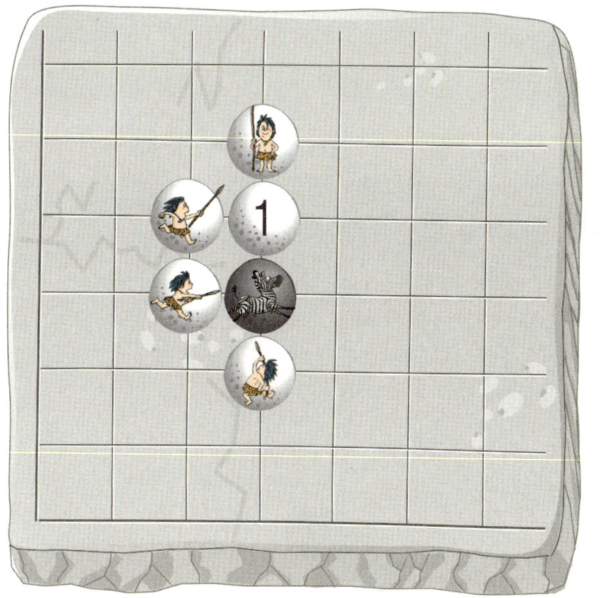 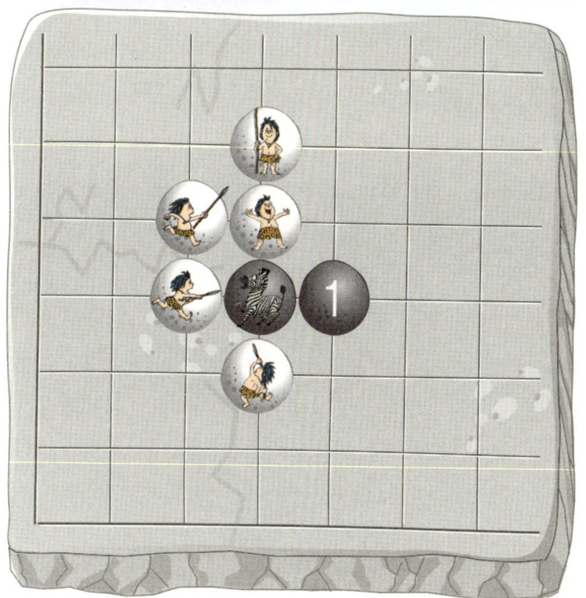

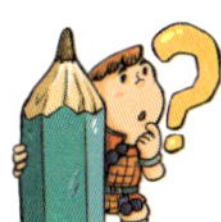 ### 참고 그림

A와 B 중 A는 또또(백△)가
미리 앞길을 막고 있으므로 달아날
수 없는 길입니다.

정답 그림

그러므로 백1로 몰면 얼룩말은
더 이상 달아날 곳이 없습니다.

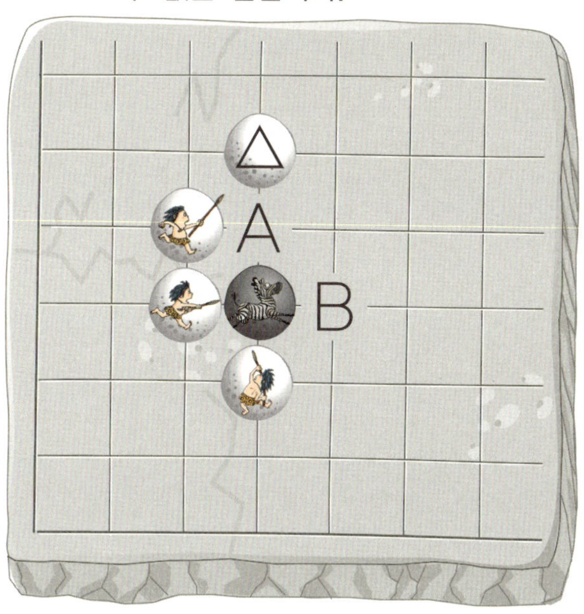

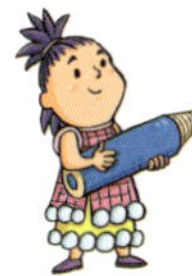 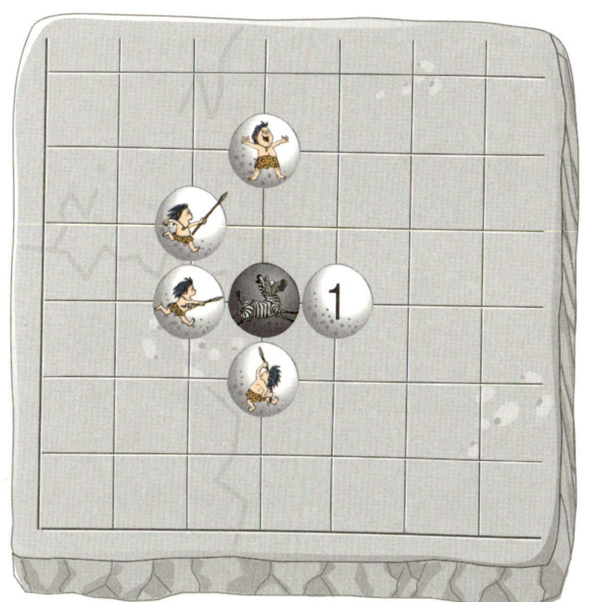

얼룩말을 막다른 길로 몰아서 잡으려면
또또는 A와 B 중 어느 곳으로 공격해야 할까요?

문제 01

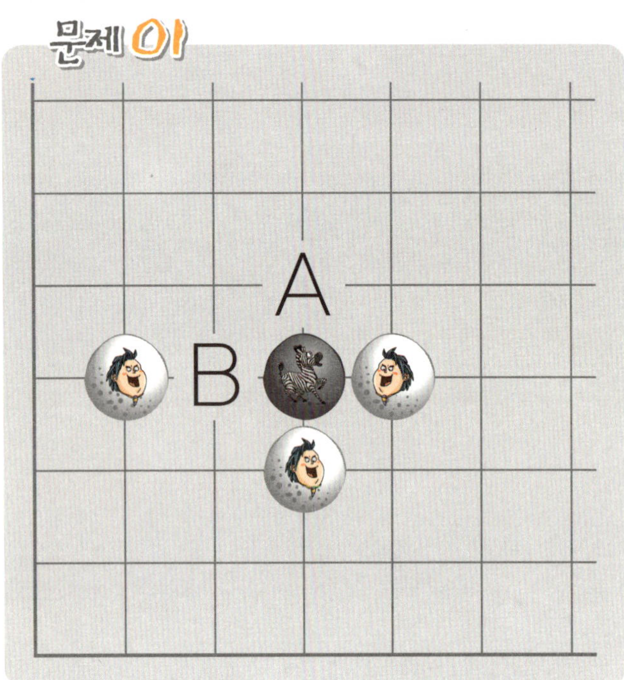

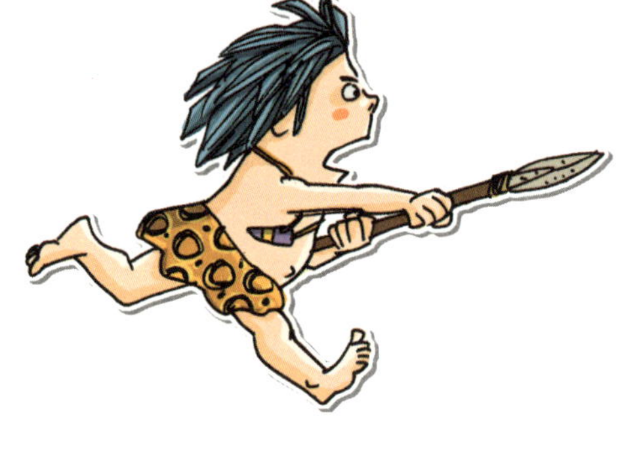

문제 02

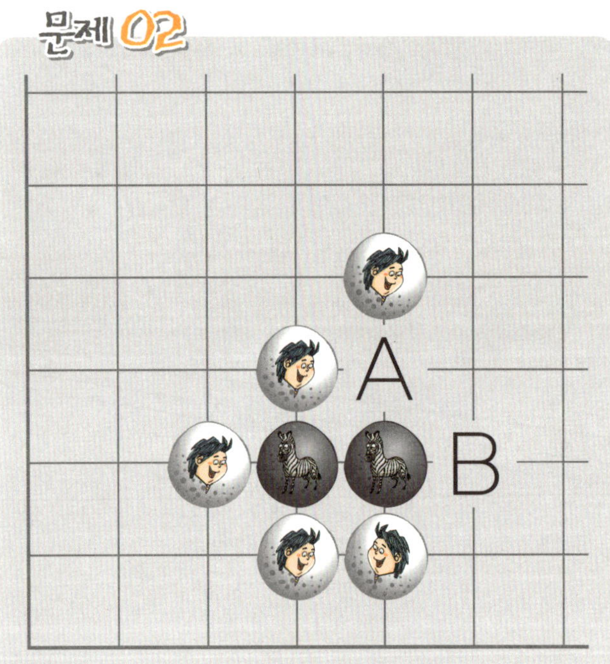

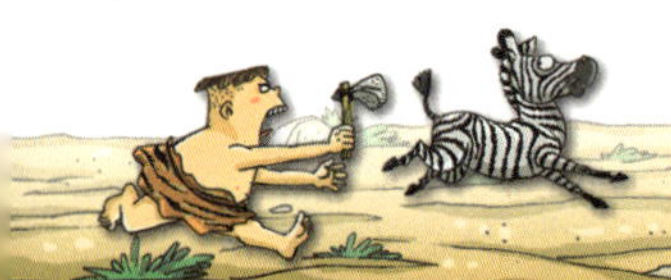

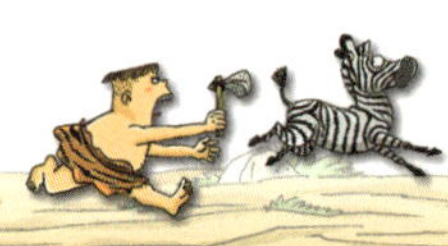

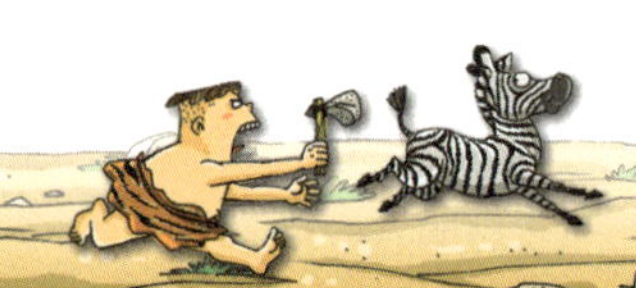

문제 **03**

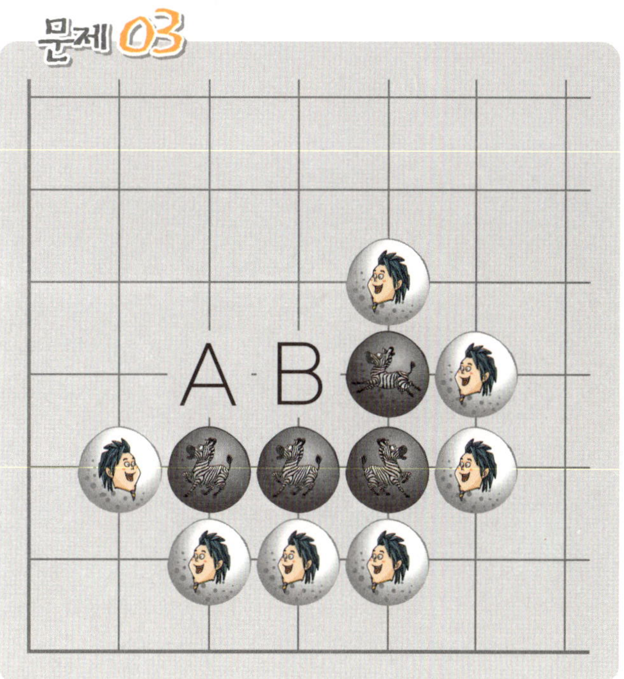

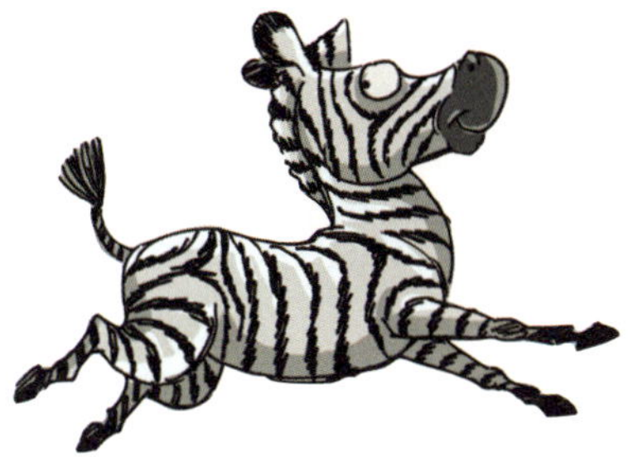

문제 **04**

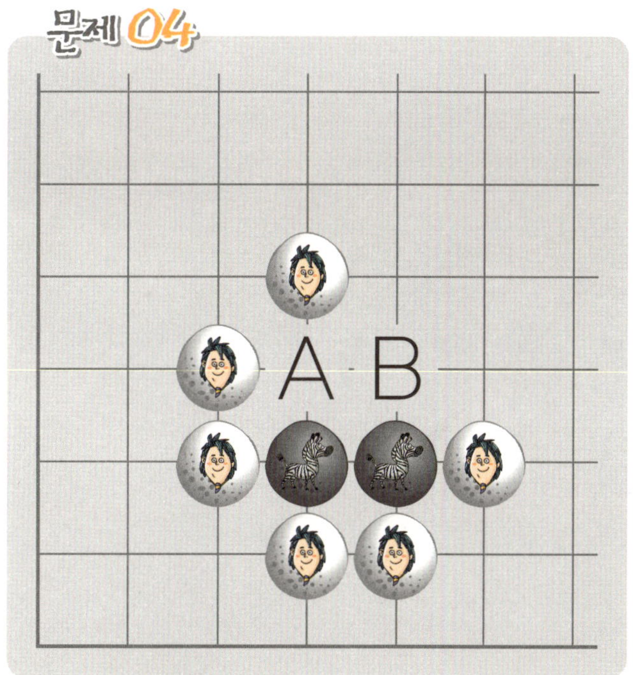

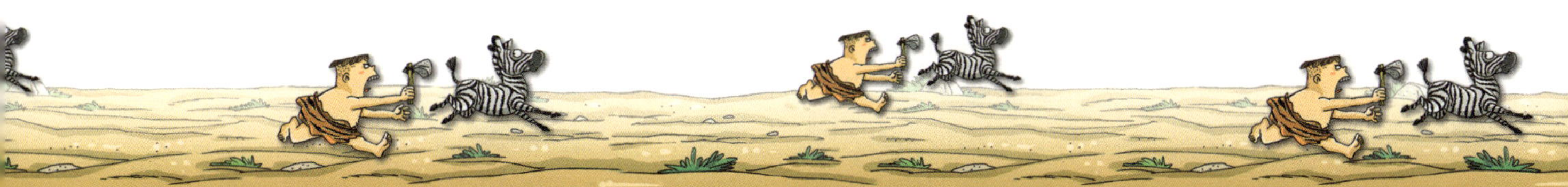

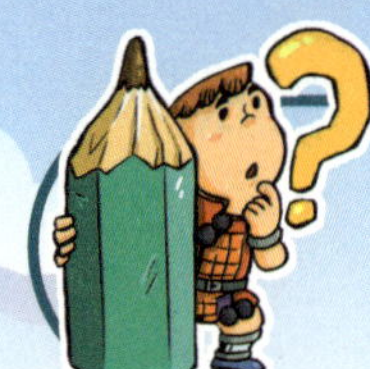

얼룩말을 막다른 길로 몰아서 잡으려면 또또는
어느 곳으로 공격해야 할지 동그라미해 보세요.

문제 **05**

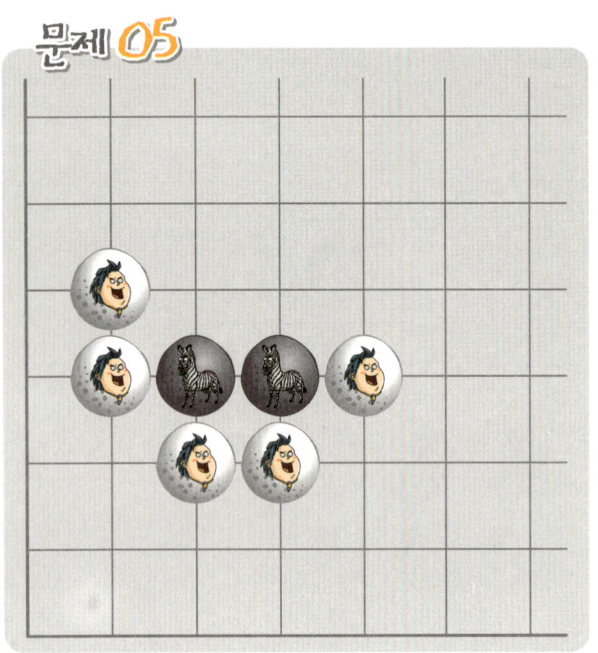

문제 **06**

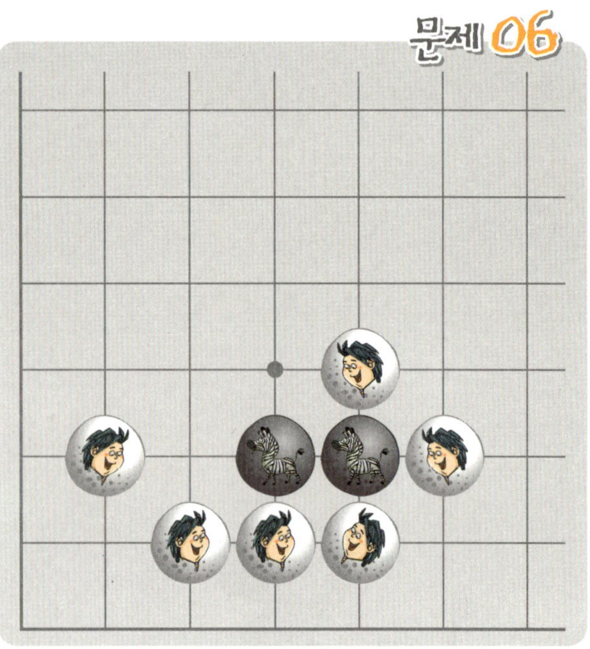

문제 **07**

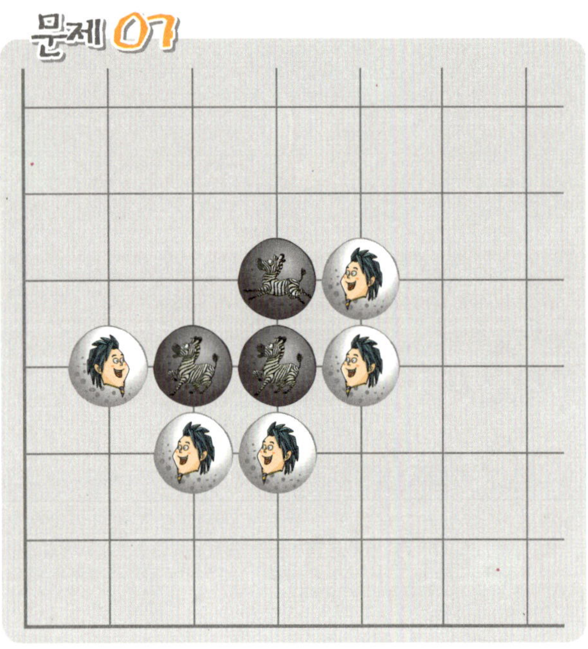

문제 **08**

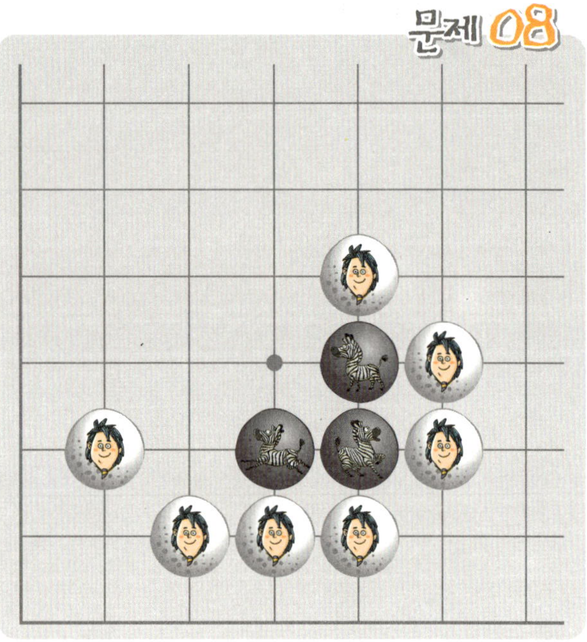

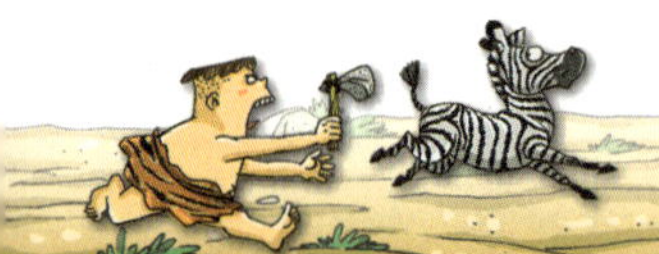
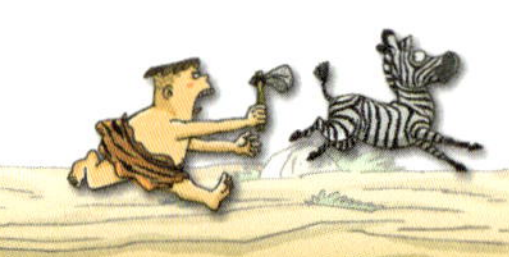
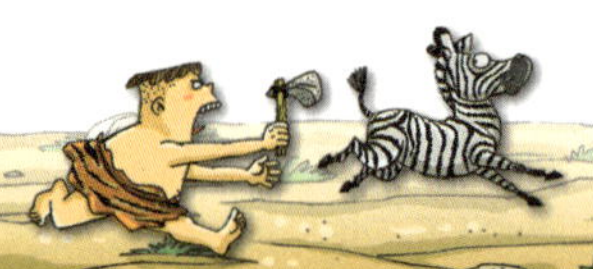

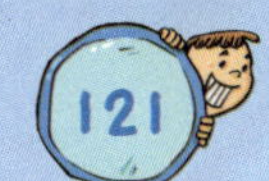
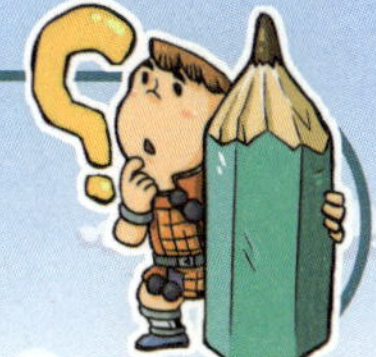

흑돌을 막다른 길로 몰아서 잡으려면 백돌은
어느 곳으로 공격해야 할지 동그라미해 보세요.

문제 09

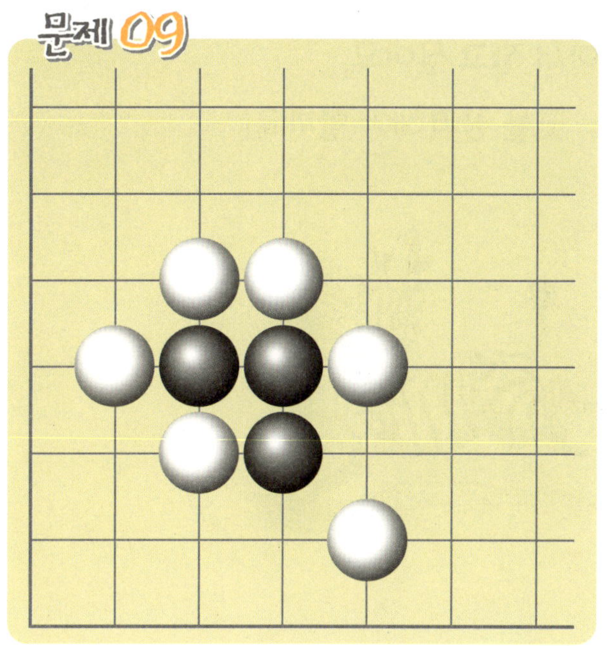

문제 10

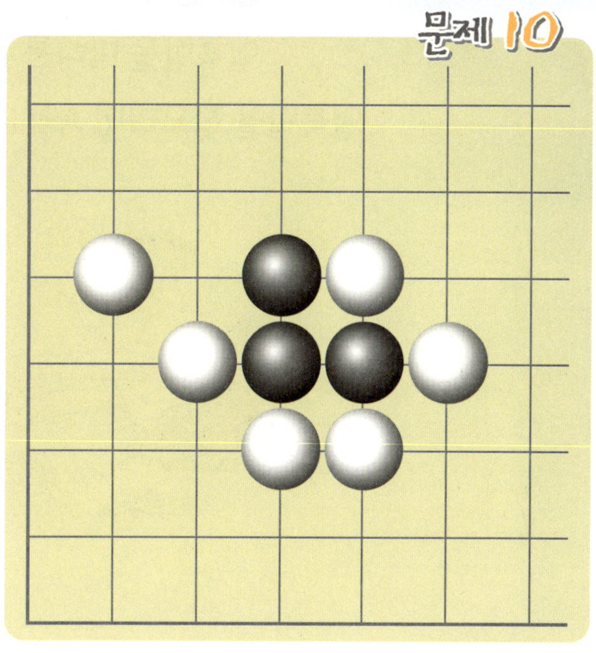

문제 11

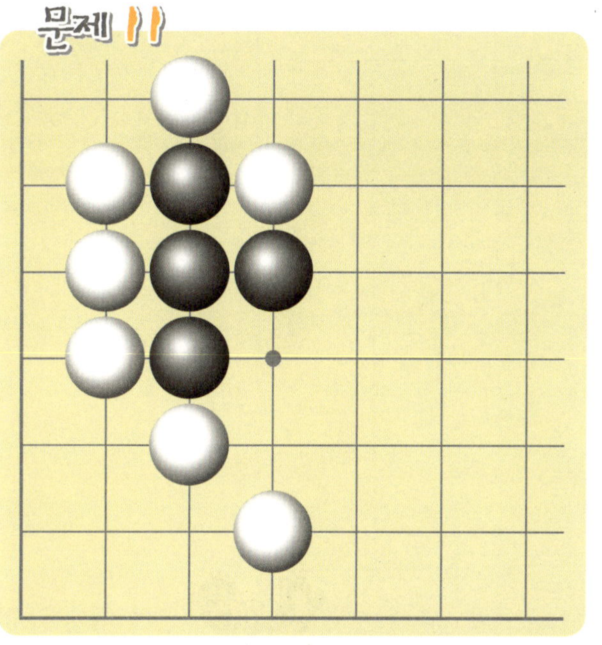

문제 12

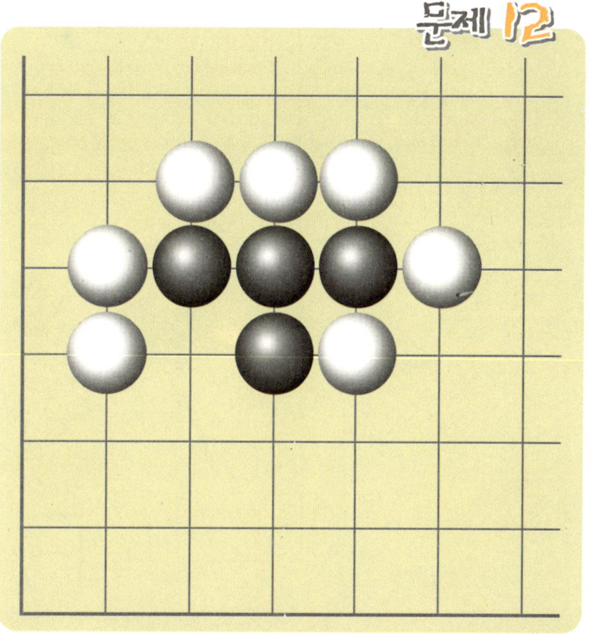

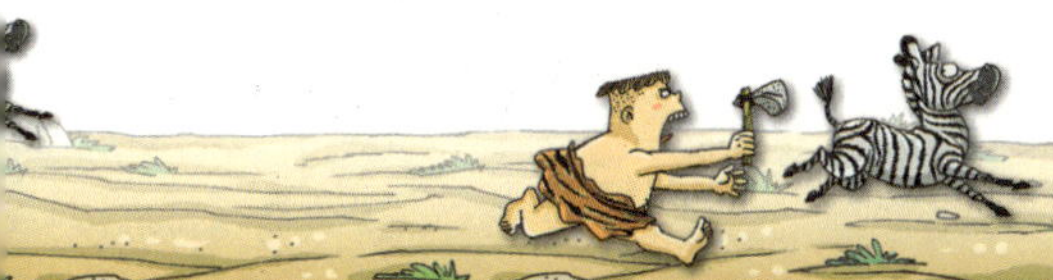
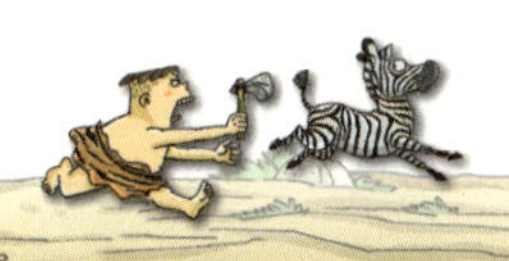
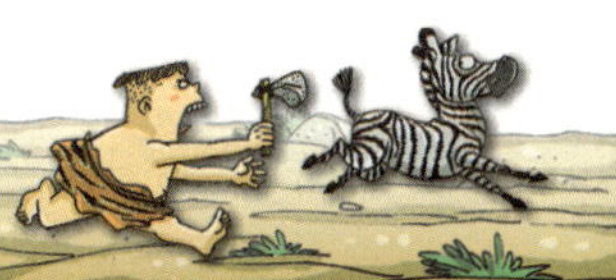

3. 무리에서 끊어서 공격하기

얼룩말을 막다른 길로 몰아서 잡고 싶어요.

얼룩말을 잡으려면 A와 B 중 어느 곳을 공격해야 할까요?

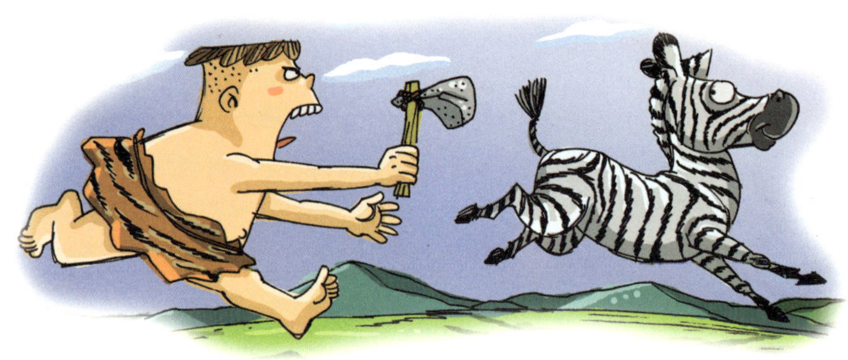

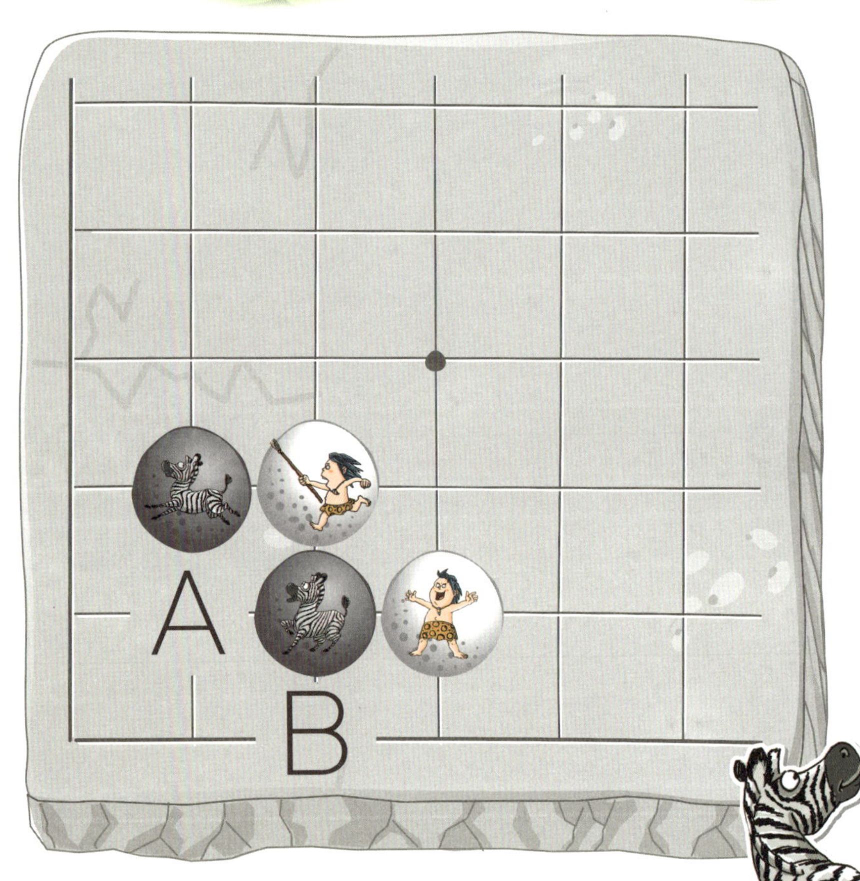

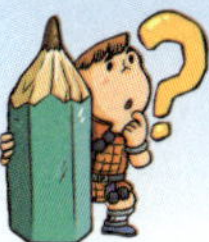

참고 그림

백1로 공격하는 것은 실패입니다.
흑2로 연결해 버리면
더 이상 공격이 불가능합니다.

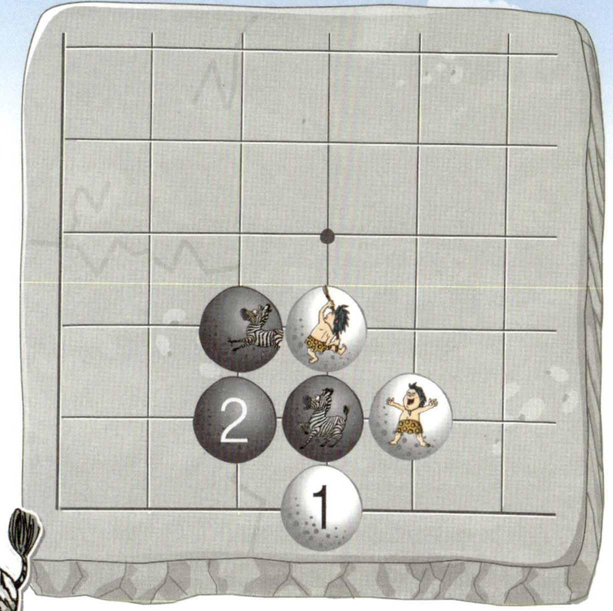

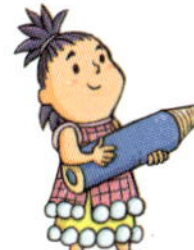

정답 그림

얼룩말을 낭떠러지로 몰아야 하므로
백1로 공격해야 합니다. 이제 얼룩말이
달아날 곳은 바둑판 맨 끝의 선(1선)에
서 A 한 곳뿐입니다.

얼룩말은 흑1로 달아나 봐야 소용이 없습니다.
백2로 공격당하면 더 크게 잡히기 때문입니다.
계속해서 얼룩말이 A로 달아나도
또또가 B에 두면 잡히게 됩니다.

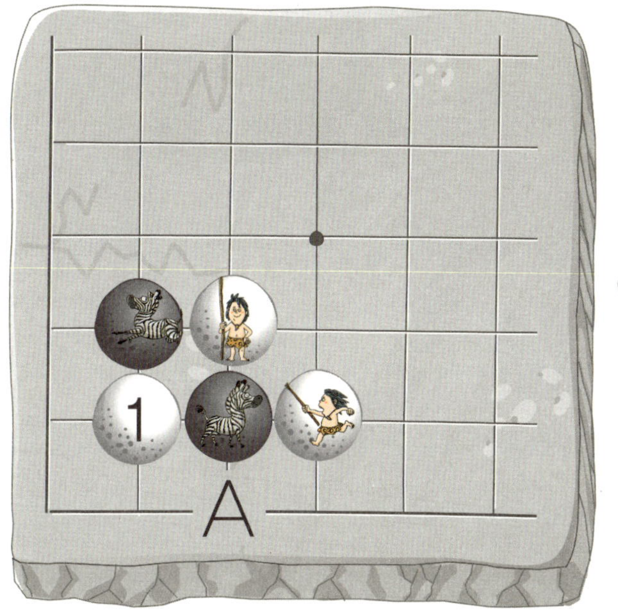

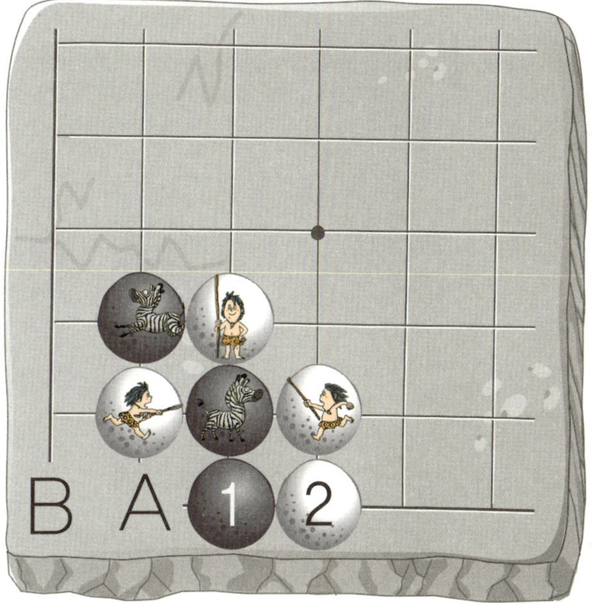

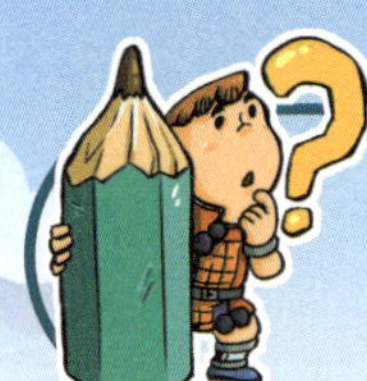

얼룩말을 잡으려면 A와 B 중
어느 곳으로 공격해야 할까요?

문제 **01**

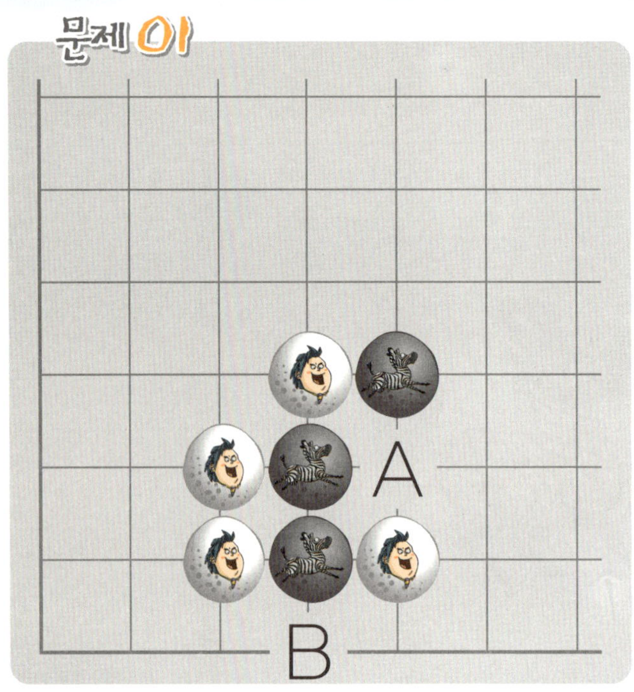

문제 **02**

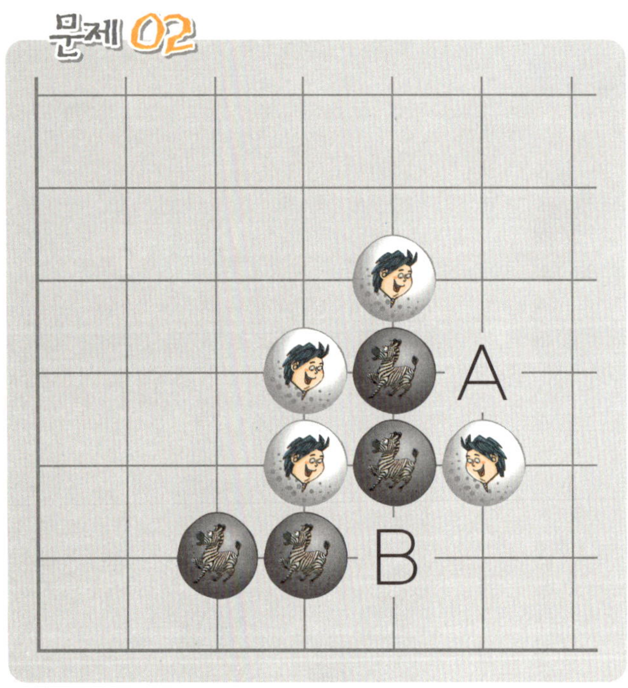

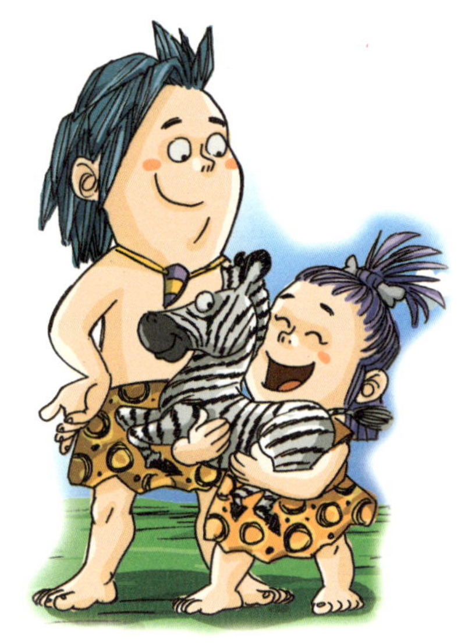

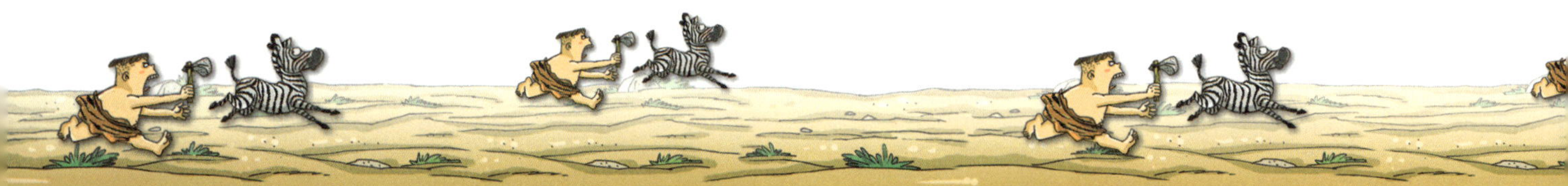

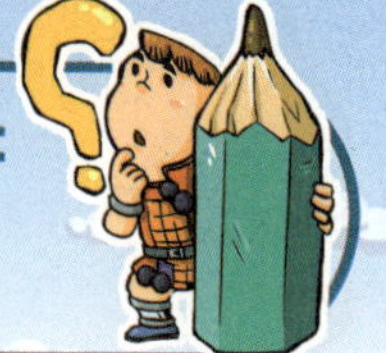

얼룩말을 잡으려면 또또가 어느 곳으로 공격해야 할지 동그라미해 보세요.

문제 **03**

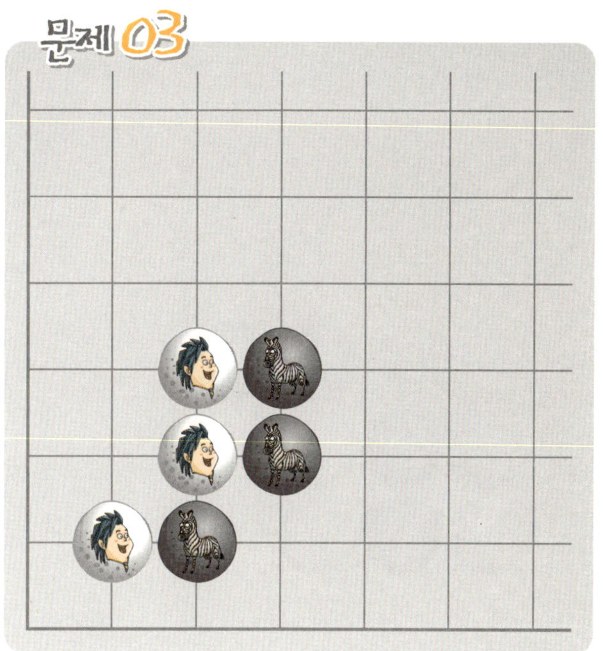

문제 **04**

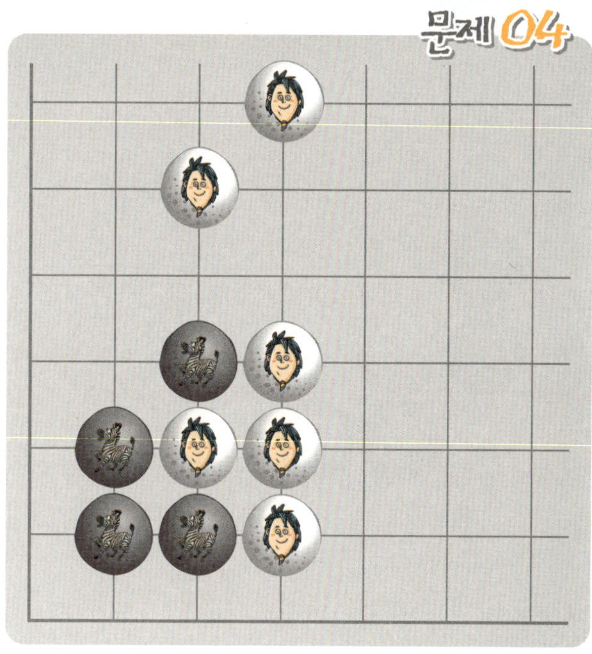

문제 **05**

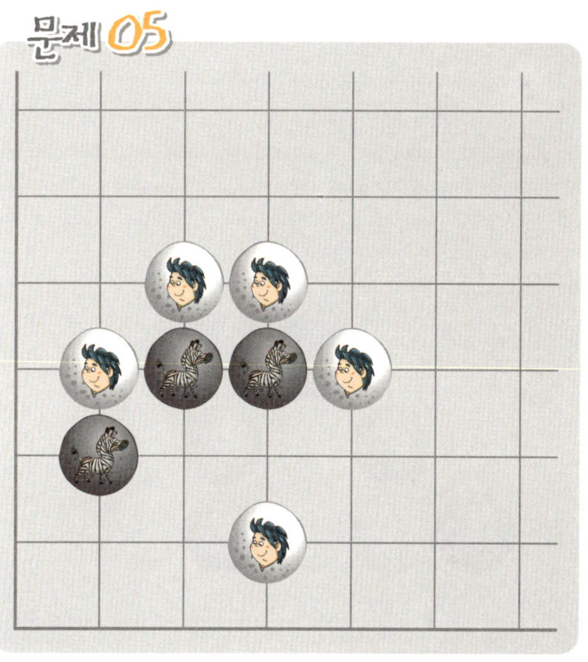

문제 **06**

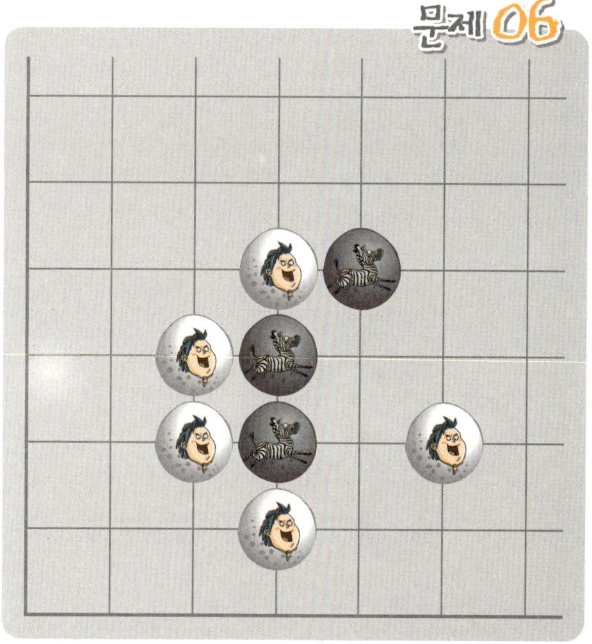

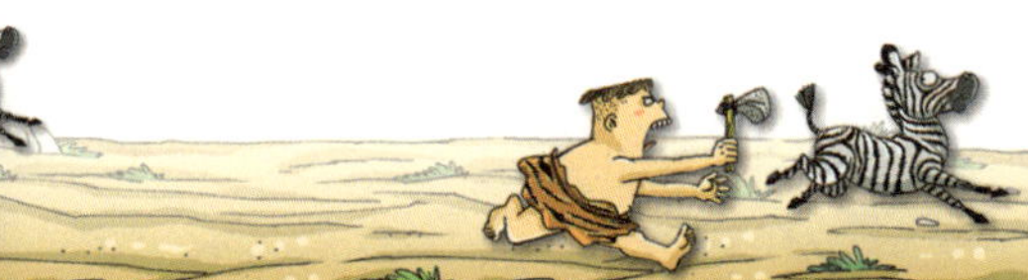
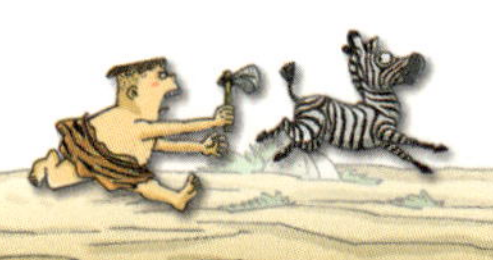
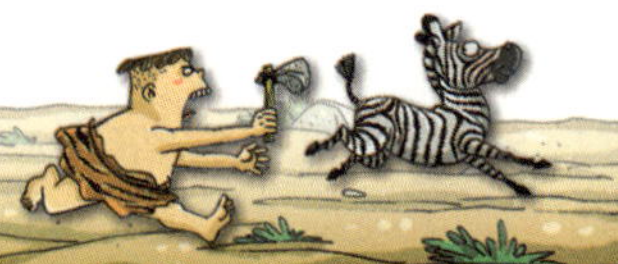

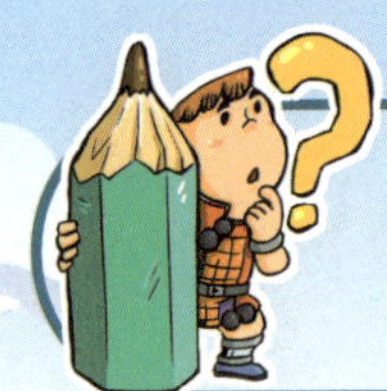

흑△를 잡으려면 백돌이 어느 곳으로
공격해야 할지 동그라미해 보세요.

문제 07

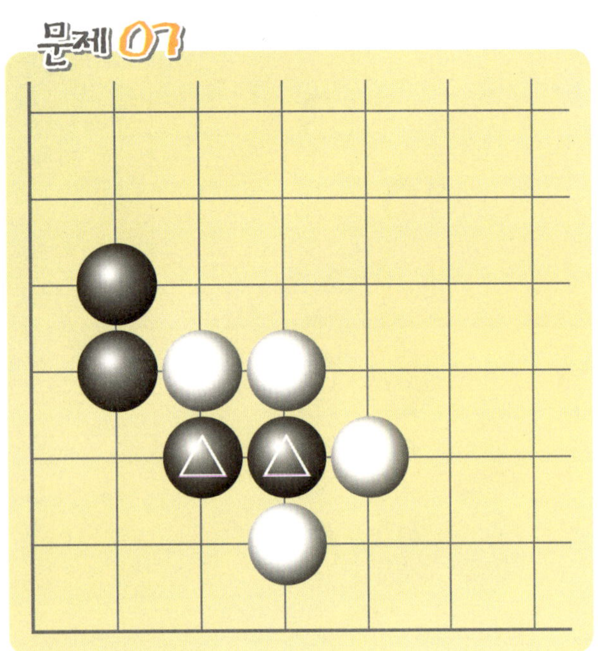

문제 08

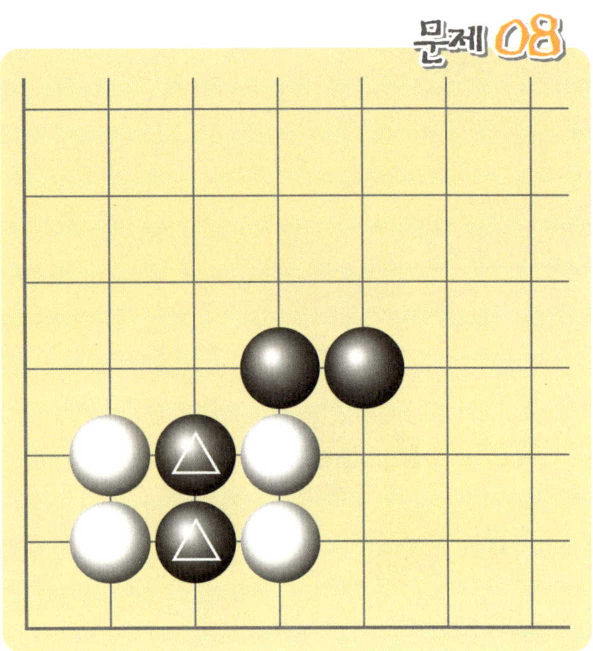

문제 09

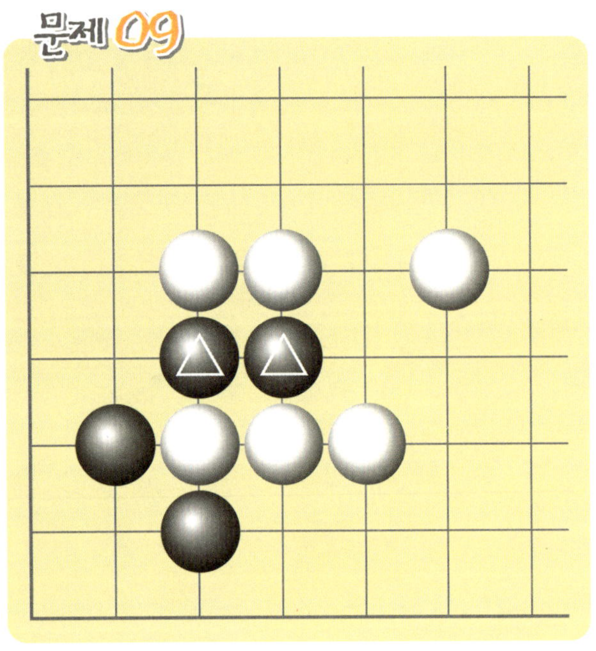

문제 10

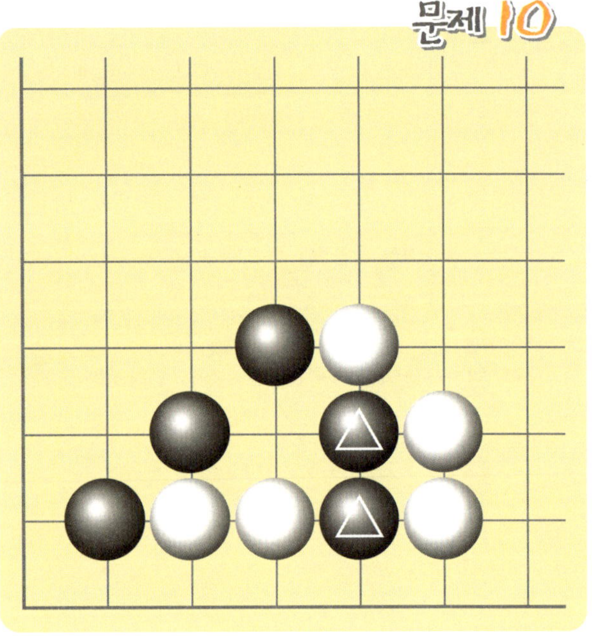

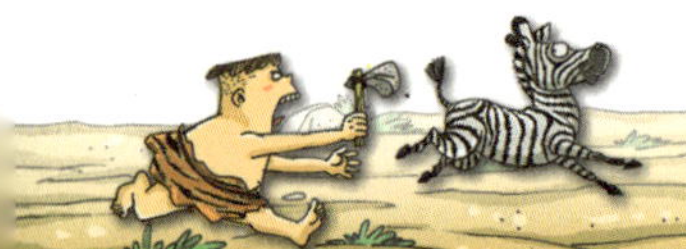
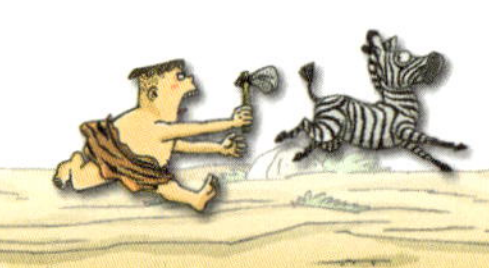
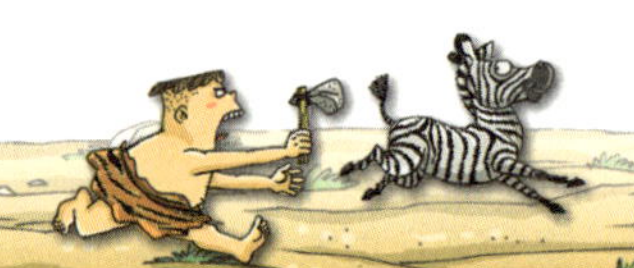

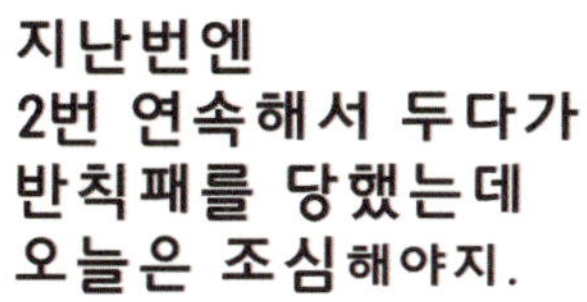
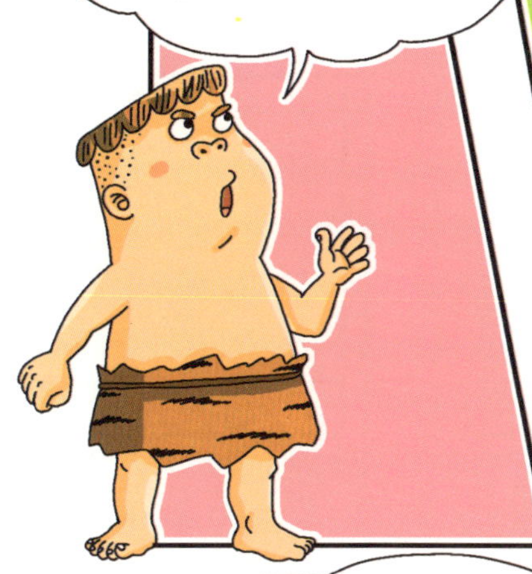

지난번엔 2번 연속해서 두다가 반칙패를 당했는데 오늘은 조심해야지.
음, 저기에 놓여 있는 또또의 백돌을 공격하자.
따닥!!

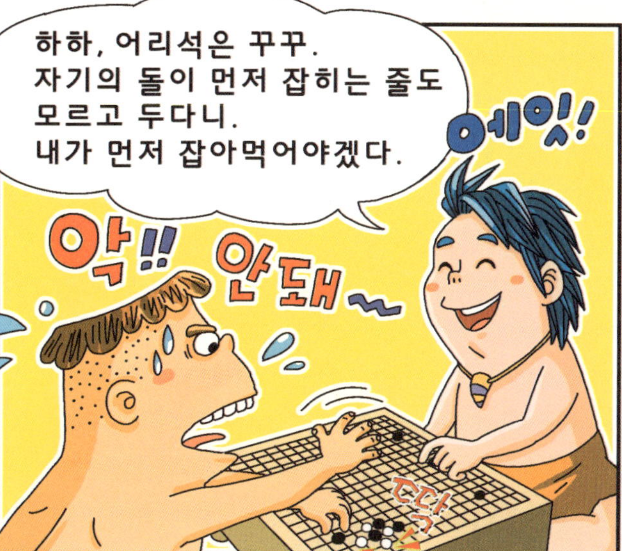

하하, 어리석은 꾸꾸. 자기의 돌이 먼저 잡히는 줄도 모르고 두다니. 내가 먼저 잡아먹어야겠다.
에잇!!
악!! 안돼~
따닥!

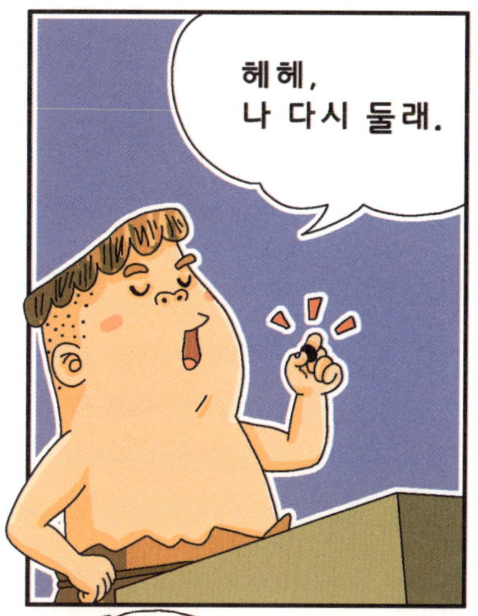

헤헤, 나 다시 둘래.

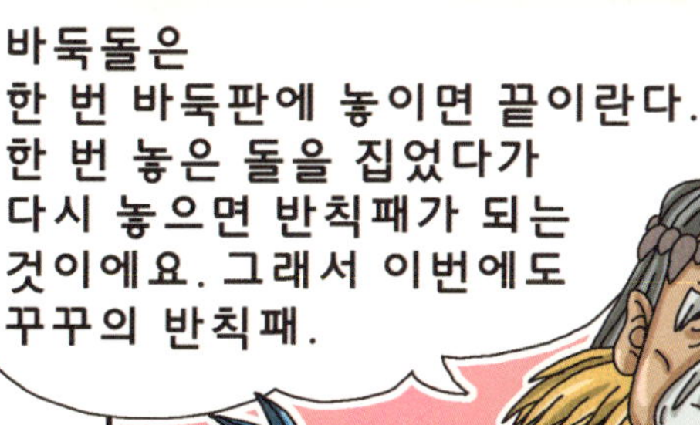

바둑돌은 한 번 바둑판에 놓이면 끝이란다. 한 번 놓은 돌을 집었다가 다시 놓으면 반칙패가 되는 것이에요. 그래서 이번에도 꾸꾸의 반칙패.

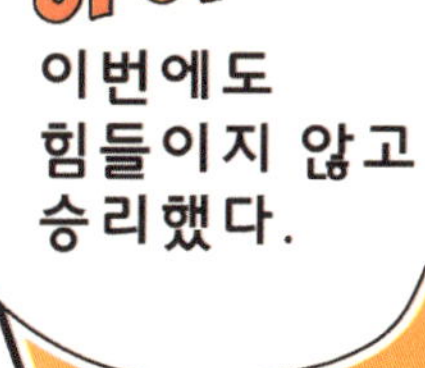

하하!!
이번에도 힘들이지 않고 승리했다.

1. 포위망을 이용한 멧돼지 사냥

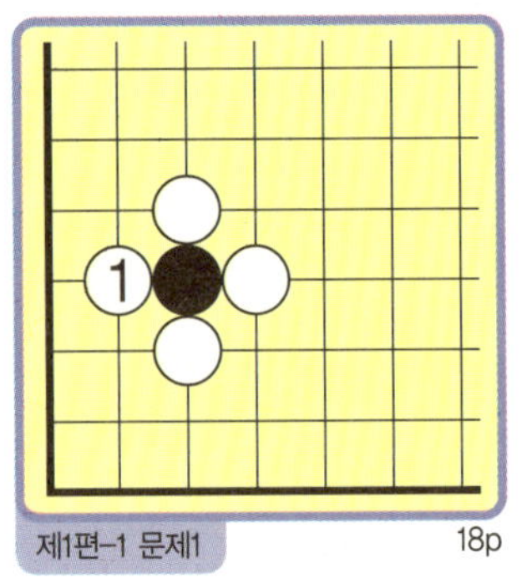

제1편-1 문제1　18p

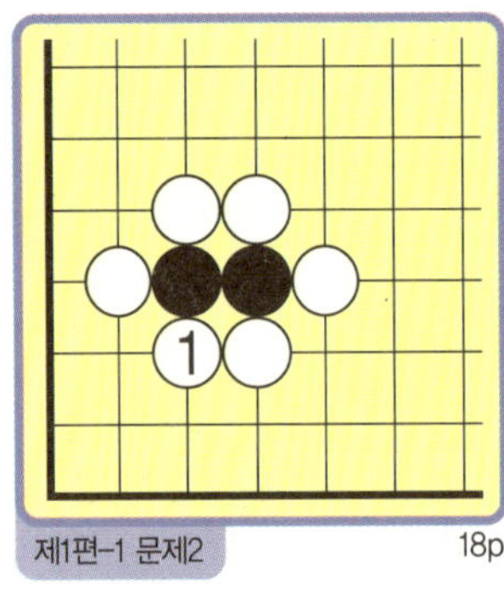

제1편-1 문제2　18p

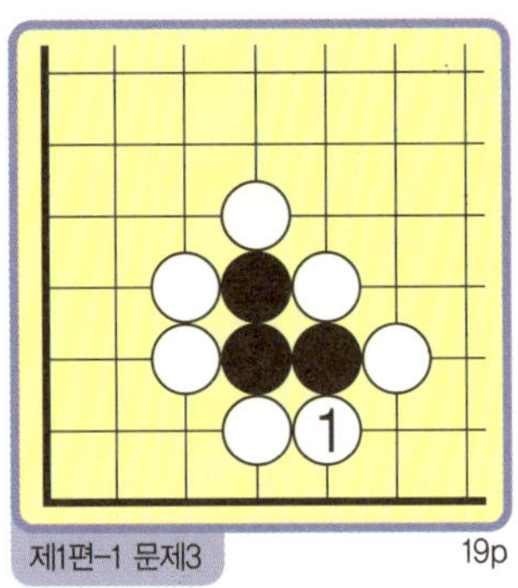

제1편-1 문제3　19p

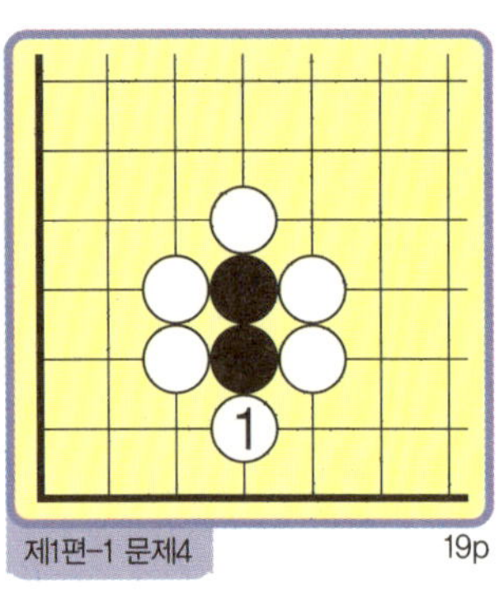

제1편-1 문제4　19p

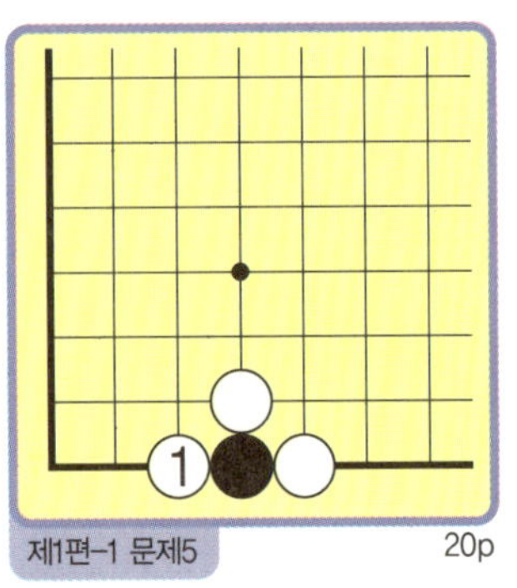

제1편-1 문제5　20p

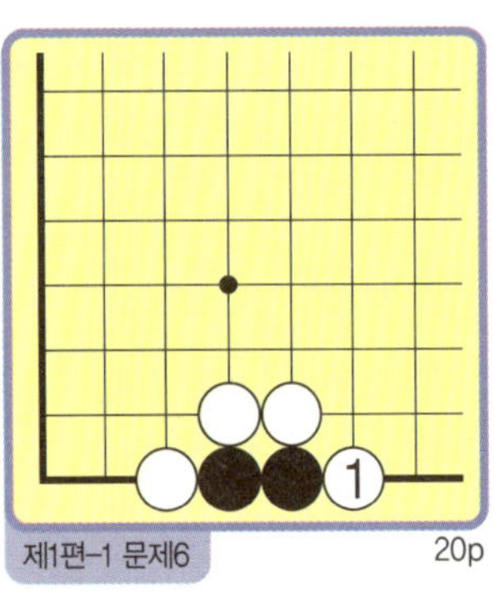

제1편-1 문제6　20p

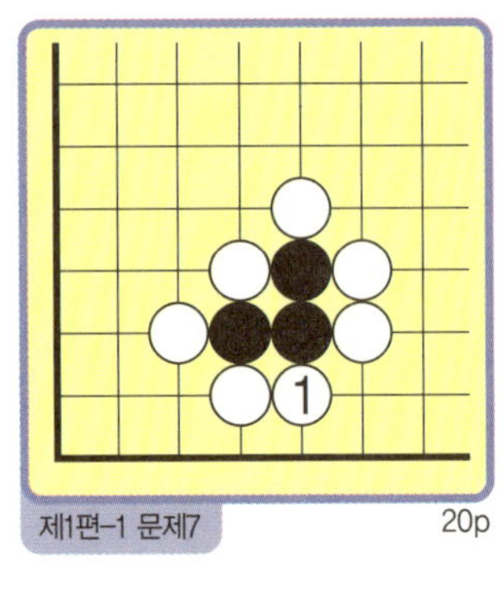

제1편-1 문제7　20p

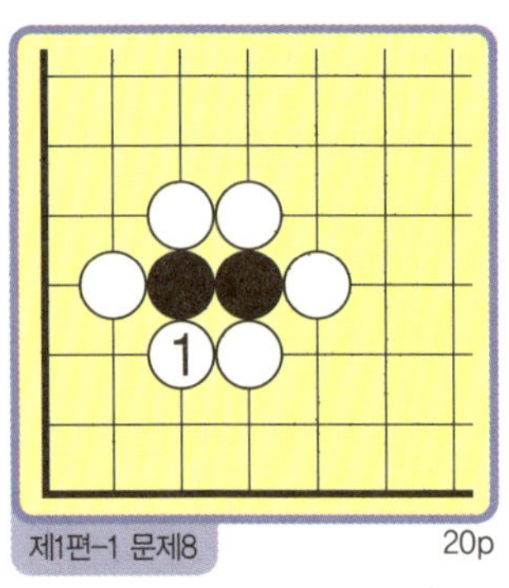

제1편-1 문제8　20p

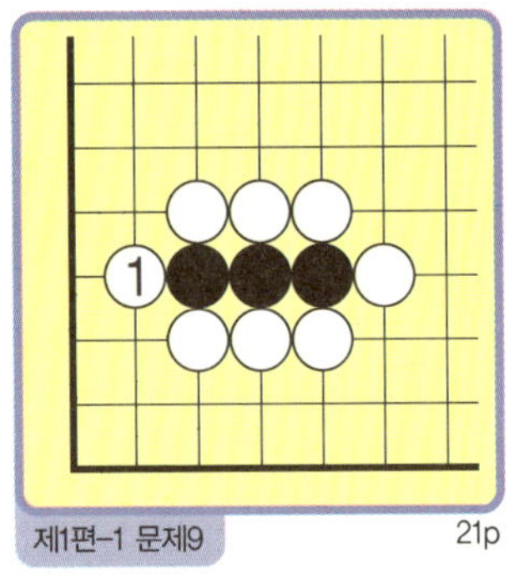

제1편-1 문제9　21p

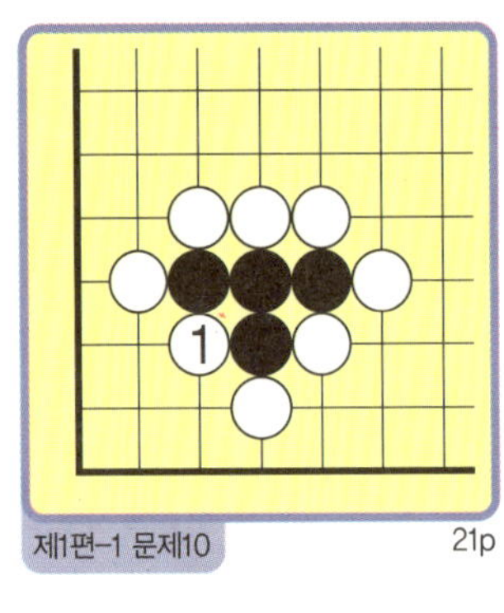

제1편-1 문제10　21p

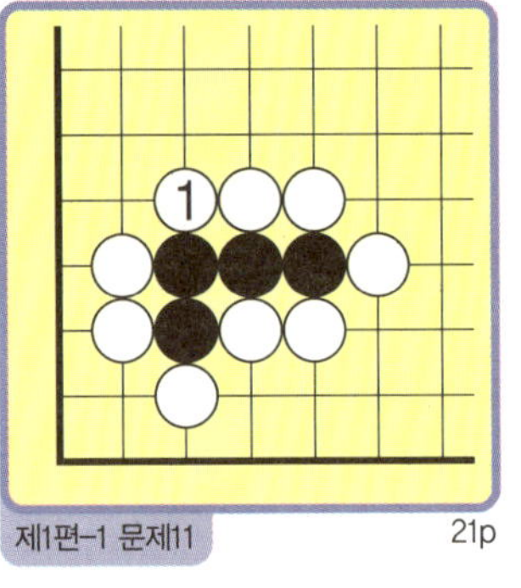

제1편-1 문제11　21p

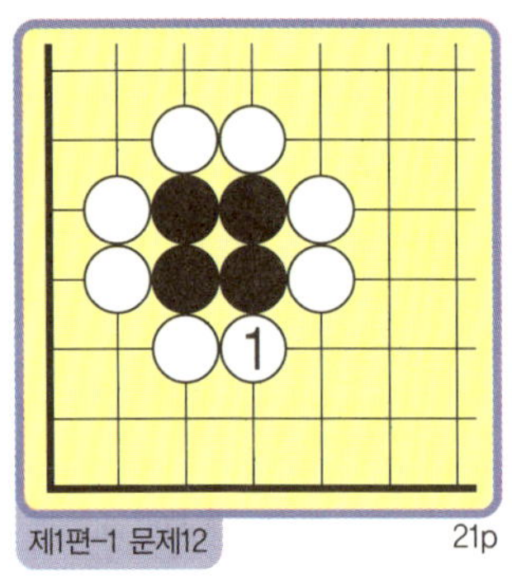

제1편-1 문제12　21p

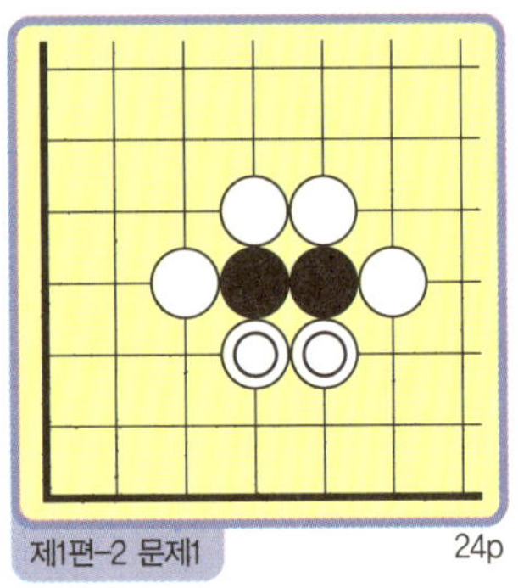

제1편-2 문제1　24p

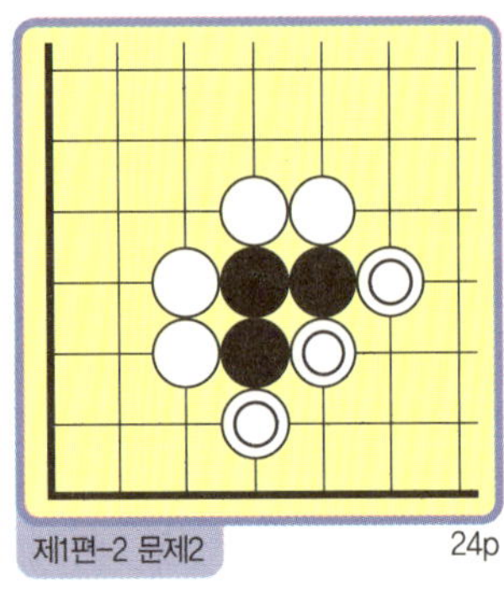

제1편-2 문제2　24p

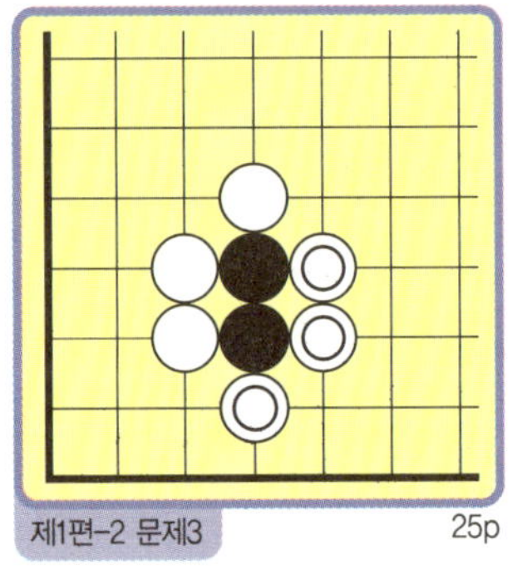

제1편-2 문제3　25p

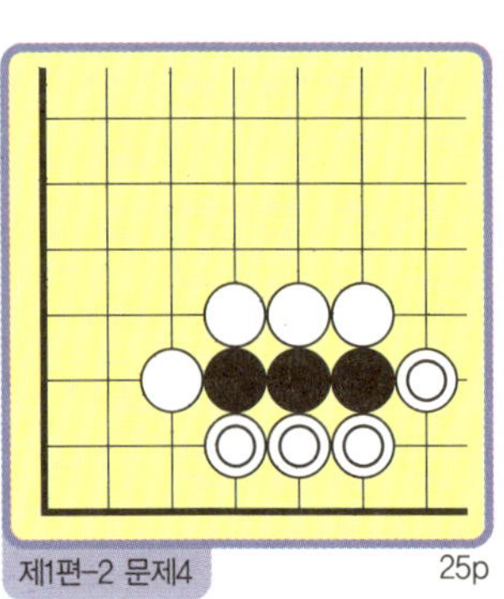

제1편-2 문제4　25p

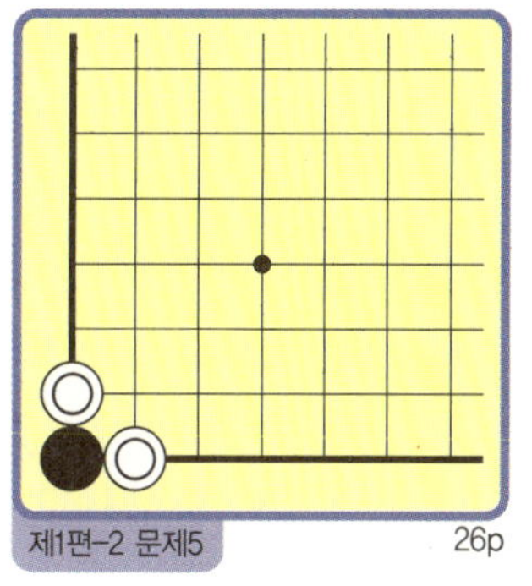

제1편-2 문제5 26p

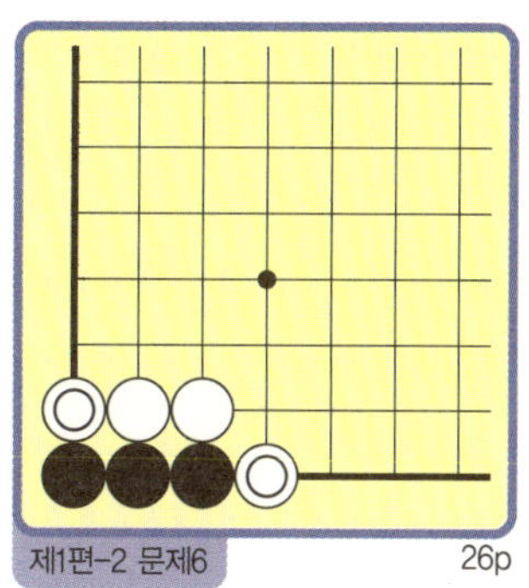

제1편-2 문제6 26p

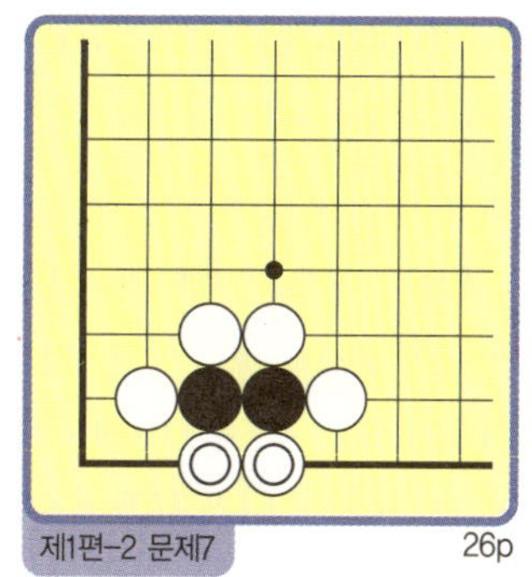

제1편-2 문제7 26p

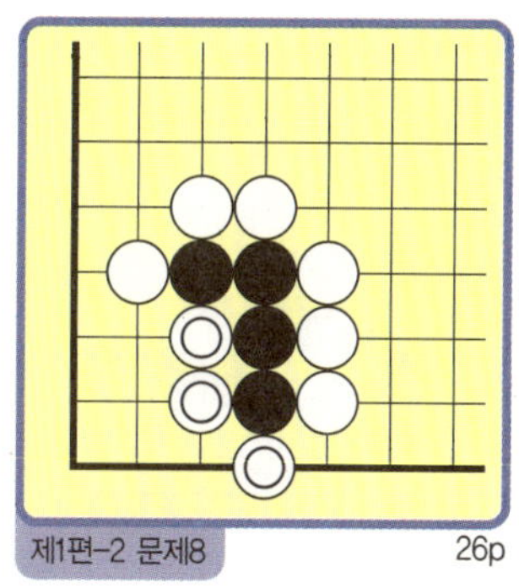

제1편-2 문제8 26p

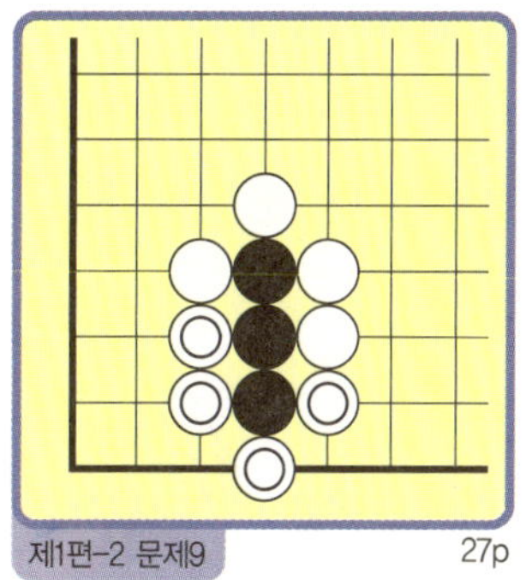

제1편-2 문제9 27p

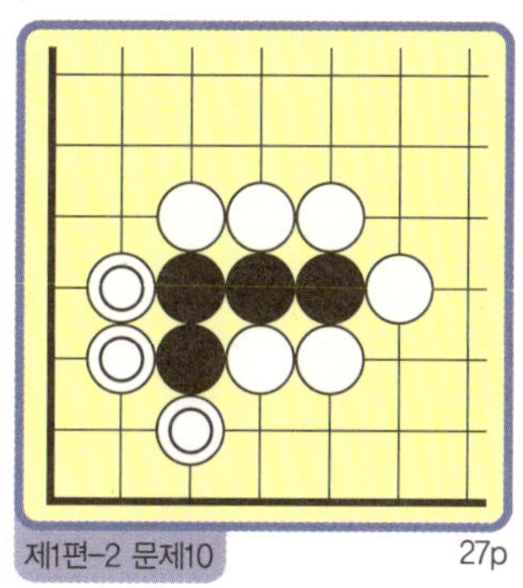

제1편-2 문제10 27p

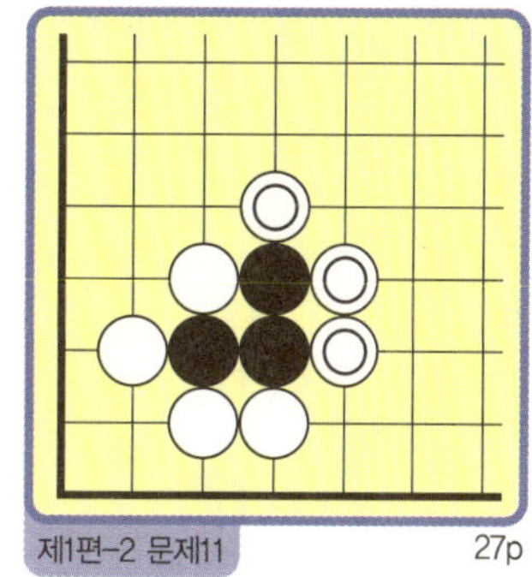

제1편-2 문제11 27p

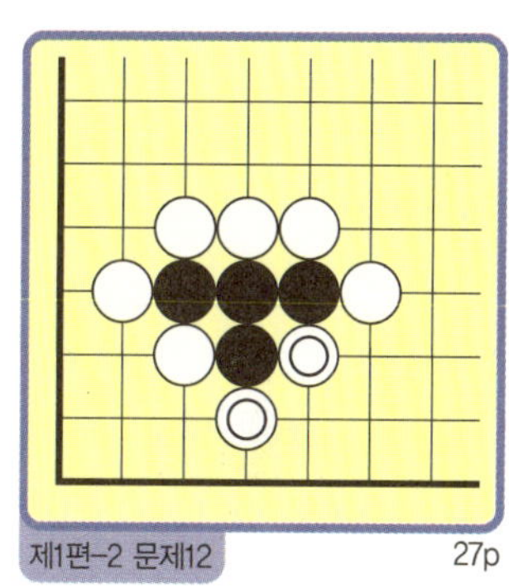

제1편-2 문제12 27p

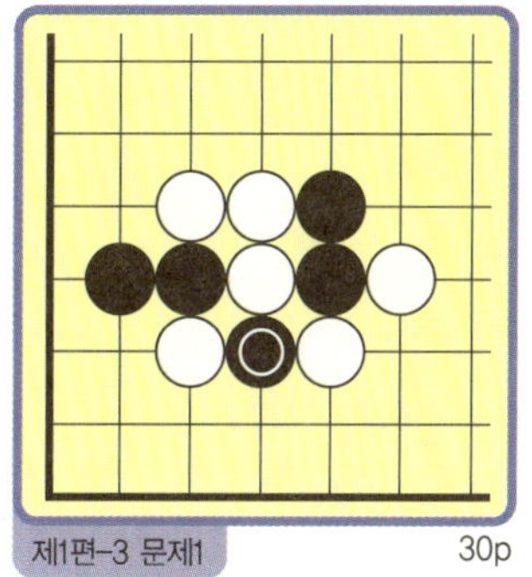

제1편-3 문제1 30p

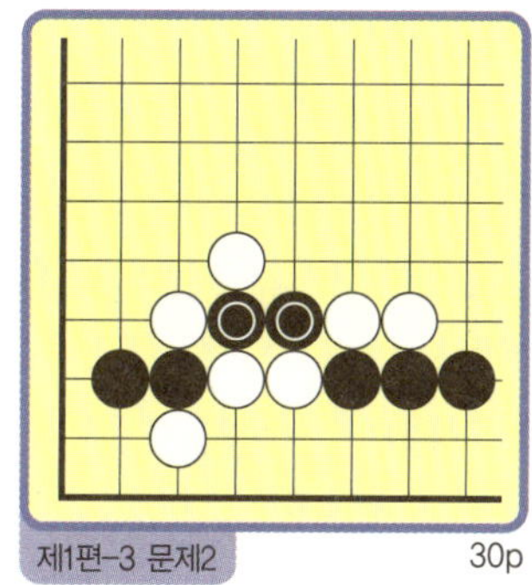

제1편-3 문제2 30p

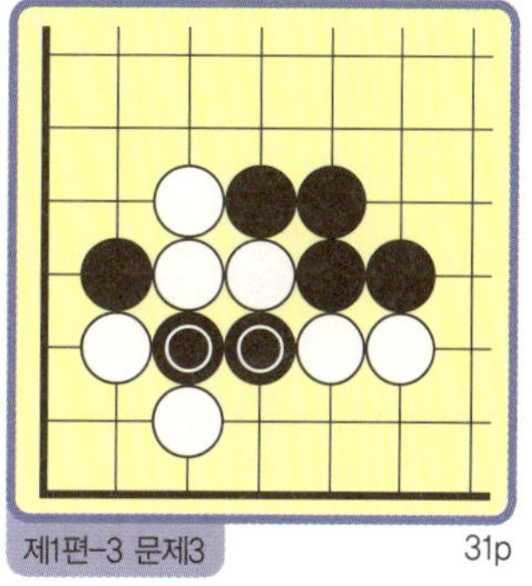

제1편-3 문제3 31p

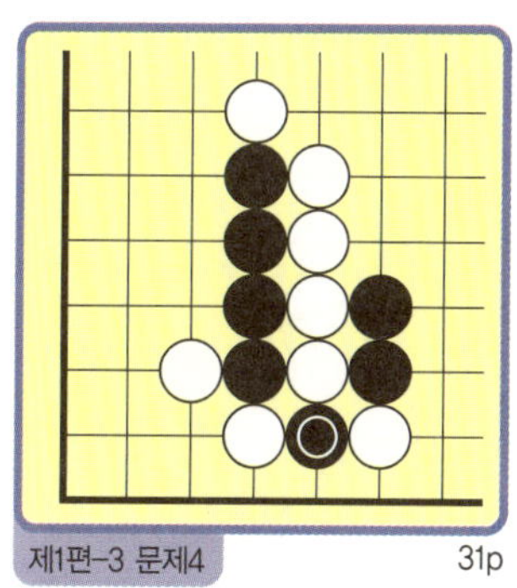

제1편-3 문제4 31p

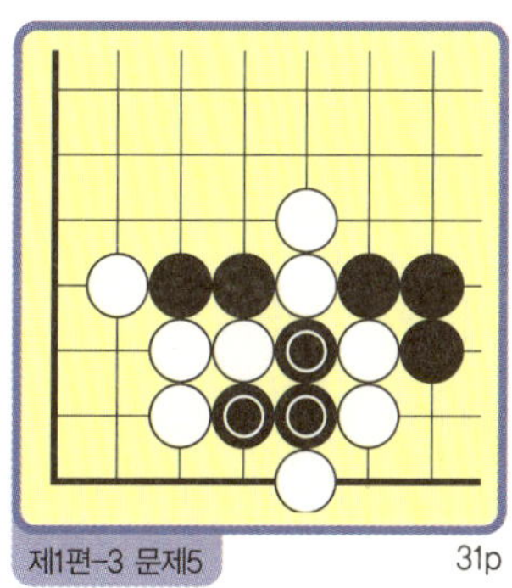

제1편-3 문제5 31p

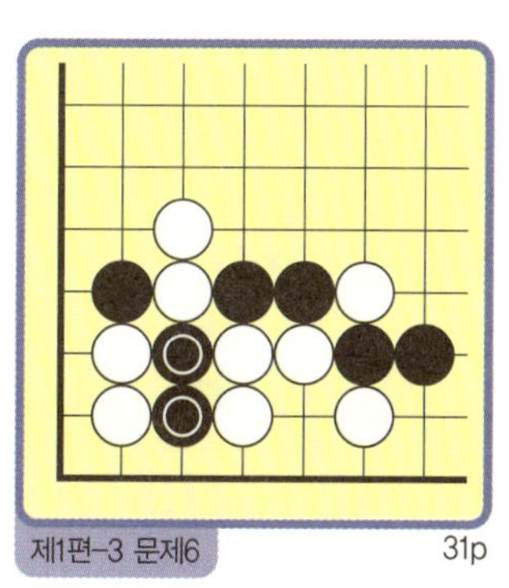

제1편-3 문제6 31p

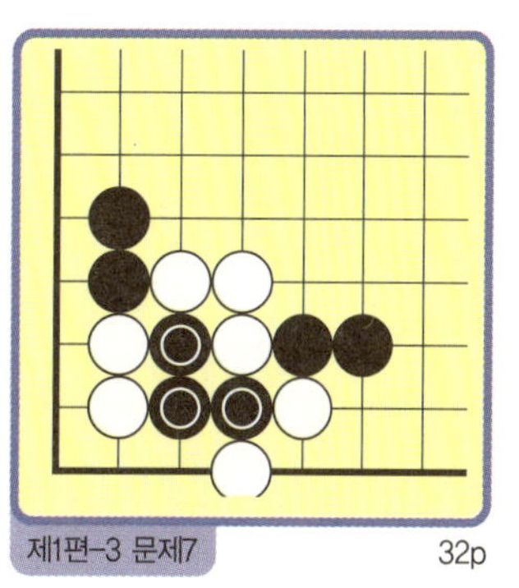

제1편-3 문제7 32p

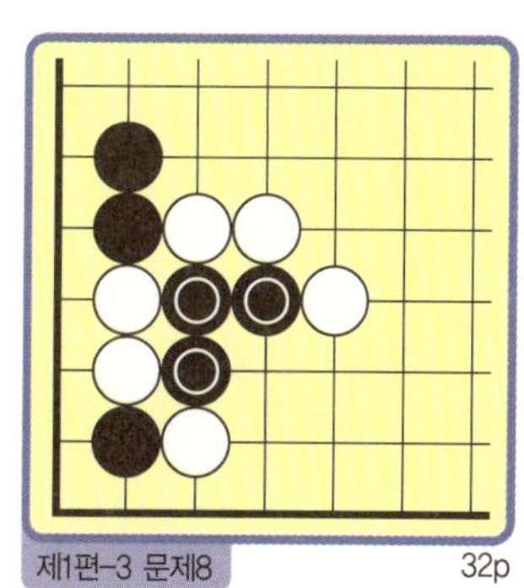

제1편-3 문제8 32p

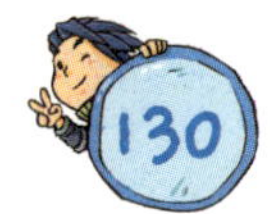

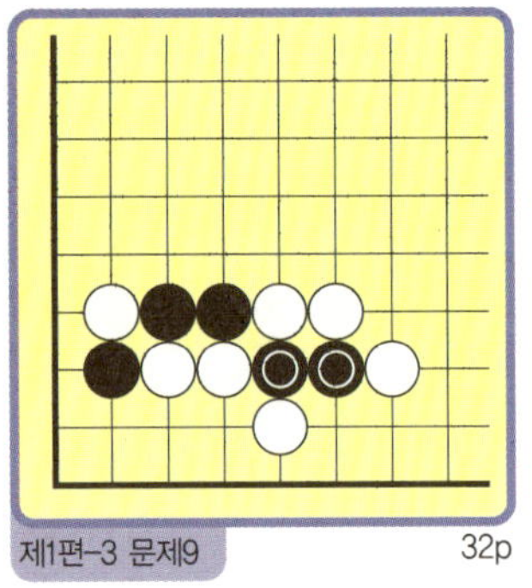

제1편-3 문제9   32p

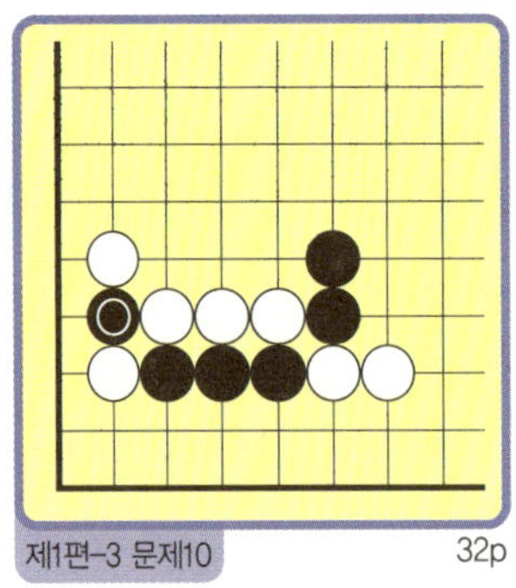

제1편-3 문제10   32p

2. 포위당하면 위험해

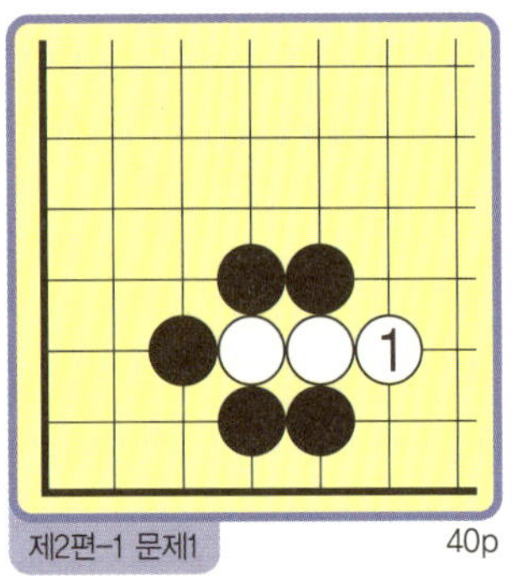

제2편-1 문제1   40p

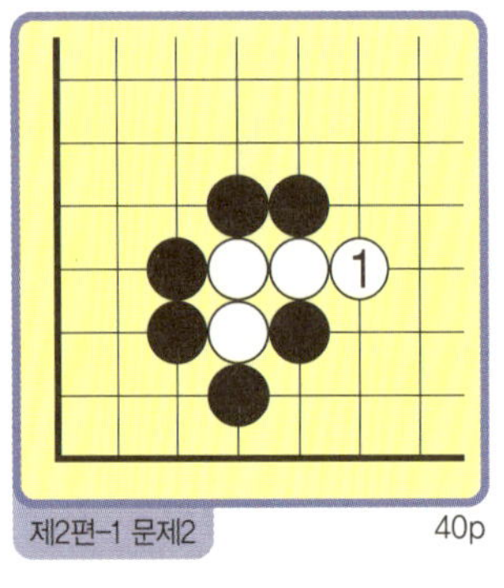

제2편-1 문제2   40p

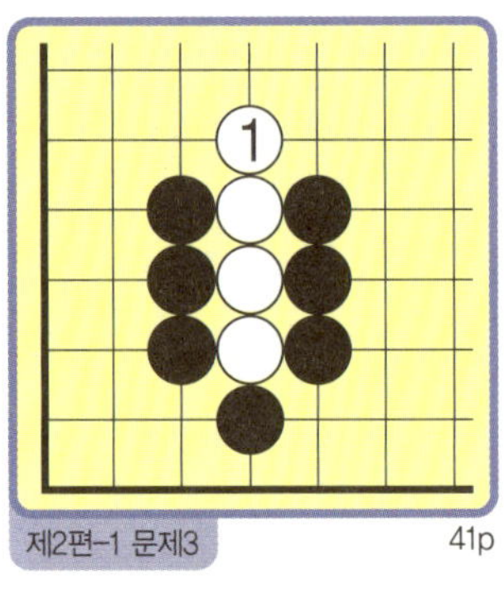

제2편-1 문제3   41p

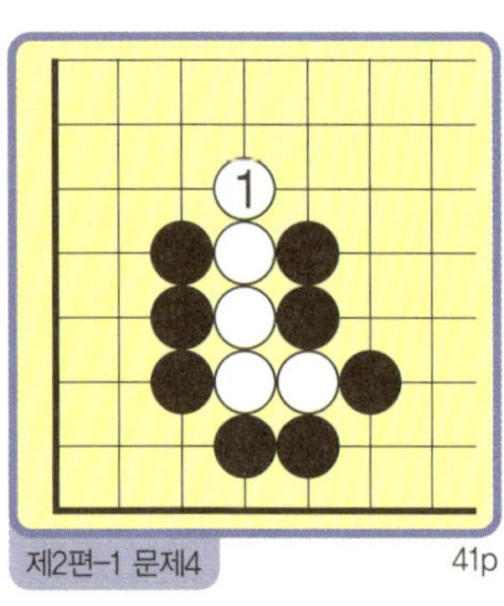

제2편-1 문제4   41p

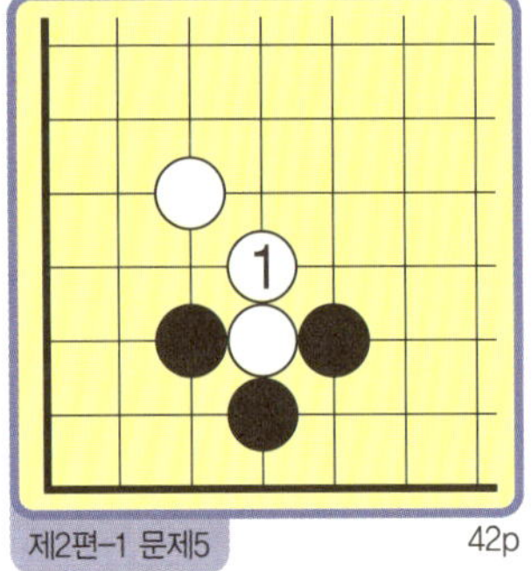

제2편-1 문제5   42p

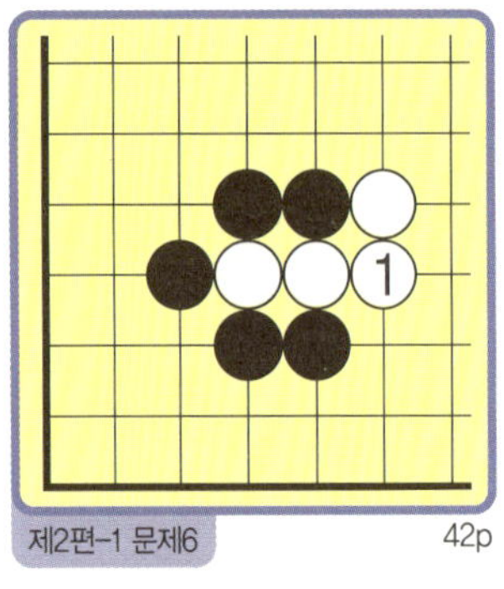

제2편-1 문제6   42p

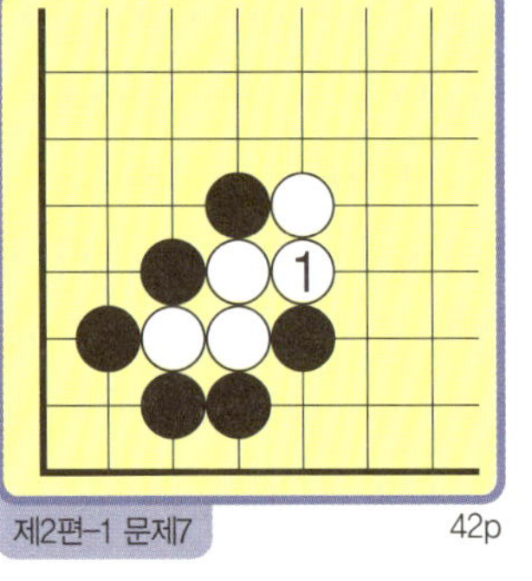

제2편-1 문제7   42p

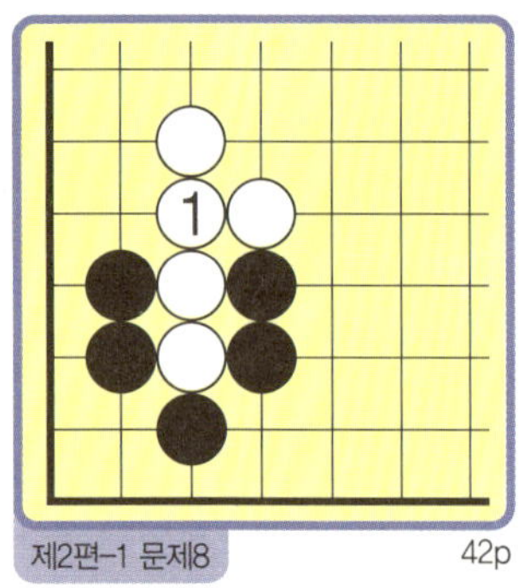

제2편-1 문제8   42p

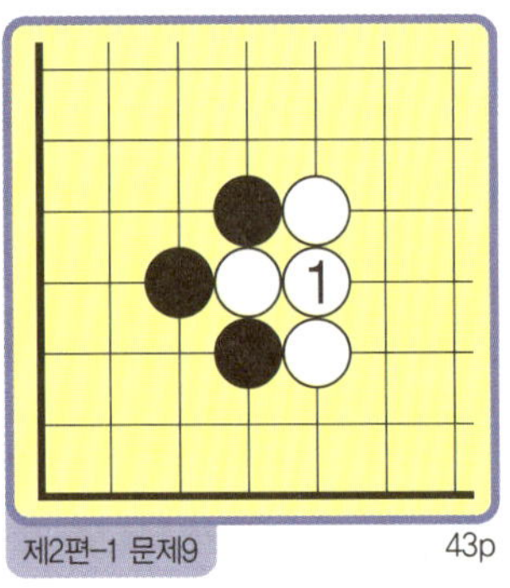

제2편-1 문제9   43p

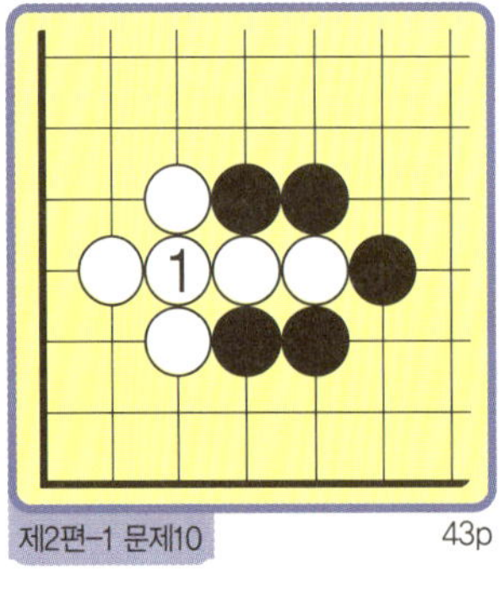

제2편-1 문제10   43p

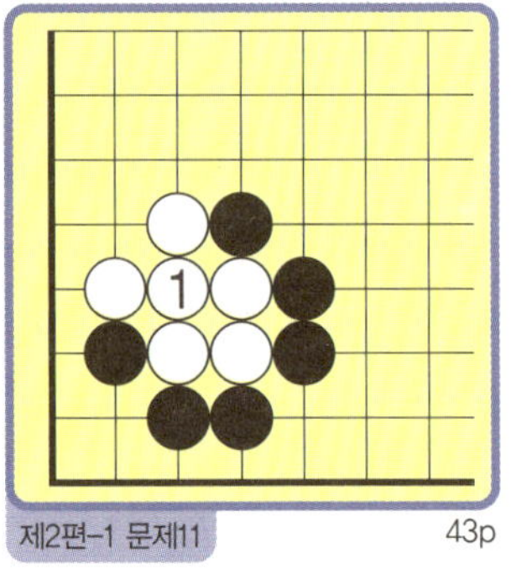

제2편-1 문제11   43p

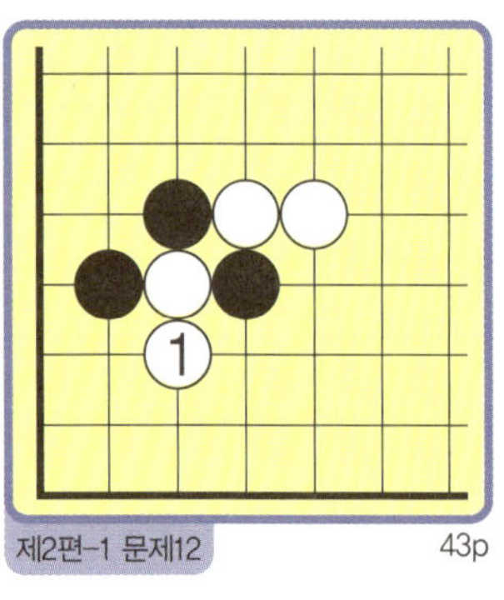

제2편-1 문제12   43p

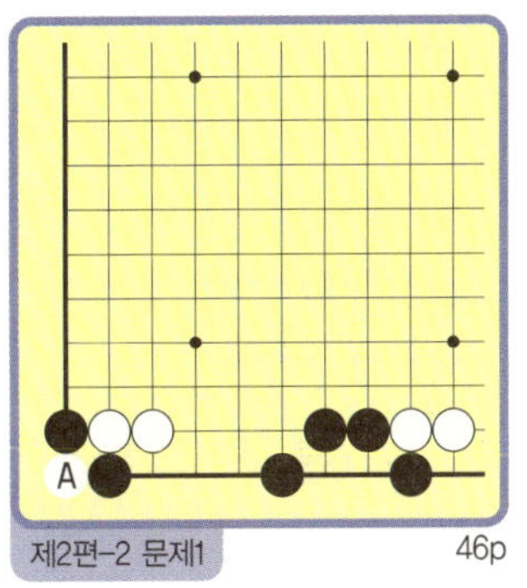

제2편-2 문제1   46p

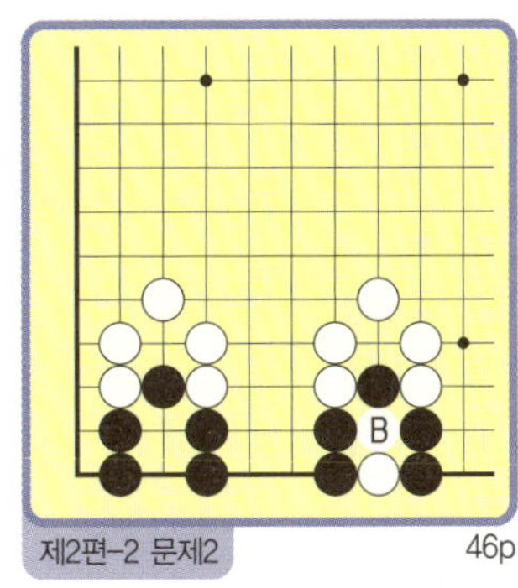

제2편-2 문제2   46p

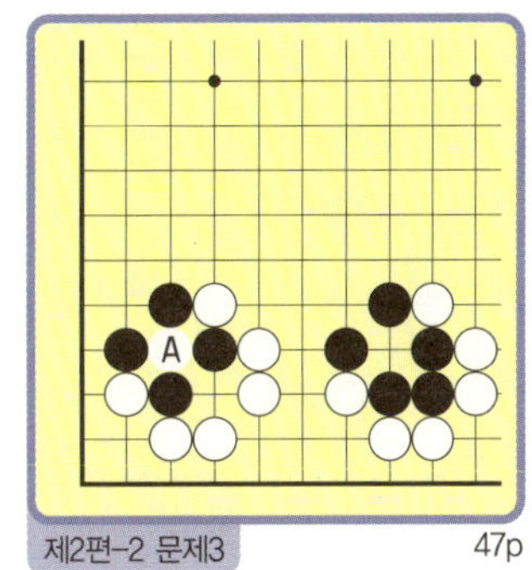

제2편-2 문제3   47p

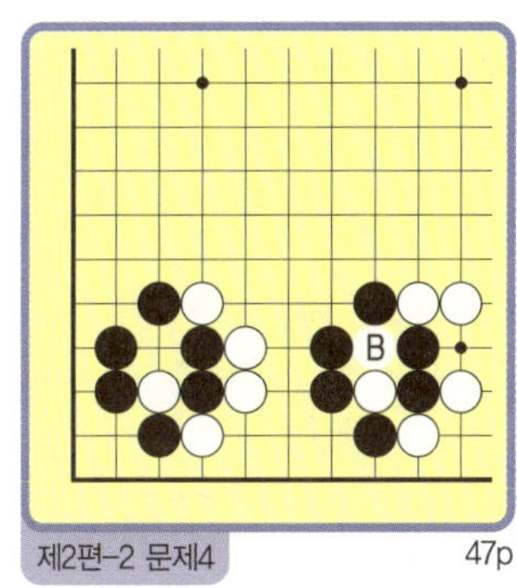

제2편-2 문제4   47p

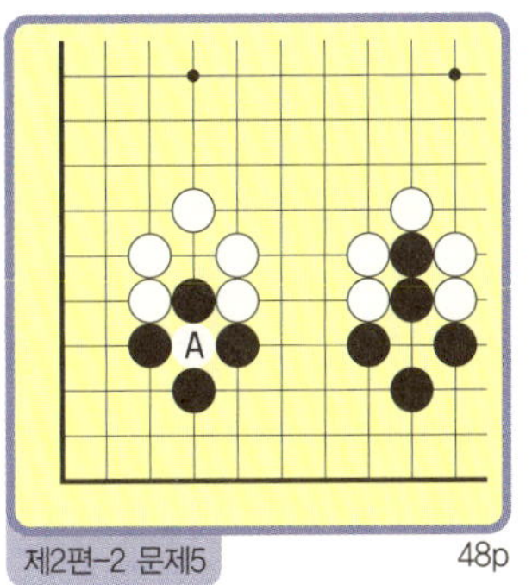

제2편-2 문제5   48p

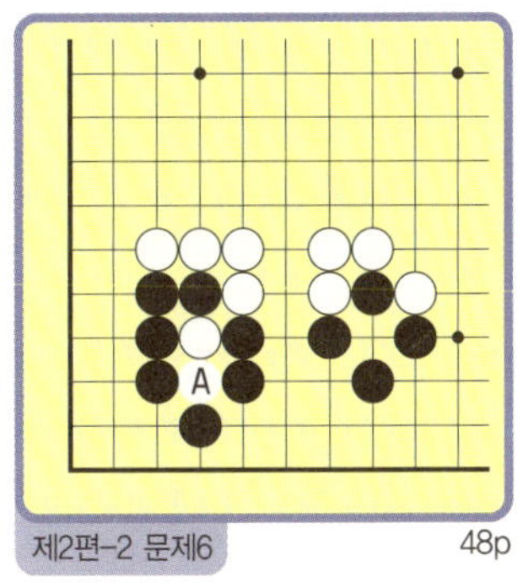

제2편-2 문제6   48p

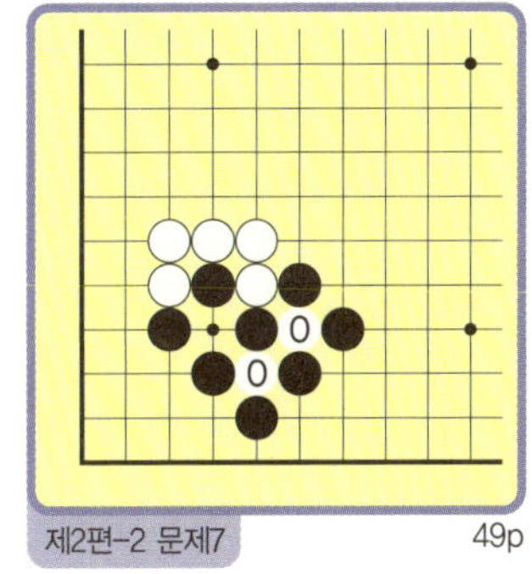

제2편-2 문제7   49p

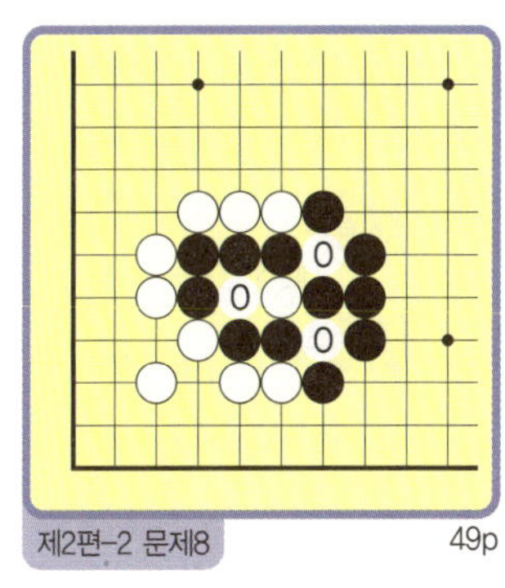

제2편-2 문제8   49p

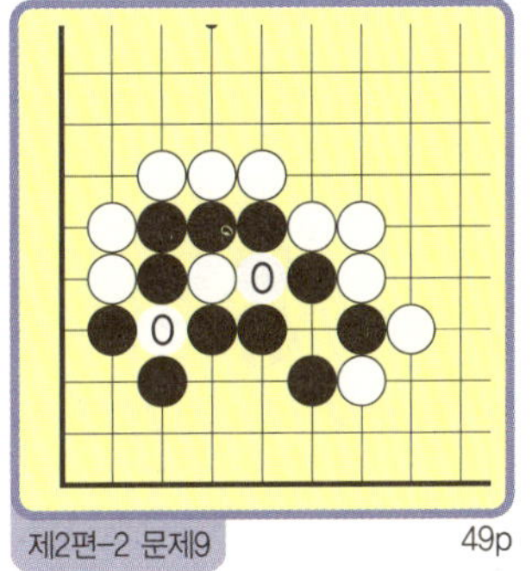

제2편-2 문제9   49p

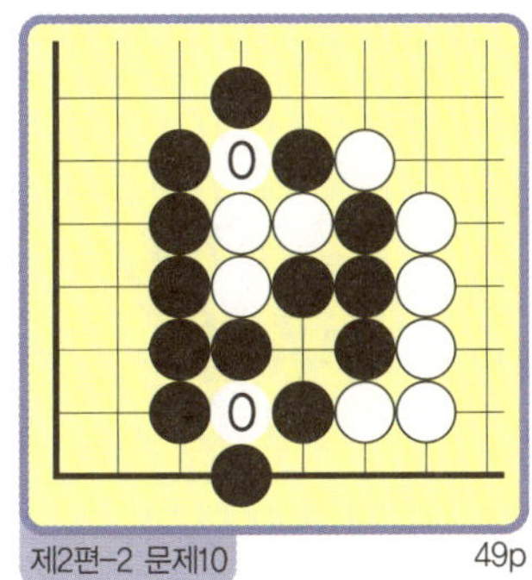

제2편-2 문제10   49p

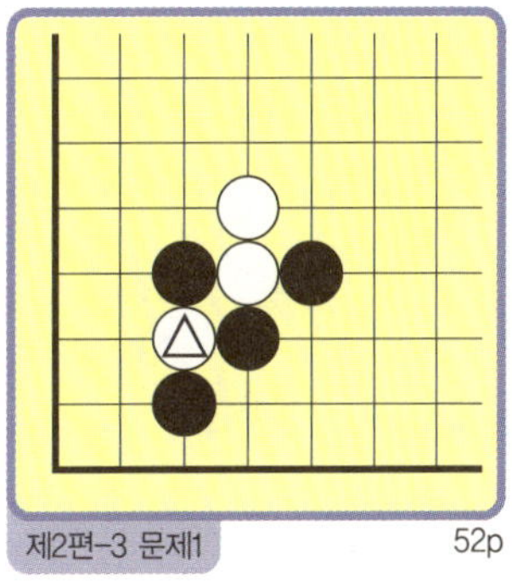

제2편-3 문제1   52p

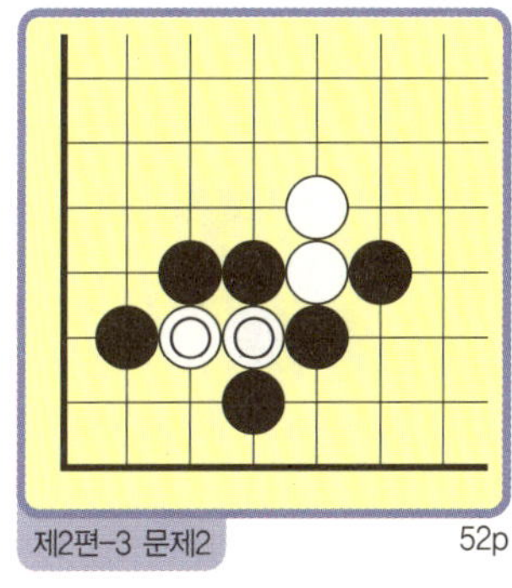

제2편-3 문제2   52p

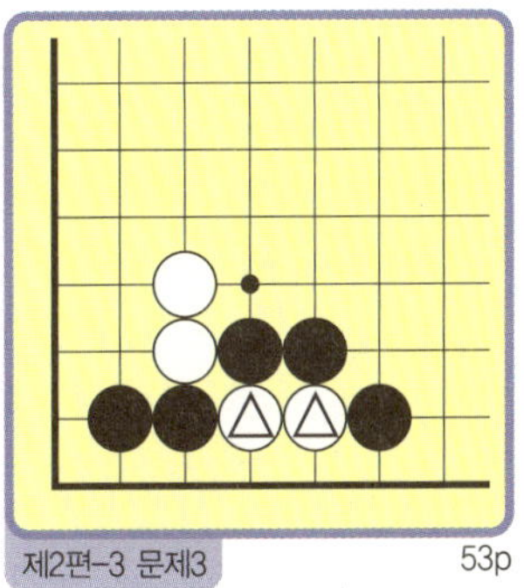

제2편-3 문제3   53p

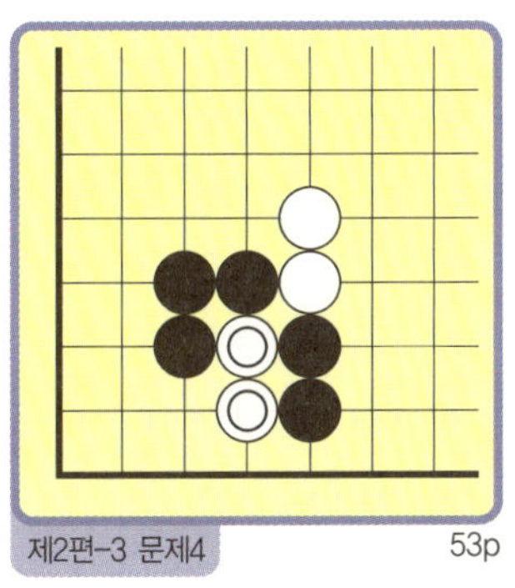

제2편-3 문제4   53p

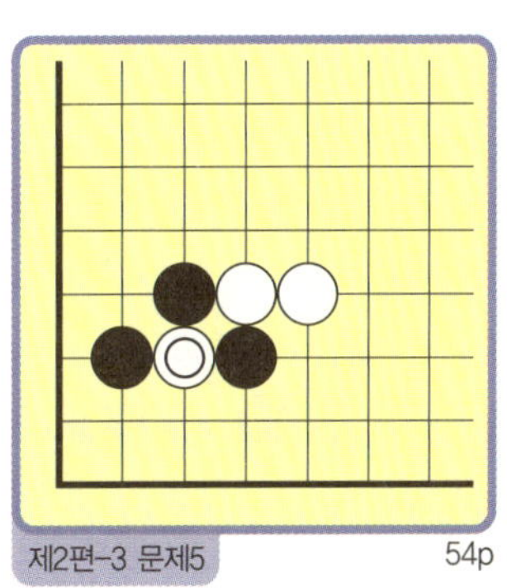

제2편-3 문제5   54p

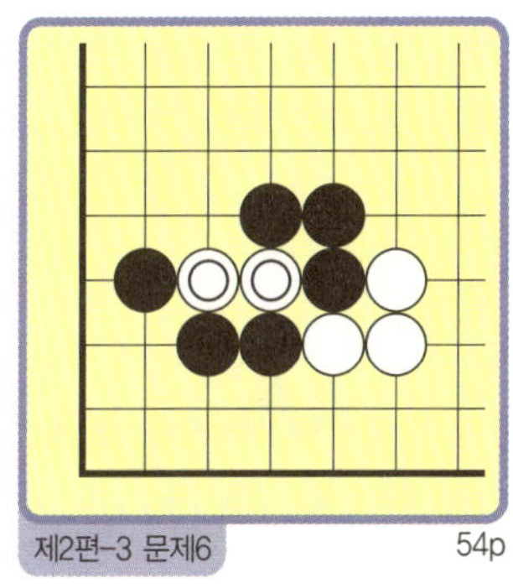

제2편-3 문제6   54p

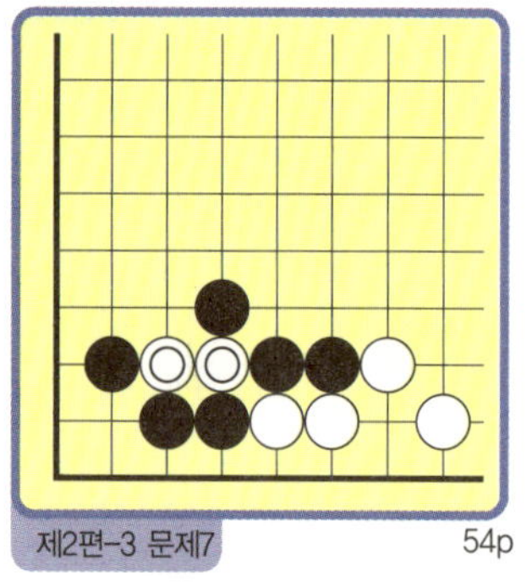

제2편-3 문제7　54p

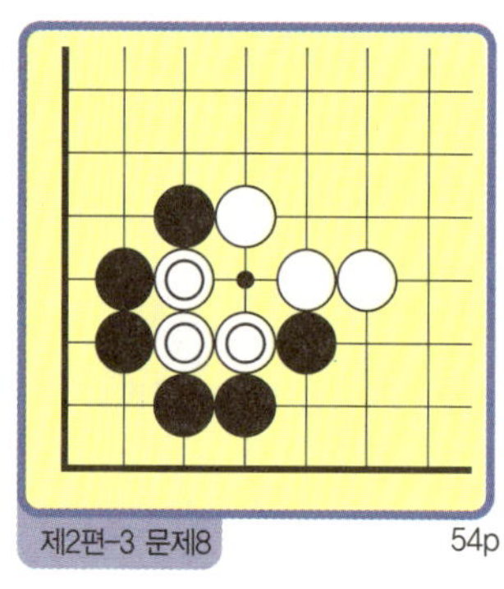

제2편-3 문제8　54p

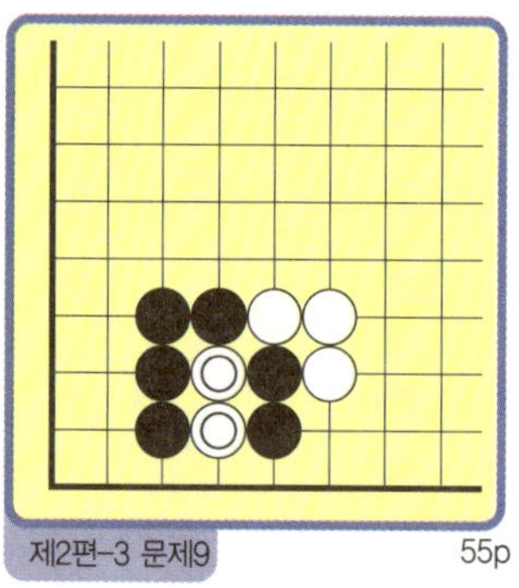

제2편-3 문제9　55p

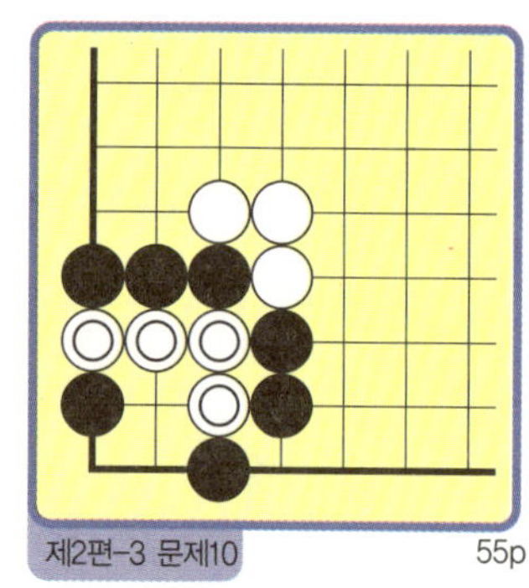

제2편-3 문제10　55p

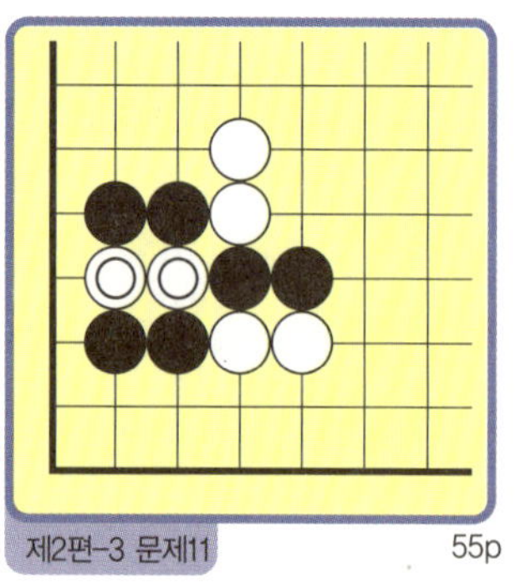

제2편-3 문제11　55p

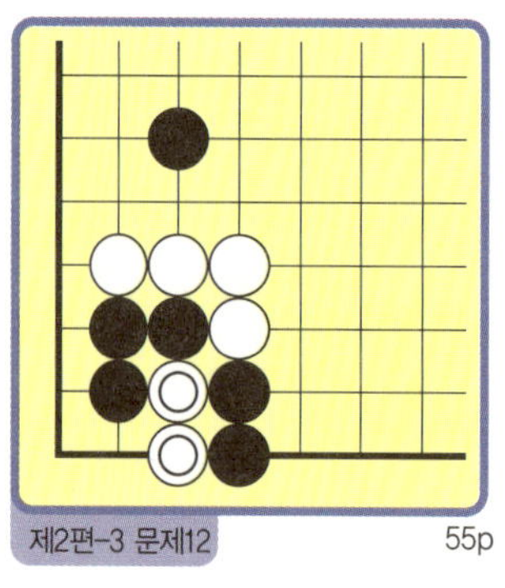

제2편-3 문제12　55p

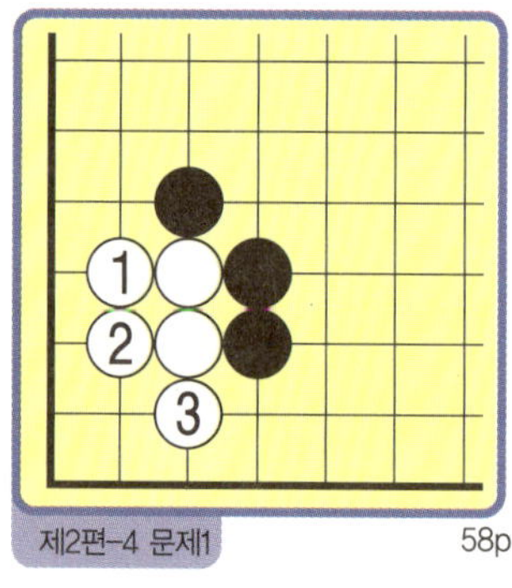

제2편-4 문제1　58p

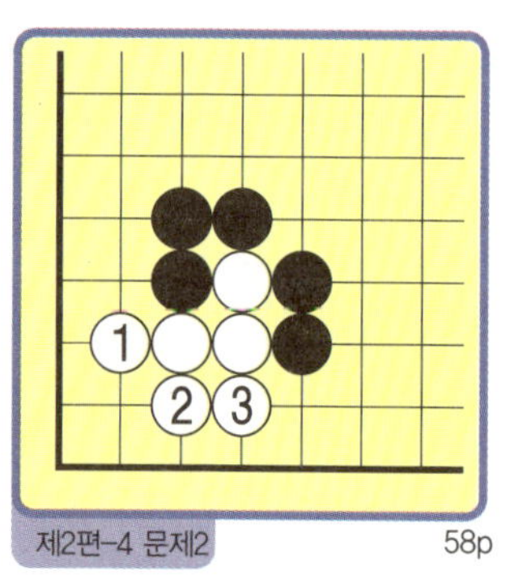

제2편-4 문제2　58p

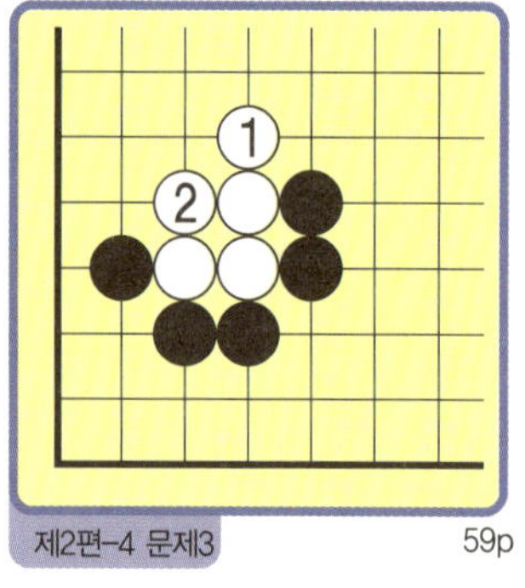

제2편-4 문제3　59p

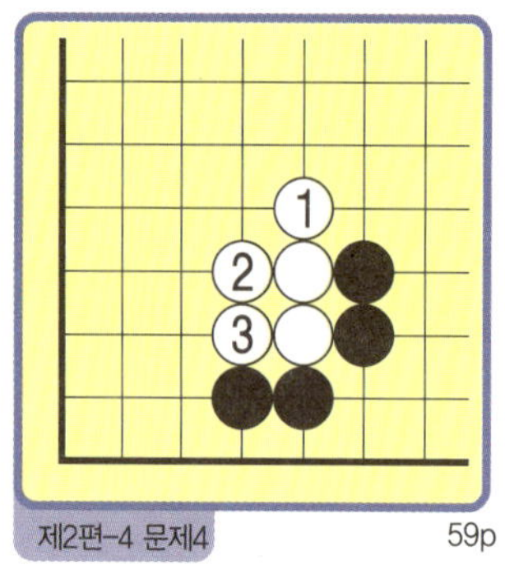

제2편-4 문제4　59p

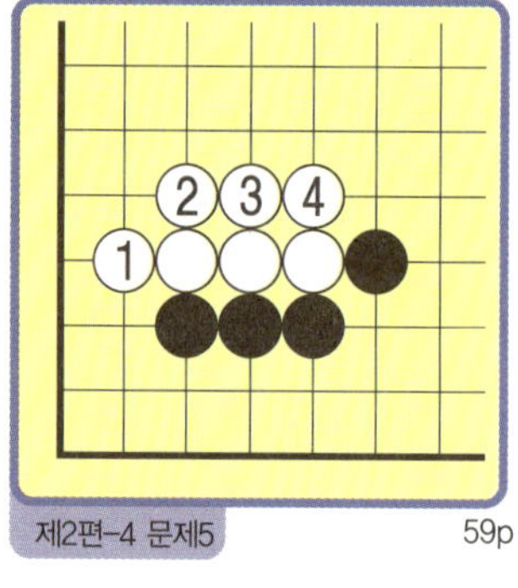

제2편-4 문제5　59p

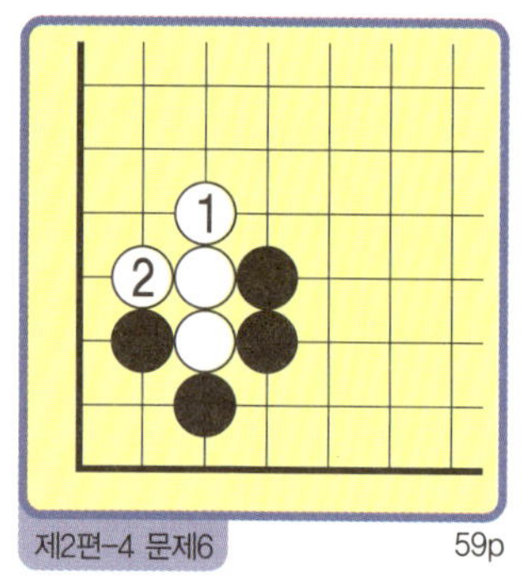

제2편-4 문제6　59p

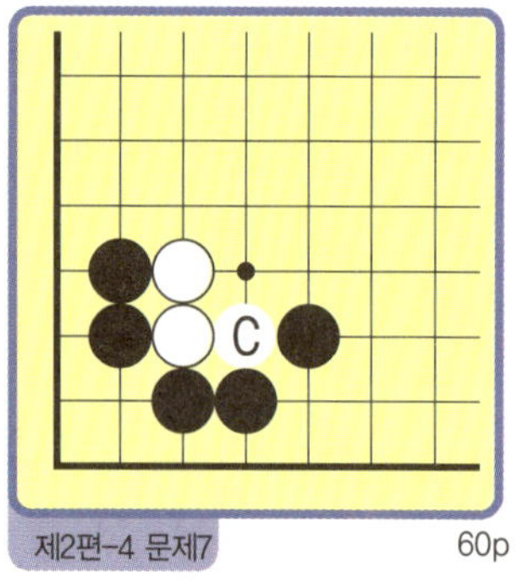

제2편-4 문제7　60p

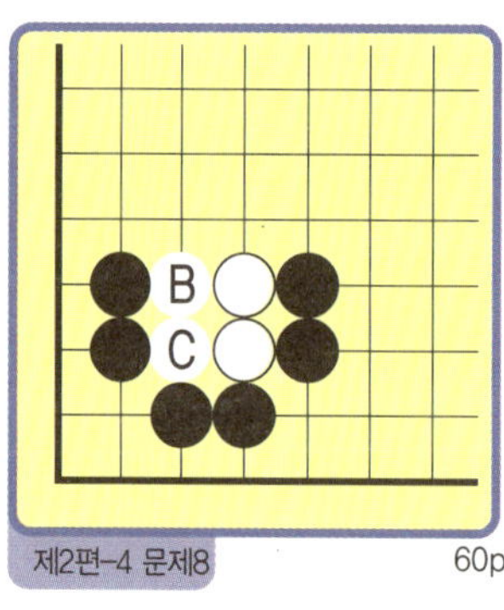

제2편-4 문제8　60p

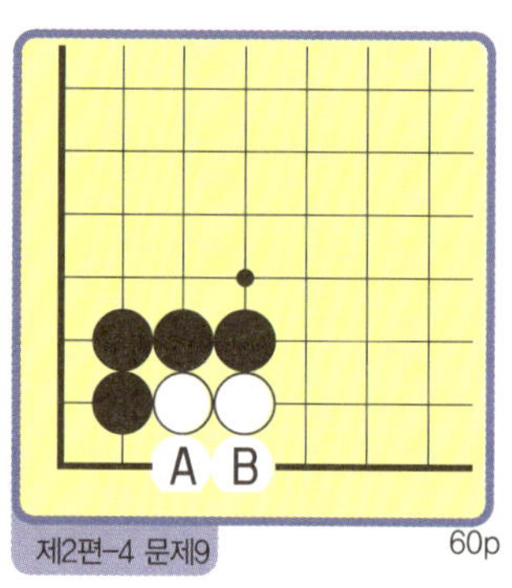

제2편-4 문제9　60p

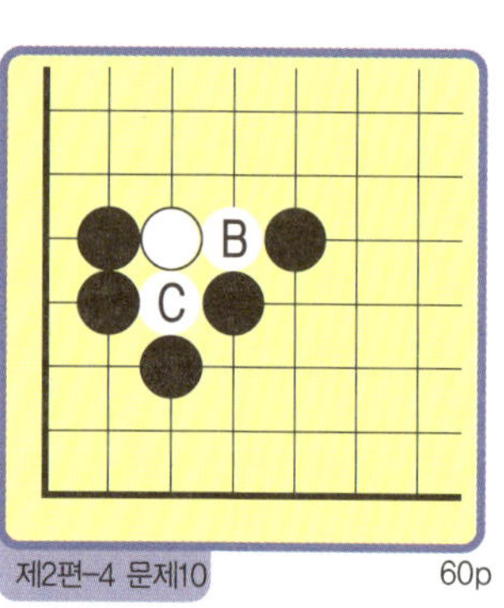

제2편-4 문제10　60p

3. 고슴도치에게 배운 지혜

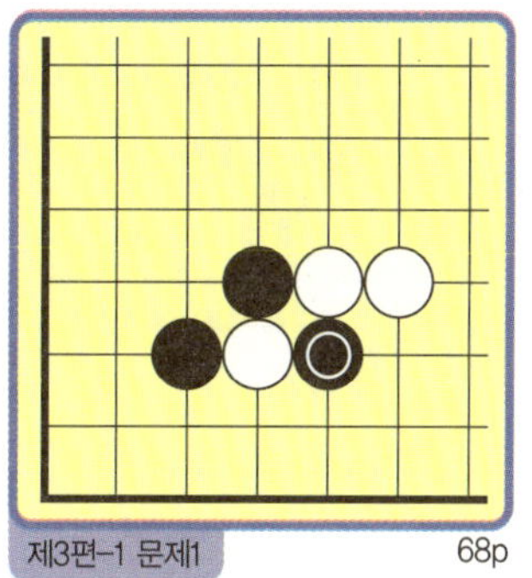

제3편-1 문제1   68p

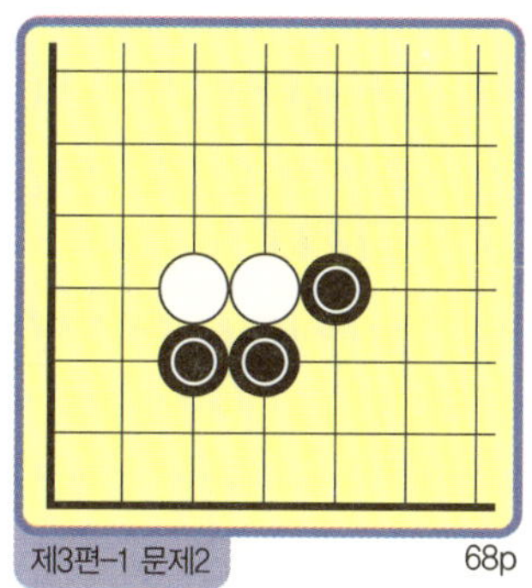

제3편-1 문제2   68p

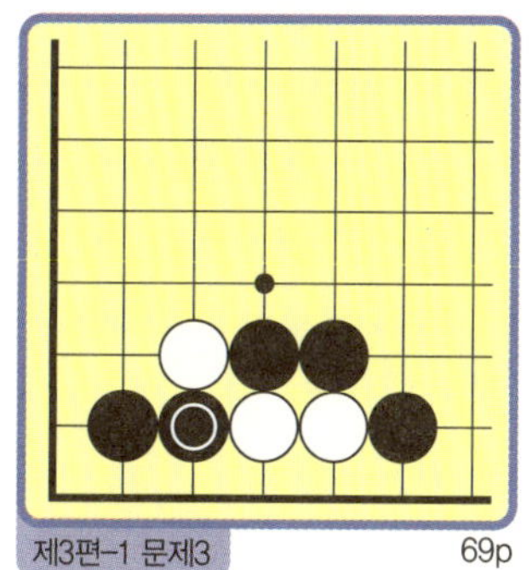

제3편-1 문제3   69p

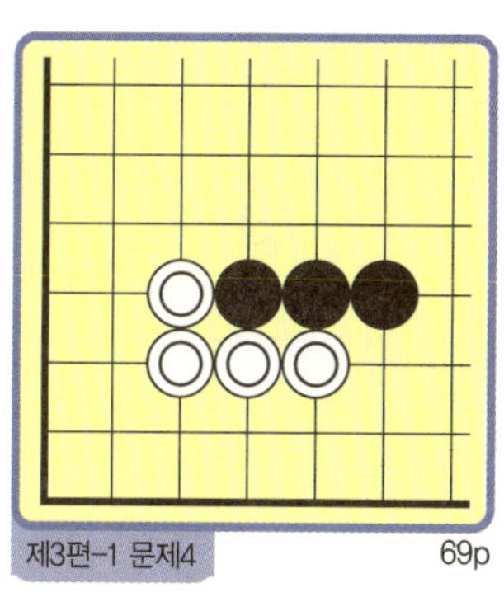

제3편-1 문제4   69p

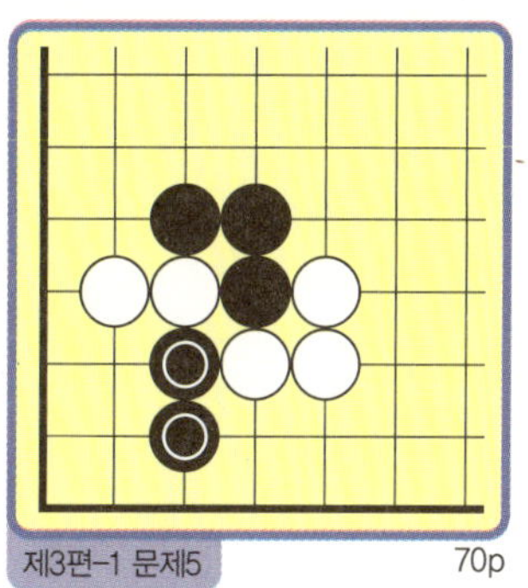

제3편-1 문제5   70p

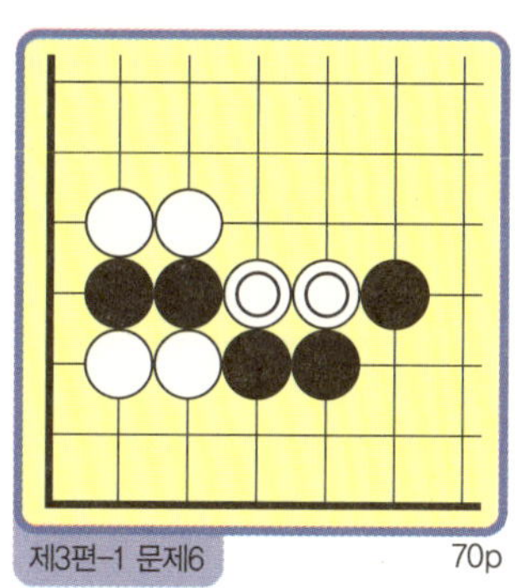

제3편-1 문제6   70p

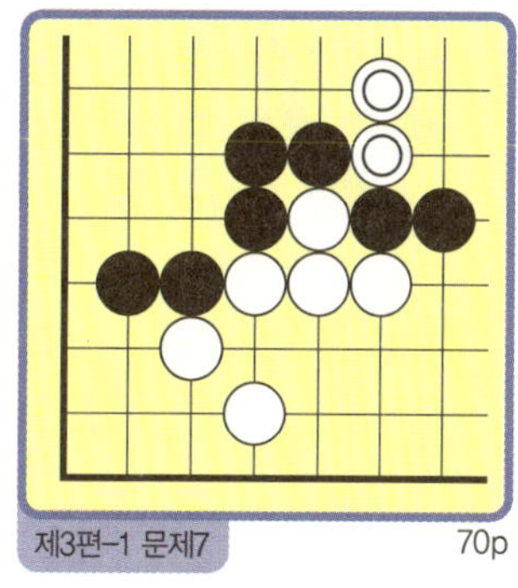

제3편-1 문제7   70p

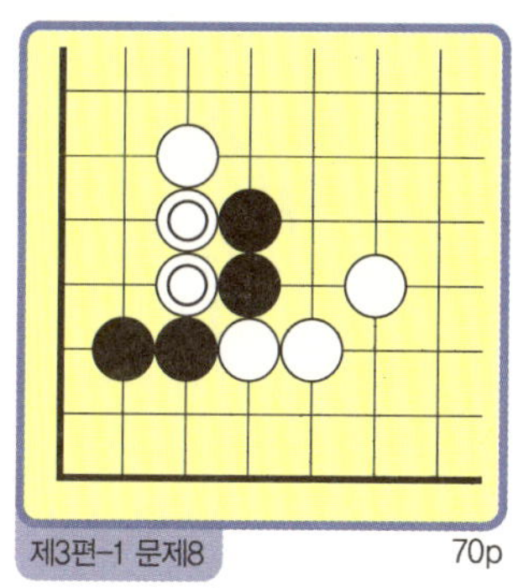

제3편-1 문제8   70p

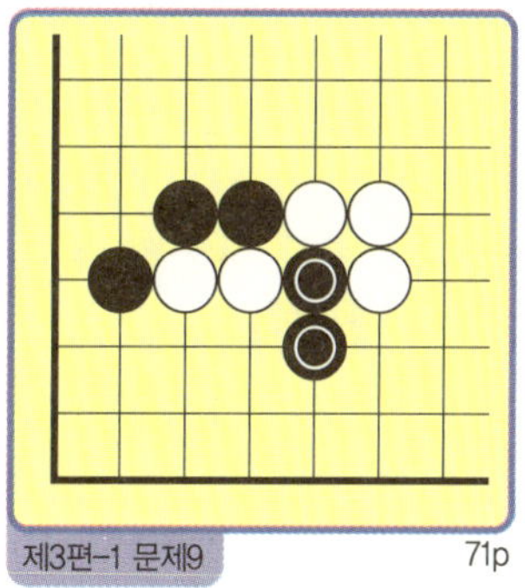

제3편-1 문제9   71p

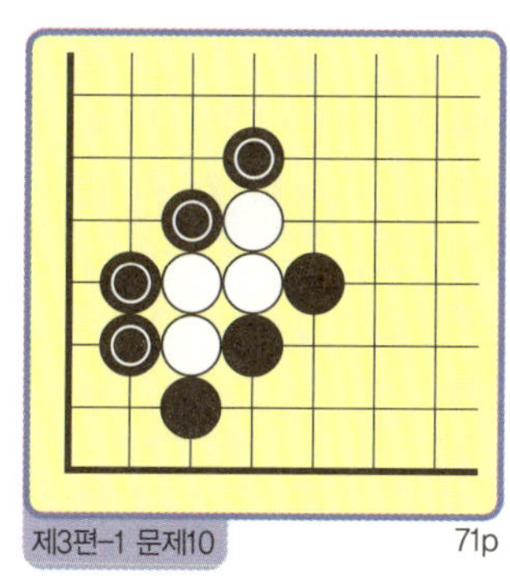

제3편-1 문제10   71p

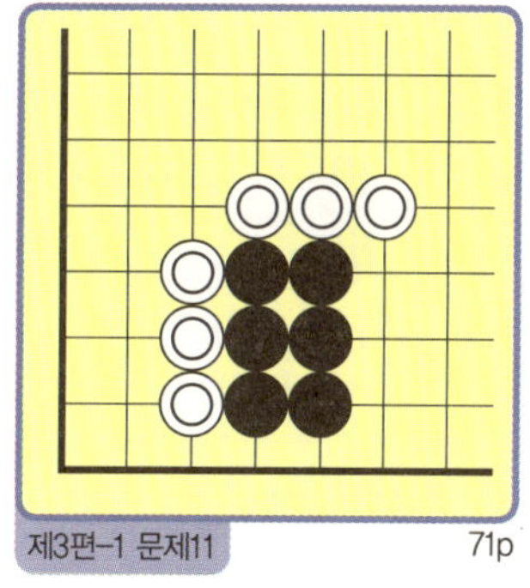

제3편-1 문제11   71p

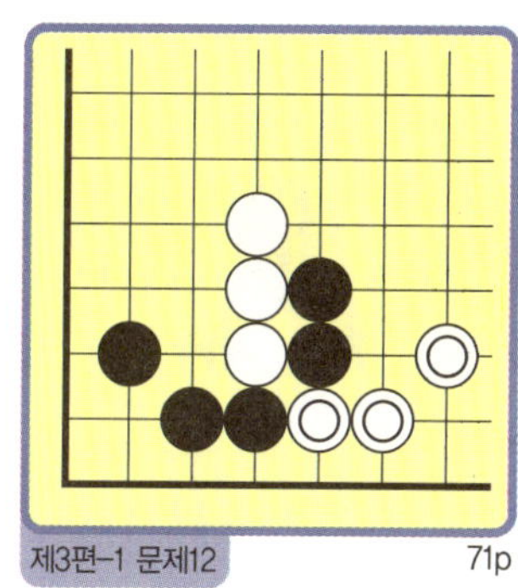

제3편-1 문제12   71p

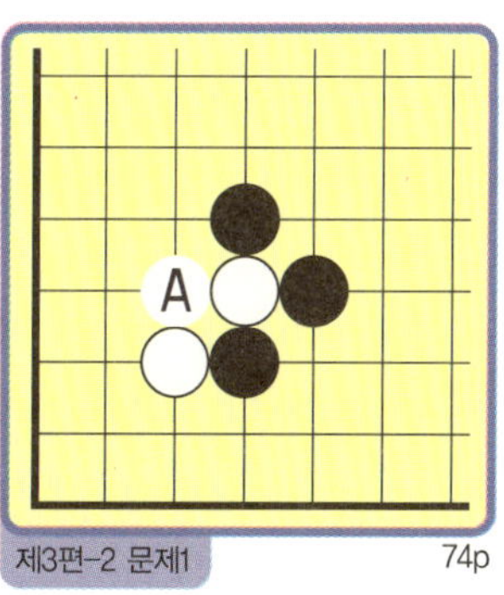

제3편-2 문제1   74p

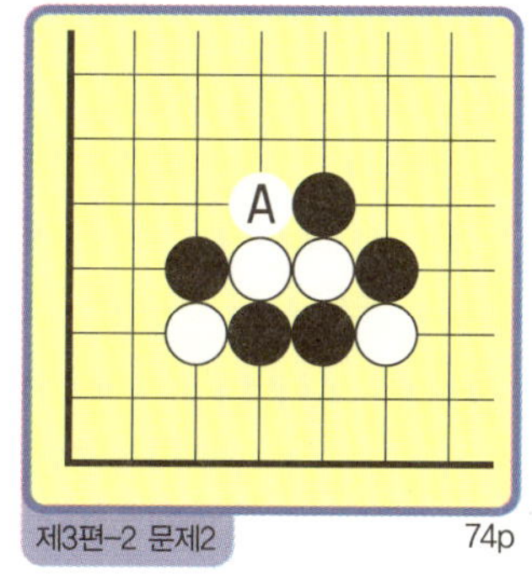

제3편-2 문제2   74p

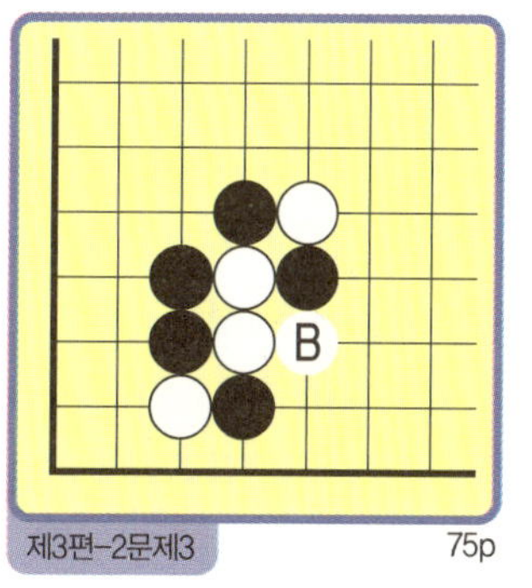

제3편-2문제3   75p

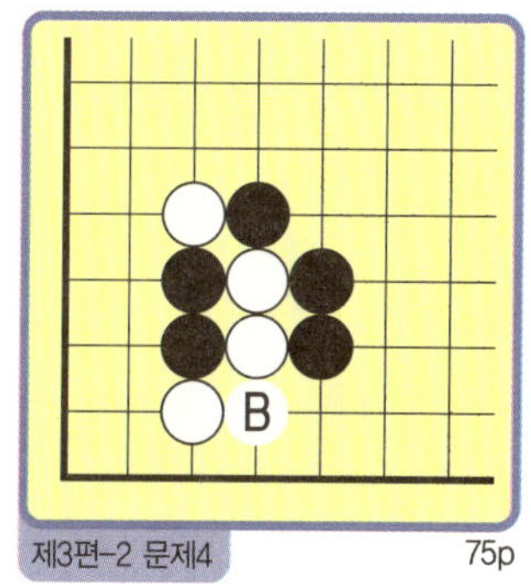

제3편-2 문제4   75p

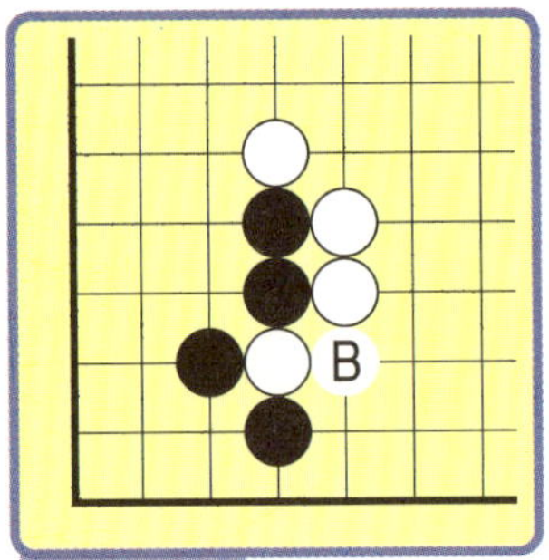

제3편-2 문제5　76p 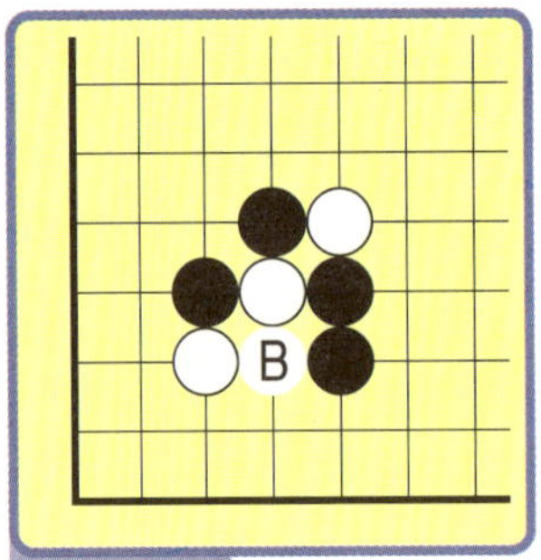
제3편-2 문제6　76p 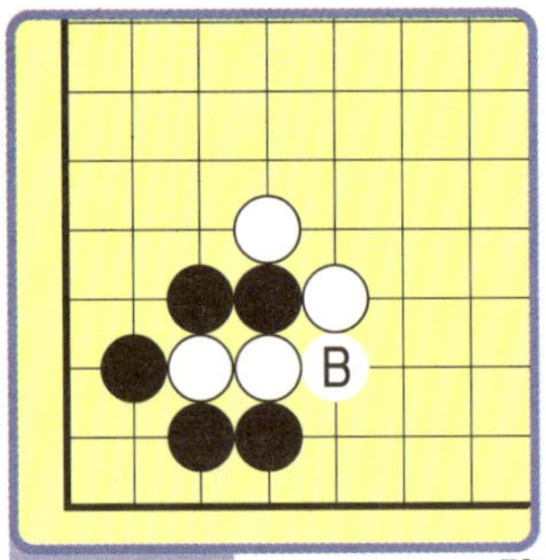
제3편-2 문제7　76p 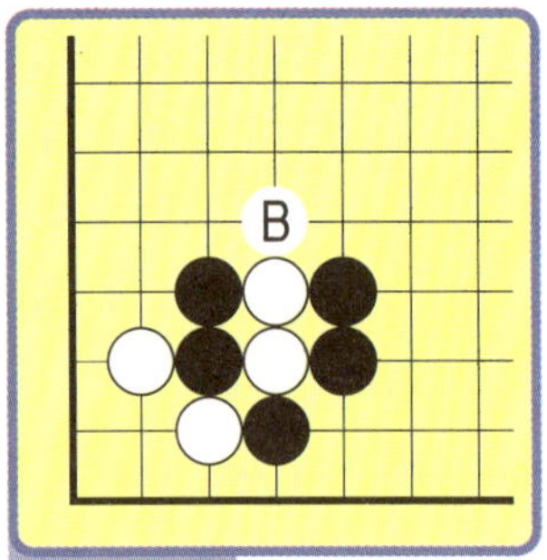
제3편-2 문제8　76p

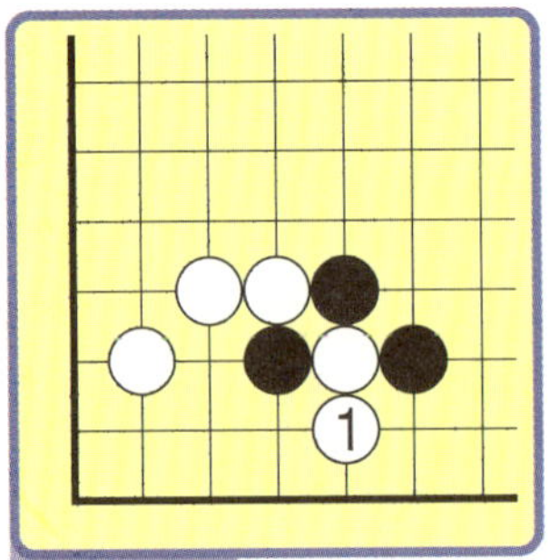

제3편-2 문제9　77p 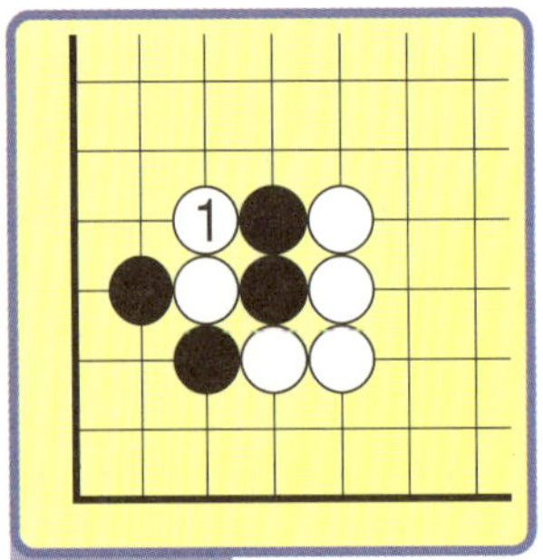
제3편-2 문제10　77p 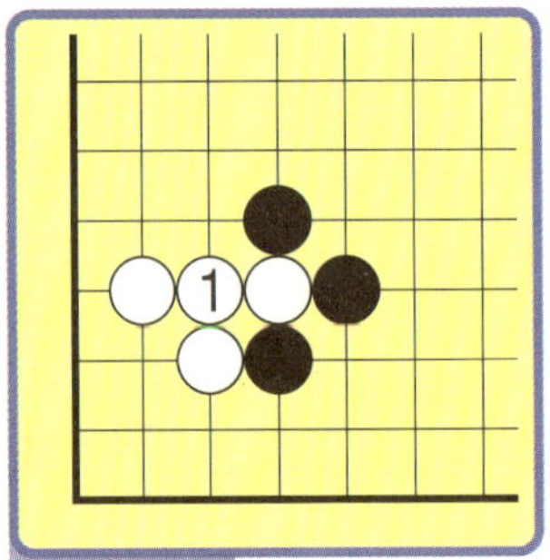
제3편-2 문제11　77p 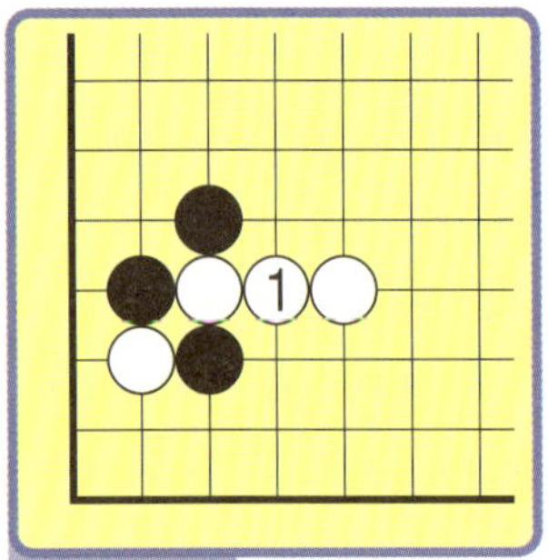
제3편-2 문제12　77p

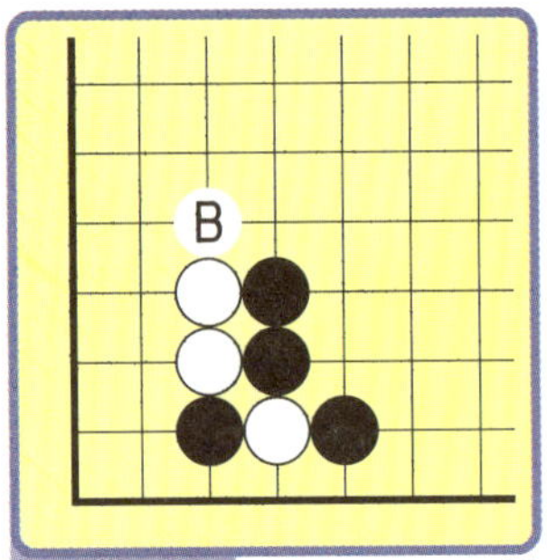

제3편-3 문제1　80p 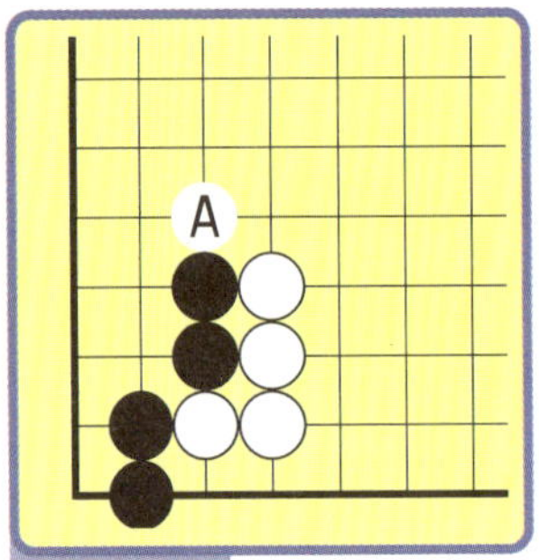
제3편-3 문제2　80p 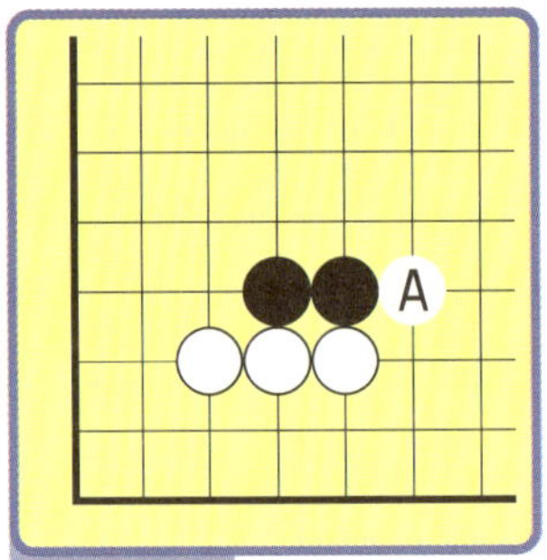
제3편-3 문제3　81p 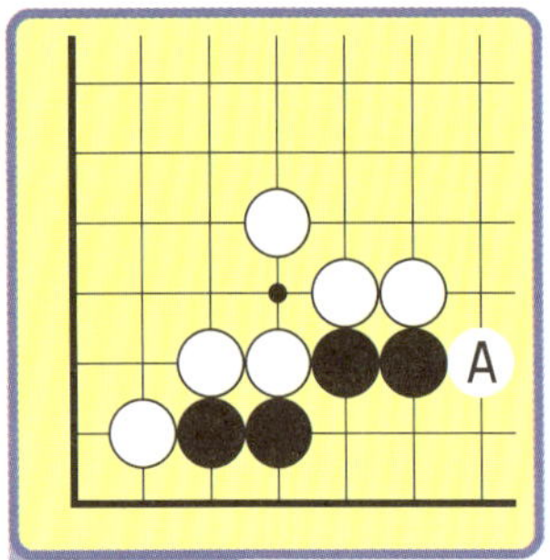
제3편-3 문제4　81p

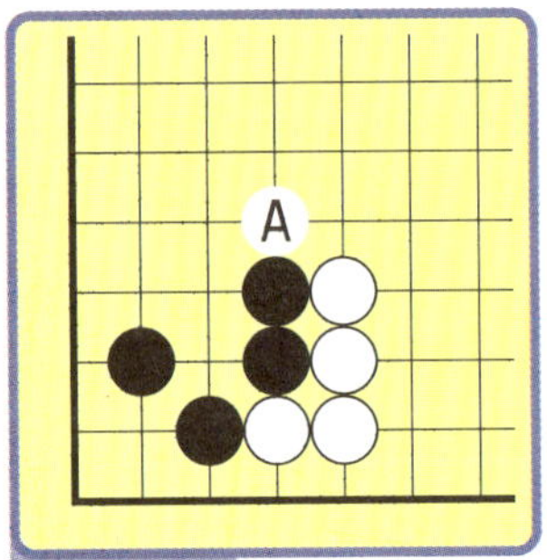

제3편-3 문제5　82p
제3편-3 문제6　82p 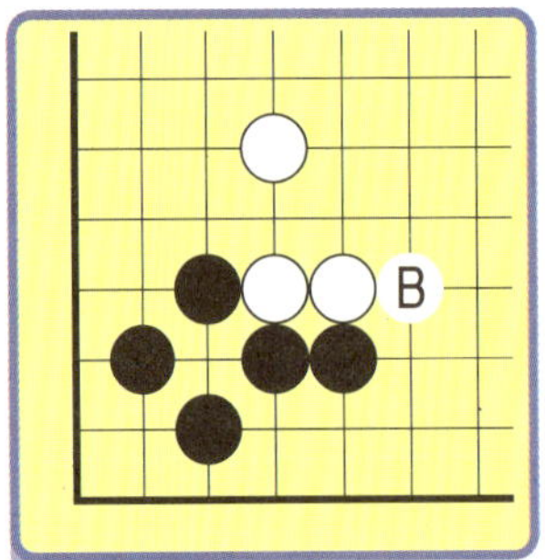
제3편-3 문제7　82p 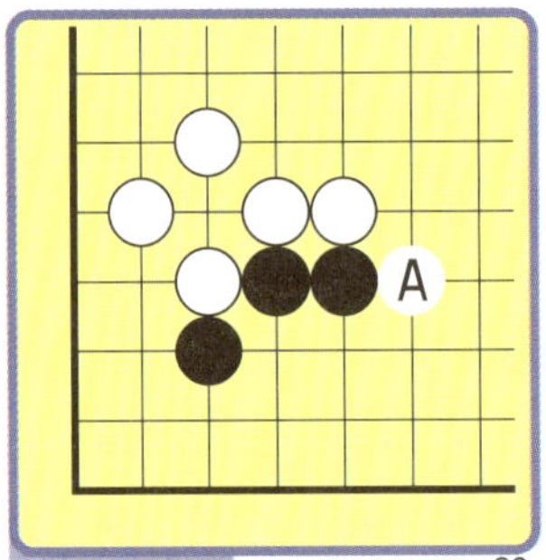
제3편-3 문제8　82p

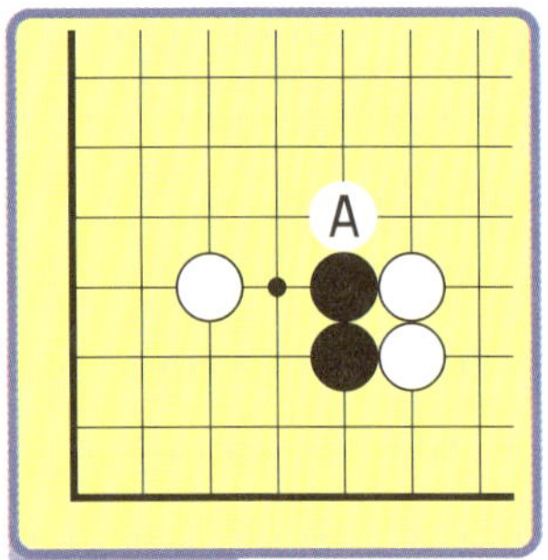

4. 너무 많은 말뚝을 박았어요

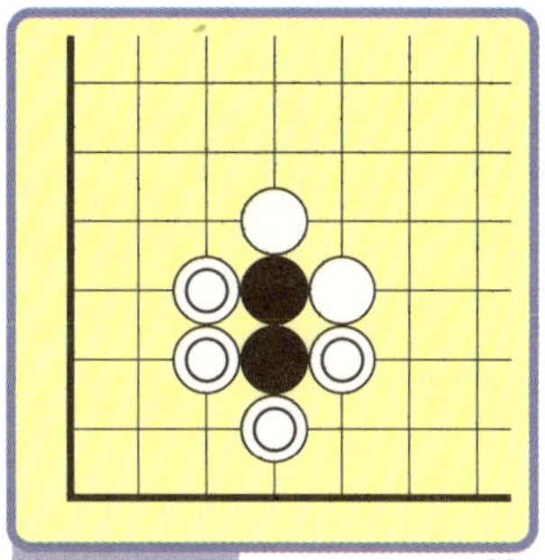

제4편-1 문제1 90p	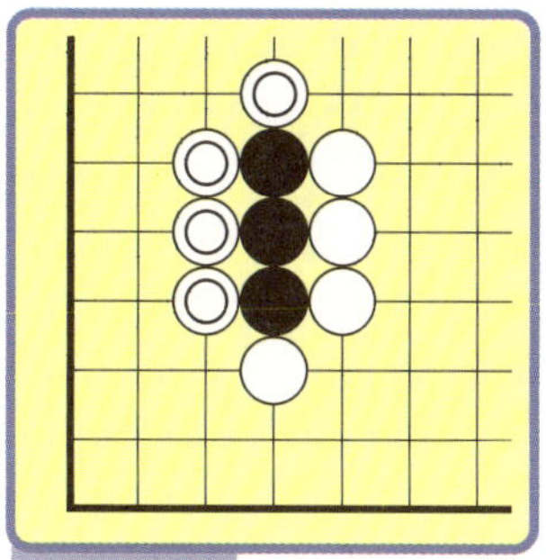 제4편-1 문제2 90p	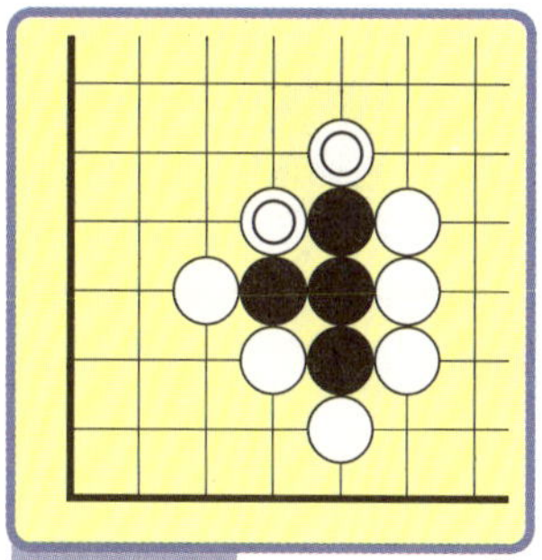 제4편-1 문제3 91p	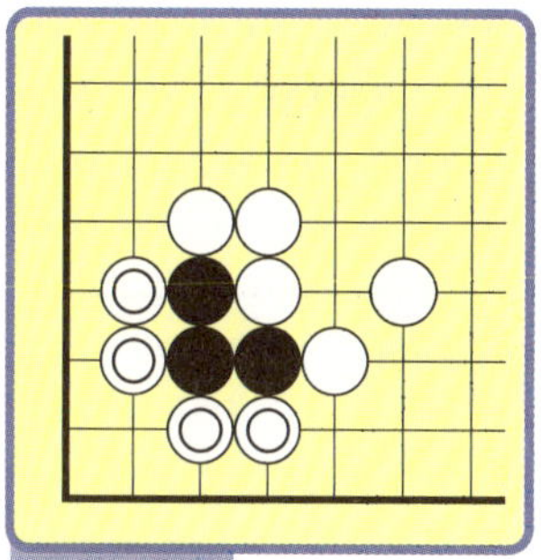 제4편-1 문제4 91p
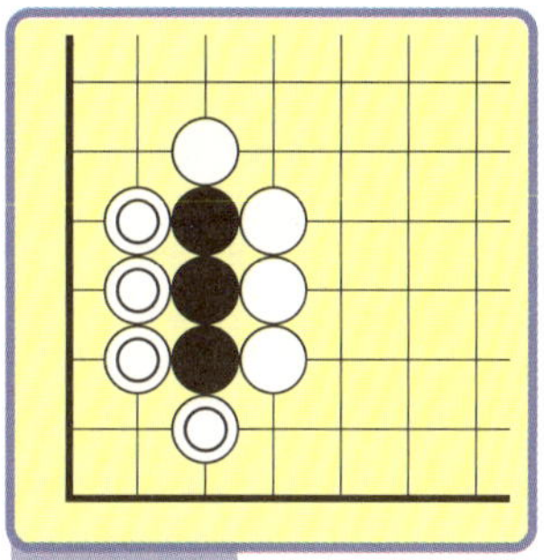 제4편-1 문제5 92p	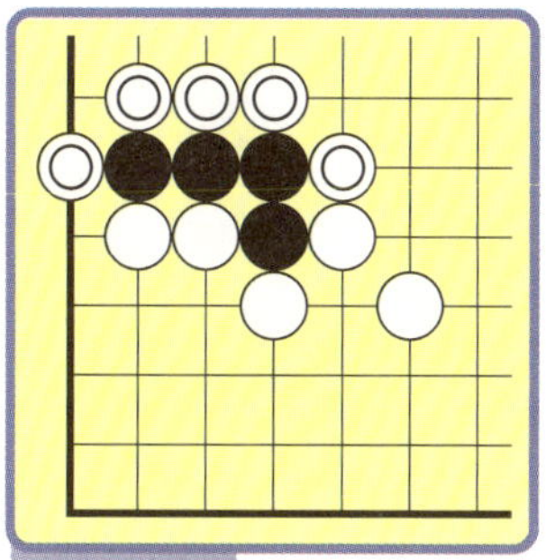 제4편-1 문제6 92p	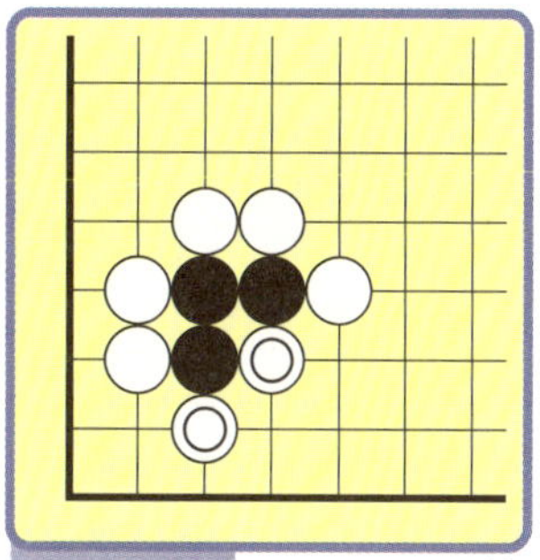 제4편-1 문제7 92p	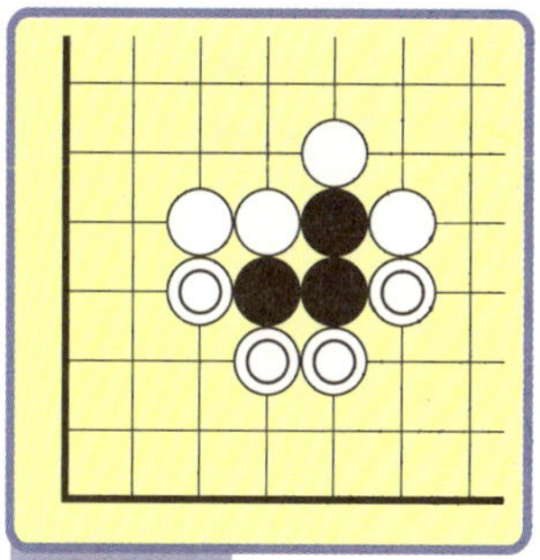 제4편-1 문제8 92p
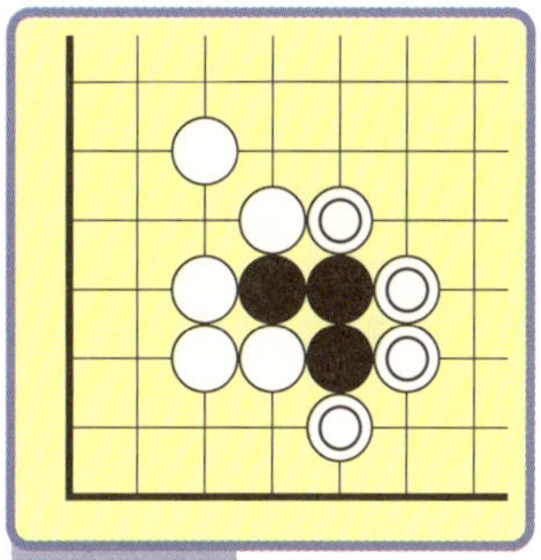 제4편-1 문제9 93p	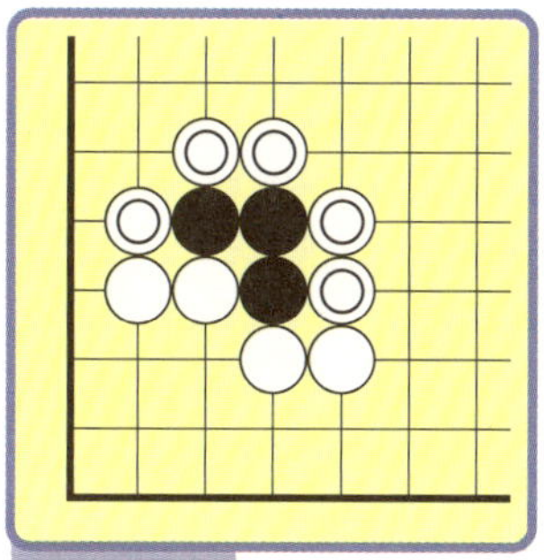 제4편-1 문제10 93p	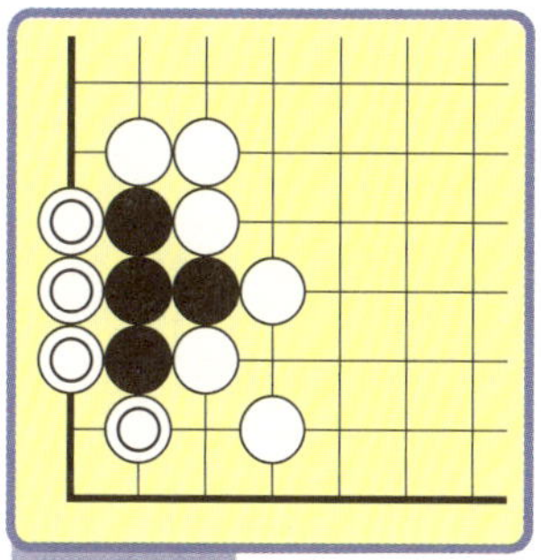 제4편-1 문제11 93p	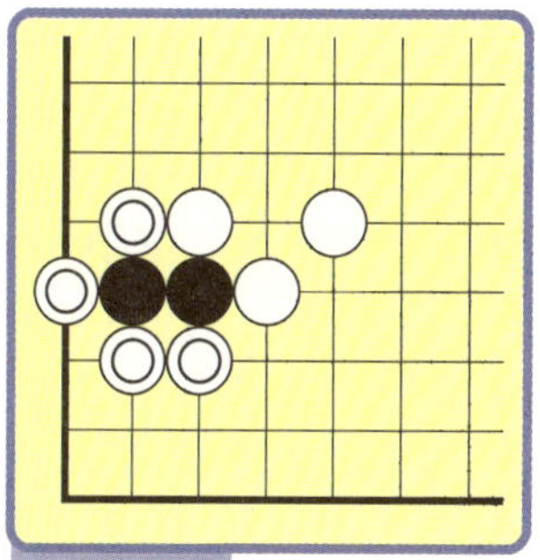 제4편-1 문제12 93p
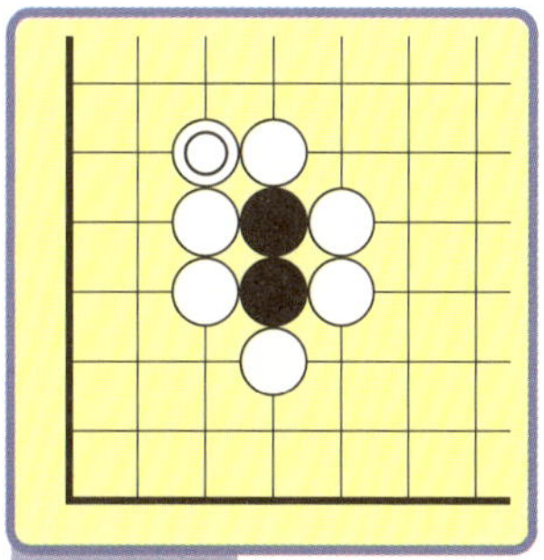 제4편-2 문제1 96p	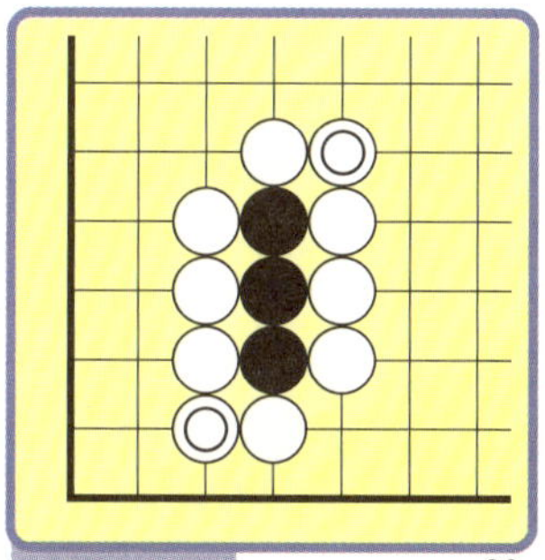 제4편-2 문제2 96p	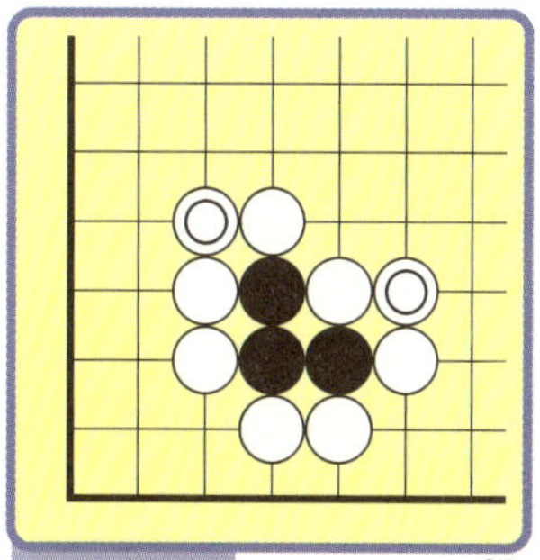 제4편-2 문제3 97p	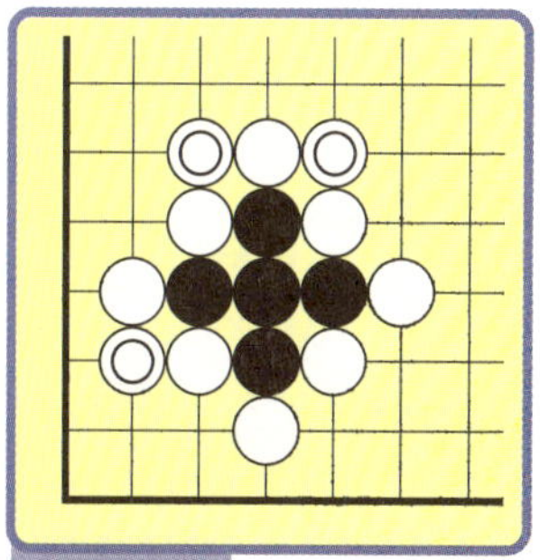 제4편-2 문제4 97p

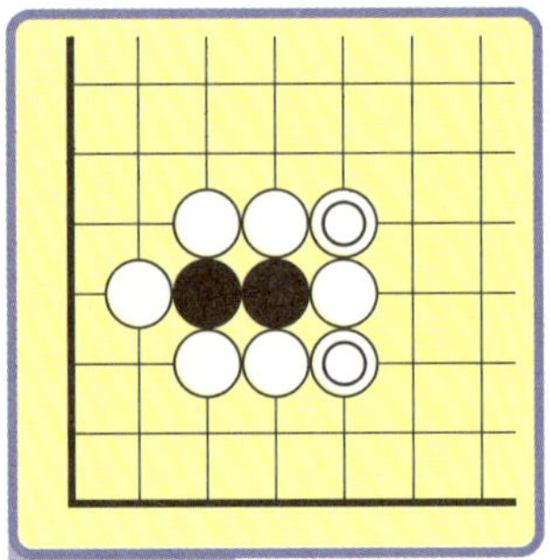

제4편-2 문제5   98p

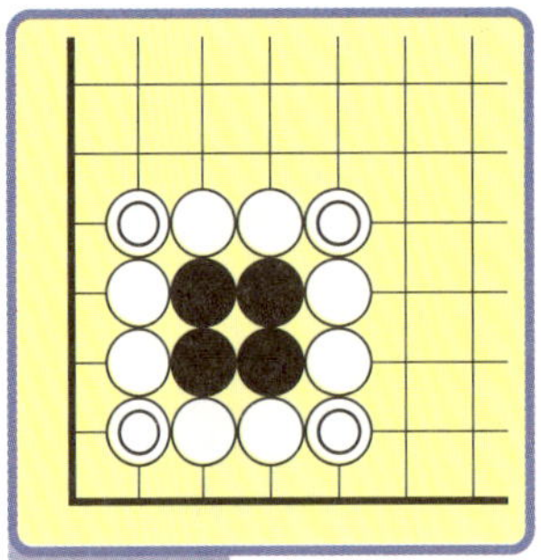

제4편-2 문제6   98p

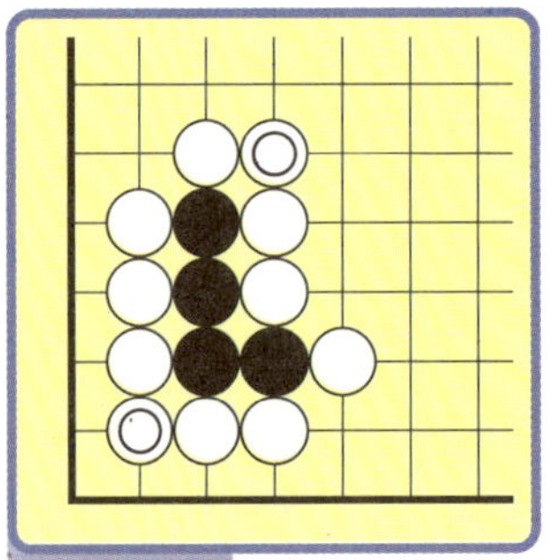

제4편-2 문제7   98p

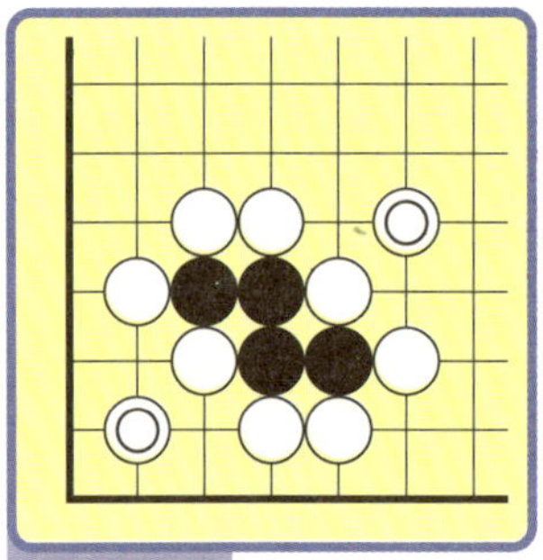

제4편-2 문제8   98p

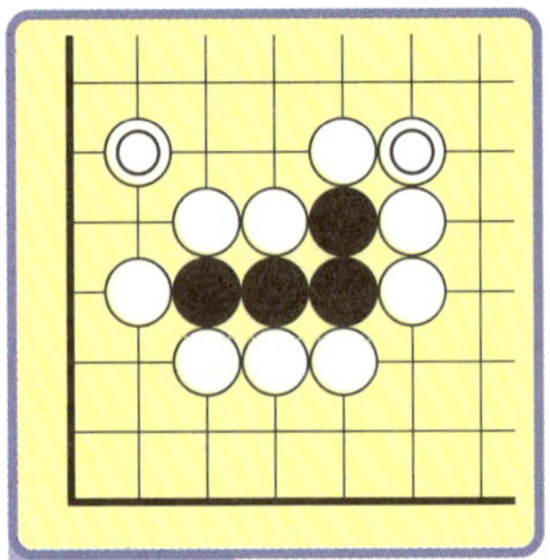

제4편-2 문제9   99p

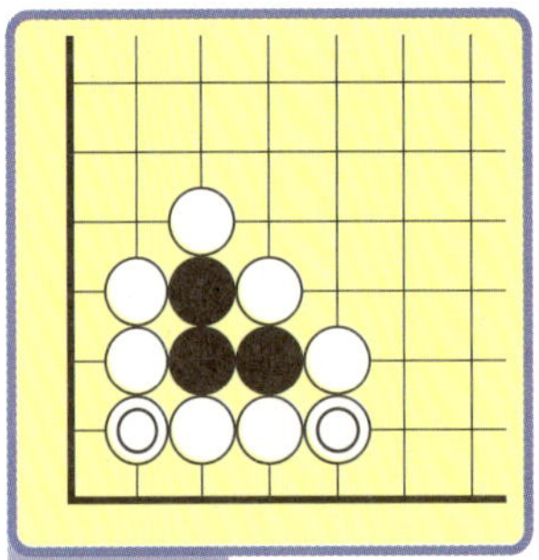

제4편-2 문제10   99p

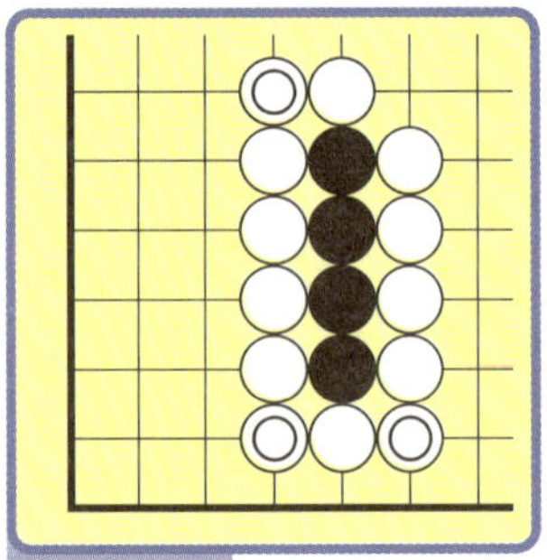

제4편-2 문제11   99p

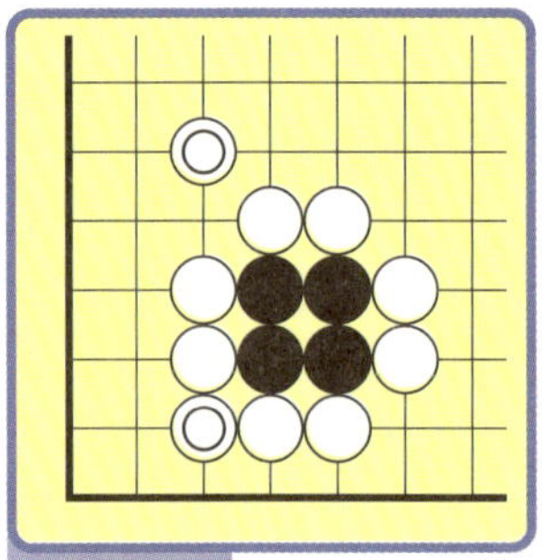

제4편-2 문제12   99p

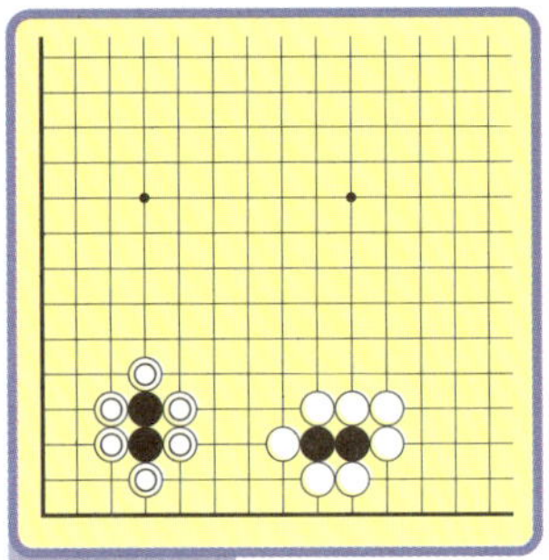

제4편-3 문제1   102p

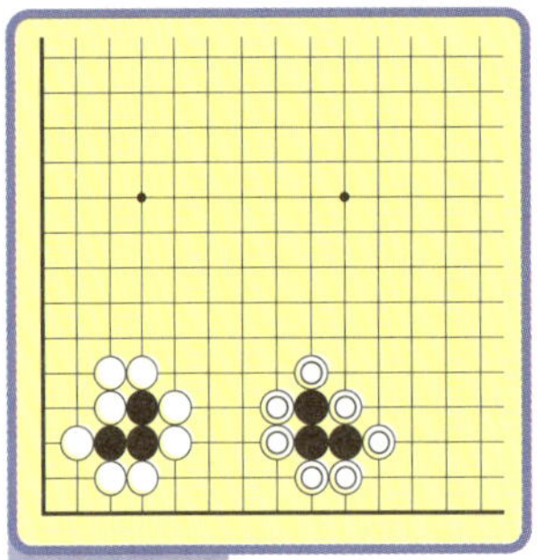

제4편-3 문제2   102p

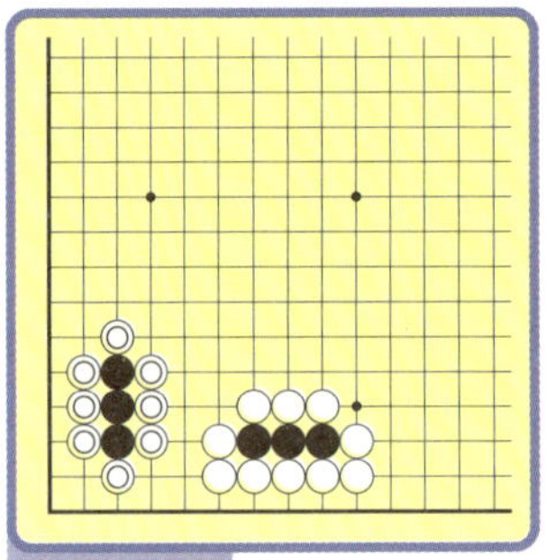

제4편-3 문제3   103p

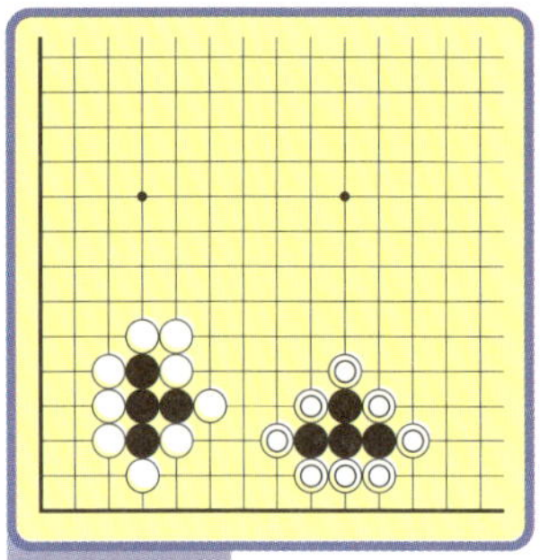

제4편-3 문제4   103p

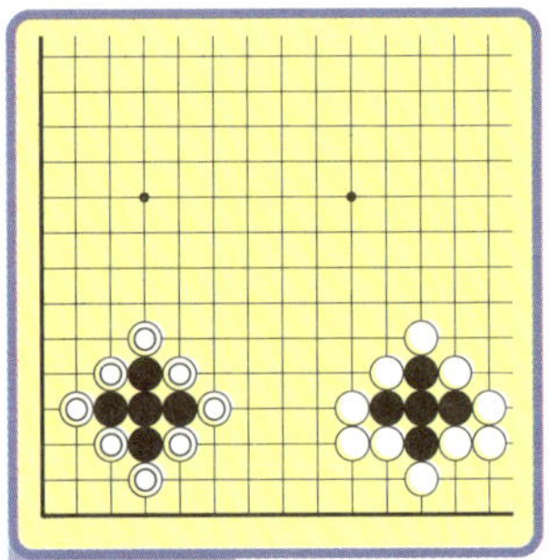

제4편-3 문제5   104p

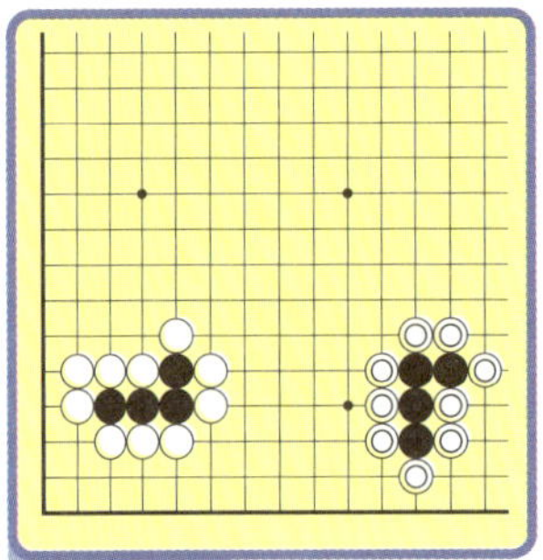

제4편-3 문제6   104p

5. 애완동물 만들기

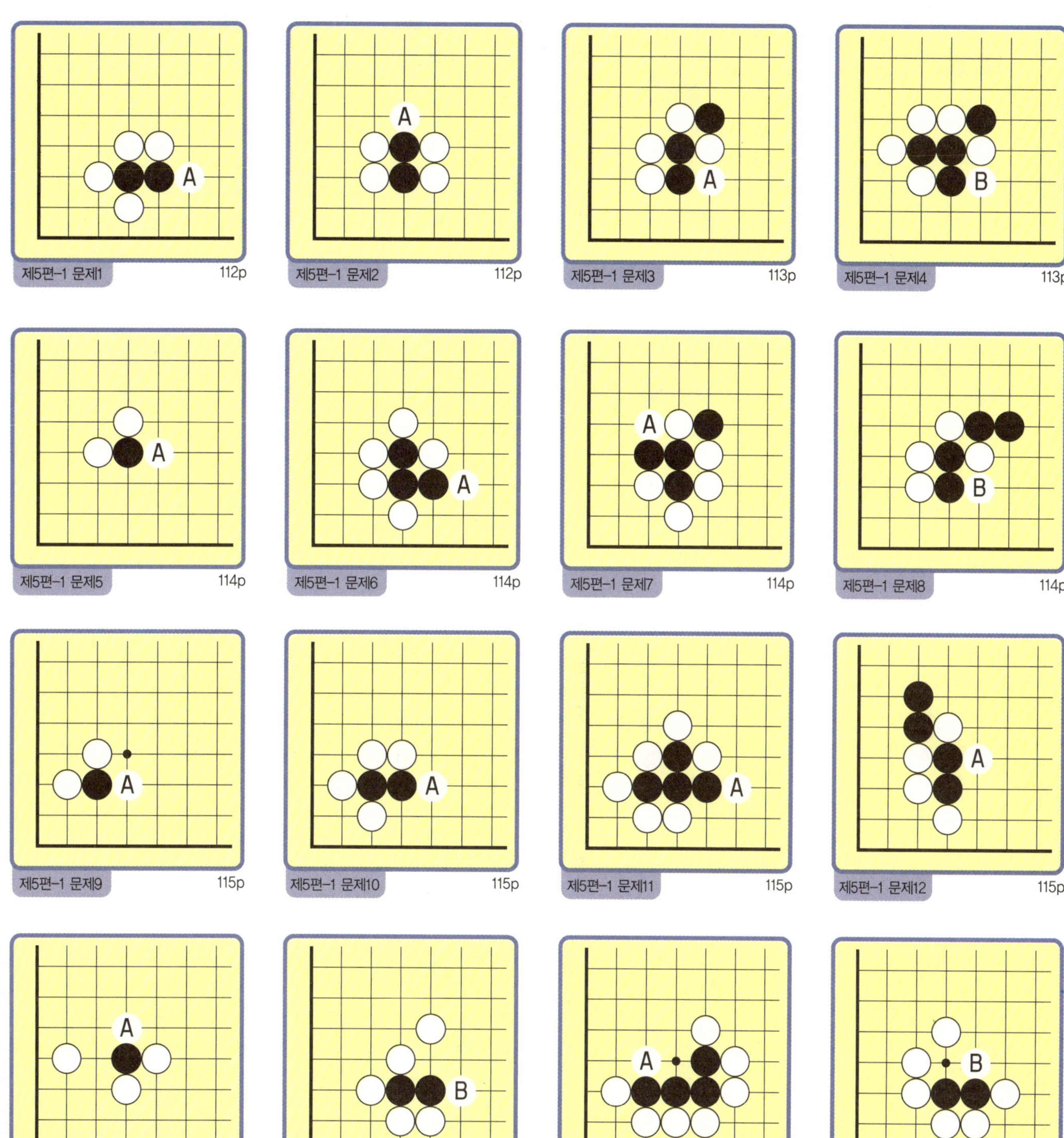

A
제5편-1 문제1　112p
A
제5편-1 문제2　112p
A
제5편-1 문제3　113p
B
제5편-1 문제4　113p
A
제5편-1 문제5　114p
A
제5편-1 문제6　114p
A
제5편-1 문제7　114p
B
제5편-1 문제8　114p
A
제5편-1 문제9　115p
A
제5편-1 문제10　115p
A
제5편-1 문제11　115p
A
제5편-1 문제12　115p
A
제5편-2 문제1　118p
B
제5편-2 문제2　118p
A
제5편-2 문제3　119p
B
제5편-2 문제4　119p

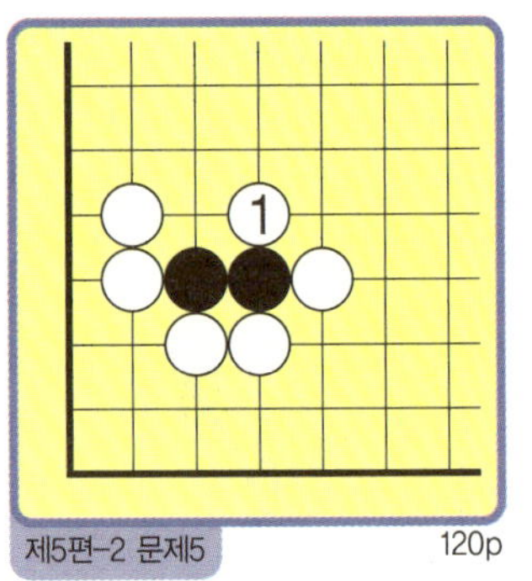

제5편-2 문제5   120p

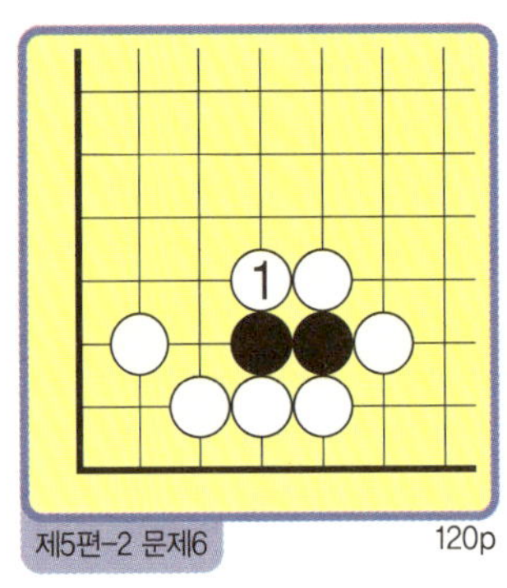

제5편-2 문제6   120p

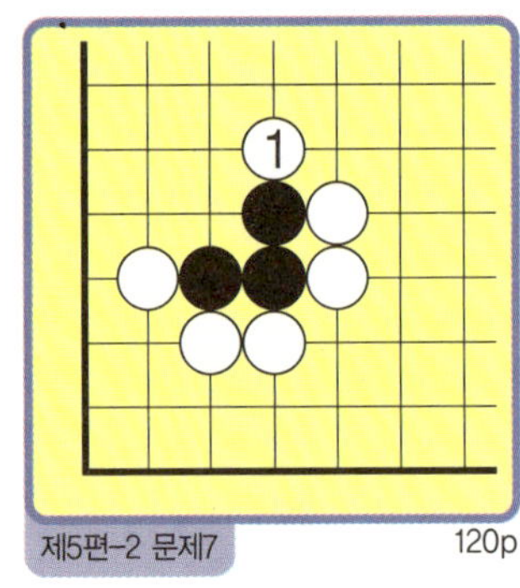

제5편-2 문제7   120p

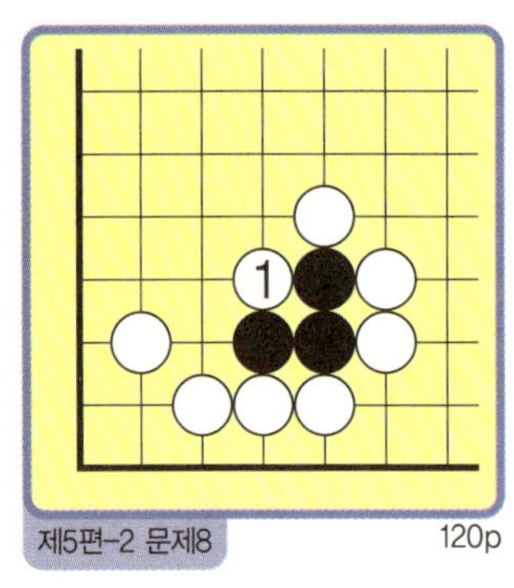

제5편-2 문제8   120p

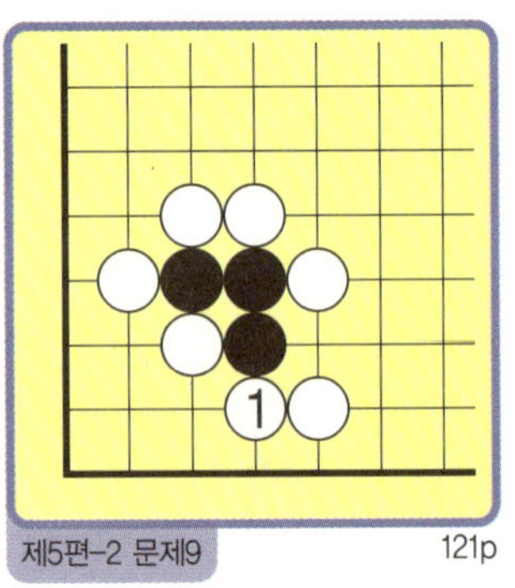

제5편-2 문제9   121p

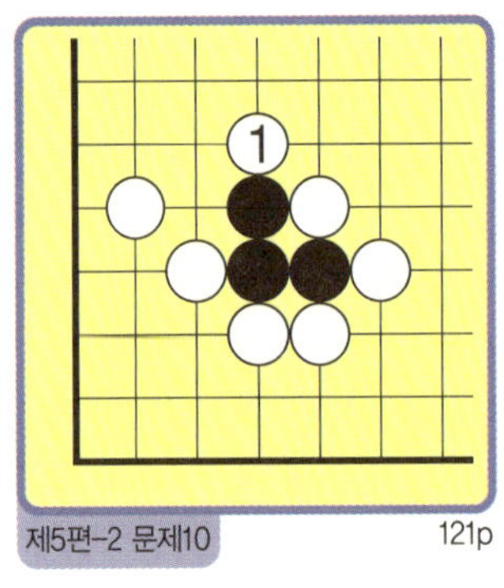

제5편-2 문제10   121p

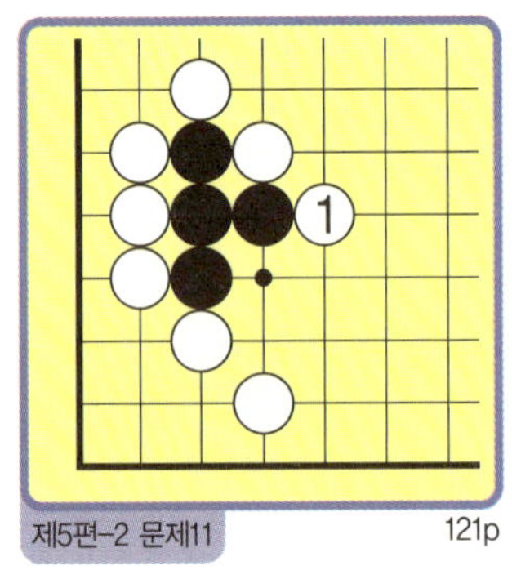

제5편-2 문제11   121p

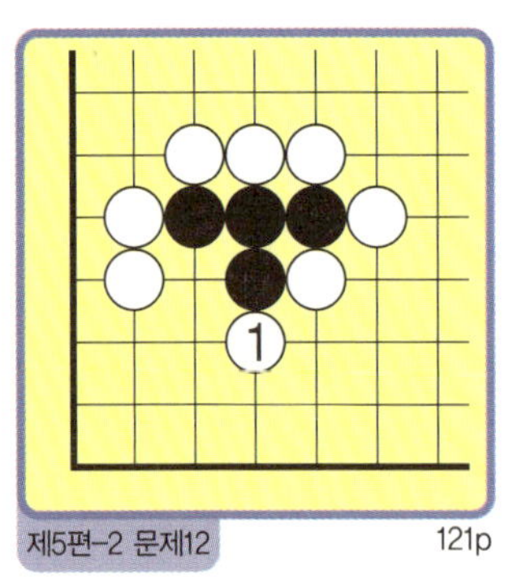

제5편-2 문제12   121p

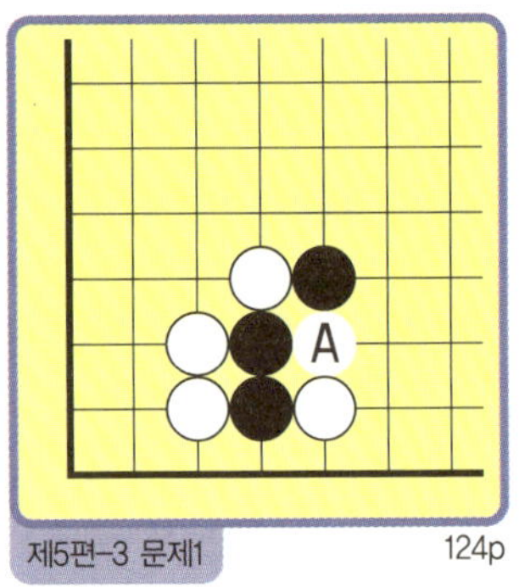

제5편-3 문제1   124p

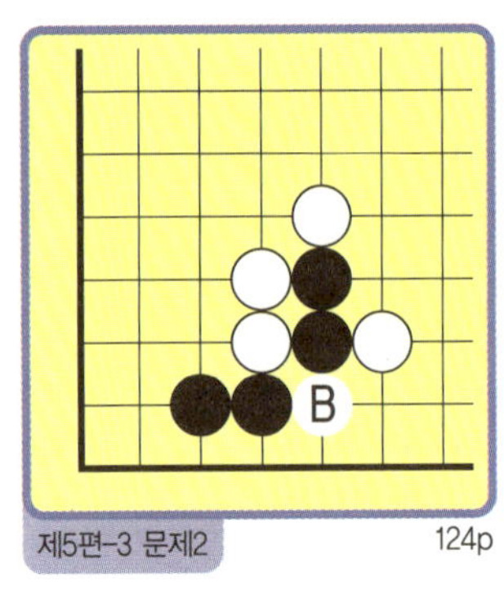

제5편-3 문제2   124p

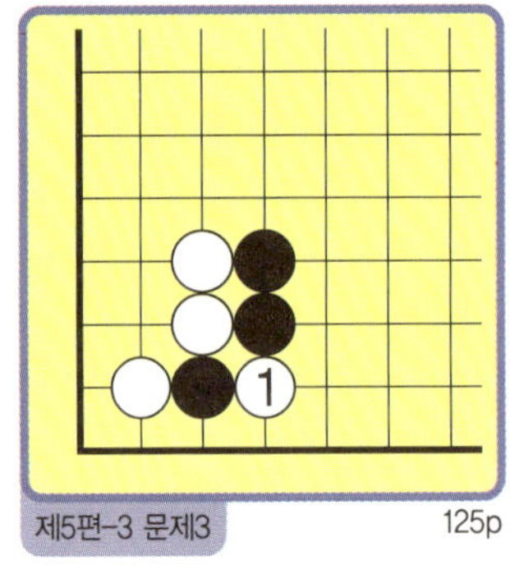

제5편-3 문제3   125p

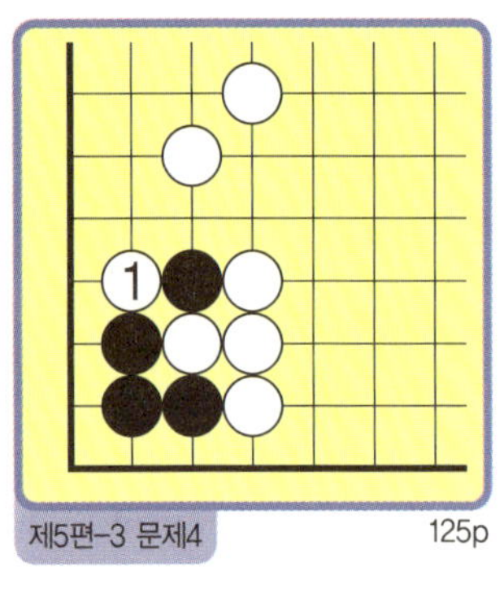

제5편-3 문제4   125p

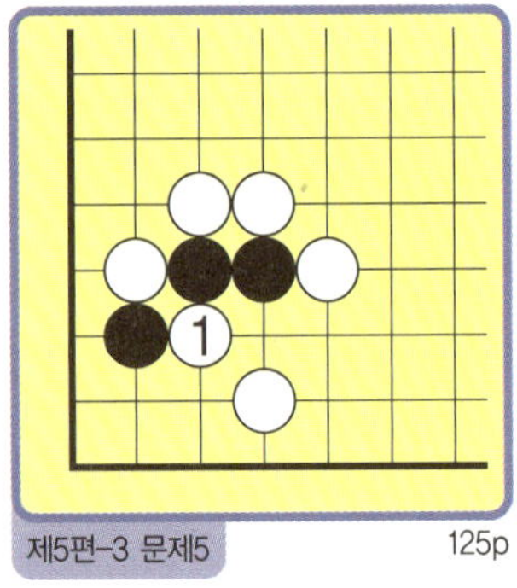

제5편-3 문제5   125p

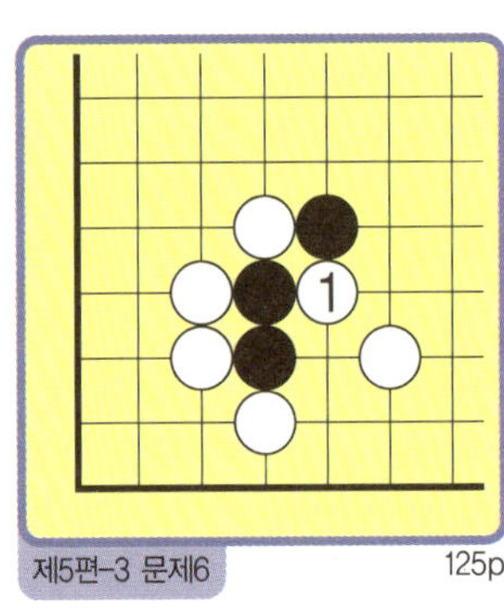

제5편-3 문제6   125p

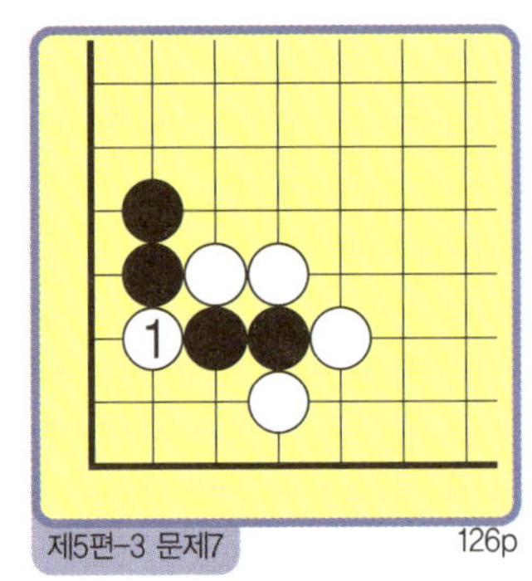

제5편-3 문제7   126p

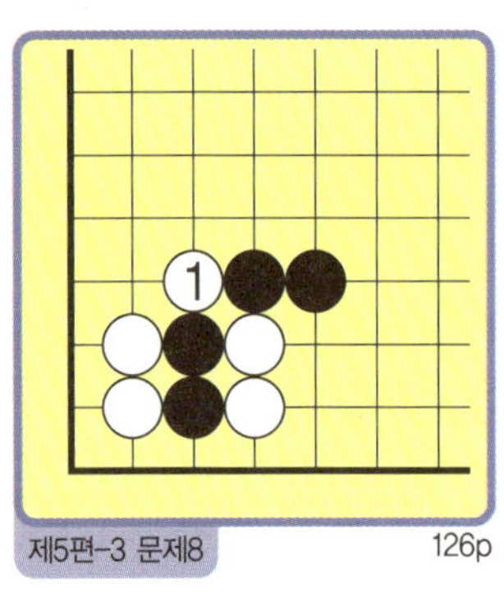

제5편-3 문제8   126p

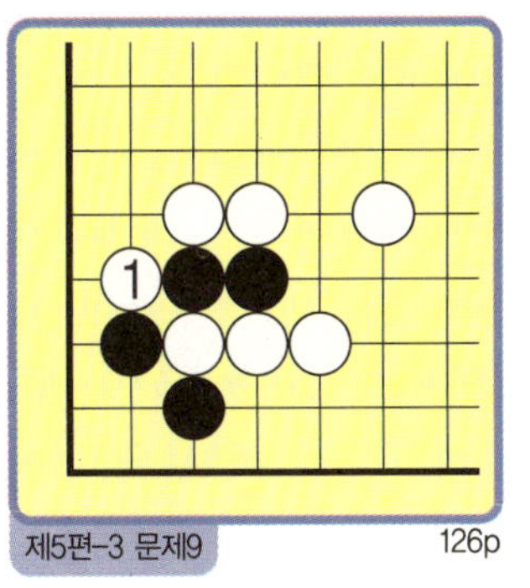

제5편-3 문제9   126p

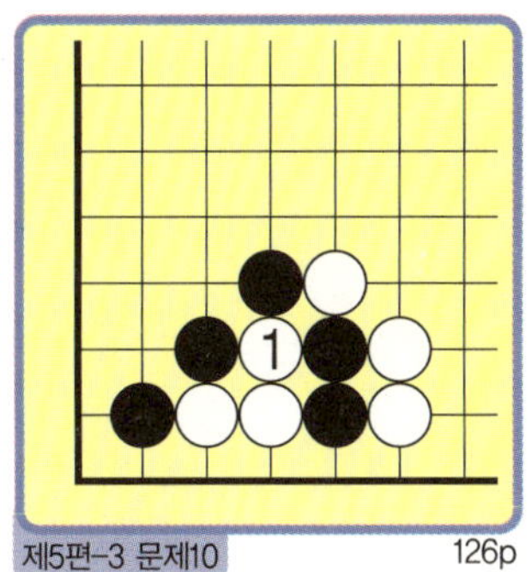

제5편-3 문제10   126p

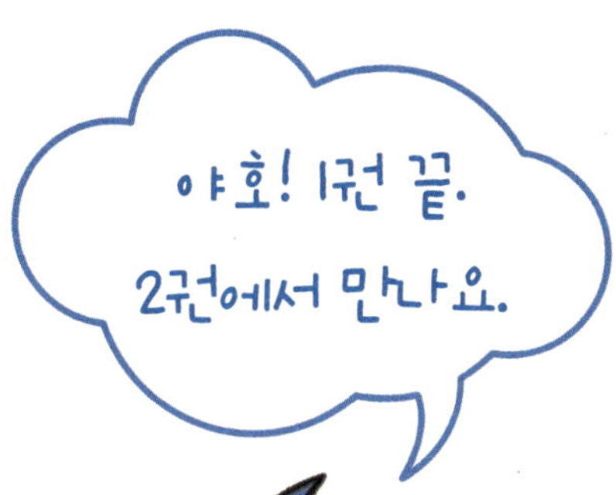
야호! 1권 끝.
2권에서 만나요.
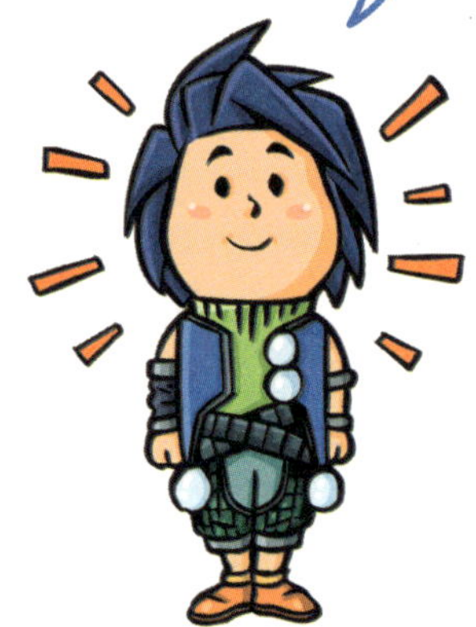